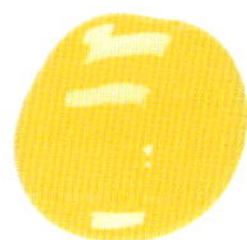

Enzyklopädie Acrylfarben mischen

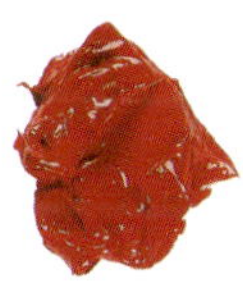

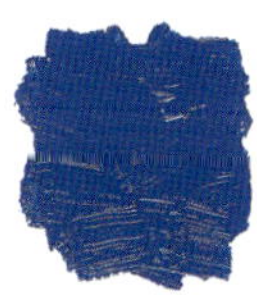

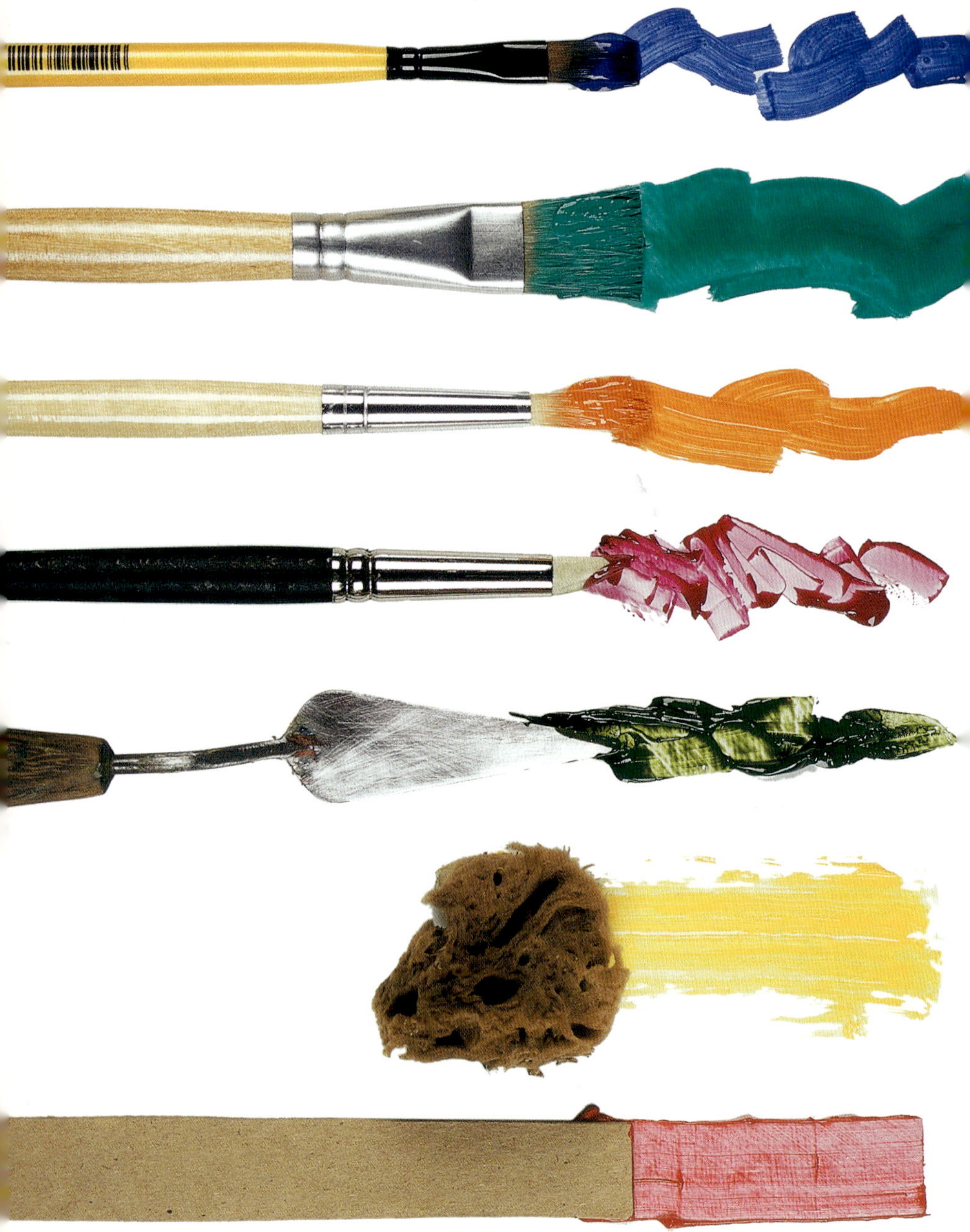

Enzyklopädie Acrylfarben mischen

Ian Sidaway

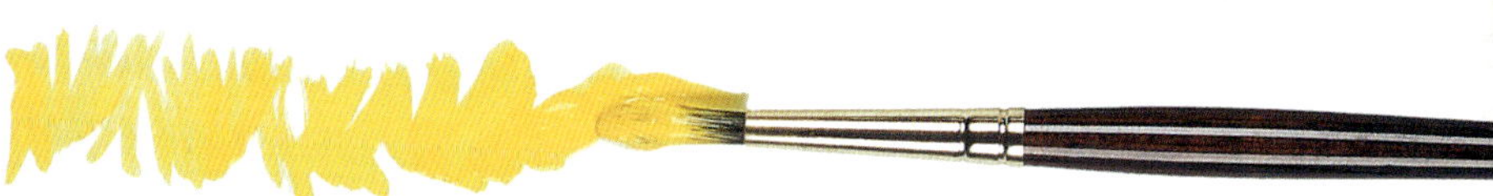

FLEURUS IDEE

Inhalt

Fleurus Idee is an imprint of
Fleurus Verlag GmbH

Übersetzung aus dem Englischen:
Wiebke Krabbe, Damlos
Satz: Nazire Ergün, Köln
Umschlaggestaltung: MWK, Köln

Fotos Umschlag:
Vorderseite o. l. S. 28 u. r.;
o. r. S. 135 o. l.; u. l. S. 26 u.;
u. r. S. 8, Rückseite S. 36

ISBN-13: 978-3-89717-424-5
ISBN-10: 3-89717-424-3

Printed in China

10 9 8 7 6 5 4 3 2 1

Wichtiger Hinweis:
Drucktechnisch bedingte Abweichungen der im Buch dargestellten Farben von Original-Acrylfarben auf unterschiedlichen Malgründen können nicht ausgeschlossen werden.

Verzeichnis der Mischeffekte 44

Einleitung

Der Fachhandel bietet hunderte von Farben an. Zahlreiche Hersteller produzieren aus verschiedenen Pigmenten Farben für alle Motive und Techniken. Es kann unnötig Zeit und Geld kosten, wenn man die falsche Farbe kauft. Und genau dies erspart Ihnen dieses Buch. Farben verhalten sich ganz unterschiedlich und ergeben in Mischungen mit anderen Pigmenten manchmal verblüffende Resultate. In dieser umfangreichen Enzyklopädie können Sie die wichtigsten Mischeffekte nachschlagen.

Über dieses Buch

52 handelsübliche Farbtöne wurden mit einer Grundpalette aus zwölf beliebten Farben gemischt. Die Abbildungen zeigen im Detail, wie sich die Farben verändern. Außerdem wurden die Mischtöne mit Wasser verdünnt und mit weißer Farbe aufgehellt, um die Reaktionen zu verdeutlichen. Und es wird gezeigt, wie die Farben als Lasur wirken.

Jeder Farbe sind vier Seiten gewidmet. Auf den ersten beiden Seiten sehen Sie die Mischungen mit den ersten sechs Farben der Grundpalette.

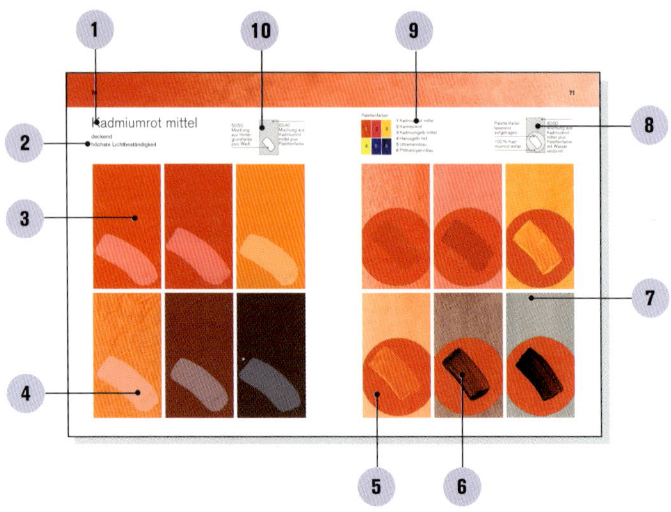

Auf den folgenden beiden Seiten wird die vorgestellte Farbe mit weiteren sechs Farben der Grundpalette gemischt.

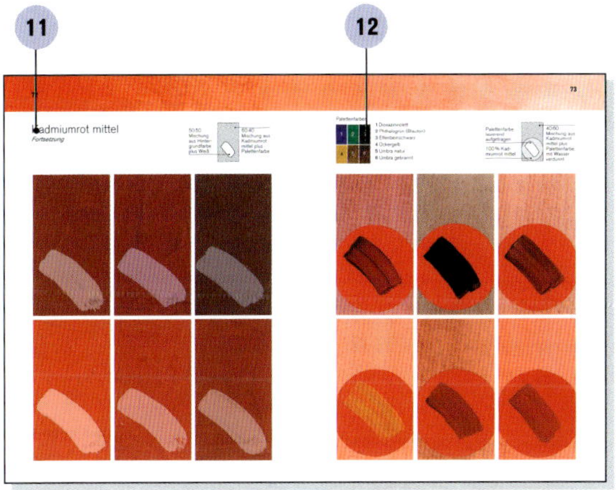

LEGENDE

1 *Überschrift mit dem Namen der Farbe.*
2 *Merkmale der Farbe*
3 *Der Hintergrund zeigt eine 60:40-Mischung der jeweiligen Farbe mit der Palettenfarbe.*
4 *Der Pinselstrich zeigt eine 50:50-Mischung der Hintergrundfarbe plus Weiß.*
5 *Der Kreis zeigt die reine Farbe (100 %).*
6 *Der Pinselstrich zeigt die Farbe der Palette, lasierend aufgetragen.*
7 *Der Hintergrund zeigt eine 40:60-Mischung der vorgestellten Farbe plus jeweilige Palettenfarbe, verdünnt mit Wasser.*
8 *Die Mischungsverhältnisse sind in der Legende nochmals genannt.*
9 *Hier ist die Reihenfolge der ersten sechs Palettenfarben zu sehen.*
10 *Die Legende gibt Auskunft über die Mischungsverhältnisse*
11 *Auf der zweiten Doppelseite wird der Name der vorgestellten Farbe wiederholt.*
12 *Dies ist die Reihenfolge der zweiten Gruppe von Palettenfarben.*

Colour Index Code

Alle Farben werden aus Pigmenten hergestellt. Die *Society of Dyers and Colorists* und die *American Association of Textile Chemists and Colorists* haben einen „Colour Index“ entwickelt, der jedes Pigment aufgrund seiner chemischen Zusammensetzung mit einer Codenummer identifiziert.

Viele Hersteller verwenden die gleichen Pigmente für ihre Produkte. Kadmiumrot hell beispielsweise wird aus dem roten Pigment PR108 hergestellt. Einige Firmen bezeichnen diese Farbe aber mit anderen Namen. Andererseits werden viele käufliche Farbtöne aus Pigmentmischungen hergestellt, deren Zusammensetzung und Mengenverhältnisse von Hersteller zu Hersteller sehr unterschiedlich sein können.

Wegen dieser Ungenauigkeit der Handelsnamen kann der Farbindex beim exakten Bestimmen von Farben eine wertvolle Hilfe sein, wenngleich er bei käuflichen Mischfarben keine Auskunft über die Mengenverhältnisse gibt.

Bildbeispiele

Die auf den folgenden Seiten präsentierten Werke zeigen sehr anschaulich die Vielseitigkeit des Mediums Acrylfarbe.

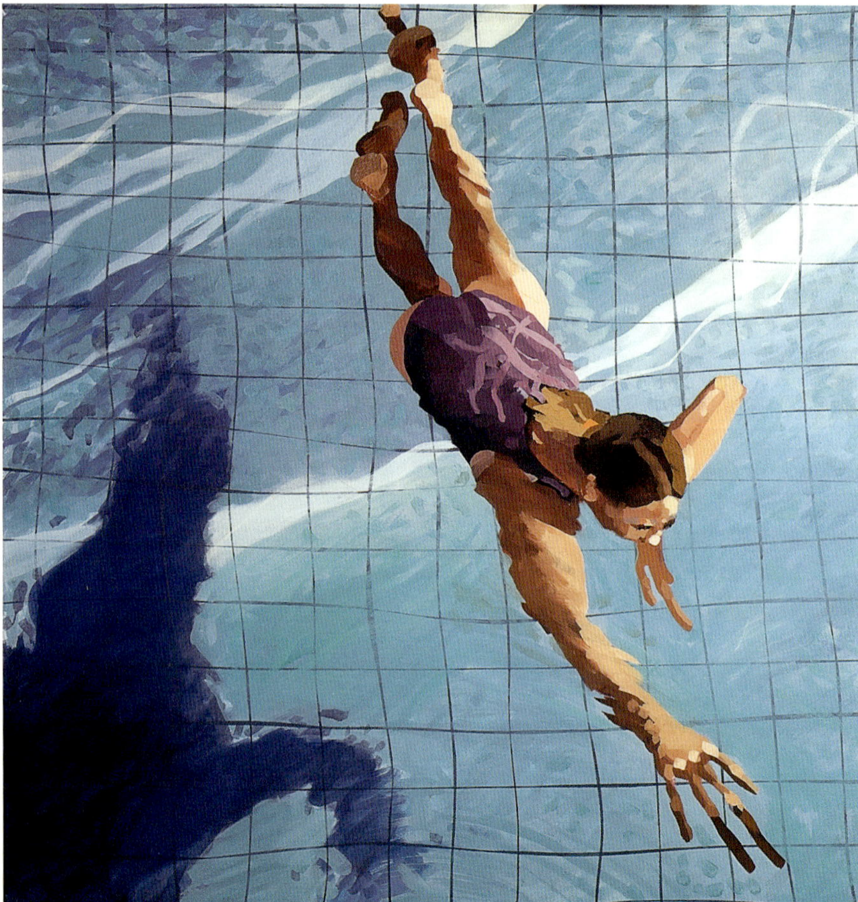

ABDECKTECHNIK

Ian Sidaway *Swimmer*

Die scharfen Konturen über der lockeren Untermalung wurden mithilfe von Klebeband und Papierstreifen erzeugt.

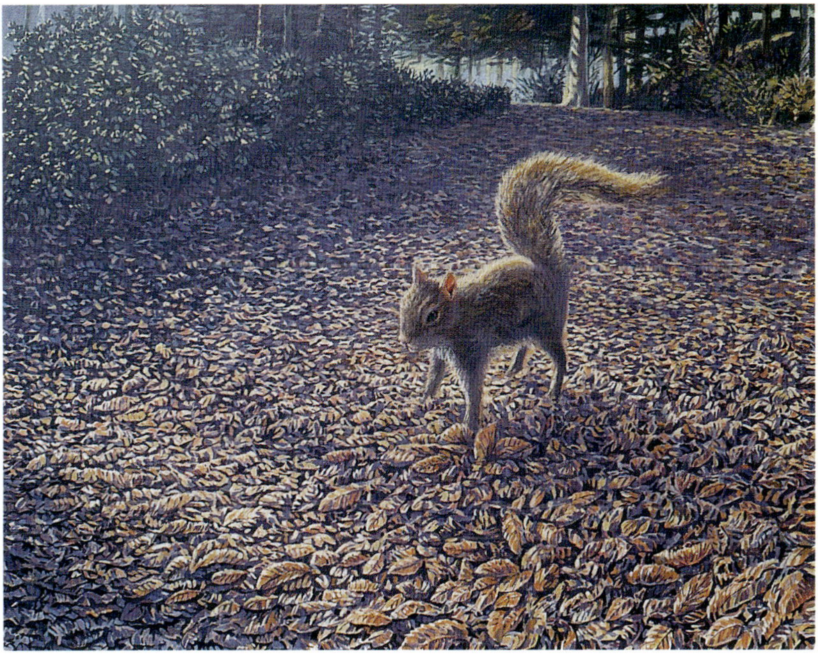

OPTISCHE MISCHUNG

Peter Warden *Squirrel*

Die überzeugenden Schatten entstanden vor allem durch sorgfältig gewählte Farbkombinationen.

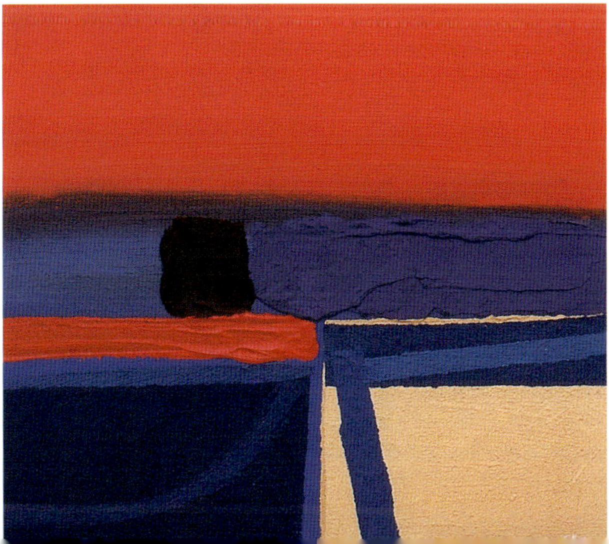

ABSTRAKT

Robert Tilling

Evening Harbour

Wegen ihrer Konsistenz eignet sich Acrylfarbe gut für große, einfarbige Flächen.

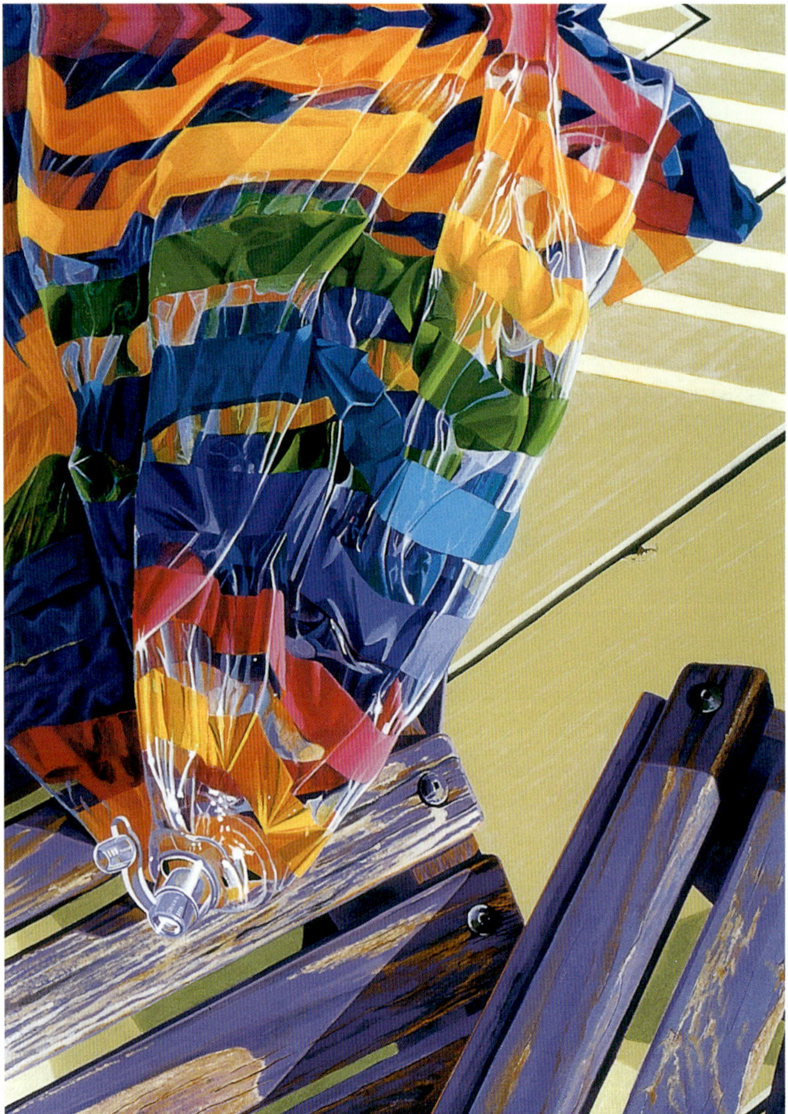

KLARE KONTUREN

Nick Long *Stripes*

Dieses grafische Bild wirkt durch die feinen Tonwertabstufungen sehr lebendig.

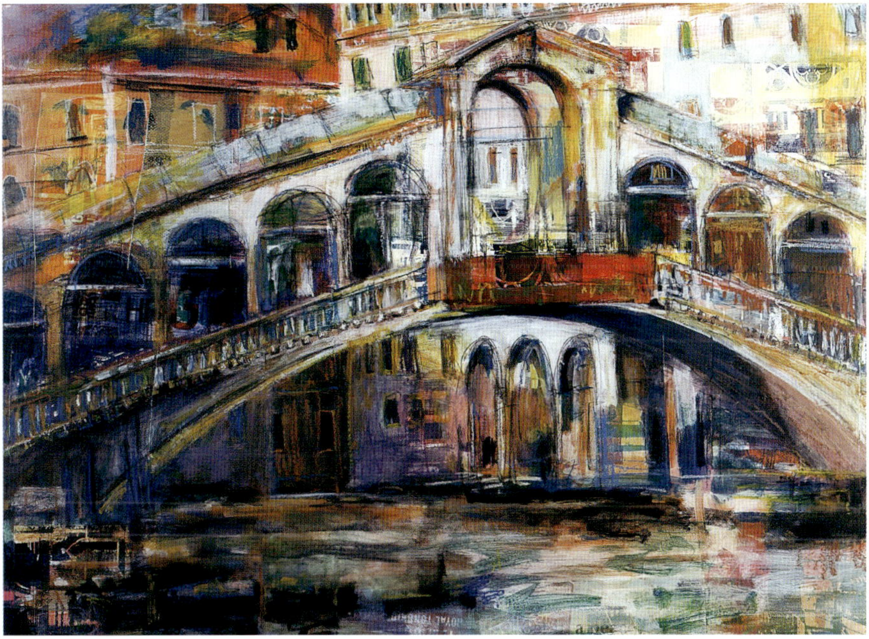

KOMBI-TECHNIK

Nick Hebditch *Realto, Venedig*

Für dieses ausdrucksvolle Bild verwendete der Maler verschiedene Medien, darunter auch Pastellkreiden.

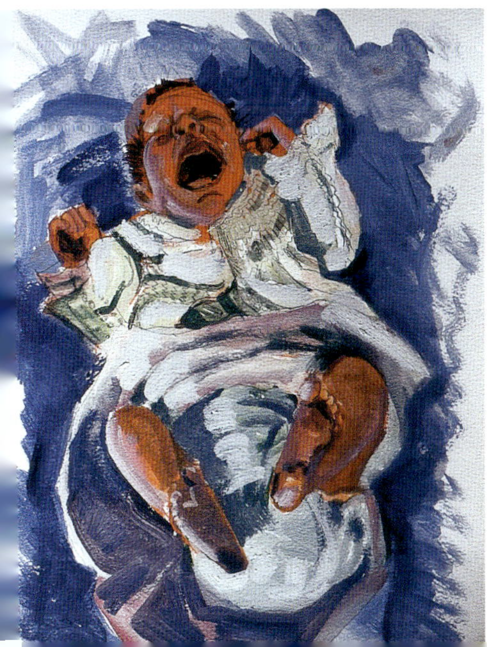

IMPASTO

Helena Greene *Ben*

Dieses schreiende Baby strahlt sehr viel Energie aus. Ausdrucksvolle Pinselstriche betonen dies.

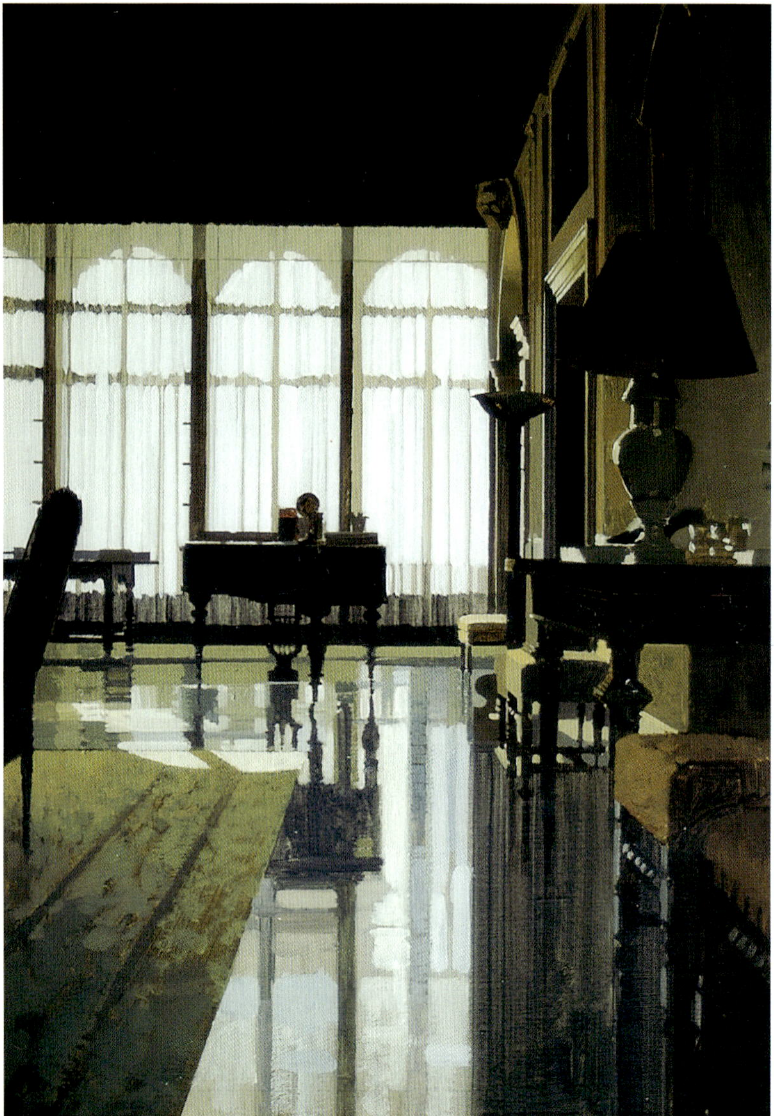

DRAMATIK DURCH TONWERTE

Peter Kelly *Reflection, Palazzo Polignac*

Um die starken Kontraste zu erzeugen, beschränkte sich der Maler weitgehend auf helle und dunkle Tonwerte.

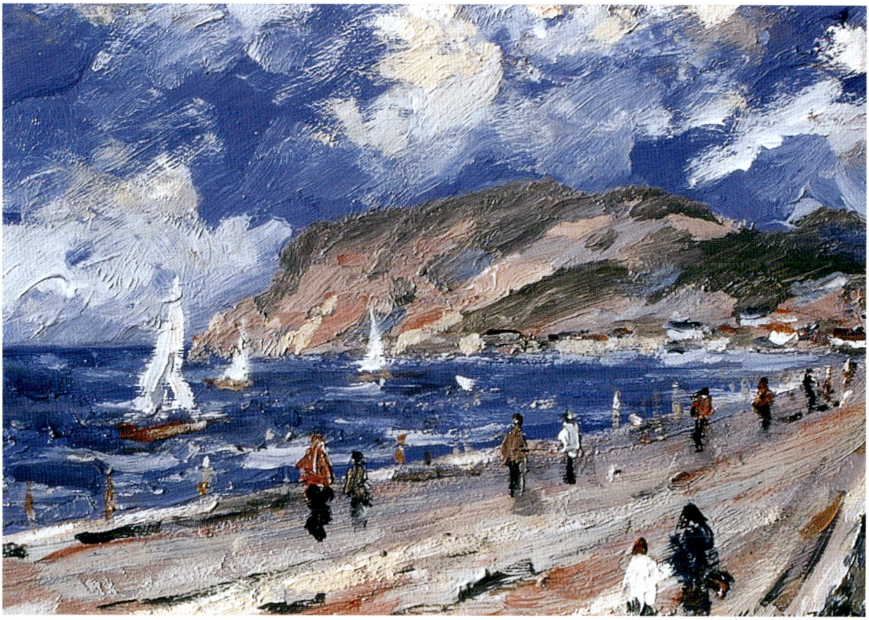

DIE ELEMENTE

James Harvey Taylor *A Windy Day on the Welsh Coast in Llandudno*
Pastose Farbe und expressive Pinselstriche bringen die Szenerie eindrucksvoll zur Geltung.

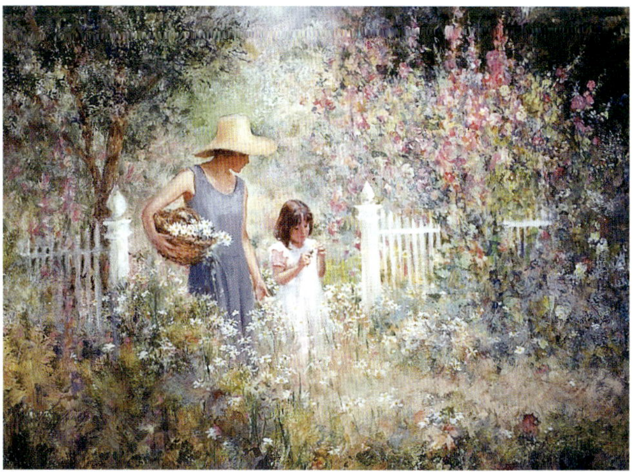

OPTISCHE TRICKS
Roberta Carter Clark
Sea of Flowers
Das Auge nimmt die vielen kleinen Farbtupfer als Blütenmeer wahr.

1. Material, Techniken und Farbenlehre

Farben und Werkzeug

Acrylfarben unterscheiden sich zwar grundsätzlich von Aquarell- und Ölfarben, werden aber mit den gleichen Werkzeugen verarbeitet.

Acrylfarben

Acrylfarben bestehen aus Pigmenten, Acrylharz und Wasser. Wasser ist notwendig, damit sich die Farbe auf dem Malgrund verteilen lässt. Das Harz sorgt für die dauerhafte Verbindung von Pigment und Malgrund. Die Farbe trocknet, wenn das Wasser verdunstet. Acrylfarbe gibt es in verschiedenen Konsistenzen von relativ flüssig bis steif und pastos. Die Viskosität einer Farbe lässt sich leicht verändern, indem man sie mit Wasser oder einem Malmittel vermischt.

VISKOSITÄT

Die Viskosität der Farbe bestimmt, für welche Maltechniken und Effekte sie sich am besten eignet.

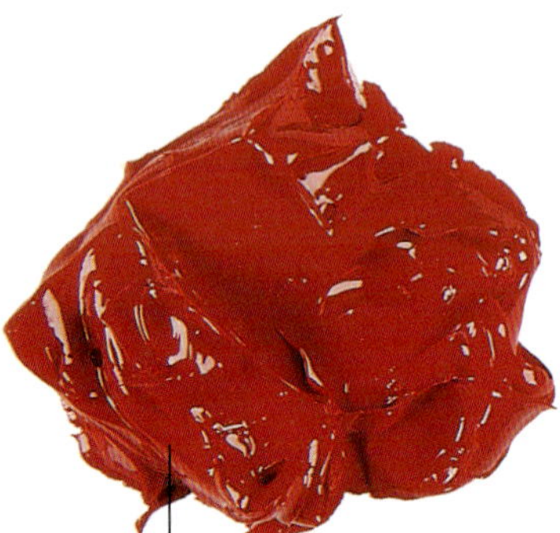

Pastose Farben sind ideal für Impasto-Techniken.

Hochviskose Farben eignen sich für die meisten Techniken.

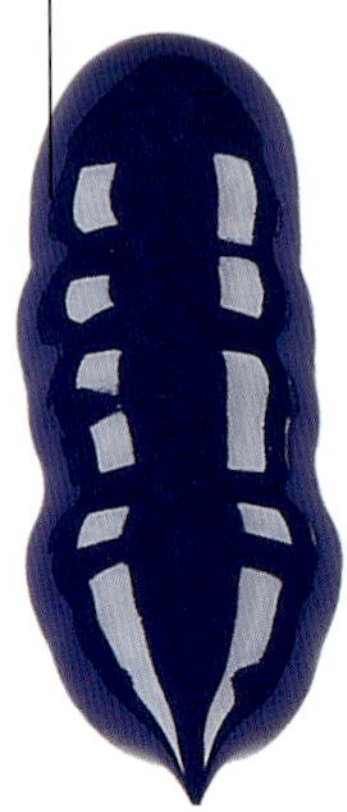

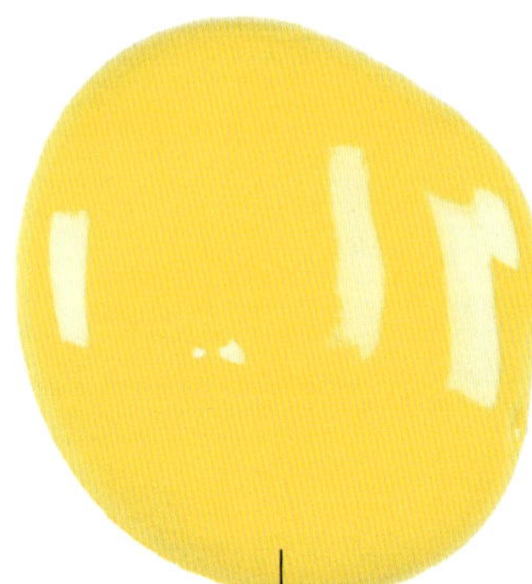

Leicht zu verstreichen: Farben mit cremiger Konsistenz

FARBVERÄNDERUNG
Weil das Bindemittel milchig ist, erscheint nasse Farbe etwas heller als trockene.

trockene Farbe

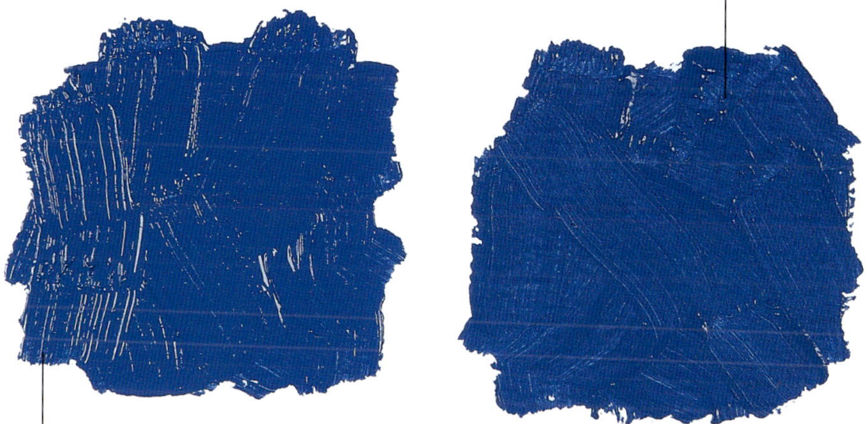

nasse Farbe

Trockenzeit

Die Trockenzeit einer Farbe hängt von Typ und Viskosität des Produkts ab, aber auch davon, ob und welche Zusatzstoffe verwendet wurden. Normalerweise ist eine dünne Farbschicht in 10–15 Minuten trocken. Dickere Farbschichten können, je nach Raumtemperatur, eine bis mehrere Stunden und manchmal sogar Wochen Trockenzeit benötigen.

Farbveränderung

Anfänger müssen sich meist daran gewöhnen, dass Acrylfarben beim Trocknen leicht nachdunkeln. Das liegt daran, dass das Acrylharz-Bindemittel in nassem Zustand milchig ist, aber transparent auftrocknet. Und erst dann wird der eigentliche Farbton erkennbar. Mit etwas Übung lässt sich dieses Phänomen beim Mischen einkalkulieren. Die Abbildung zeigt Coelinblau in nassem und trockenem Zustand.

Vielseitigkeit

Acrylfarben sind aufgrund ihrer Vielseitigkeit besonders beliebt. Sie eignen sich für sehr viele Techniken. Man kann sie mit Wasser verdünnen und wie Aquarellfarbe verarbeiten oder dicke Farbe direkt aus der Tube wie Ölfarbe auftragen. Wegen ihrer guten Haftung kann man mit Acrylfarben auf verschiedenen Untergründen malen. Nach dem Trocknen bleiben sie flexibel und vergilben nicht. Außerdem sind sie fast geruchlos.

Malmittel, Additive und Firnis

Zum Malen mit Acrylfarben braucht man nur klares Wasser. Es gibt aber zahlreiche Malmittel, mit denen sich die Konsistenz und der Charakter der Farben verändern lässt. So sind vielfältige Effekte möglich. Um das Potenzial von Acrylfarben voll auszuschöpfen, sollte man mit solchen Additiven experimentieren.

Die wichtigsten Malmittel sind in der folgenden Übersicht aufgelistet, allerdings tragen sie von Hersteller zu Hersteller unterschiedliche Bezeichnungen.

MATT-MEDIUM	EXTENDER
Dieses Medium verdünnt die Farbe und verstärkt die Transparenz, trocknet aber matt auf. Durch Mischung mit Glanzmedium lassen sich verschiedene Glanzgrade einstellen.	Extender vergrößert das Farbvolumen, ohne Deckkraft oder Farbintensität nennenswert zu verändern.
LASUR-MEDIUM	**FIRNIS**
Dieses schnell trocknende Malmittel wird der Acrylfarbe beigemischt, um farbintensive, transparente Lasuren zu erhalten.	Firnis wird als schützender Klarlack aufgetragen. Er gibt dem gesamten Bild einen einheitlichen Oberflächenglanz.
RETARDER	**GELMEDIUM**
Retarder verzögern die Trocknung und erhöhen somit die Zeit, während der man eine Farbe bearbeiten kann.	Gelmedium gibt der Farbe mehr Fülle, sodass Pinselspuren sichtbar bleiben und Strukturen leicht zu gestalten sind. Es gibt Produkte mit unterschiedlicher Verdickungswirkung.
FLIESSMITTEL	**STRUKTURGELE UND -PASTEN**
Fließmittel verringern die Oberflächenspannung und verbessern das Fließverhalten der Farbe auf dem Malgrund.	Strukturgele und -pasten enthalten Zusatzstoffe, die die Oberflächenstruktur verändern. Man kann sie mit der Farbe vermischen oder auftragen und dann übermalen.

STRUKTURPASTEN

Strukturpasten können mit der Farbe gemischt oder direkt auf den Malgrund aufgetragen werden.

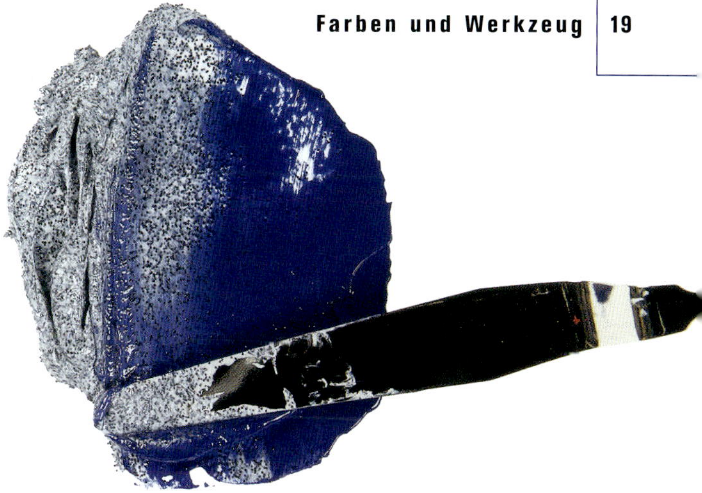

MATT- UND GLANZMEDIUM

Diese Malmittel verdünnen die Farbe und erhöhen Transparenz und Glanz. Sie können auch als Firnis verwendet werden.

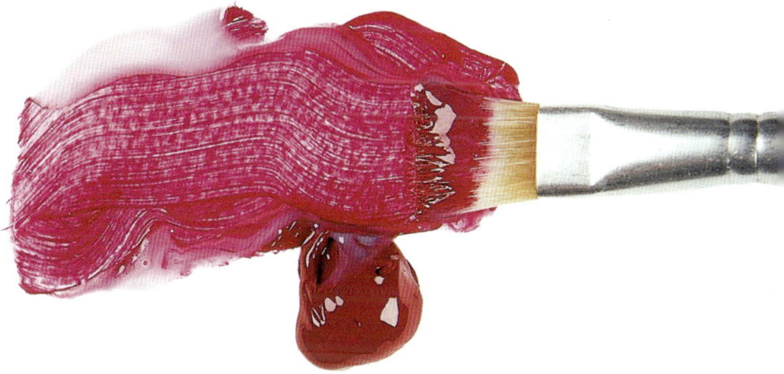

FLIESSMITTEL

Fließmittel verbessern den Verlauf und erleichtern das Verstreichen der Farbe auf großen Flächen.

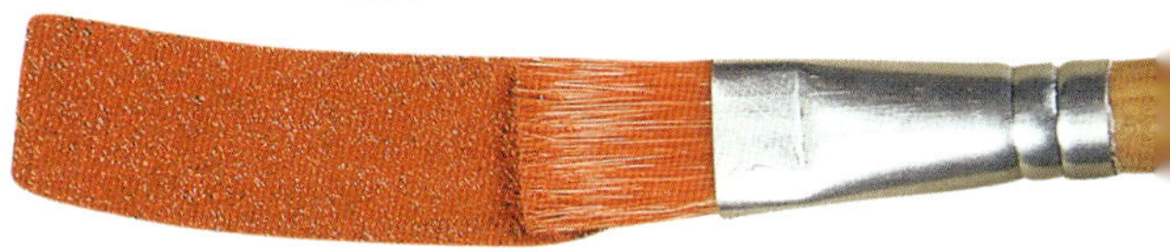

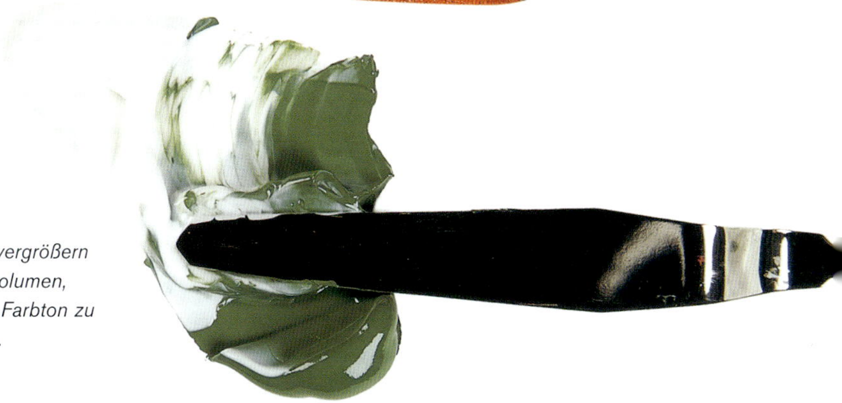

EXTENDER

Extender vergrößern das Farbvolumen, ohne den Farbton zu verändern.

Pinsel, Messer und Schwämme

Je nach gewünschtem Effekt kann man Acrylfarben auf verschiedene Weise auftragen. Zur Verarbeitung sind alle Arten von Synthetik- und Naturhaarpinseln geeignet, auch Handwerkerpinsel. Für flüssige, dünne Lasuren braucht man weiche Pinsel, für pastose Farben oder Impasto-Techniken mit sichtbaren Pinselstrichen sind feste Synthetik-Borstenpinsel sinnvoll. Pinsel gibt es in so vielen Formen und Größen, dass sich für jedes Projekt die passenden Typen finden lassen.

Auch mit Malmessern kann man Farbe dick oder dünn auftragen. Ideal sind Malmesser mit einer flexiblen Edelstahlklinge, die sich nach der Arbeit leicht reinigen lassen. Colour Shaper sind eine recht neue Erfindung. Sie sehen ähnlich aus wie Pinsel,

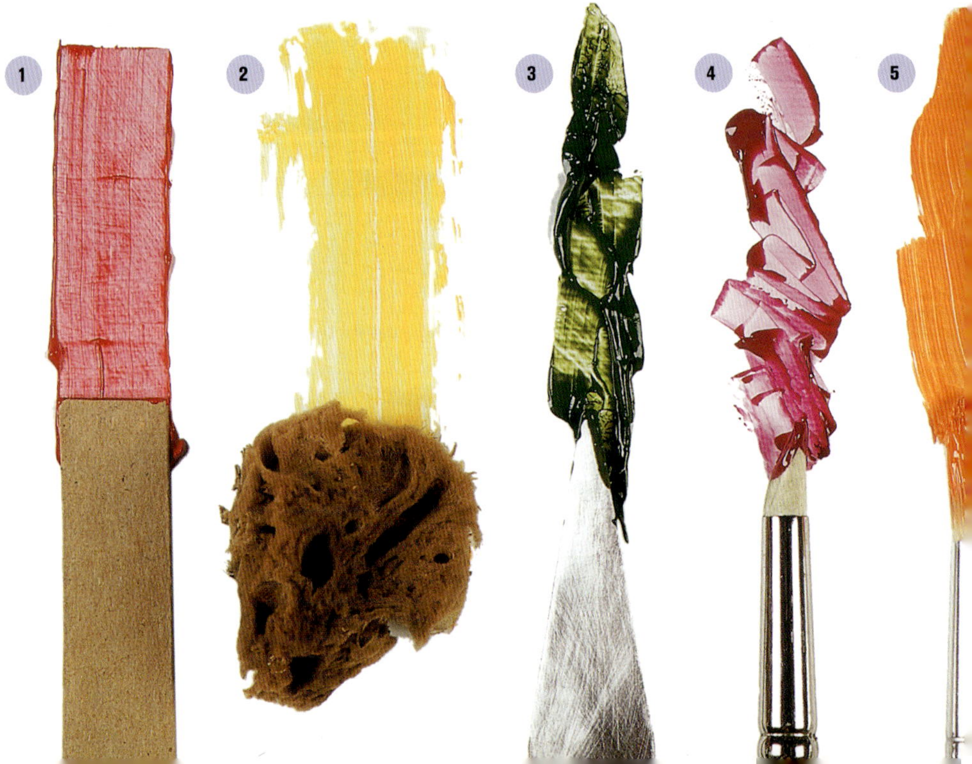

haben aber eine massive Spitze aus geformtem Silikon, das sich leicht reinigen lässt. Sie werden zum Manipulieren der feuchten Farbe auf dem Malgrund verwendet und eignen sich besonders gut zum Gestalten von Strukturen.

Farbe kann – ganz nach gewünschter Wirkung – aber auch mit Rollen, Holz- oder Pappstücken, Synthetik- und Naturschwämmen, Lappen, Papiertaschentüchern oder den Fingern aufgetragen werden – Grenzen setzt nur die eigene Fantasie.

Tipp zur Reinigung von Pinseln

Acrylfarbe ist nach dem Trocknen wasserfest, darum darf sie nie im Pinsel antrocknen. Während der Arbeit stellt man die Pinsel am besten in ein Glas mit Wasser. Wer vermeiden will, dass sich die Borsten biegen, kann sie auch so in eine flache Schale mit Wasser legen, dass der Griff auf dem Schalenrand ruht und nur die Borsten feucht gehalten werden. Nach der Arbeit werden die Pinsel gut ausgewaschen. Zuerst grobe Farbreste mit einem Malmesser aus dem Borsten streifen. Den Pinsel mit kaltem Wasser gründlich ausspülen, dabei am Rand des Metallkragens besonders gründlich arbeiten. Danach den Pinsel mit warmem Wasser und etwas Spülmittel auswaschen, gut ausspülen und in Form drücken.

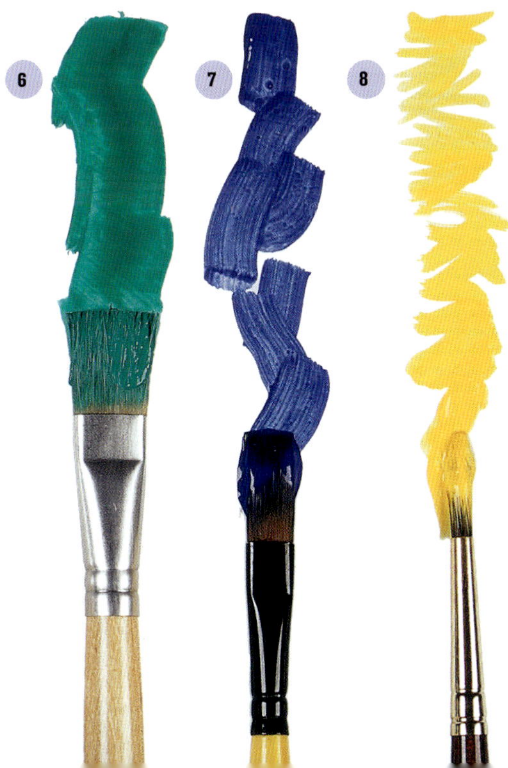

PINSEL UND MALMESSER

1 *Pappe*
2 *Schwamm*
3 *Malmesser*
4 *Colour Shaper*
5 *Schweinsborstenpinsel*
6 *Borstenpinsel*
7 *weicher Flachpinsel*
8 *weicher Haarpinsel*

Malgründe

Mit Acrylfarben kann man auf fast allen Untergründen malen – Ausnahmen bilden fettige Materialien sowie sehr glatte wie Glas. Die drei traditionellen Malgründe sind Papier (oder Karton), Holzplatte und Leinwand. Alle drei lassen sich auf fast jedes gewünschte Maß zuschneiden, sind leicht zu transportieren und – bei richtiger Vorbereitung und Lagerung – sehr lange haltbar.

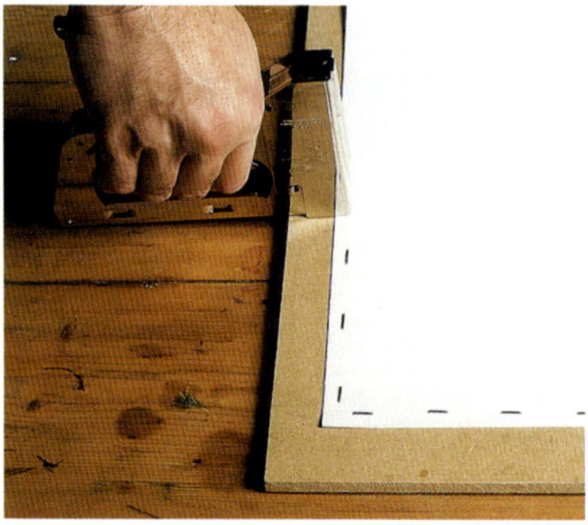

EINFACHER MALGRUND
Um einen festen Malgrund zu erhalten, kann man Papier einfach auf eine Platte tackern.

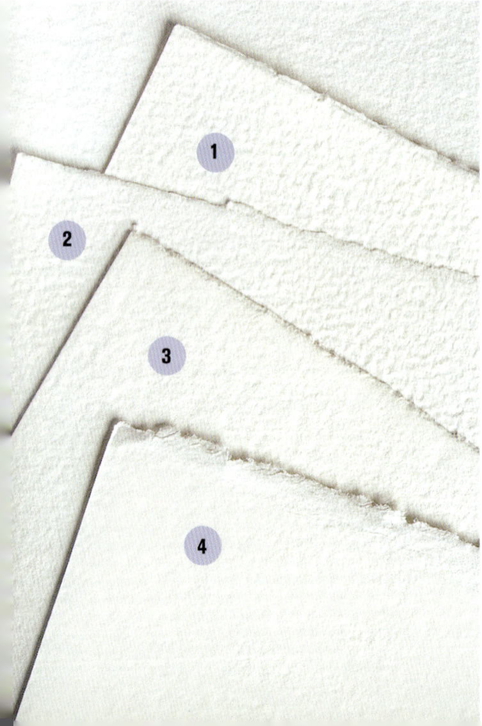

Papier und Karton

Bei Papier unterscheidet man zwischen Qualitäten mit rauer, matter (leicht rauer) und glatter Oberfläche. Glattes Papier wird zwischen heißen Walzen oder Platten gepresst, mattes Papier wird kalt gepresst. Raues Papier hat eine sehr ausgeprägte Oberfläche. Weil sich die Oberflächenmerkmale stark unterscheiden, muss man experimentieren, bis man den passenden Papiertyp gefunden hat.

PAPIEROBERFLÄCHEN
1 *rau*
2 *rau*
3 *matt*
4 *glatt*

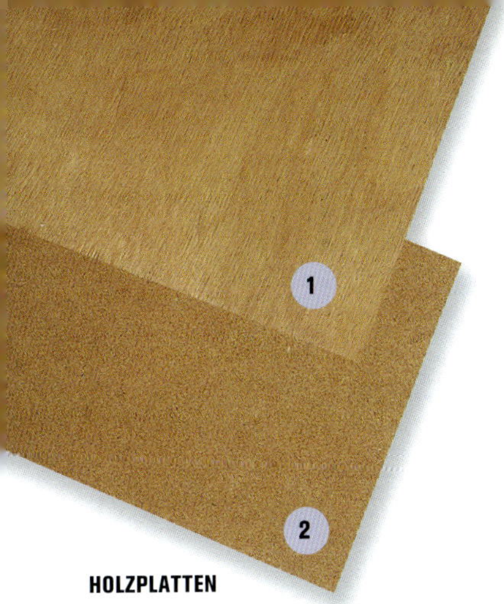

HOLZPLATTEN
1 *Sperrholz*
2 *MDF-Platte*

Holz

Besonders geeignet zum Bemalen sind Sperrholz und MDF-Platte. Beide bekommt man in verschiedenen Stärken. Es ist preiswerter, größere Platten zu kaufen und selbst auf die gewünschte Größe zu schneiden. Für kleine Bilder nimmt man dünne Platten, für große Gemälde dicke. Wer möchte, kann mit Acrylmedium Leinwand auf eine Holzplatte aufkleben. Diese Technik nennt man „Marouflage". Platten müssen vor dem Bemalen versiegelt werden (siehe Kasten).

Leinwand

Als Leinwand bezeichnet man heute verschiedene Textilgewebe zum Bemalen, also auch Leinen, Baumwolle, Synthetik- und Mischgewebe. Fertige Keilrahmen mit aufgespannter Leinwand sind in verschiedenen Größen erhältlich, man kann Leinwand aber auch auf Rollen kaufen und selbst spannen. Die Stärke des Materials wird in Gewichtseinheiten angegeben.

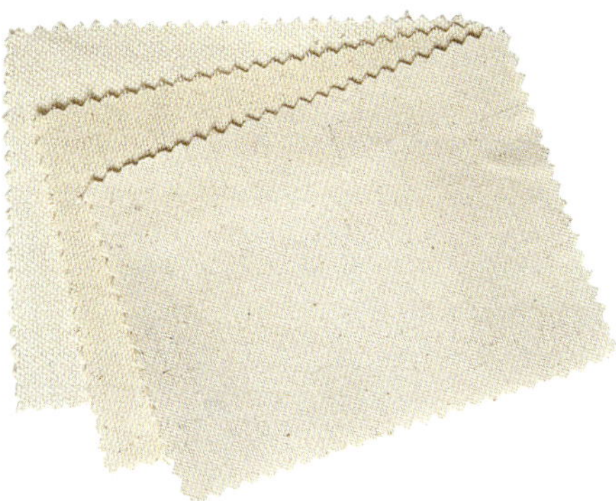

LEINWAND
Leinwand kann man meterweise von der Rolle kaufen und selbst spannen.

Vorbereitung des Malgrundes

Mit Acrylfarben malt man auf unbehandeltem Papier, vor allem wenn Aquarelltechniken angewandt werden. Papier mit weniger als 300 g/m² wellt sich allerdings bei Kontakt mit Feuchtigkeit und muss vor dem Bemalen gespannt werden.

Andere Oberflächen sollten vor dem Bemalen versiegelt werden, sonst dringt die Farbe zu tief in den Malgrund ein und dessen Farbe schimmert durch das Bild. Es genügt, den Malgrund mit einer Schicht Matt-Medium zu bestreichen. Man kann aber auch ein Acryl-Gesso verwenden. Bei Leinwand genügt meist ein Grundierungsanstrich, bei Plattenware können zwei oder mehr Schichten erforderlich sein.

Paletten

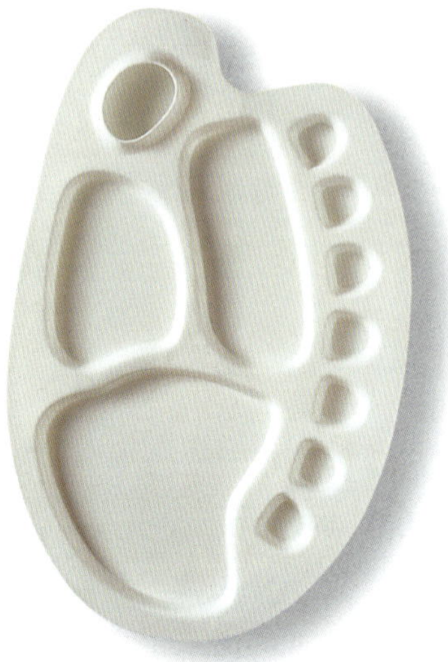

KUNSTSTOFF-AQUARELLPALETTE

Die Wahl der Palette zum Mischen der Farben richtet sich nach der Maltechnik. Wer mit stark verdünnten, flüssigen Farben malt, braucht eine Palette für Aquarellfarben, die es in verschiedenen Ausführungen gibt. Alle haben mehrere Vertiefungen für die Farben, die jedoch nicht zu klein sein sollten, weil sich die Farben sonst schlecht mischen lassen. Wer mit cremigen oder pastosen Farben arbeitet, sollte eine Palette mit einer glatten Oberfläche verwenden.

Es gibt Paletten aus verschiedenen Materialien. Preiswert, vielseitig und überall erhältlich sind Paletten aus Kunststoff. Holzpaletten sind weniger empfehlenswert, weil sich angetrocknete Farbe von ihrer rauen Oberfläche nur schwer entfernen lässt. Für die Arbeit mit pastosen Farben sind auch Einwegpaletten-Blöcke praktisch. Sie bestehen aus mehreren Lagen. Man arbeitet jeweils auf dem obersten Blatt und reißt es einfach ab, wenn es voll ist oder wenn man die Arbeit beendet.

KERAMIK-AQUARELLPALETTE

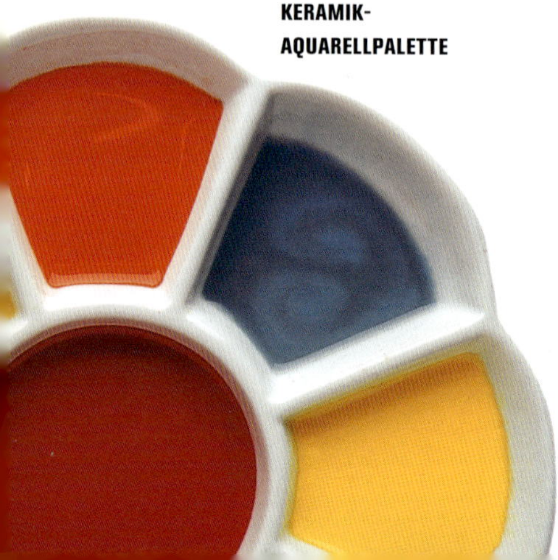

Feuchthaltepalette

Sie wurden speziell für Acrylfarben erfunden und verhindern, dass die schnell trocknenden Farben auf der Palette aushärten und unbrauchbar werden. Eine Feuchthaltepalette besteht aus einer flachen Schale mit einer Einlage, die mit Wasser befeuchtet wird. Darauf legt man ein halb durchlässiges Papier, auf dem gemischt wird. In Arbeitspausen wird die Palette mit einem Deckel verschlossen. Wegen der hohen Luftfeuchtigkeit bleibt die Farbe so mehrere Tage verarbeitbar. Eine Feuchthaltepalette kann man auch selbst herstellen (siehe Kasten Seite 25).

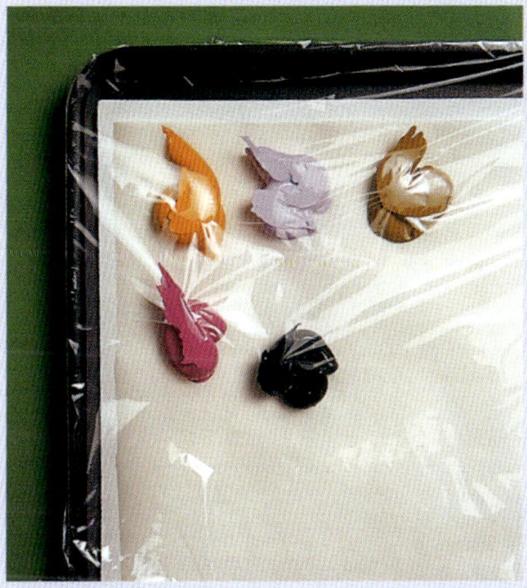

EIGENE FEUCHTHALTEPALETTE

Legen Sie mehrere Bögen Löschpapier in eine flache Schale und feuchten Sie sie mit Wasser an. Darauf legen Sie ein Stück dickes Vellum oder Wachspapier, auf dem die Farben gemischt werden. In längeren Arbeitspausen decken Sie einfach die ganze Schale mit Frischhaltefolie oder einem luftdicht schließenden Deckel ab. Wenn Sie die Palette im Kühlschrank aufbewahren, bleiben die Farben noch länger verarbeitbar.

Zusätzliche Ausstattung

Wer auf Papier arbeitet, braucht eine Zeichenplatte. Ideal sind mehrere Platten in verschiedenen Größen. Wer sich nur eine Platte anschaffen will, sollte ein Exemplar im Format DIN-A-2 wählen. Sie lässt sich noch recht leicht transportieren und man kann an den Rändern mehrere Blätter Papier befestigen, falls man parallel an verschiedenen Bildern arbeitet.

Viele Maler arbeiten gern an einer Staffelei. Welche man wählt, hängt von den eigenen Vorlieben ab. Wer oft im Freien malt, braucht eine leichte, transportable und dennoch standfeste Feldstaffelei. Wer Lasurtechniken einsetzt, braucht eine Staffelei, auf der sich das Papier waagerecht fixieren lässt. Für die Arbeit mit pastosen Farben muss der Malgrund eher senkrecht fixiert werden.

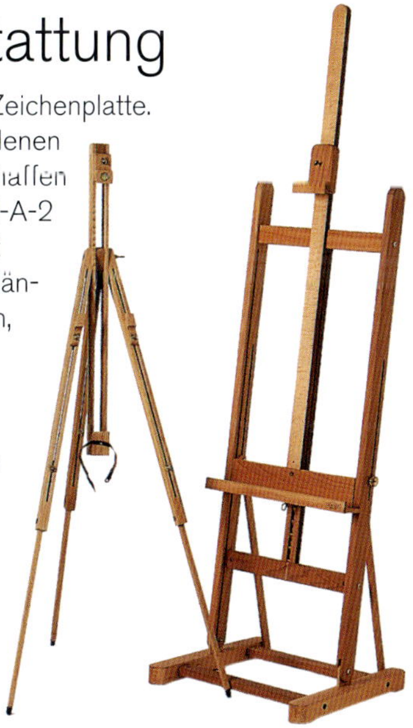

VERSCHIEDENE STAFFELEIEN

Es kommt vor allem auf die Standfestigkeit an.

Techniken

Die Maltechnik ist das Ausdrucksmittel, mit dem der Maler den Charakter seines Bildes bestimmt.

Flüssige Farben

Acrylfarben kann man mit Wasser verdünnen, um flüssige, transparente Lasuren zu erhalten. Alle Techniken der Aquarellmalerei lassen sich auch mit Acrylfarben umsetzen – ausgenommen ist jedoch das Anlösen bereits getrockneter Farbe mit Wasser. Acrylfarben, auch extrem verdünnte, sind nach dem Trocknen absolut wasserunlöslich.

Transparente Lasuren mischen

Beim Mischen von Lasuren wird die Farbe vorsichtig und tröpfchenweise zum Wasser gegeben. Gibt man zu viel Farbe zu, besteht die Gefahr, dass sich die Pigmente nicht gleichmäßig verteilen: Dann entstehen ungelöste Farbklümpchen, die das Bild verderben. Zum Aufhellen gibt man nicht etwa weiße Farbe zu, sondern Wasser. Dadurch wird die Transparenz erhöht: Das Weiß des Papiers schimmert durch die Farbschicht und lässt die Farbe heller erscheinen.

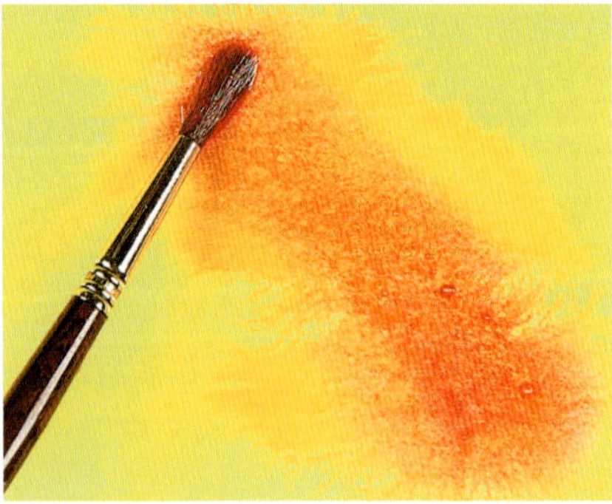

NASS-IN-NASS

Lasuren auftragen

Lasuren werden entweder nass-in-nass oder nass-auf-trocken verarbeitet. Malt man nass-in-nass, entstehen weiche, verlaufende Farbübergänge. Trägt man die Farbe nass-auf-trocken auf, behalten die Pinselstriche klare, scharf umrissene Konturen. In den meisten Bildern werden beide Techniken kombiniert.

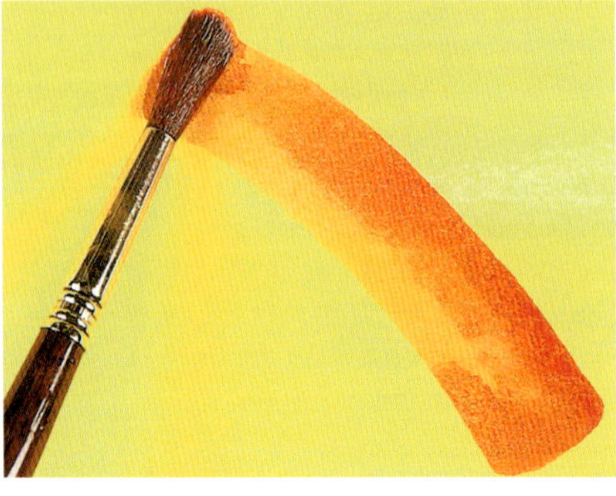

NASS-AUF-TROCKEN

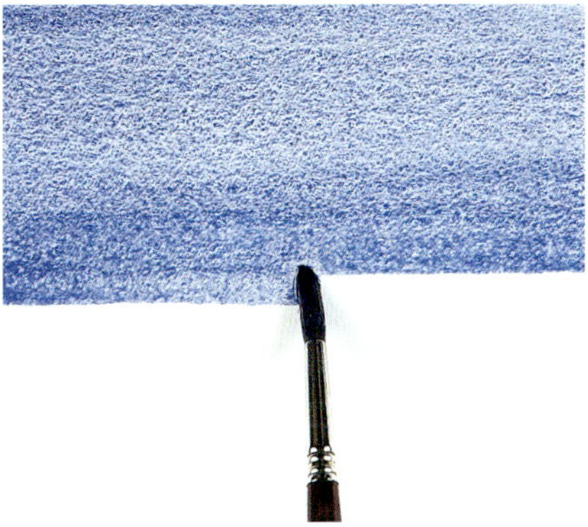

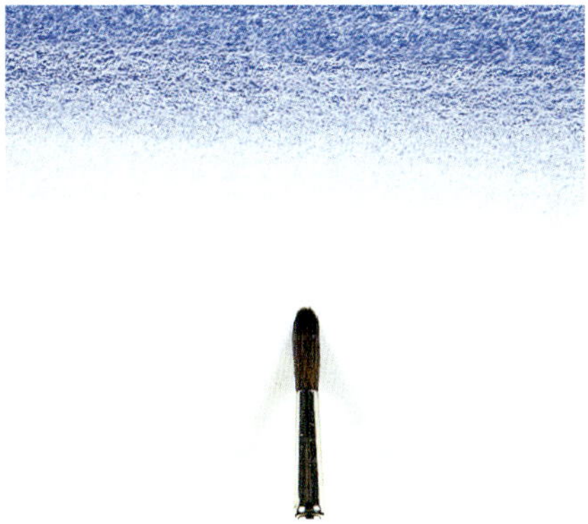

EINFARBIGE LASUR

Um eine größere Fläche mit einer gleichmäßigen, einfarbigen Lasur zu bedecken, muss man ausreichend Farbe anmischen. Den Malgrund leicht schräg stellen, den Pinsel in die Farbe tauchen und am oberen Bildrand waagerecht über die Fläche streichen. Bei Bedarf weitere Farbe aufnehmen. Den zweiten waagerechten Pinselstrich so führen, dass er den ersten teilweise überlappt. So fortfahren, bis die ganze Fläche bedeckt ist.

VERLAUFENDE LASUR

Verlaufende und mehrfarbige Lasuren werden ebenso aufgetragen wie einfarbige. Bei Verlaufslasuren wird die Farbe jedoch allmählich heller. Das gelingt, indem man für jeden Pinselstrich etwas mehr Wasser zur Farbe gibt.

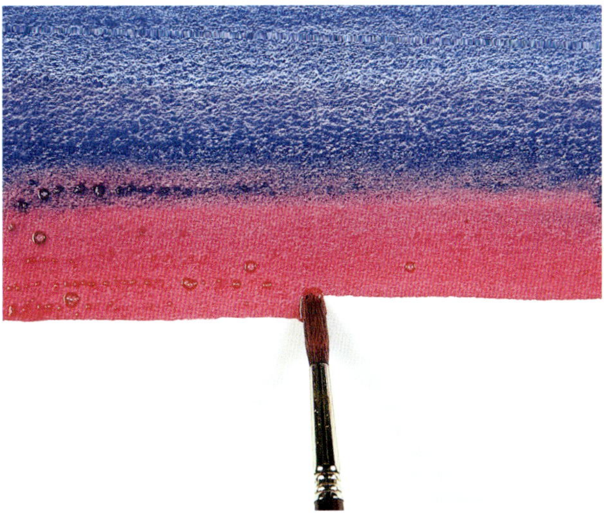

MEHRFARBIGE LASUR

Typisch für mehrfarbige Lasuren ist der fließende Farbübergang. Beginnen Sie wie bei einer einfarbigen Lasur. Auf der gewünschten Höhe gehen Sie zur zweiten Farbe über, sodass die beiden Farben auf natürliche Weise verlaufen. Weil der Malgrund schräg steht, fließt die obere Farbe in die untere und es entsteht ein weicher Übergang.

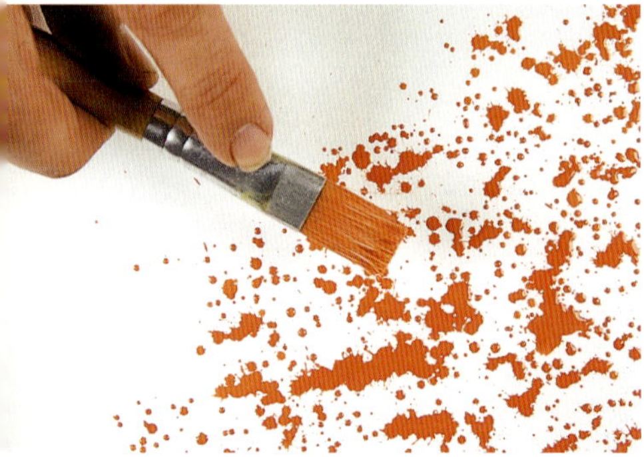

SPRENKELN

Die Farbe wird mit einem Haar- oder Borstenpinsel auf das Papier geschleudert. Nass-auf-trocken lassen sich lebendige, mehrfarbige Sprenkelmuster gestalten. Auch nass-in-nass kann gesprenkelt werden. Wichtig ist, die Bereiche sorgfältig abzudecken, die nicht mit Sprenkeln bedeckt werden sollen.

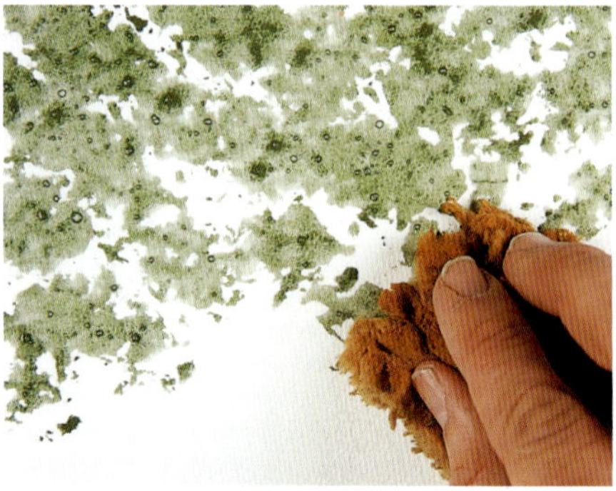

SCHWAMMTECHNIK

Ein Synthetik- oder Naturschwamm wird in flüssige Farbe getaucht und dann wie ein Stempel auf das Papier gedrückt. Auf diese Weise zeichnet sich die Schwammstruktur ab. Nass-auf-trocken können mehrfarbige Muster gestaltet werden.

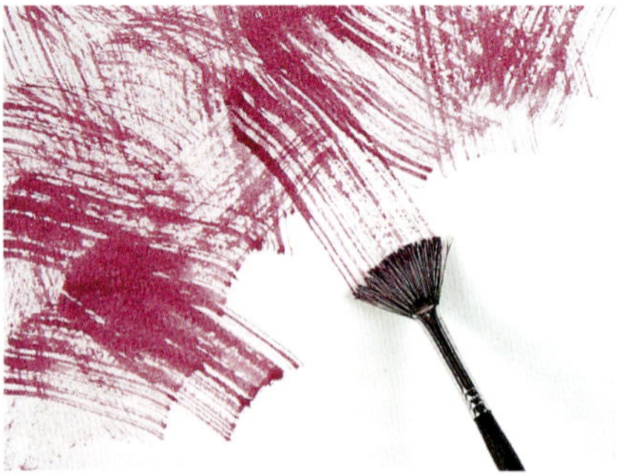

TROCKENER PINSEL

Bei dieser Technik wird nur ganz wenig Farbe mit dem Pinsel aufgenommen. Man arbeitet langsam und systematisch mit „fegenden“ Bewegungen. Die Pinselstriche bilden einen interessanten Kontrast zu Lasurtechniken.

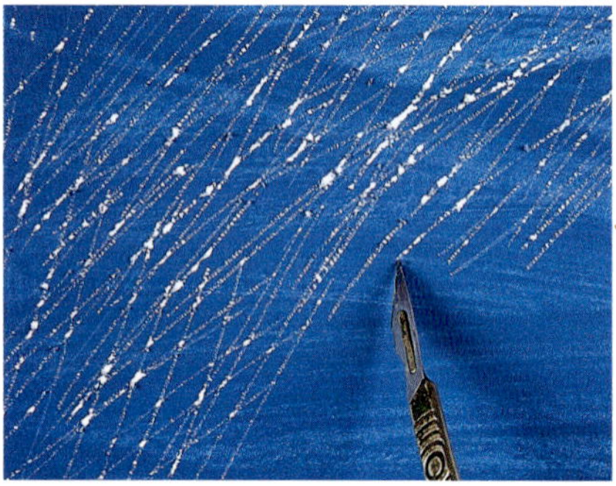

SGRAFFITO

Zuerst wird Farbe aufgetragen und dann mit einem scharfen Werkzeug (Cutter, Malmesser) oder Schleifpapier wieder abgetragen, um die darunter liegende Farbschicht oder den Malgrund freizulegen. Feuchte Farbe kann man auch mit dem Pinselstiel oder einem anderen stumpfen Gegenstand abschaben.

Techniken für cremige Farben

Acrylfarben in Tuben haben meist eine cremig-weiche Konsistenz. Sie lassen sich auf der Palette gut mit Wasser, Matt- oder Glanzmedium mischen und können mit dem Pinsel gleichmäßig dünn verstrichen werden. Ohne Zugabe von Wasser oder Malmittel kann man sie dicker auftragen, sodass Pinselstriche sichtbar bleiben.

Mischen

Die Farbe wird auf einer glatten Fläche mit einem Pinsel oder einem Palettmesser gemischt. Man kann sie auch direkt aus der Tube auf den Malgrund drücken und dort mit einem Pinsel oder einem Malmesser verteilen. Bleibt die Farbe länger auf der Palette, bildet sich auf der Oberfläche eine Haut, die sich beim Mischen nicht mehr ganz löst. Um das zu vermeiden, kann man eine Feuchthaltepalette verwenden (siehe Seite 24) oder die Farbe auf der Palette ab und zu mit einem Blumensprüher befeuchten.

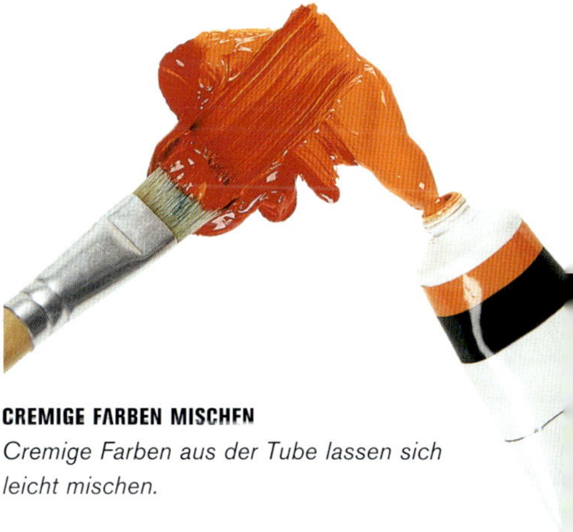

CREMIGE FARBEN MISCHEN
Cremige Farben aus der Tube lassen sich leicht mischen.

Maltechniken

Wie flüssige Farben eignen sich auch cremige zum Sprenkeln und Tupfen, für Sgraffito oder den „trockenen“ Auftrag. Zum Sprenkeln muss die Farbe verdünnt werden, zum Tupfen mit dem Schwamm kann sie direkt aus der Tube verarbeitet oder mit Wasser oder Malmittel vermischt werden. Sgraffito- und Trockentechniken sind mit verdünnter und unverdünnter Farbe möglich.

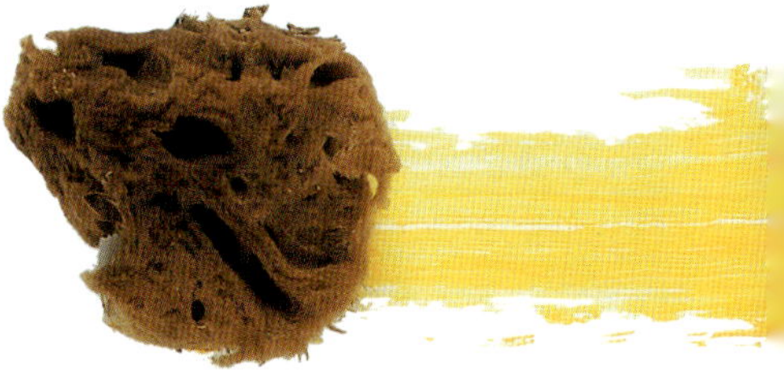

MALEN MIT DEM SCHWAMM
Schwämme eignen sich für verdünnte und unverdünnte Farben, müssen nach der Arbeit aber gründlich ausgewaschen werden.

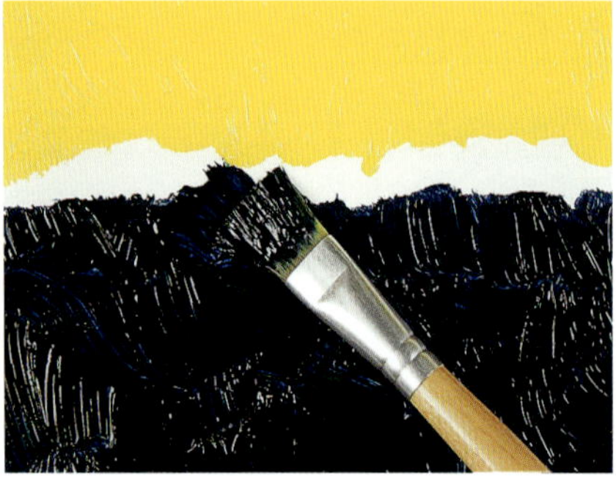

FARBÜBERGANG 1: AUFTRAGEN DER FARBE

Acrylfarbe direkt aus der Tube trocknet schnell. Dadurch ist das Malen von Farbübergängen nicht ganz einfach. Durch Zugabe eines Retarders verlängert sich die Trockenzeit. Alternativ bearbeitet man jeweils nur einen kleinen Bereich, den man fertig stellt, bevor die Farbe trocknet. Zuerst trägt man die Farben auf, die man mischen möchte.

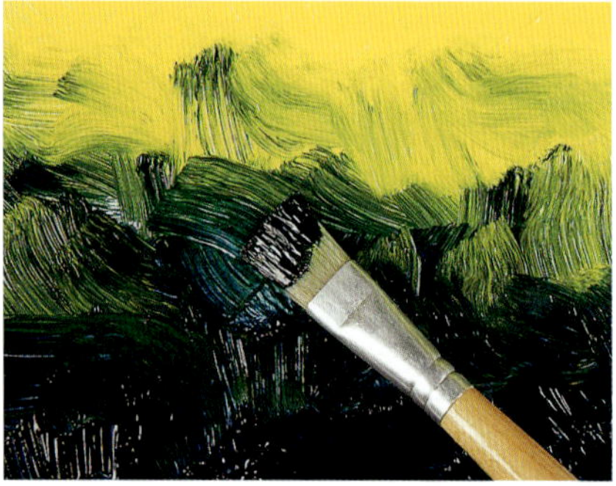

FARBÜBERGANG 2: GROBES MISCHEN

Im nächsten Schritt werden die beiden Farben kreuz und quer mit dem Pinsel ineinander verwischt.

FARBÜBERGANG 3: FEINARBEIT

Zum Schluss arbeitet man den Übergang mit einem trockenen Pinsel fein nach. Dabei lagert sich im Pinsel Farbe an, die regelmäßig abgewischt werden muss. Den Pinsel nicht anfeuchten, sonst wird der Übergang fleckig.

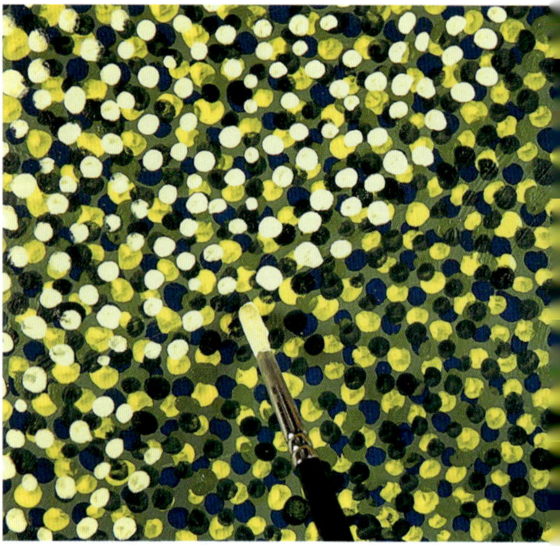

OPTISCHE MISCHUNG

Um dem Auge eine Farbmischung vorzugaukeln, setzt man viele kleine Tupfen in verschiedenen Farben auf das Papier, die einander teilweise überlagern. Aus einiger Entfernung kann das Auge die Punkte nicht unterscheiden und nimmt stattdessen Mischtöne wahr.

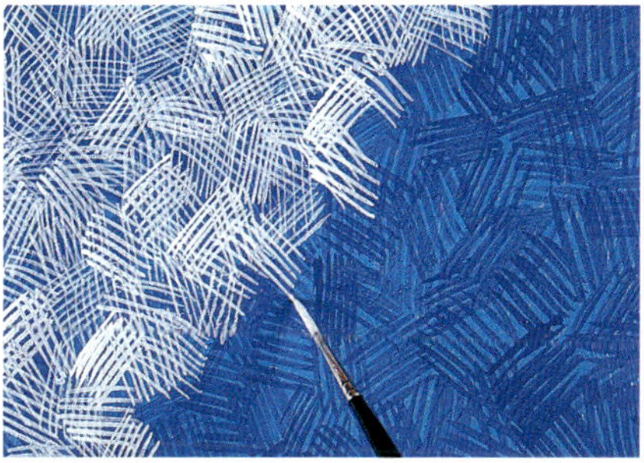

SCHRAFFUR

Diese Technik wird normalerweise beim Malen mit Eitempera verwendet, die (wie Acrylfarbe) schnell trocknet. Feine Pinselstriche in verschiedenen Farben werden kreuz und quer überlagert, sodass jede neue Schicht die Wirkung der darunterliegenden verändert.

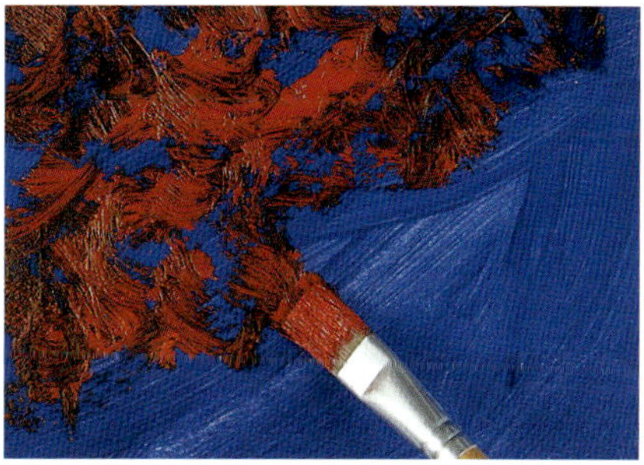

TUPFEN

Diese Methode kann mit Farbe jeder Konsistenz und auf jedem Malgrund angewandt werden. Besonders effektiv ist sie aber mit cremiger Farbe auf einem leicht rauen Malgrund. Es wird nur recht wenig Farbe mit dem Pinsel aufgenommen und ungleichmäßig auf das Papier getupft, sodass die darunterliegende Farbe durchschimmert.

LASUR

Für Lasurtechniken verwendet man normalerweise flüssige Farben. Es ist aber auch möglich, cremige Farben mit Malmitteln zu vermischen, sodass sich ihre Deckkraft reduziert und die darunterliegende Farbe durchscheint. Dadurch entstehen interessante Mischtöne. Mit Malmitteln hergestellte Lasuren besitzen eine besonders intensive Leuchtkraft.

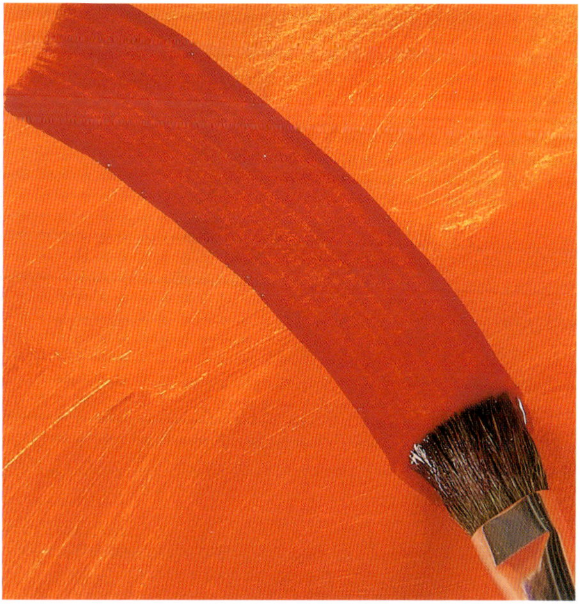

Techniken für pastose Farben

Cremige Farben lassen sich durch Zugabe von Malmitteln verdicken. Weil in solchen pastosen Farben Werkzeugspuren gut sichtbar bleiben, trägt man sie mit harten Borstenpinseln oder Malmessern auf.

Manche hochwertigen Farben haben von Haus aus eine pastose Konsistenz und trocknen deutlich langsamer als andere Acrylfarben. Man kann sie mit Malmitteln und Wasser verdünnen und für alle Techniken verwenden, die auf den vorherigen Seiten vorgestellt wurden.

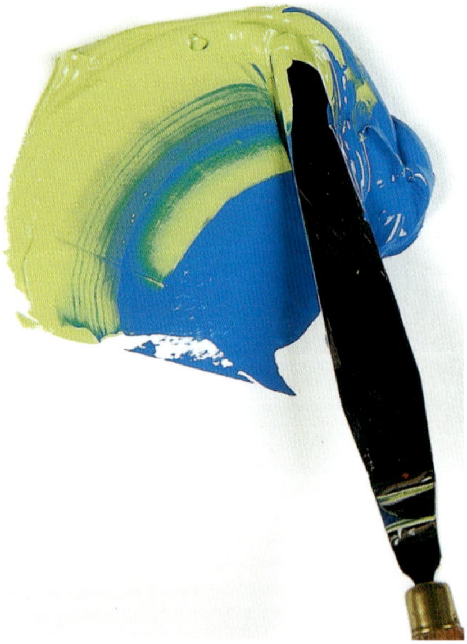

MISCHEN

Acrylfarben verkleben Pinsel leicht. Gerade pastose Farben sollte man darum mit einem alten Pinsel oder einem Malmesser auf der Palette mischen und die hochwertigen Pinsel ausschließlich zum Auftragen von Farbe auf den Malgrund benutzen.

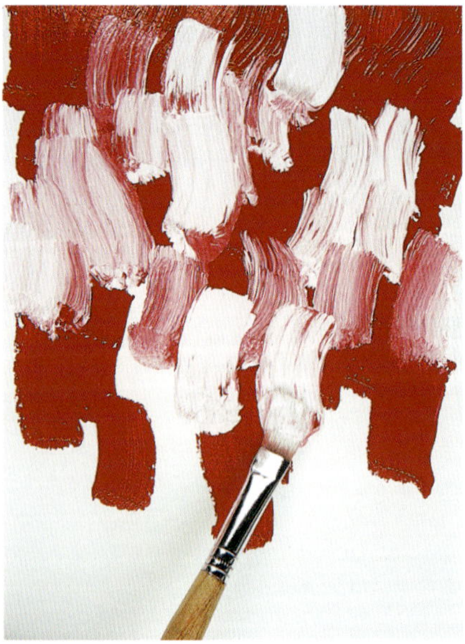

IMPASTO

Das Malen mit sehr dicker Farbe bezeichnet man auch als Impasto. Der Begriff leitet sich von dem italienischen Wort für Teig ab. Impasto-Malerei ist ausdrucksvoll und sinnlich, weil jeder Pinselstrich sichtbar bleibt und die Oberfläche des Bildes je nach Einfallsrichtung des Lichtes immer anders wirkt.

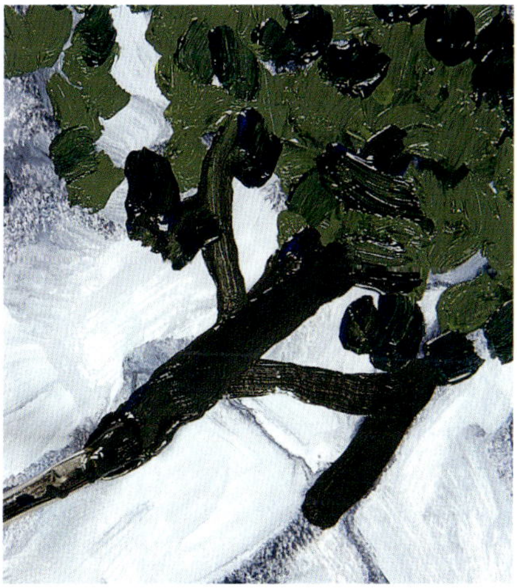

UNTERMALUNG

Normalerweise arbeitet man mit Impasto-Techniken auf einer Untermalung. Die Komposition der Bildelemente wird mit dünner Farbe auf dem Malgrund angedeutet, damit die Farbschichten nicht allzu dick werden. Dann wird das Impasto in einem Arbeitsgang oder mehrschichtig nass-auf-trocken gearbeitet. So dicke Farbschichten brauchen zum Trocknen mehrere Stunden oder Tage und sind erst nach einigen Wochen komplett ausgehärtet – sie müssen also vorsichtig behandelt werden.

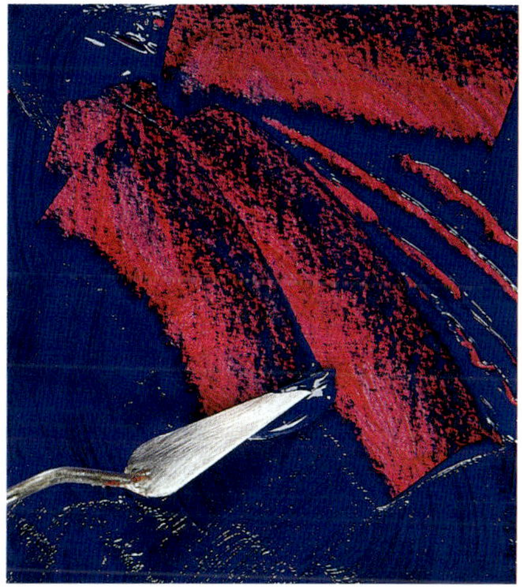

KORREKTUREN UND VERÄNDERUNGEN

Bei Impasto-Arbeiten lassen sich Fehler leicht korrigieren, indem man unerwünschte Farbe vor dem Trocknen mit einem Malmesser abschabt. Nach dem Trocknen kann man die Farbe mit Lasuren übermalen. Dabei entstehen interessante Effekte, weil sich die flüssige Lasur an den tiefer liegenden Stellen der Oberfläche sammelt.

STRUKTURPASTEN UND -GELE

Diese Malmittel können flüssigen, cremigen und pastosen Farben zugesetzt werden. Sie enthalten unterschiedliche Zuschlagstoffe, die den Charakter der Farboberfläche beeinflussen. Alle wirken auch verdickend. Es ist nicht ratsam, sie mit dem Pinsel aufzutragen, weil sie sich nur sehr schlecht aus den Borsten entfernen lassen.

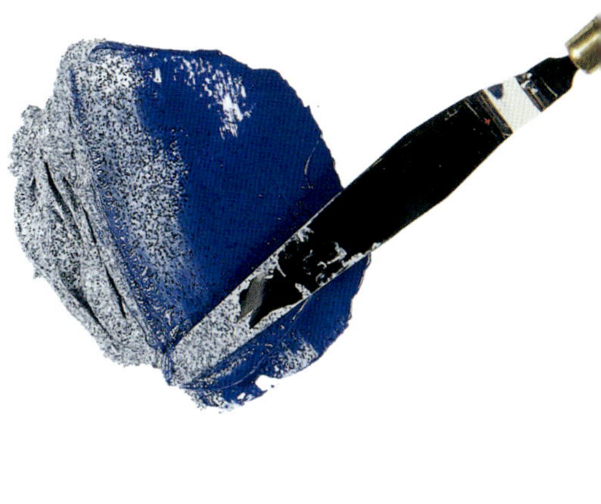

Farbenlehre

Um das Potenzial der Farben voll auszuschöpfen und mit einer begrenzten Palette von Tönen viele Nuancen zu mischen, muss man einige Grundprinzipien ihrer Beziehungen und ihres Zusammenwirkens kennen.

Der Farbkreis

Die Hersteller bieten eine Fülle verschiedener Farben an. Aus praktischen und finanziellen Gründen ist es aber notwendig, eine Auswahl zu treffen, statt zu viele verschiedene Farben zu kaufen.

Alle Maler arbeiten mit einer begrenzten Palette von Farben, aus denen sie alle Töne mischen, die sie für ihr Motiv benötigen. Nur gelegentlich und nach

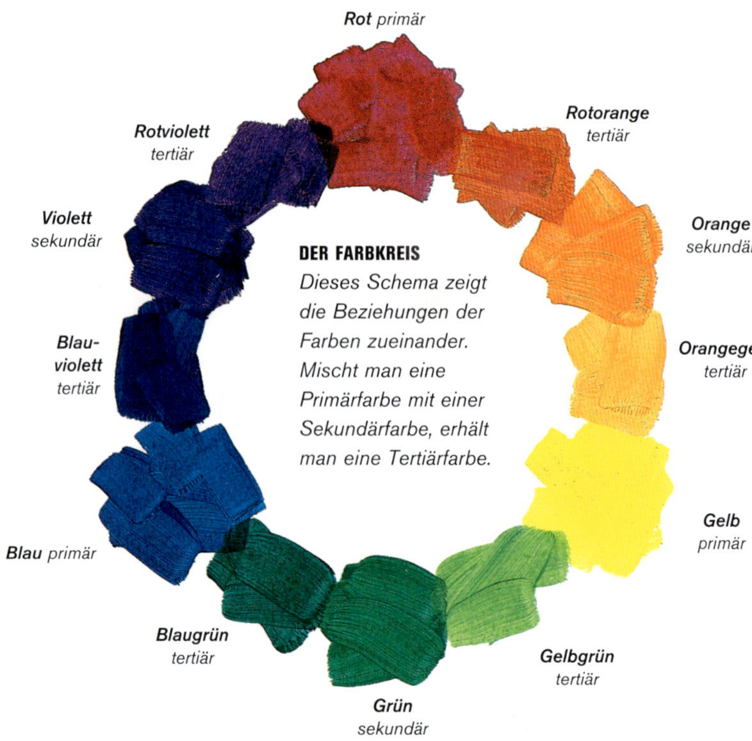

DER FARBKREIS
Dieses Schema zeigt die Beziehungen der Farben zueinander. Mischt man eine Primärfarbe mit einer Sekundärfarbe, erhält man eine Tertiärfarbe.

Bedarf werden einzelne, spezielle Farben zusätzlich verwendet. Theoretisch lassen sich alle denkbaren Farben aus nur drei ausgewählten Primärfarben mischen. In der Realität arbeiten die meisten Maler aber mit einer Palette von acht bis 16 Farben. Die Primärfarben sind Rot, Gelb und Blau. Sie lassen sich nicht aus anderen Farben mischen, müssen also gekauft werden. Doch aus diesen drei Farben lassen sich alle anderen Farben mischen. Mischt man zwei Primärfarben miteinander, erhält man eine Sekundärfarbe. Rot plus Gelb ergibt Orange. Gelb plus Blau ergibt Grün. Blau plus Rot ergibt Violett. Orange, Grün und Violett sind Sekundärfarben.

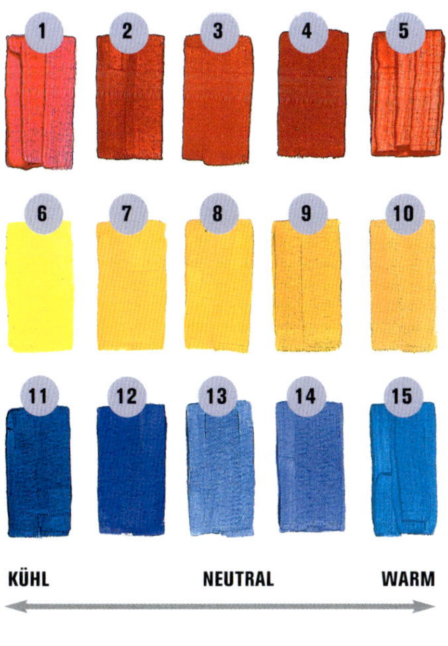

VERWENDETE FARBEN

1 *Chinacridonrot*
2 *Naphtolrot hell*
3 *Naphtolrot karmin*
4 *Kadmiumrot mittel*
5 *Scharlachrot*
6 *Hansagelb hell*
7 *Kadmiumgelb hell*
8 *Hansagelb mittel*
9 *Kadmiumgelb mittel*
10 *Turners Gelb*
11 *Phthaloblau*
12 *Ultramarinblau*
13 *Coelinblau*
14 *Kobaltblau*
15 *Brilliantblau*

PRIMÄRFARBEN UND FARBTEMPERATUR

Im Handel findet man verschiedene Töne jeder Primärfarbe. Abhängig von den verwendeten Primärfarben variieren die Sekundär- und Tertiärfarben, die sich aus ihren Mischungen ergeben.

Der Farbkreis hat eine warme Seite (Gelb bis Rotviolett) und eine kühle (Violett bis Gelbgrün). Abgesehen davon hat aber jede Farbe unabhängig von ihrer Lage auf dem Farbkreis warme und kühle Nuancen. Diesen „Farbstich" bezeichnet man auch als Farbtemperatur.

Warme und kühle Primärfarben

Blau liegt auf der kühlen Seite des Farbkreises. Ein Blau mit einem Rotstich gilt jedoch als warmer Blauton (z.B. Ultramarin), während ein Blau mit einem Grünstich als kühl gilt (z.B. Coelinblau). Ebenso verhält es sich mit den Farben auf der warmen Seite des Farbkreises. Rot ist eine warme Farbe, doch Rot mit einem Blaustich ist eher kühl (z.B. Alizarinkarmesin). Gelb ist eine warme Farbe, Gelb mit einem Grünstich dagegen wirkt kühl (z.B. Zitronengelb).

Die Farbtemperatur spielt beim Mischen eine wichtige Rolle, vor allem, weil warme Farben dem Betrachter optisch näher rücken, während kühle zurückzuweichen scheinen.

Komplementärfarben

Farben, die einander auf dem Farbkreis gegenüberliegen, nennt man Komplementärfarben. Sie haben eine besondere Wechselwirkung. Stellt man sie nebeneinander, betonen sie sich gegenseitig. Diese Wirkung nennt man auch Simultankontrast.

Schauen Sie einmal 30 Sekunden lang konzentriert auf eine rote Farbfläche. Dann schauen Sie auf eine weiße Fläche – und Sie werden Grün sehen, die Komplementärfarbe zu Rot. Schauen Sie auf eine gelbe Fläche und dann auf Weiß, sehen Sie Violett, die Komplementärfarbe zu Gelb.

Am effektivsten verstärken Komplementärfarben einander, wenn beide die gleiche Intensität haben. Ein Komplementärfarbenpaar besteht aus einer Primär- und einer Sekundärfarbe. Eine liegt im warmen Bereich des Farbkreises, die andere im kühlen.

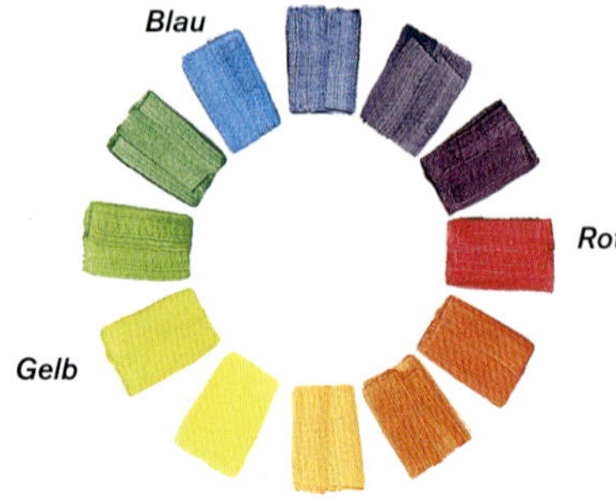

WARME PRIMÄRFARBEN

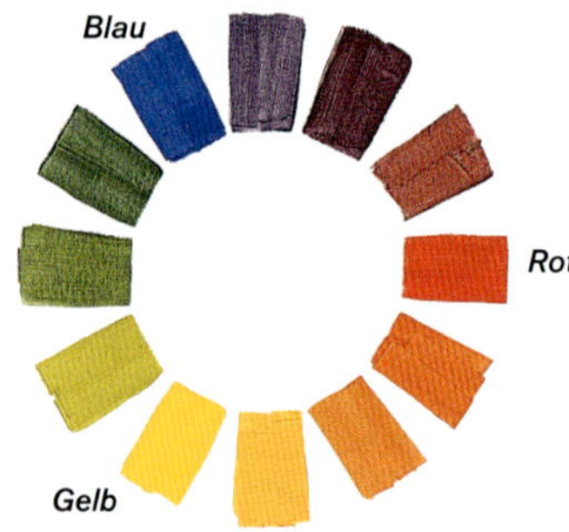

KÜHLE PRIMÄRFARBEN

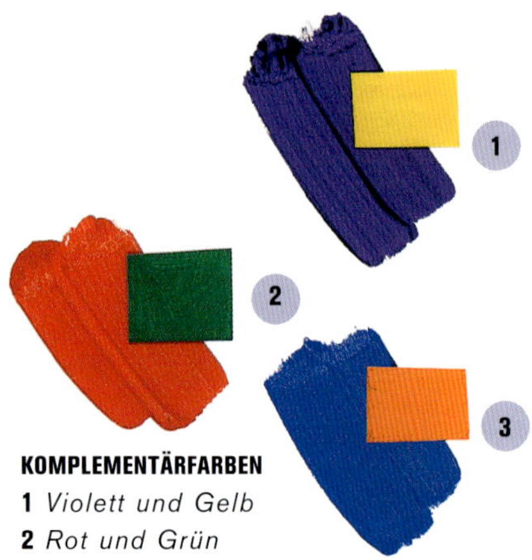

KOMPLEMENTÄRFARBEN
1 *Violett und Gelb*
2 *Rot und Grün*
3 *Blau und Orange*

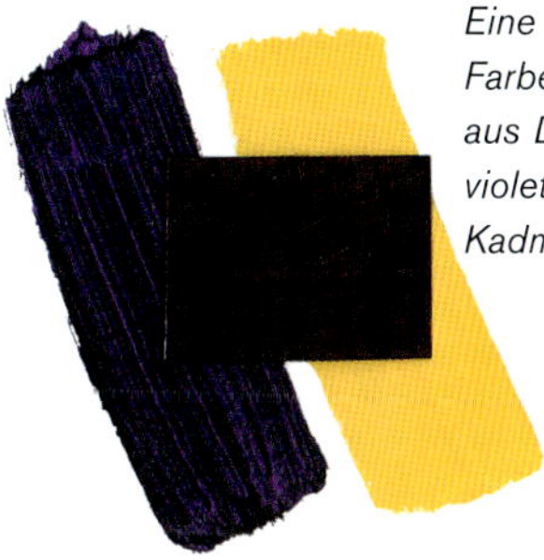

Eine neutrale Farbe, gemischt aus Dioxazinviolett und Kadmiumgelb

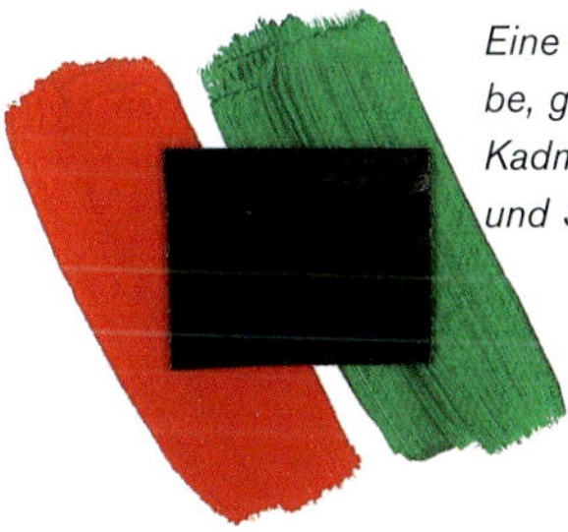

Eine neutrale Farbe, gemischt aus Kadmiumrot mittel und Smaragdgrün.

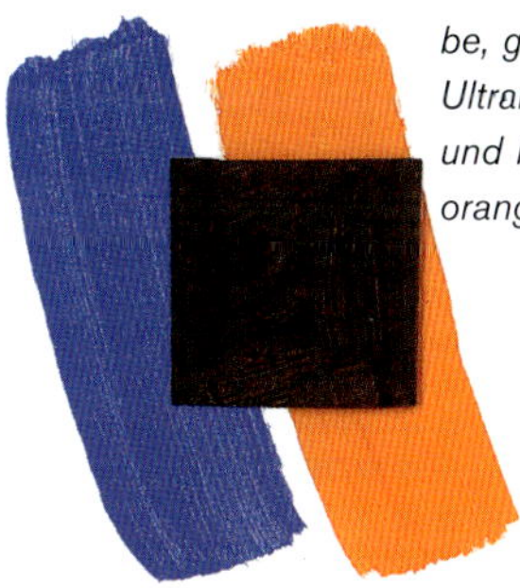

Eine neutrale Farbe, gemischt aus Ultramarinblau und Kadmiumorange.

NEUTRALE FARBEN

Mischt man zwei Komplementärfarben miteinander, neutralisieren sie sich gegenseitig und es entsteht ein neutrales Grau oder Braun. Diese Neutralfarben werden in der Malerei vor allem für Motive aus der Natur häufig benötigt.

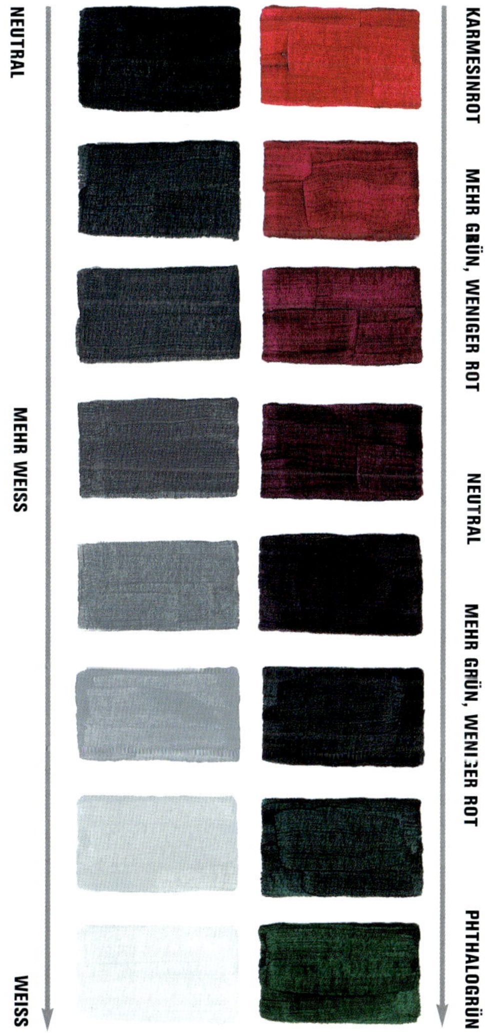

NEUTRALE FARBEN MISCHEN

Gibt man zu einer Farbe kleine Mengen ihrer Komplementärfarbe, erhält man ein neutrales Braun oder Grau. Durch Zugabe von Wasser oder weißer Farbe lassen sich viele Nuancen dieser Naturfarbe herstellen.

Farbe und Tonwert

Im weißen Licht sind alle Farben des Spektrums enthalten. Jeder Gegenstand hat eine Eigenfarbe, die wir sehen, weil er bestimmte Wellenlängen des Lichts reflektiert. Fällt Sonnenlicht auf einen Gegenstand, werden von seiner Oberfläche einige Wellen reflektiert und andere absorbiert. Wir sehen Rot, wenn die roten Lichtwellen reflektiert und alle anderen absorbiert werden.

Die relative Helligkeit eines Objektes hängt von zwei Faktoren ab: erstens seinem tatsächlichen Farbton und zweitens der Stärke und Richtung des Lichts, das auf das Objekt fällt. Das Licht ermöglicht es uns auch, die Form zu erkennen. Malt man eine rote Scheibe, sieht sie aus wie eine rote Scheibe. Dunkelt man sie jedoch zu einer Seite hin zunehmend ab, sieht sie aus wie eine Kugel.

FLACHE ROTE SCHEIBE

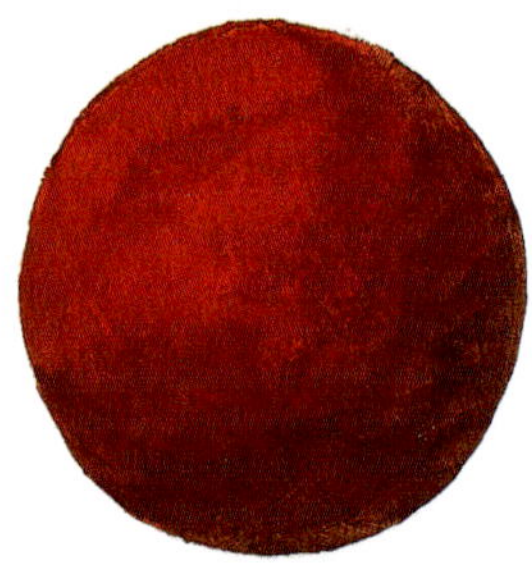

ROTE KUGEL

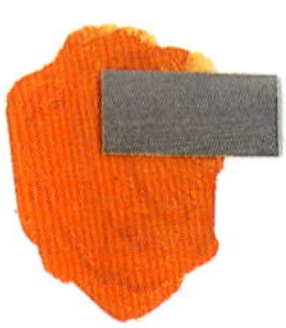

Kadmium-orange

Phthalo-cyaninblau

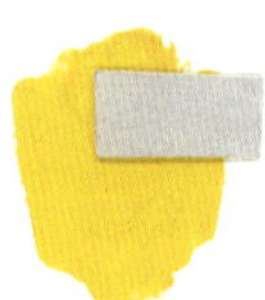

Hansagelb hell

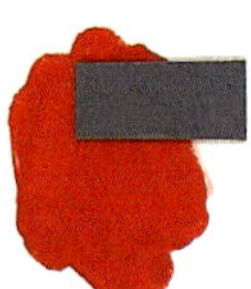

Kadmiumrot mittel

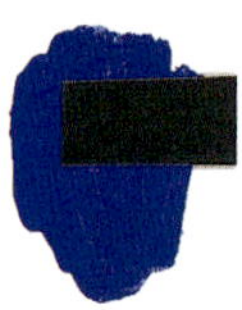

Kobaltblau

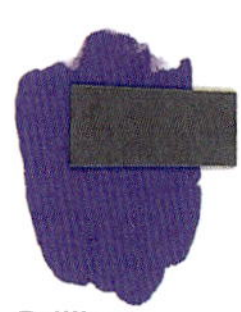

Brilliant-purpur

FARBEN UND IHRE TONWERTE

Jede Farbe kann verschiedene Tonwerte – helle und dunkle Töne – haben. Gelb ist von Natur aus eine helle Farbe, Blau eine dunkle. Vergleicht man aber Kadmiumgelb mit Coelinblau, stellt man fest, dass beide fast den gleichen Tonwert haben. Ebenso haben auch Dioxazinviolett, Alizarinkarmesin und gebranntes Umbra nahezu den gleichen Tonwert. Dieses Phänomen erkennt man am deutlichsten, wenn man Schwarz-Weiß-Fotos betrachtet.

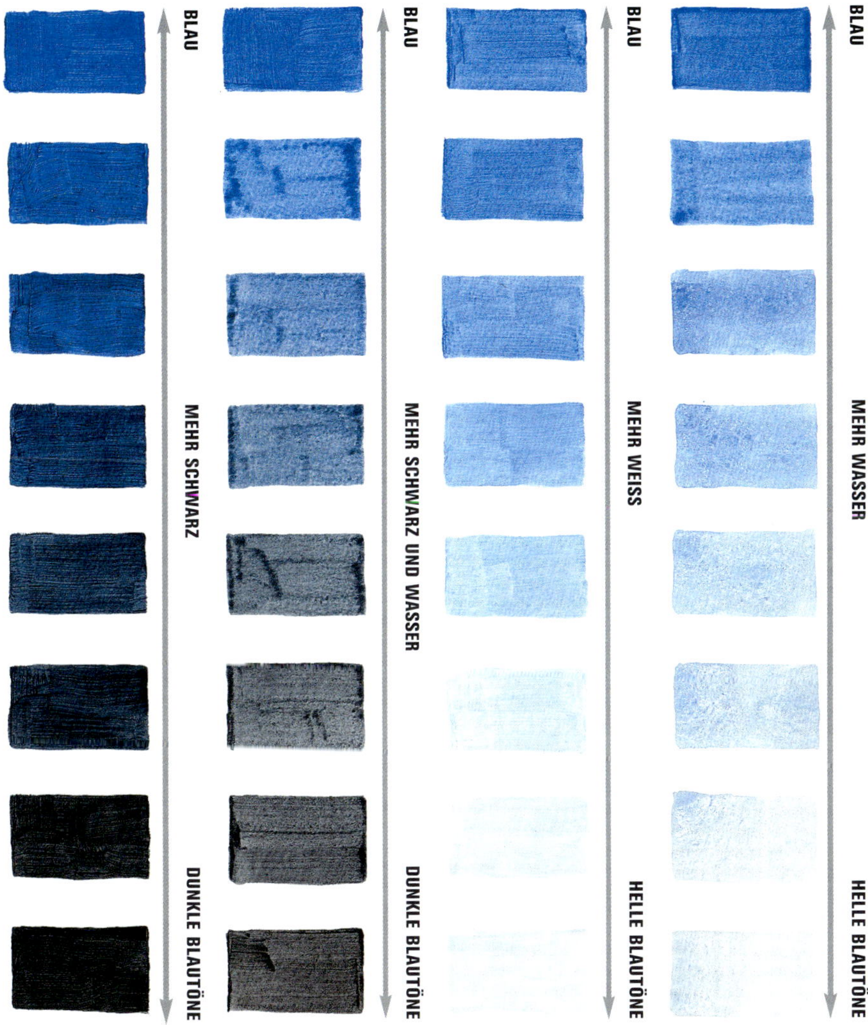

HELLE UND DUNKLE FARBTÖNE

Jede Farbe hat helle und dunkle Töne. Mit Acrylfarben lassen sich diese auf zweierlei Weise mischen: erstens durch Erhöhung oder Verringerung des Wasseranteils und zweitens durch Zugabe eines anderen Pigments. Dieses ist sorgfältig auszuwählen, damit die Farbe nicht zu stark verfremdet wird.

Beziehungen zwischen Farben

Manche Farben passen gut zueinander, andere weniger. Oft, wenn auch nicht immer, ist Malern daran gelegen, harmonische Farbkombinationen zu wählen. Die Farbharmonie ist ein wichtiger Faktor für die Stimmung eines Bildes. Eine bewährte und häufige Methode zum Harmonisieren von Farben besteht darin, auf eingetöntem Grund zu arbeiten oder das fertige Bild mit einer einfarbigen Lasur zu überziehen. Es gibt aber auch Farben, die von Natur aus miteinander harmonieren.

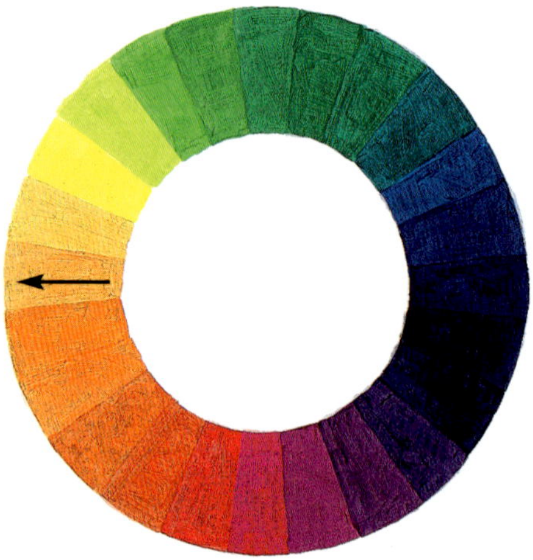

MONOCHROME FARBEN

Hier handelt es sich lediglich um verschiedene Sättigungsgrade einer einzigen Farbe. Die Farbe wird aufgehellt und abgedunkelt. Pigmente einer anderen Farbe werden nicht verwendet. Am besten wirken solche Mischungen, wenn man einer dunklen Farbe unterschiedliche Anteile Weiß zugibt. Auch Braun- und Grautöne sind geeignet.

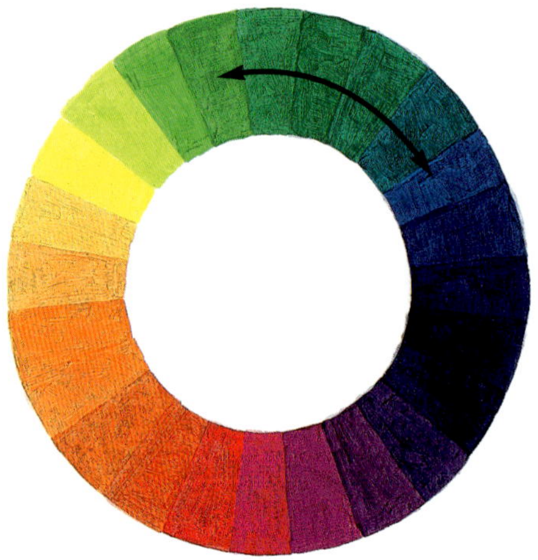

ANALOGE FARBEN

Als analog bezeichnet man mehrere Farben, die auf dem Farbkreis benachbart sind und aus ähnlichen Komponenten bestehen, beispielsweise verschiedene Grün- oder Rottöne. Eine analoge Farbkombination kann auch mehrere Farben umfassen, etwa den Bereich von Violett bis Orange. Die Farben können nach Bedarf aufgehellt oder abgedunkelt werden.

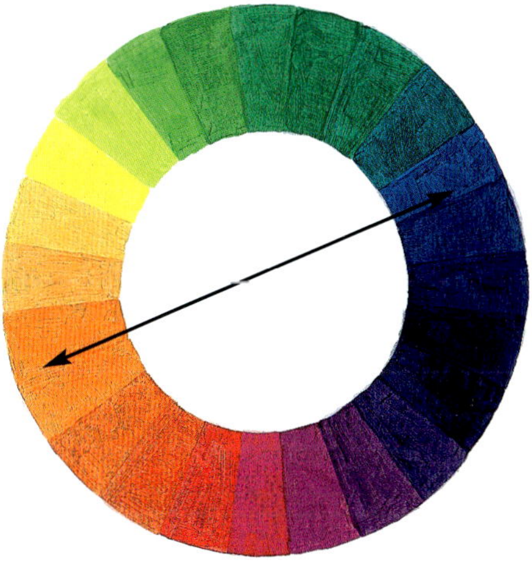

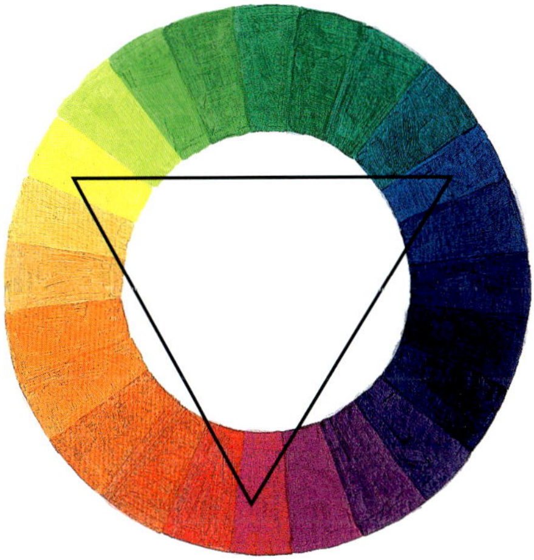

KOMPLEMENTÄRFARBEN

Komplementärfarben stehen einander auf dem Farbkreis gegenüber. Jedes Paar besteht aus einer warmen und einer kühlen Farbe. Stellt man sie nebeneinander, verstärken sie sich gegenseitig in ihrer Leuchtkraft. Mischt man sie miteinander, erhält man eine Neutralfarbe.

HARMONIEDREIECK

Legt man auf den Farbkreis ein gleichseitiges Dreieck, liegen dessen Ecken beispielsweise auf den drei Primärfarben oder auf den Sekundärfarben Orange, Violett und Grün. Verwendet man die drei Primärfarben, erhält man eine relativ große Auswahl von Farben, die trotzdem miteinander harmonieren, weil sie alle denselben Ursprung haben.

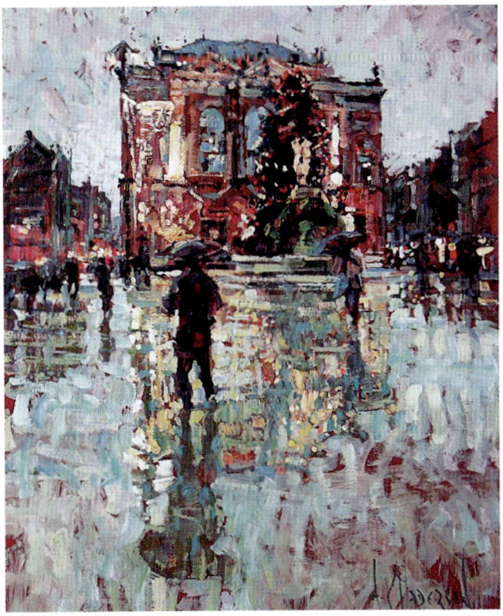

MALEN AUF FARBIGEM GRUND

Bei Arthur Madersons Gemälde *Place de la Comédie*, Montpellier, Frankreich, schimmert der farbige Malgrund durch und bindet so alle Farben zu einem harmonischen Ganzen zusammen.

Die Grundpalette

Für alle Beispiele in diesem Buch wurde neben Weiß eine Grundpalette aus nur zwölf Farben verwendet. Die Farben wurden sorgfältig ausgewählt und sind beispielhaft für die typische Palette eines Malers. Natürlich hat jeder Maler seine Lieblingsfarben, doch mit dieser Palette lassen sich mit etwas Übung Farbtöne für fast alle Motive und Zwecke mischen. Die Grundfarben werden auf dieser Seite vorgestellt, die Farbbezeichnungen können von Hersteller zu Hersteller jedoch verschieden sein. Um klare Mischfarben zu erhalten, wurden ausschließlich Palettenfarben gewählt, die nur ein Pigment enthalten.

KADMIUMROT MITTEL (PR108)
Kadmiumrot ist ein gängiges warmes Rot, das es in den Abstufungen hell, mittel und dunkel gibt. Die Farbe ist leuchtend, besitzt eine gute Deckkraft und eine gute Farbstärke. Sie wird aus Kadmiumsulfid und Kadmiumselenid hergestellt.

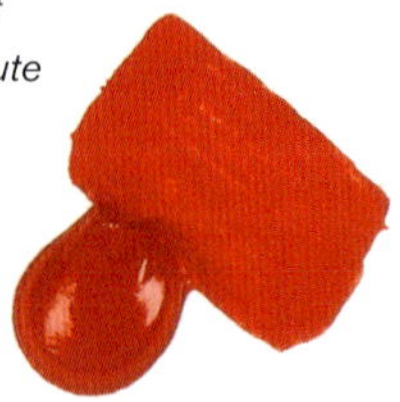

KADMIUMGELB MITTEL (PY35)
Kadmiumgelb ist eine deckende, gelbe Farbe mit guter Farbstärke, die in den Abstufungen hell, mittel und dunkel erhältlich ist. Sie wird aus konzentriertem Kadmium-Zinksulfid hergestellt.

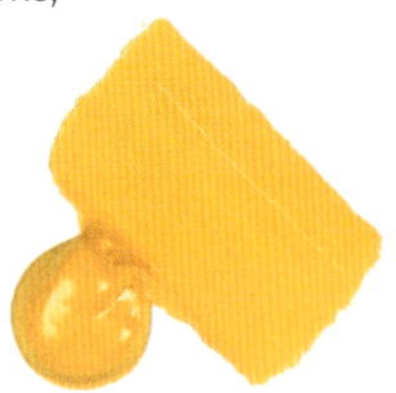

QUINACRIDONROT (PV19)
Dieses kühle, transparente Karminrot kann als Ersatz für Alizarinkarmesin verwendet werden. Es lässt sich gut mischen und ergibt mit Gelb leuchtende Orangetöne sowie mit Blau intensive Violetttöne. Es wird aus dem Pigment Quinacridon hergestellt.

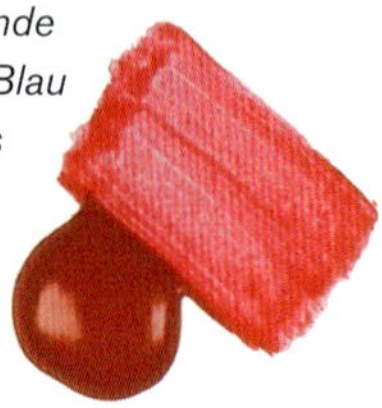

HANSAGELB HELL (PY3)
Dieses helle, kühle, transparente Gelb mit guter Farbstärke eignet sich besonders gut zum Mischen leuchtender Grüntöne. Es wird aus substituierten Anilinen und Acetessig-Arylamid hergestellt.

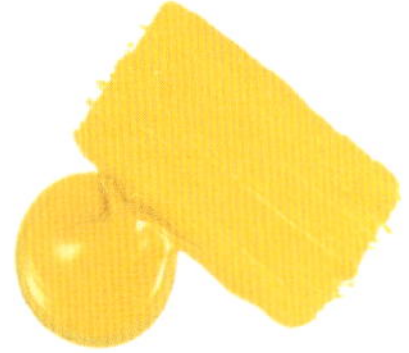

PHTHALOCYANINBLAU (PHTHALOBLAU) (PB15)

Dieses sehr leuchtende, kühle und transparente Blau mit intensiver Farbstärke eignet sich vor allem zum Mischen kräftiger Violett- und Grüntöne. Die Farbe wird aus Kupferphthalocyanin hergestellt.

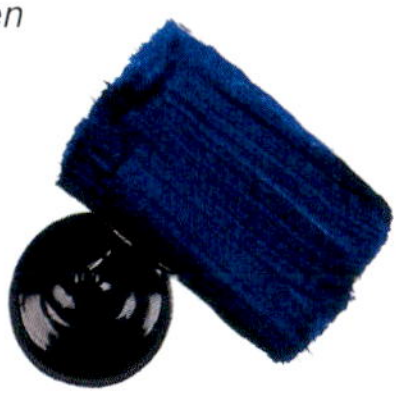

FRANZÖSISCH ULTRAMARINBLAU (PB29)

Dieses transparente, warme Blau mit relativ hoher Farbstärke verwendet fast jeder Maler. Es wird aus Natrium-Aluminiumsilikat und Schwefel hergestellt.

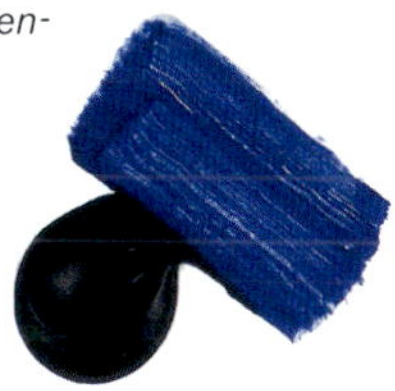

PHTHALOGRÜN (GELBTON) (PB36)

Dieses transparente, kühle Grün kann als Ersatz für Viridiangrün verwendet werden. Es muss wegen seiner starken Farbstärke sparsam dosiert werden. Es wird aus Kupferphthalocyanin hergestellt.

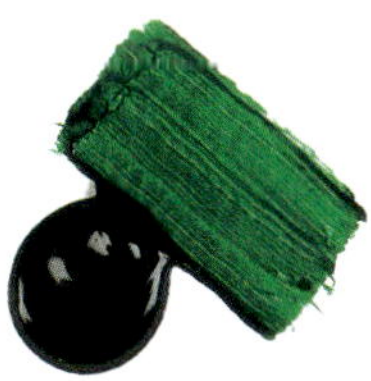

DIOXAZINVIOLETT (PV23RS)

Das transparente Violett mit guter Farbstärke wird aus Carbazol-Dioxazin hergestellt.

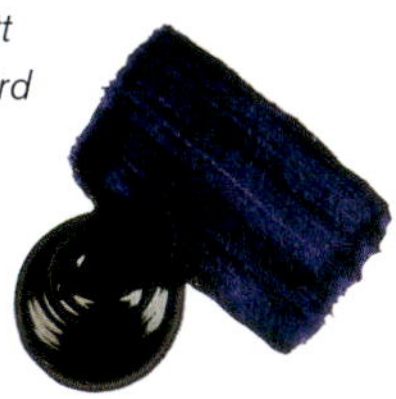

UMBRA NATUR (PBR7)

Diese Farbe wird aus natürlichem Eisenoxid hergestellt. Sie hat einen warmen Braunton und eine geringe Farbstärke.

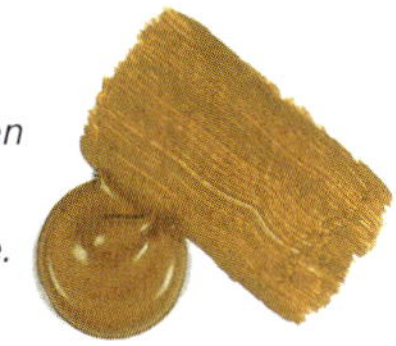

UMBRA GEBRANNT (PBR7)

Dieses transparente, rötliche Braun mit mittlerer Farbstärke wird aus kalziniertem Eisenoxid hergestellt.

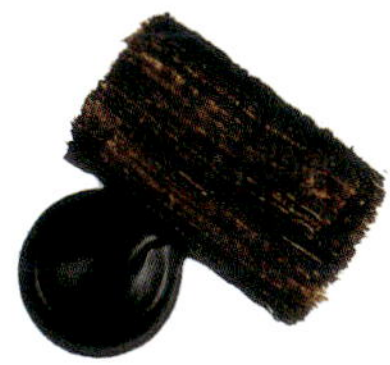

ELFENBEINSCHWARZ (PBK9)

Dieses dunkle Schwarz hat einen leichten Blaustich, der aber nur beim Lasurauftrag oder beim Mischen mit Weiß erkennbar wird.

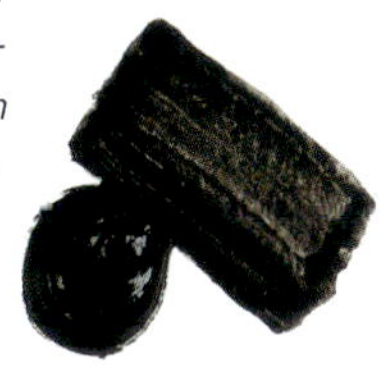

OCKERGELB (PY42)

Dieser relativ transparente Farbton mit geringer Farbstärke wird aus synthetischem Eisenoxid hergestellt.

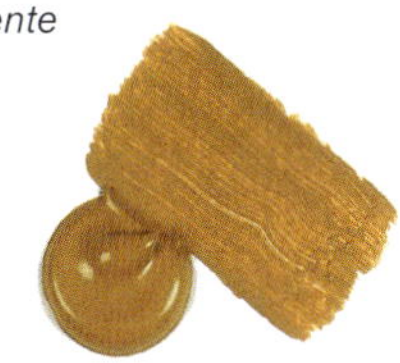

TITANWEIß (PW6)

Dieses neutrale Weiß mit hoher Farbstärke und relativ guter Deckkraft wird aus Titandioxid hergestellt.

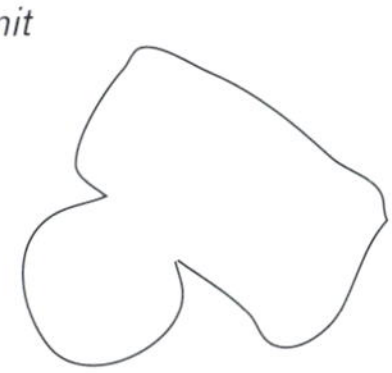

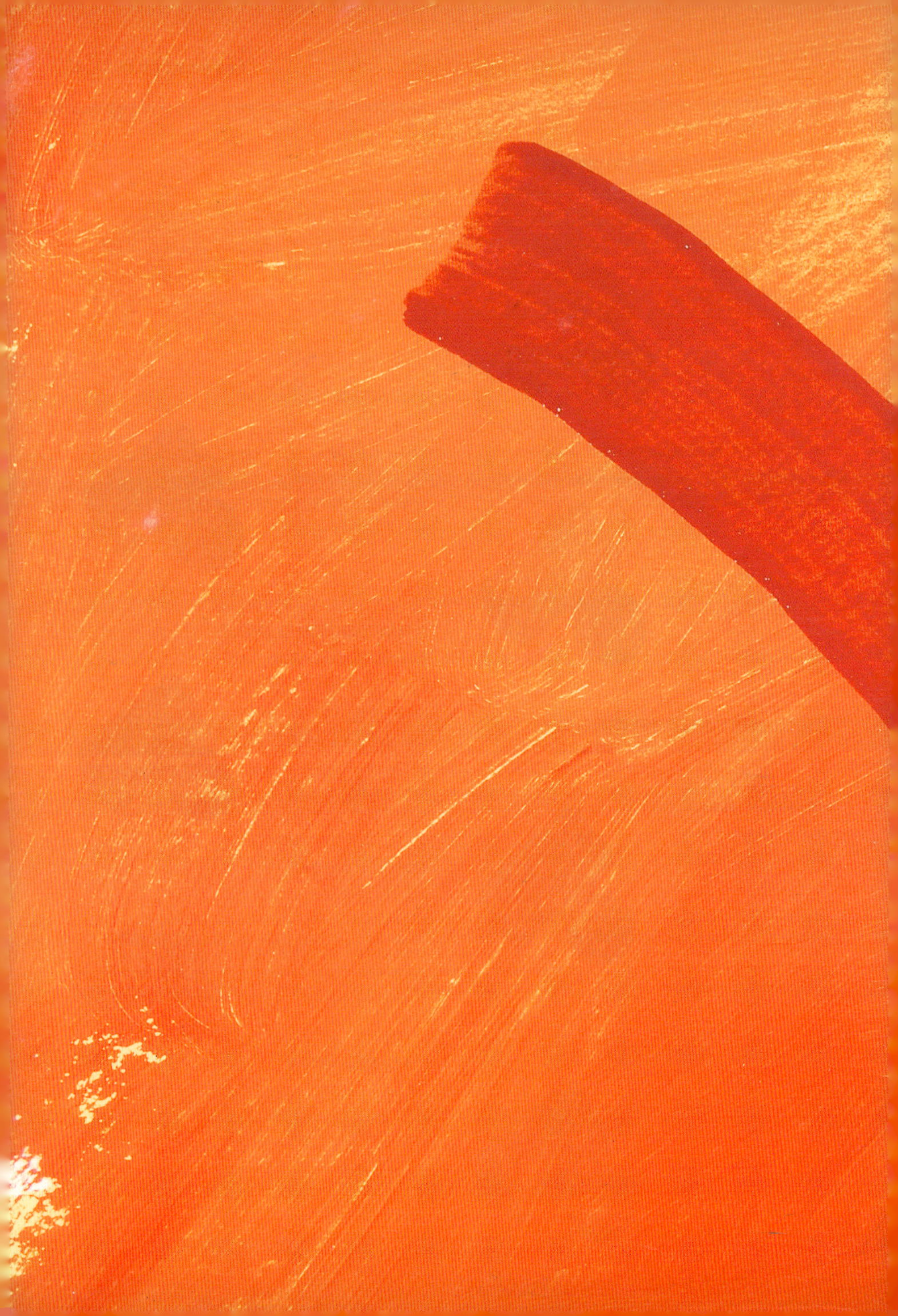

2. Verzeichnis der Mischeffekte

Venezianischrot

transparent

höchste Lichtbeständigkeit

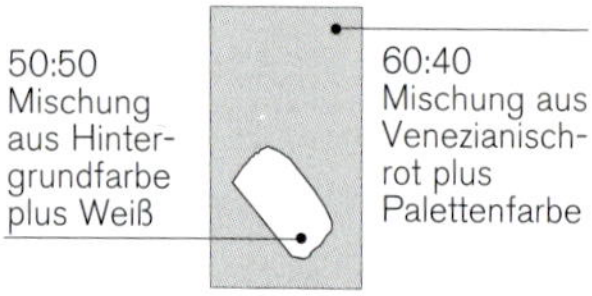

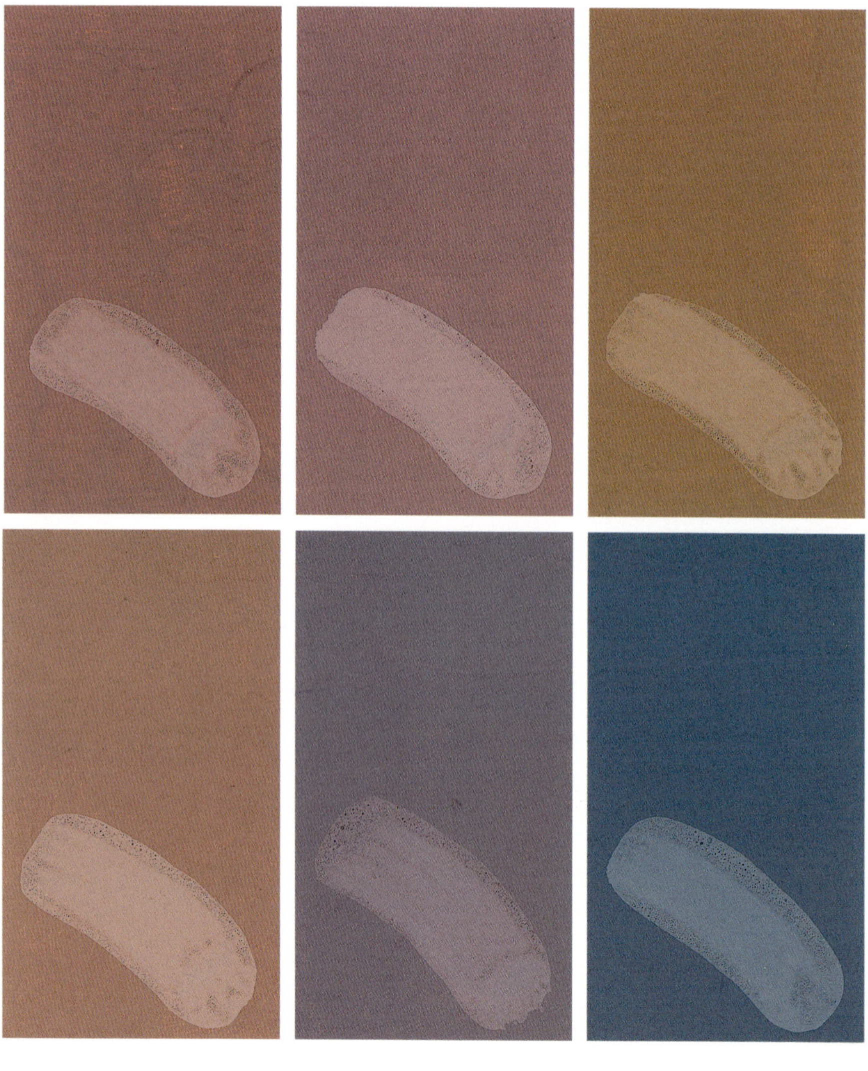

Palettenfarben

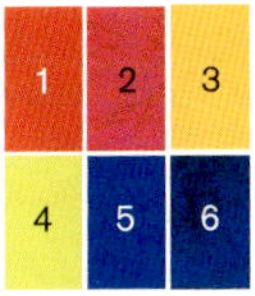

1 Kadmiumrot mittel
2 Karmesinrot
3 Kadmiumgelb mittel
4 Hansagelb hell
5 Ultramarinblau
6 Phthalocyaninblau

Palettenfarbe lasierend aufgetragen

100 % Venezianischrot

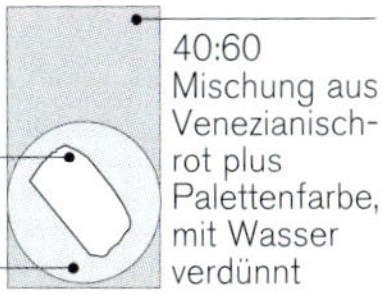

40:60 Mischung aus Venezianischrot plus Palettenfarbe, mit Wasser verdünnt

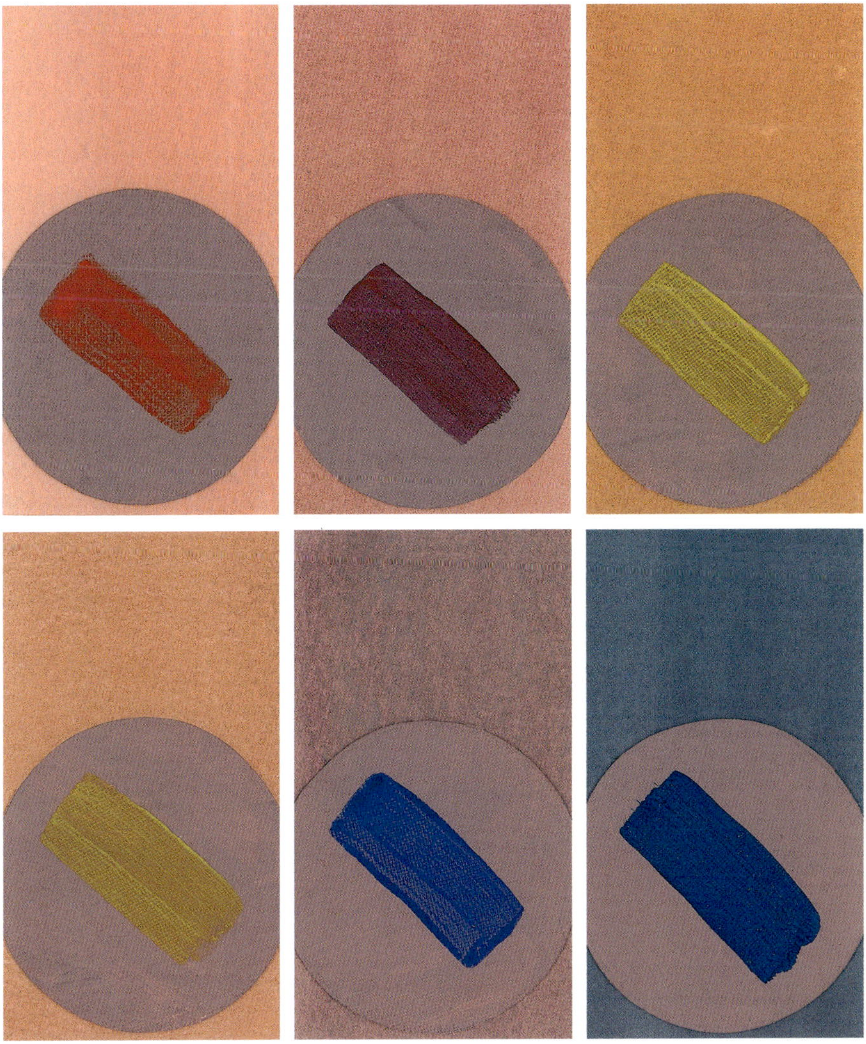

Venezianischrot
Fortsetzung

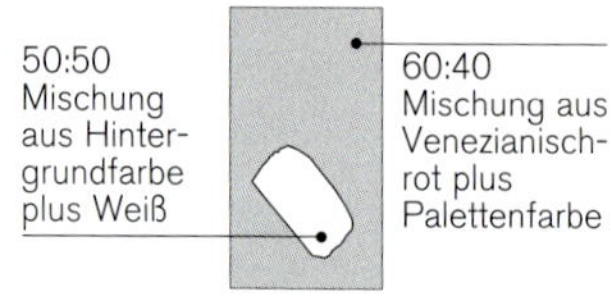

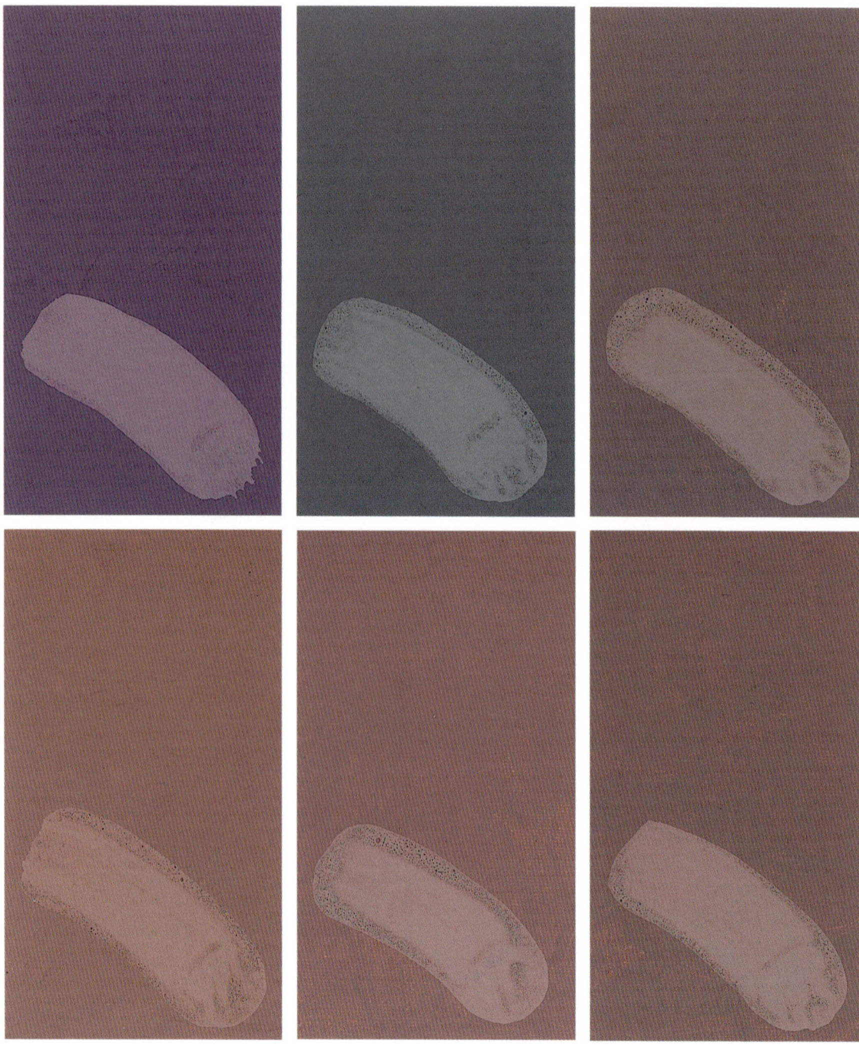

Palettenfarben

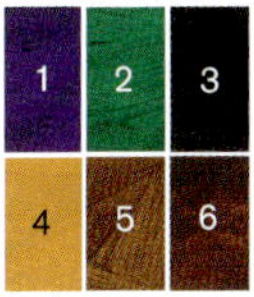

1 Dioxazinviolett
2 Phthalogrün (Blauton)
3 Elfenbeinschwarz
4 Ockergelb
5 Umbra natur
6 Umbra gebrannt

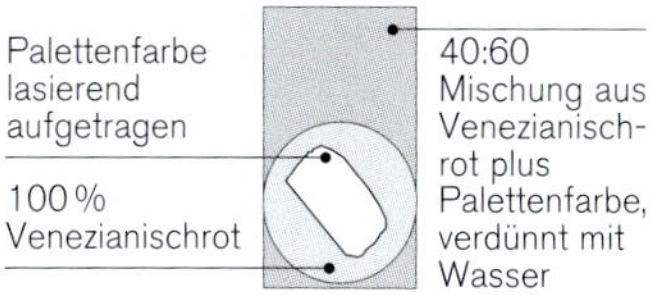

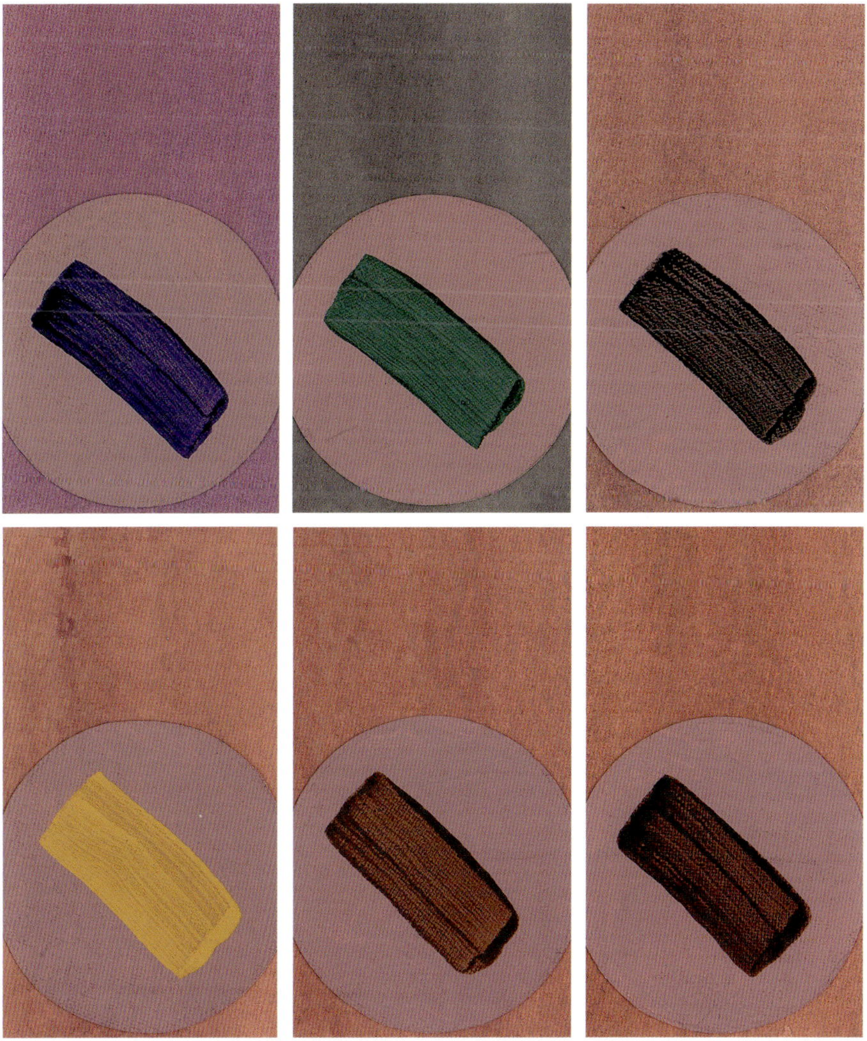

Mittelmagenta

deckend

höchste Lichtbeständigkeit

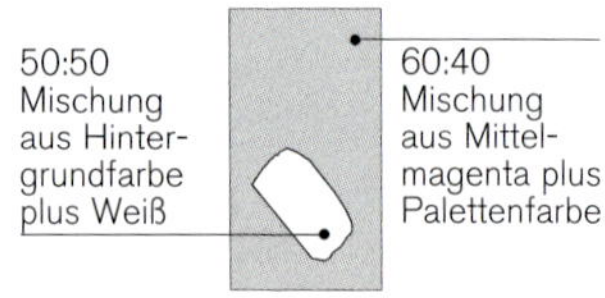

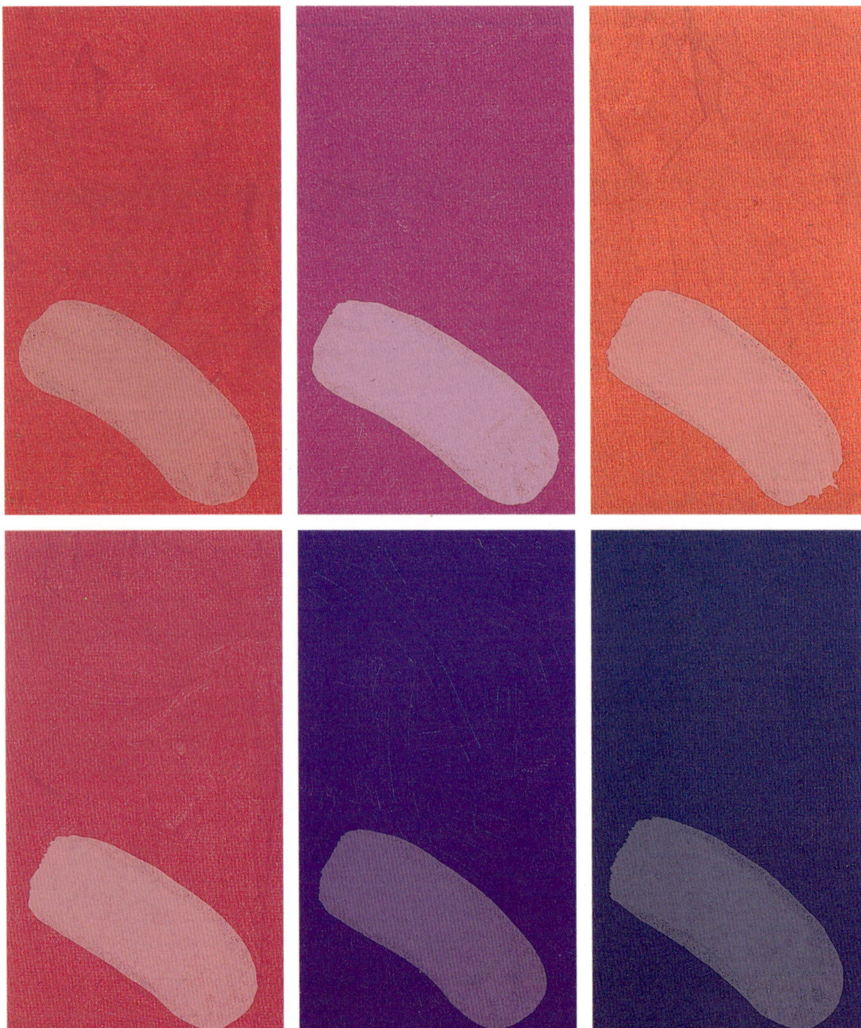

Palettenfarben

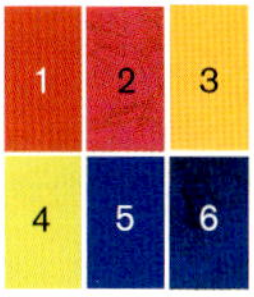

1 Kadmiumrot mittel
2 Karmesinrot
3 Kadmiumgelb mittel
4 Hansagelb hell
5 Ultramarinblau
6 Phthalocyaninblau

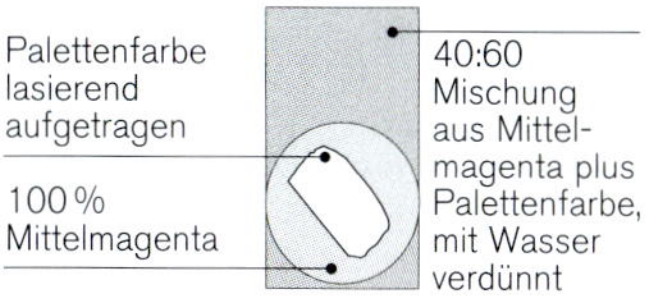

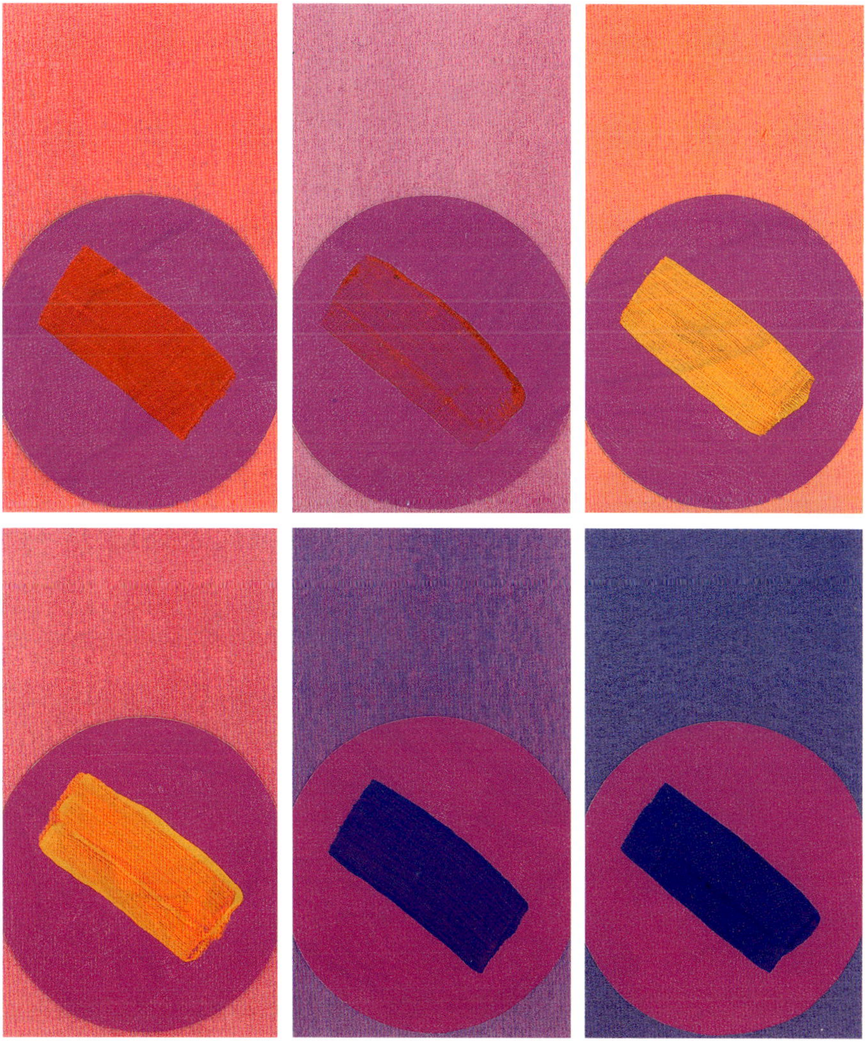

Mittelmagenta
Fortsetzung

50:50
Mischung
aus Hinter-
grundfarbe
plus Weiß

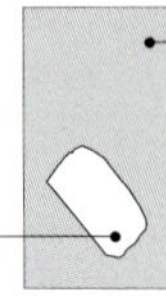

60:40
Mischung aus
Mittelmagenta
plus Paletten-
farbe

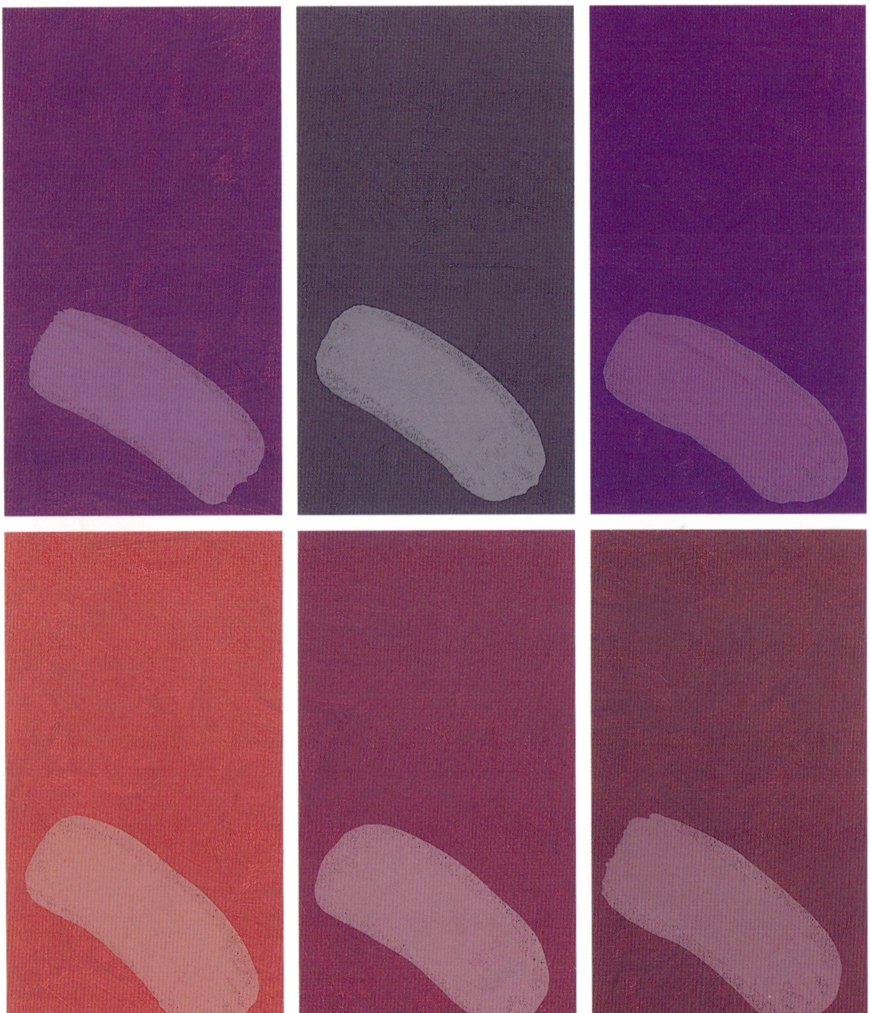

Palettenfarben

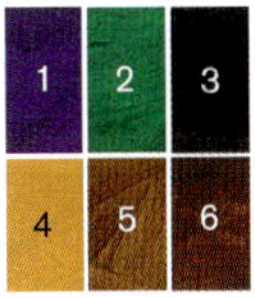

1 Dioxazinviolett
2 Phthalogrün (Blauton)
3 Elfenbeinschwarz
4 Ockergelb
5 Umbra natur
6 Umbra gebrannt

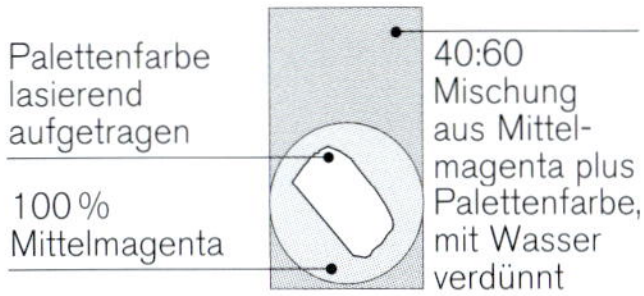

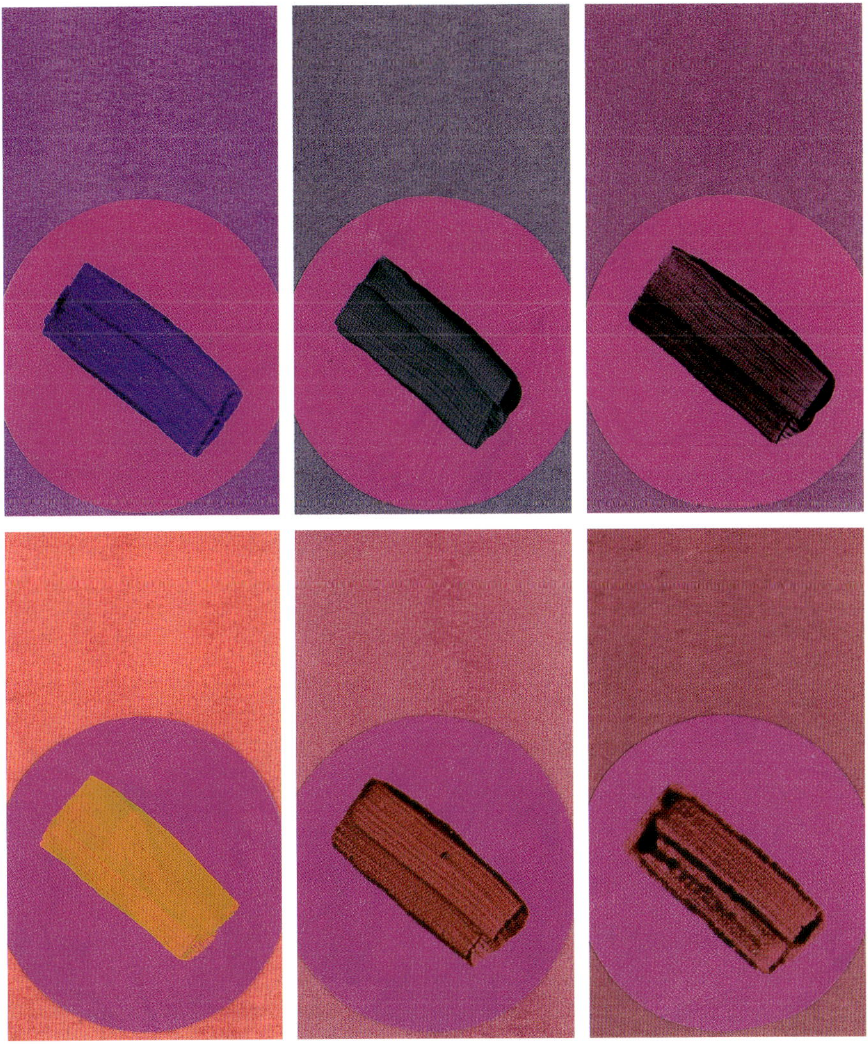

Magenta

transparent
höchste Lichtbeständigkeit

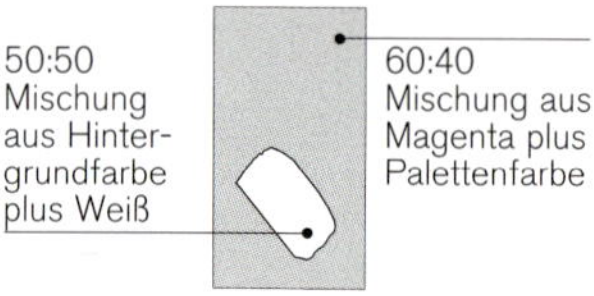

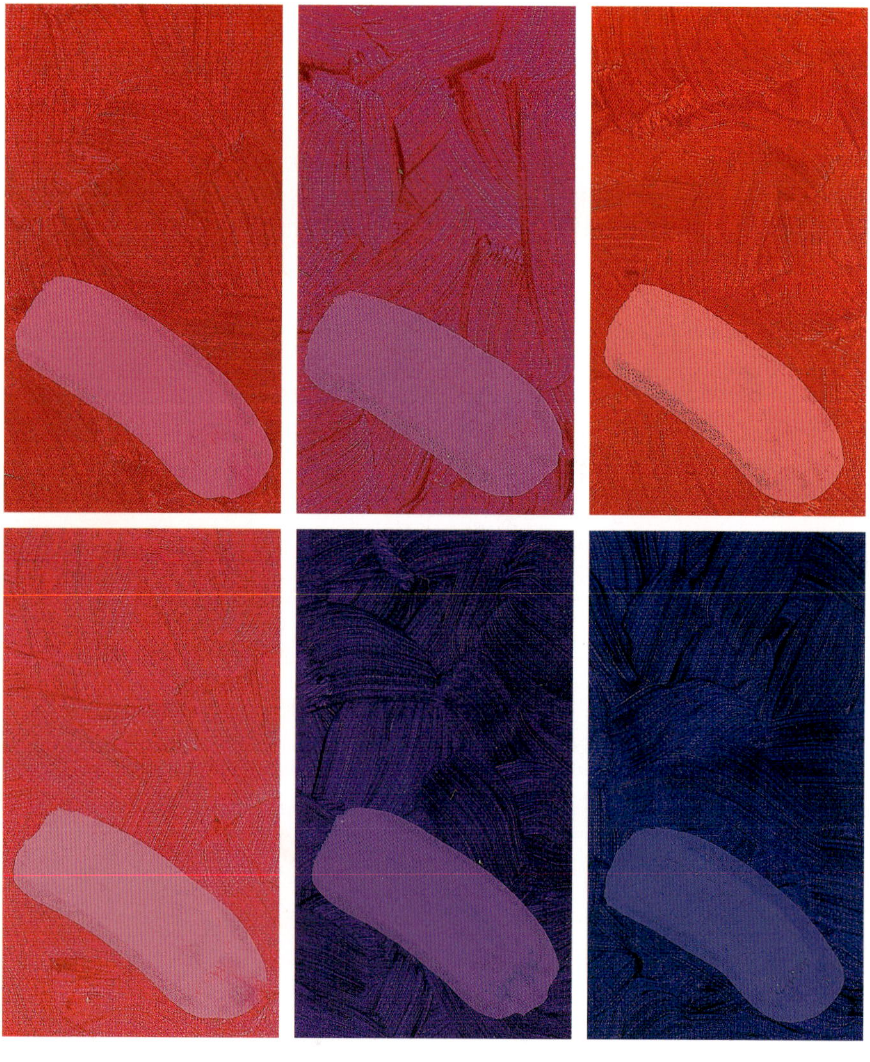

Palettenfarben

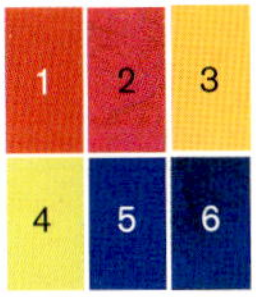

1 Kadmiumrot mittel
2 Karmesinrot
3 Kadmiumgelb mittel
4 Hansagelb hell
5 Ultramarinblau
6 Phthalocyaninblau

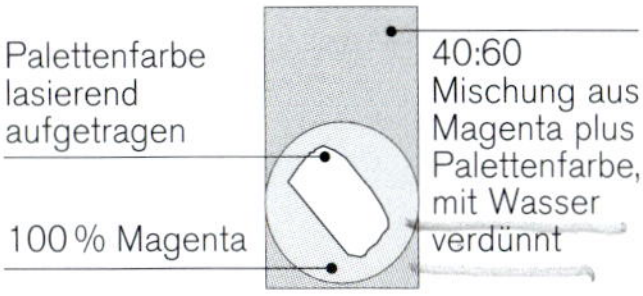

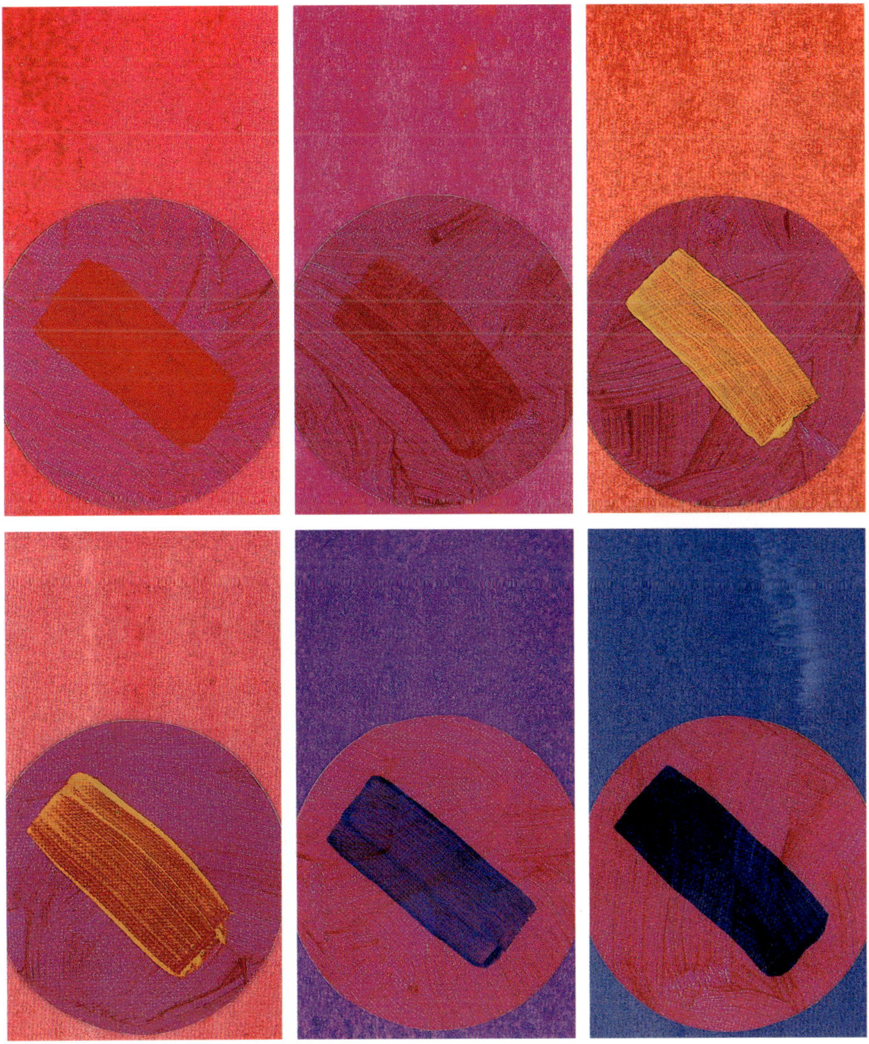

Magenta
Fortsetzung

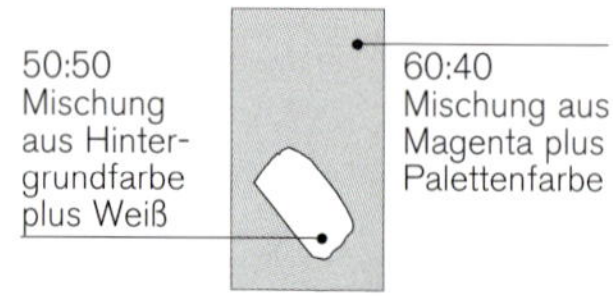

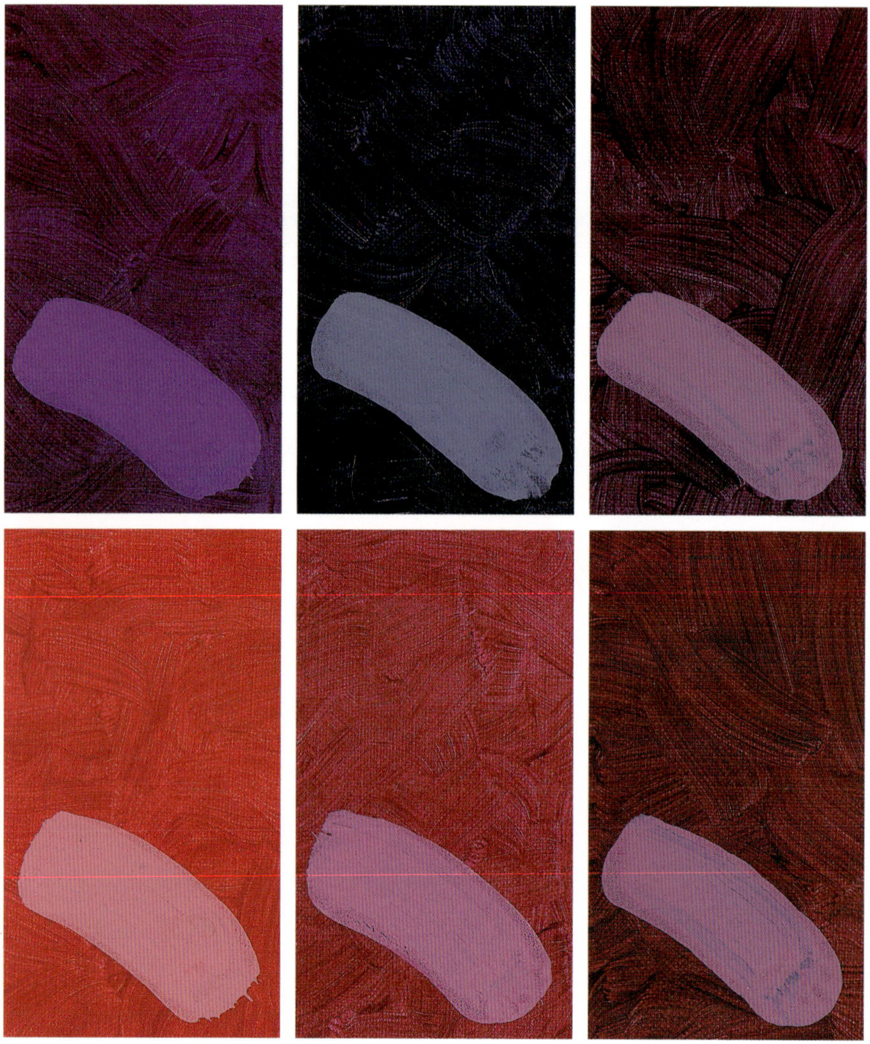

Palettenfarben

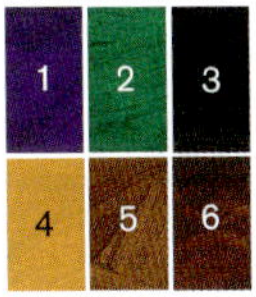

1 Dioxazinviolett
2 Phthalogrün (Blauton)
3 Elfenbeinschwarz
4 Ockergelb
5 Umbra natur
6 Umbra gebrannt

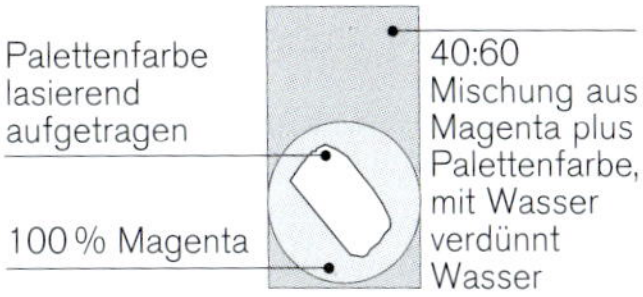

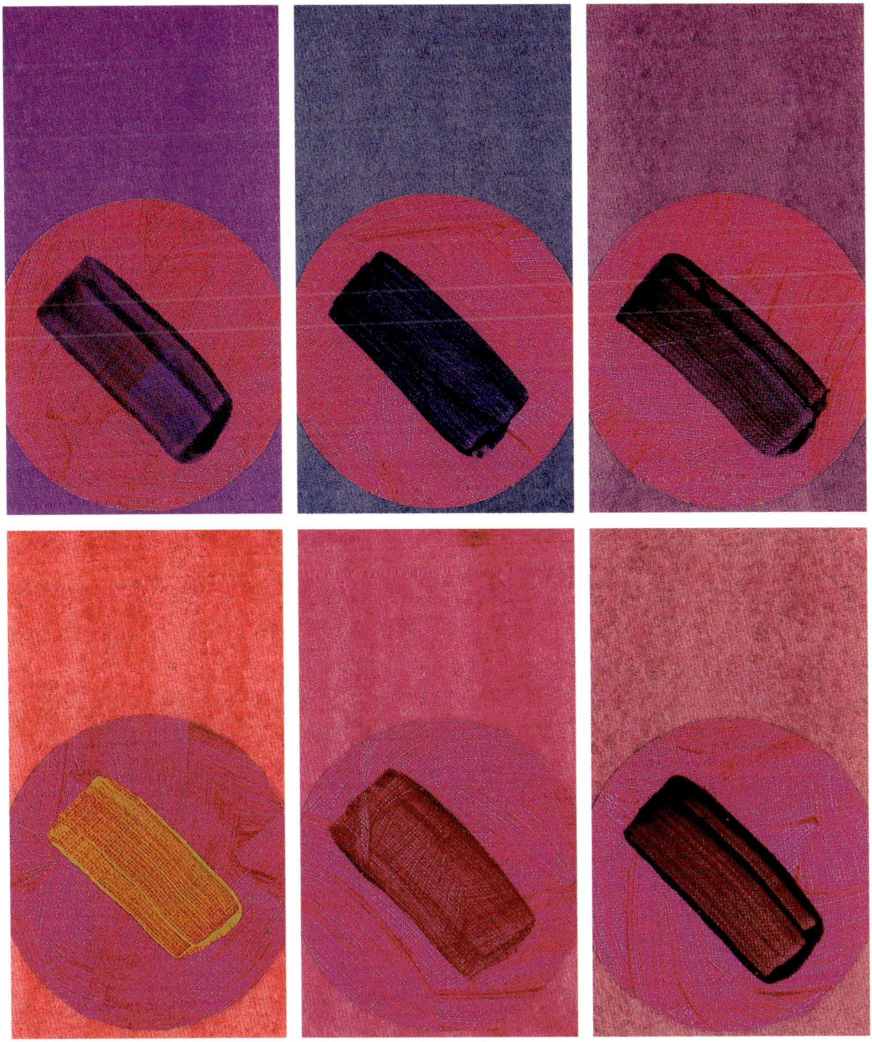

Alizarinkarmesin

transparent
höchste Lichtbeständigkeit

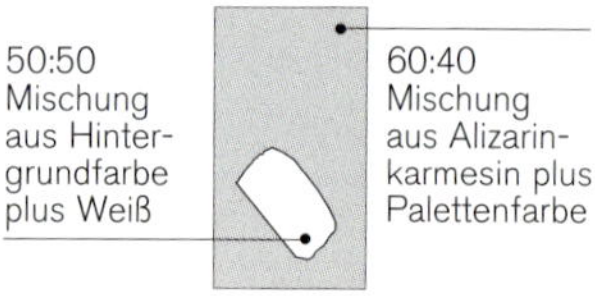

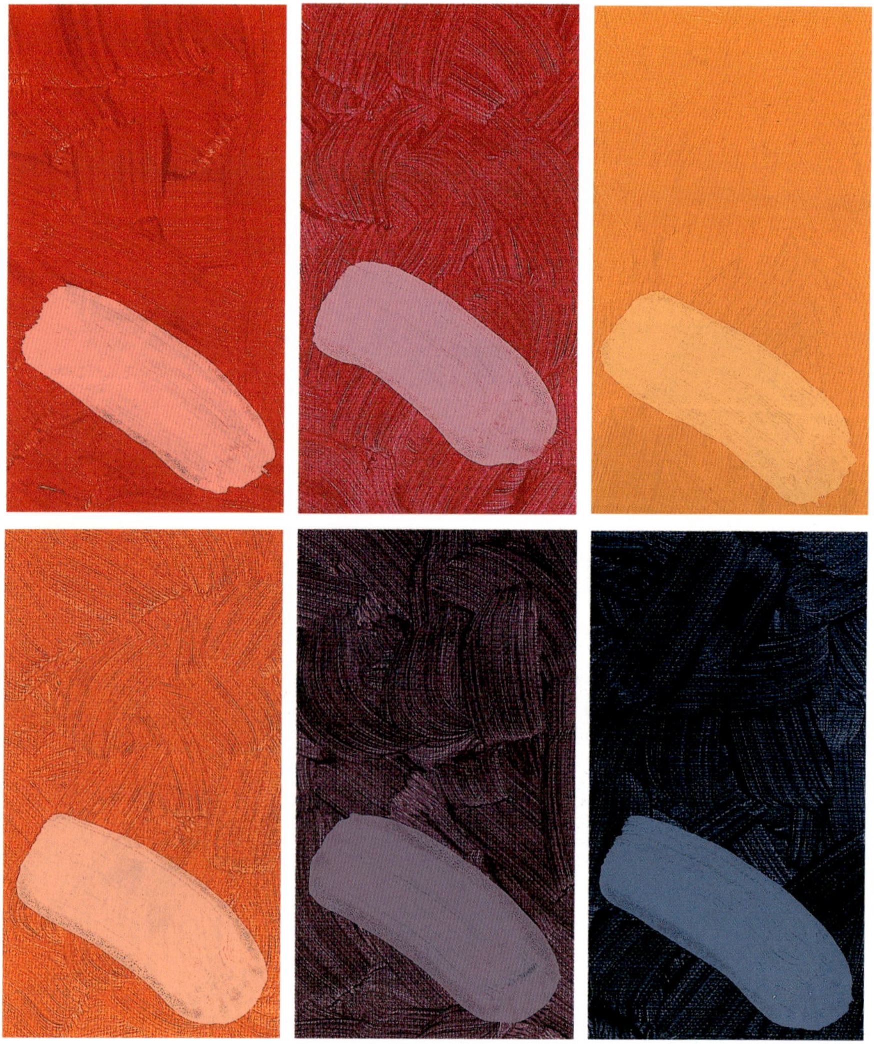

Palettenfarben

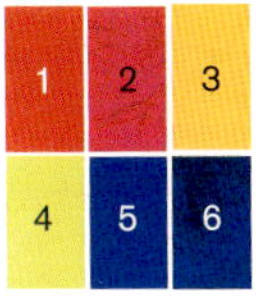

1 Kadmiumrot mittel
2 Karmesinrot
3 Kadmiumgelb mittel
4 Hansagelb hell
5 Ultramarinblau
6 Phthalocyaninblau

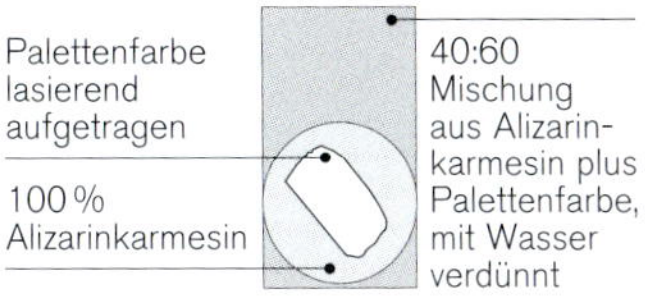

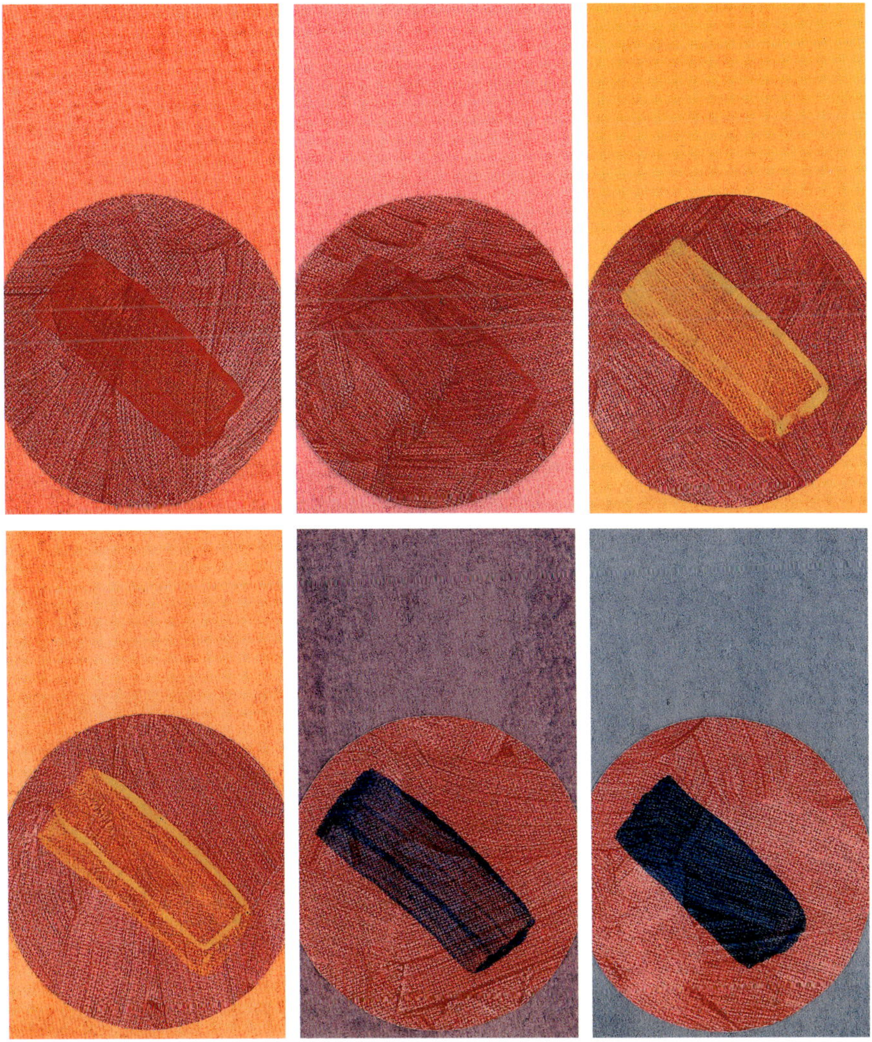

Alizarinkarmesin

Fortsetzung

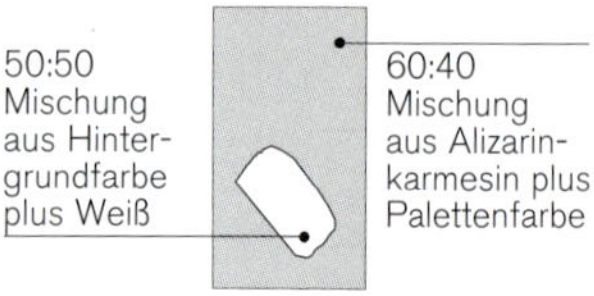

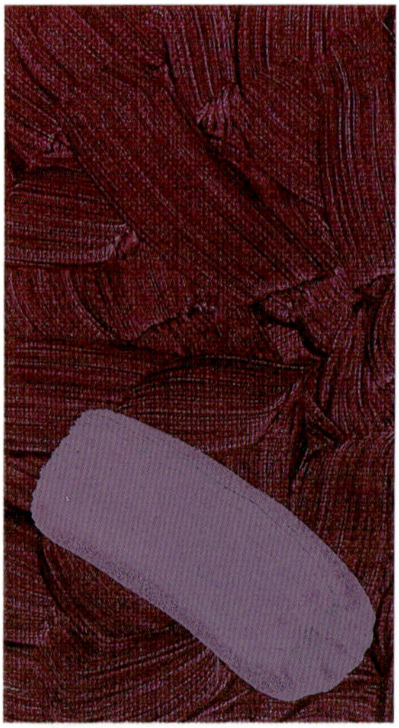

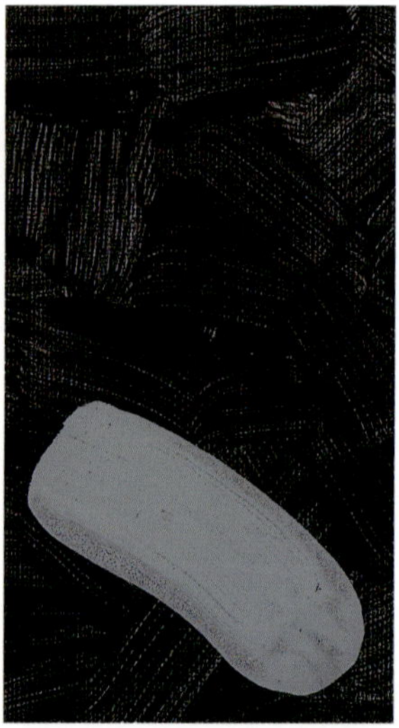

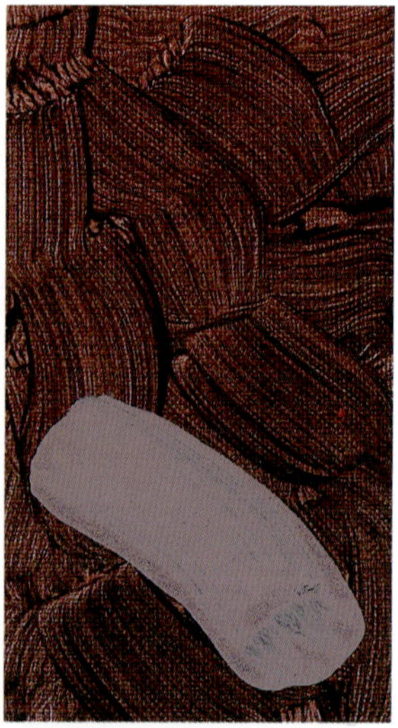

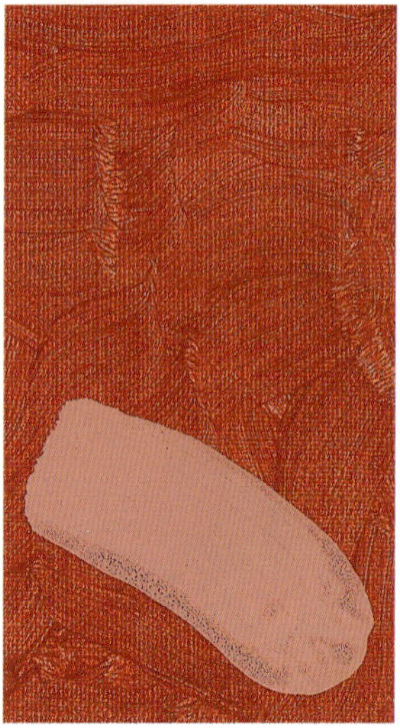

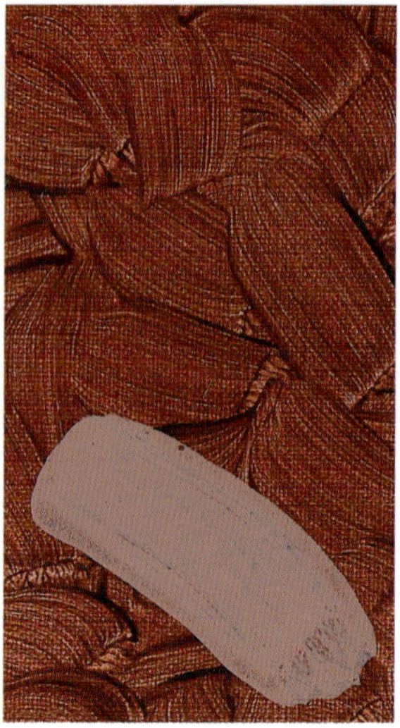

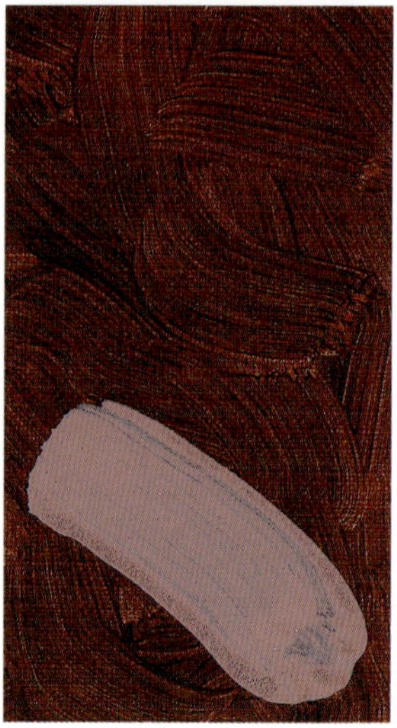

Palettenfarben

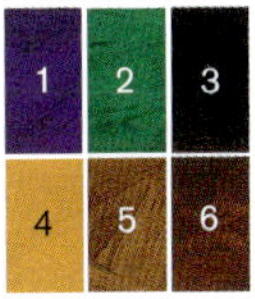

1 Dioxazinviolett
2 Phthalogrün (Blauton)
3 Elfenbeinschwarz
4 Ockergelb
5 Umbra natur
6 Umbra gebrannt

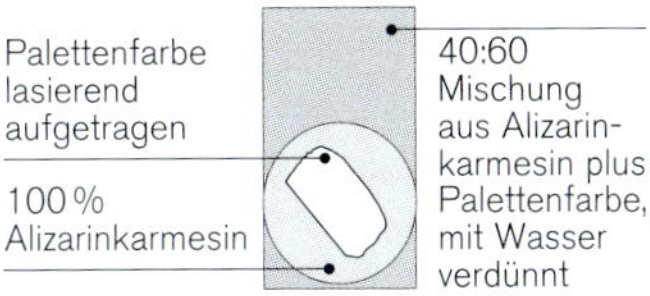

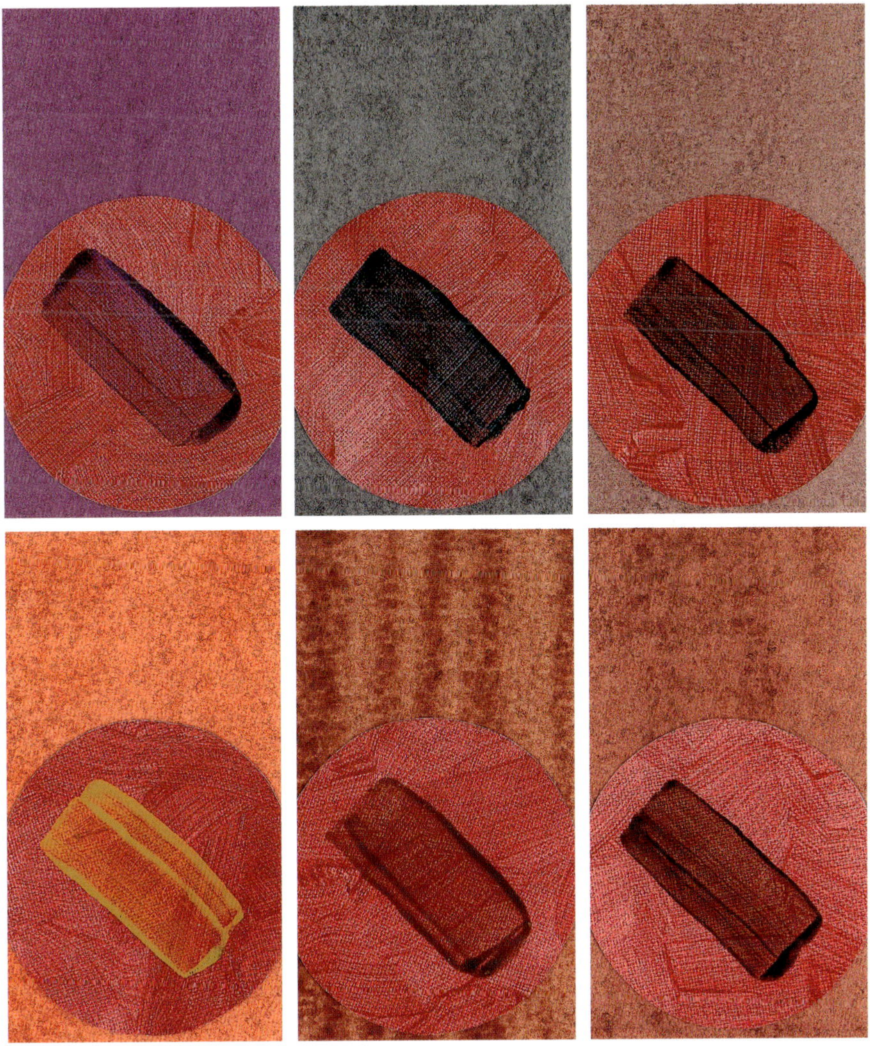

Karmesinrot

transparent
höchste Lichtbeständigkeit

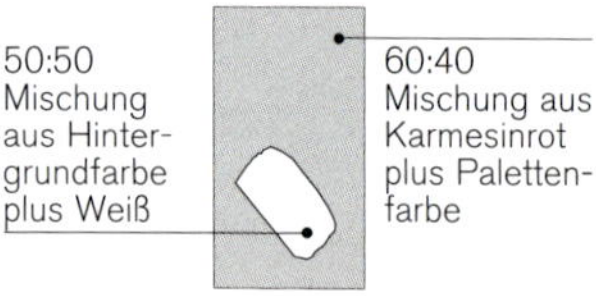

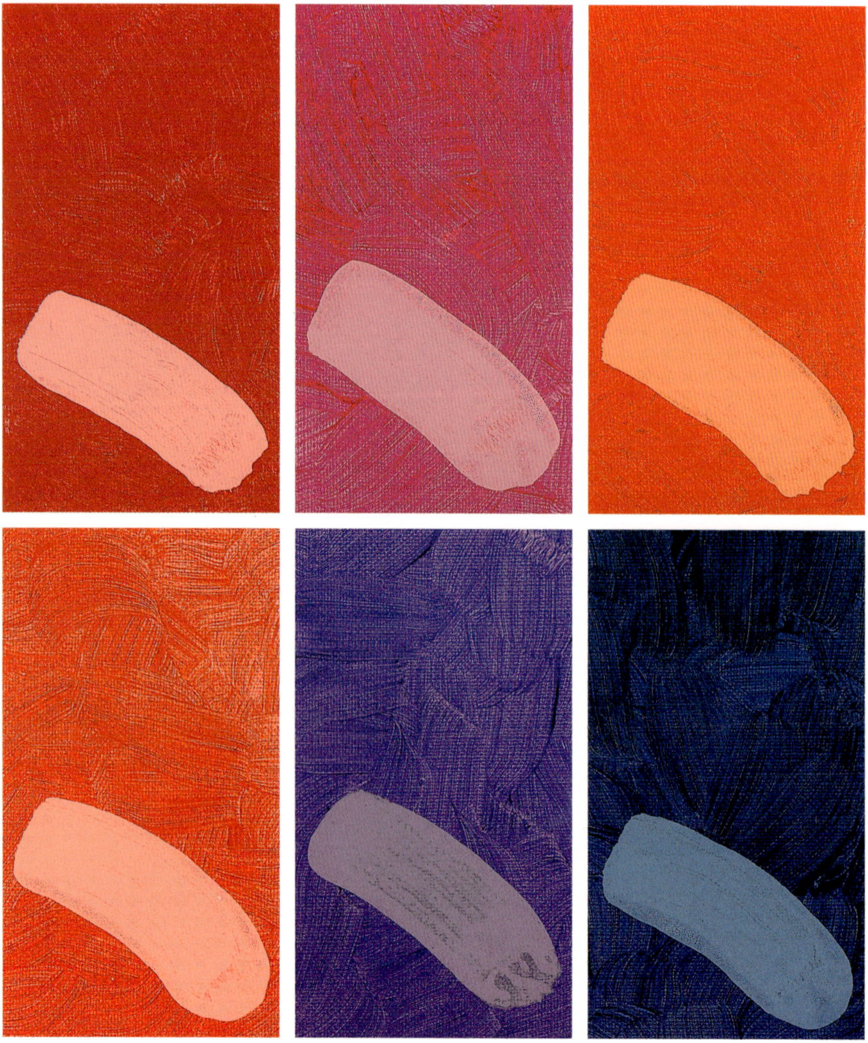

Palettenfarben

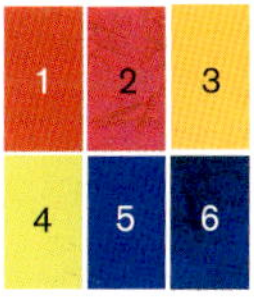

1 Kadmiumrot mittel
2 Karmesinrot
3 Kadmiumgelb mittel
4 Hansagelb hell
5 Ultramarinblau
6 Phthalocyaninblau

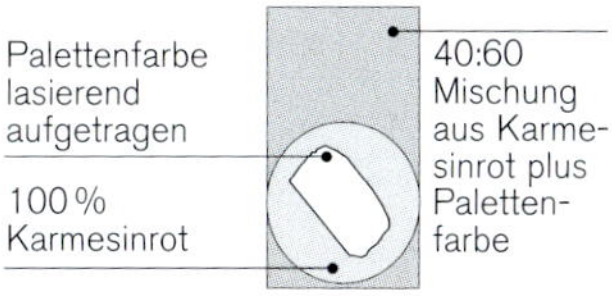

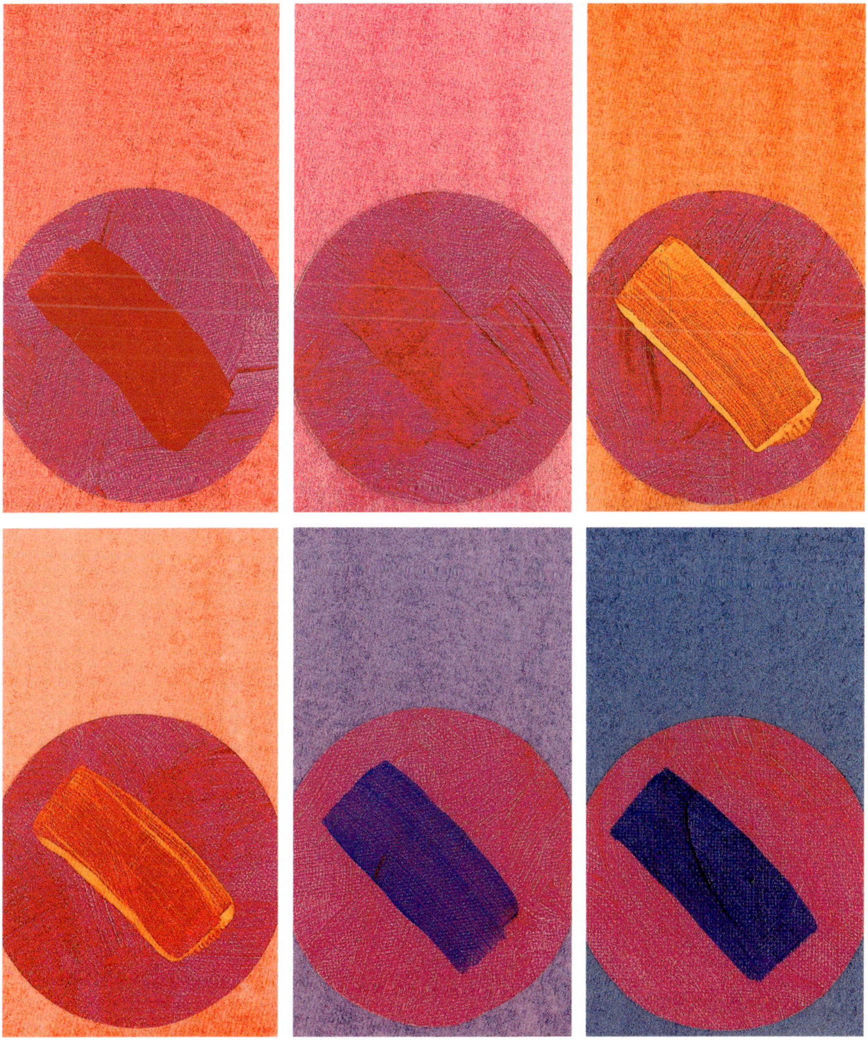

Karmesinrot

Fortsetzung

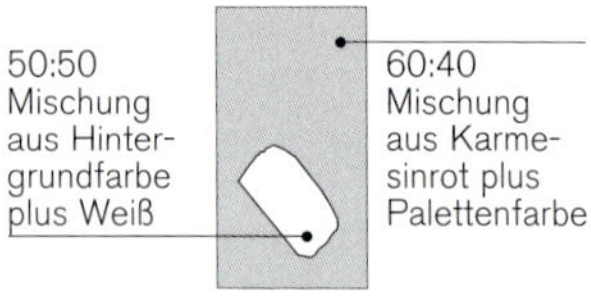

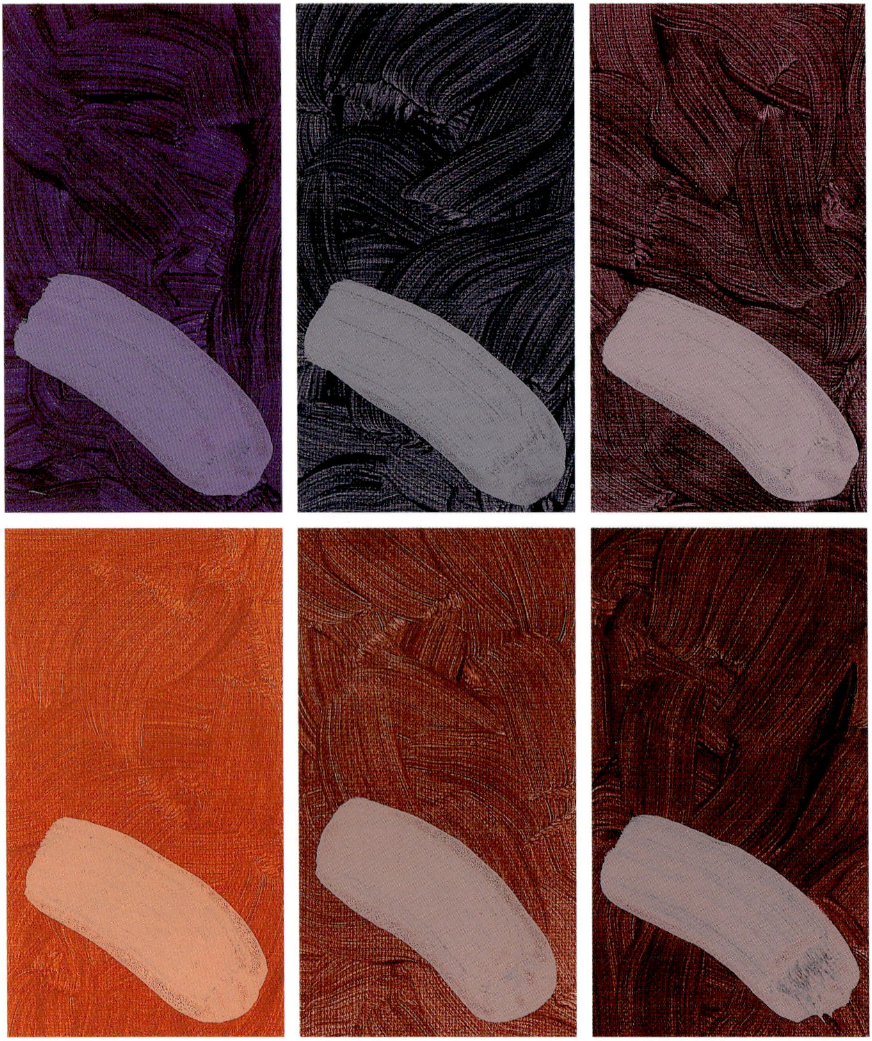

Palettenfarben

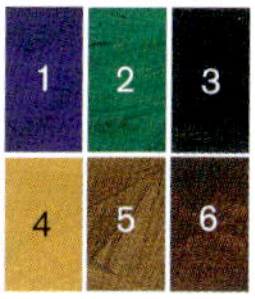

1 Dioxazinviolett
2 Phthalogrün (Blauton)
3 Elfenbeinschwarz
4 Ockergelb
5 Umbra natur
6 Umbra gebrannt

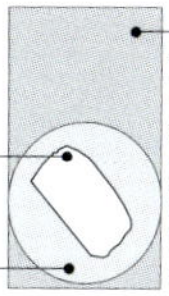

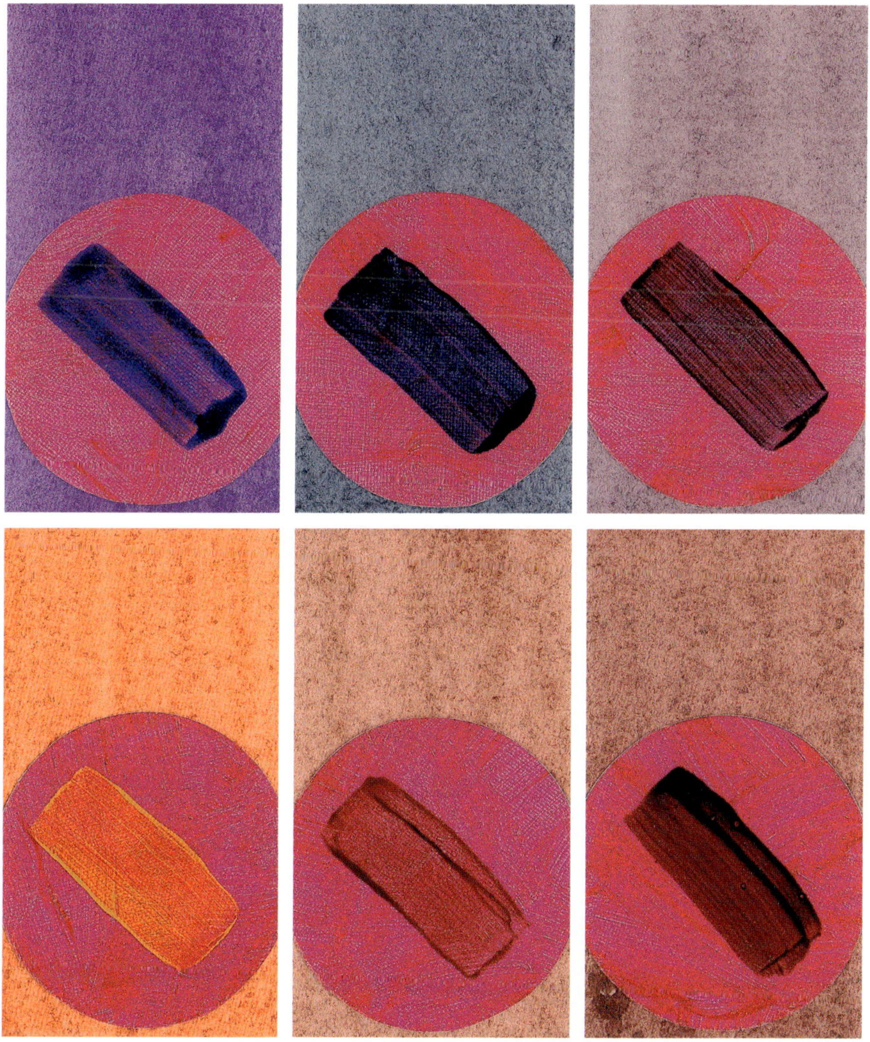

Naphtholkarmesin

transparent
höchste Lichtbeständigkeit

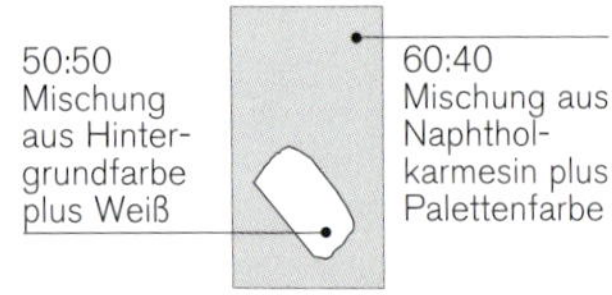

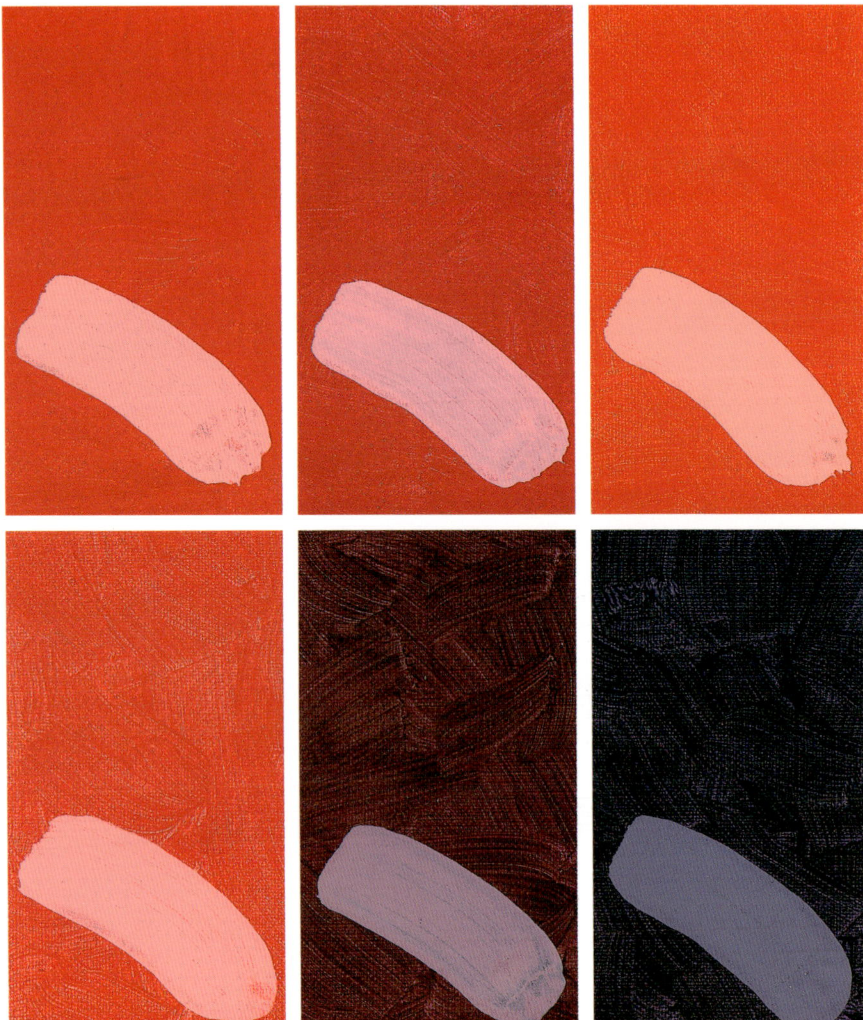

Palettenfarben

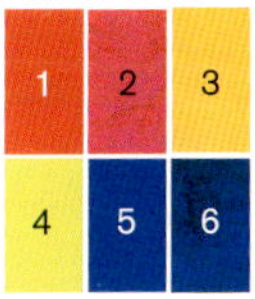

1 Kadmiumrot mittel
2 Karmesinrot
3 Kadmiumgelb mittel
4 Hansagelb hell
5 Ultramarinblau
6 Phthalocyaninblau

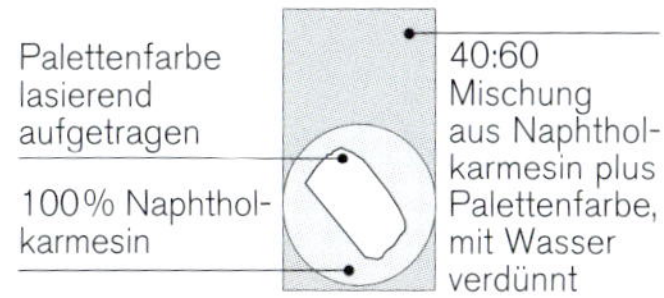

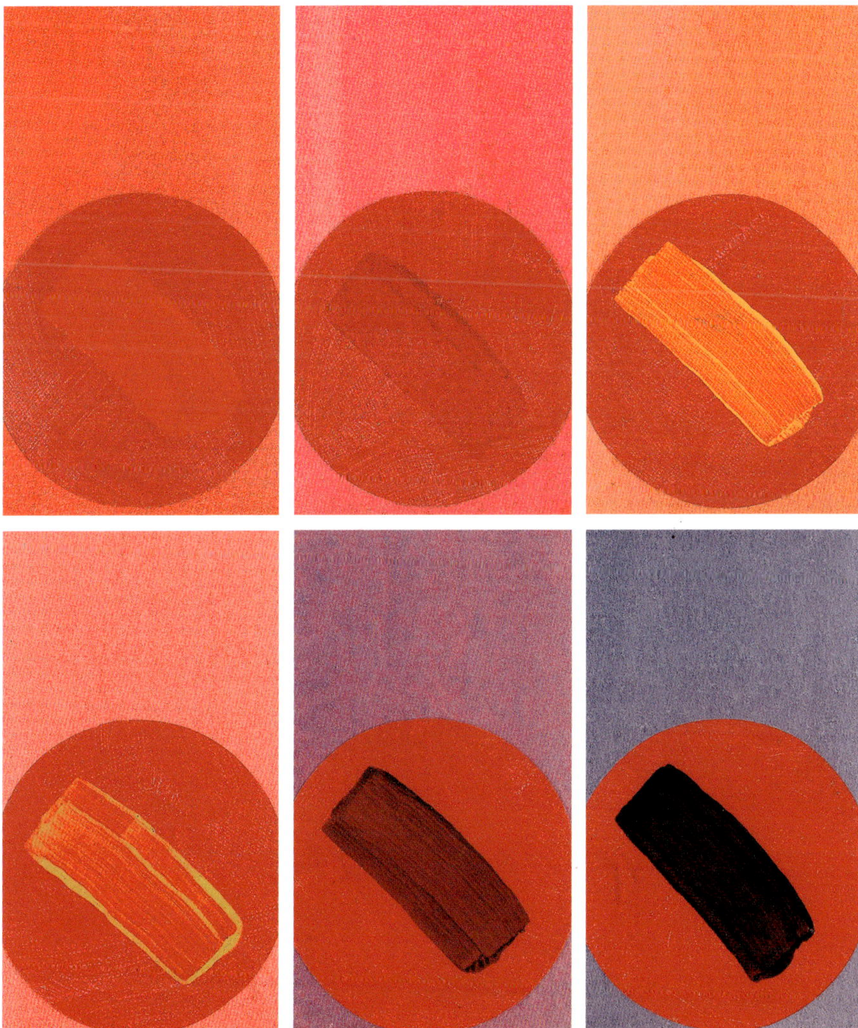

Naphtholkarmesin

Fortsetzung

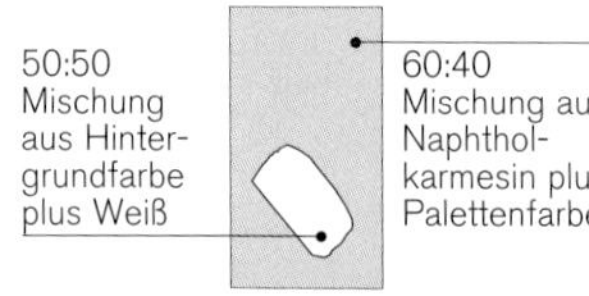

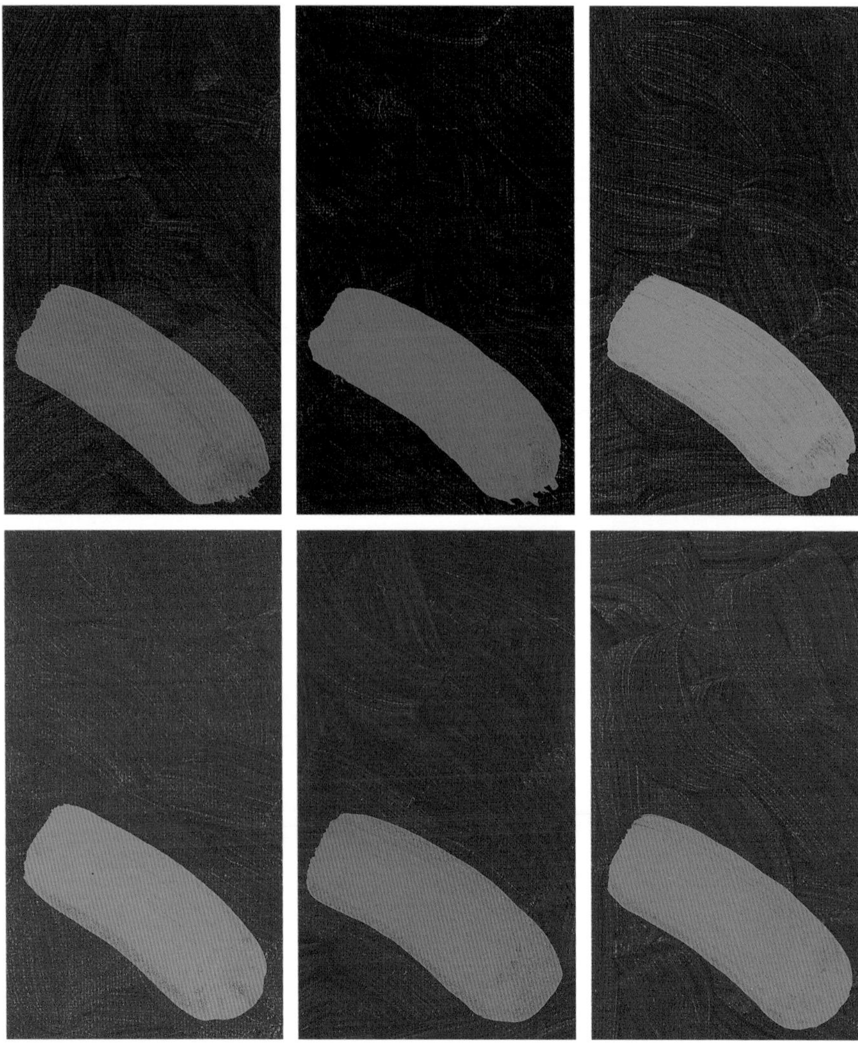

Palettenfarben

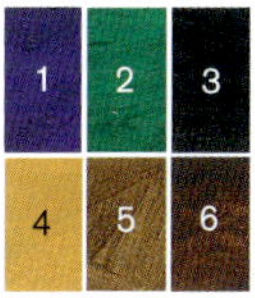

1 Dioxazinviolett
2 Phthalogrün (Blauton)
3 Elfenbeinschwarz
4 Ockergelb
5 Umbra natur
6 Umbra gebrannt

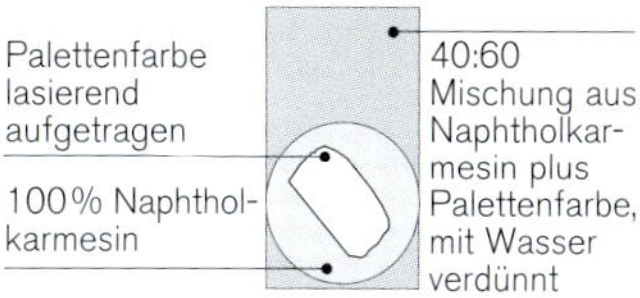

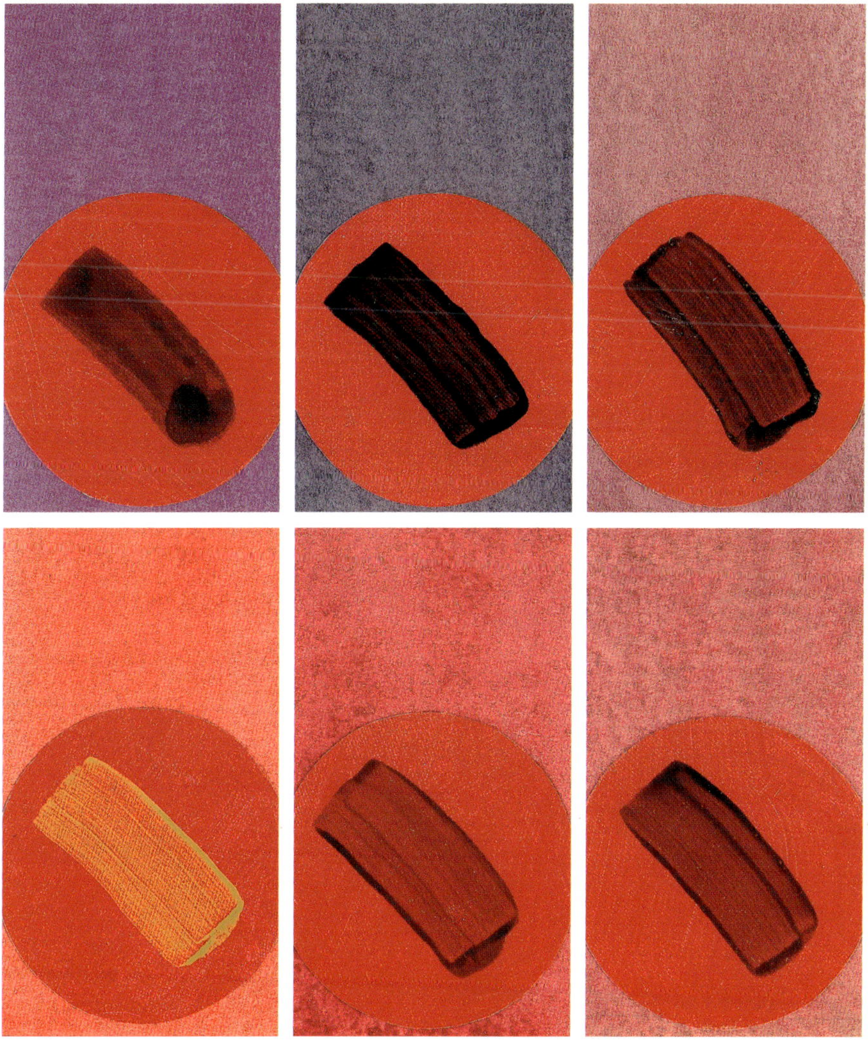

Kadmiumrot mittel

deckend
höchste Lichtbeständigkeit

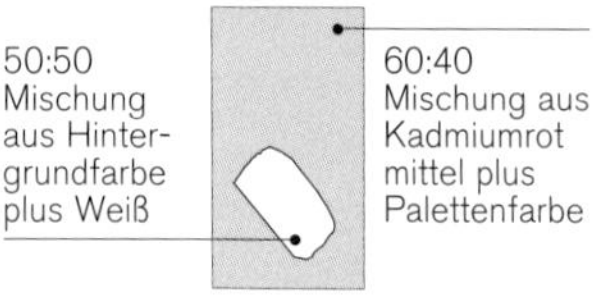

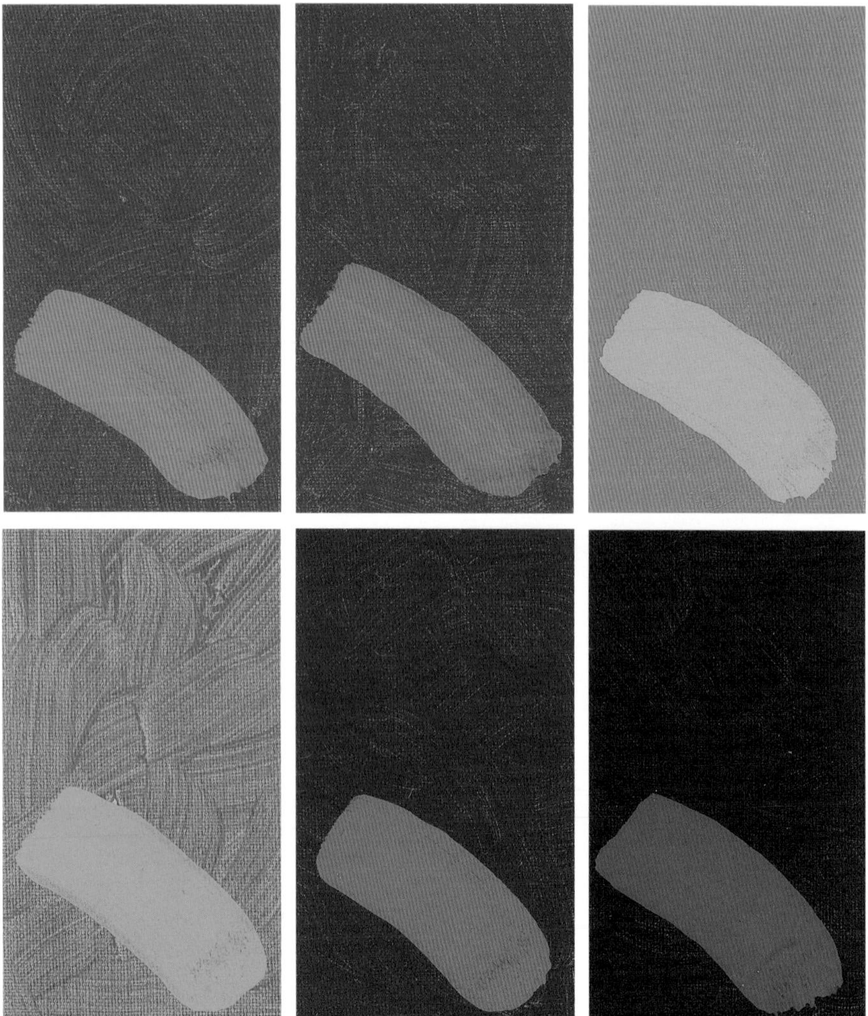

Palettenfarben

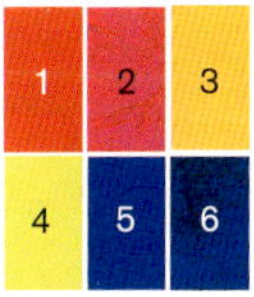

1 Kadmiumrot mittel
2 Karmesinrot
3 Kadmiumgelb mittel
4 Hansagelb hell
5 Ultramarinblau
6 Phthalocyaninblau

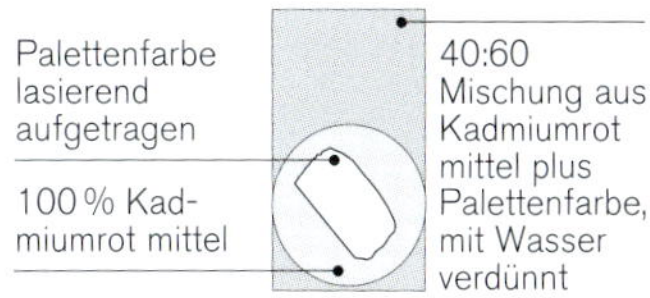

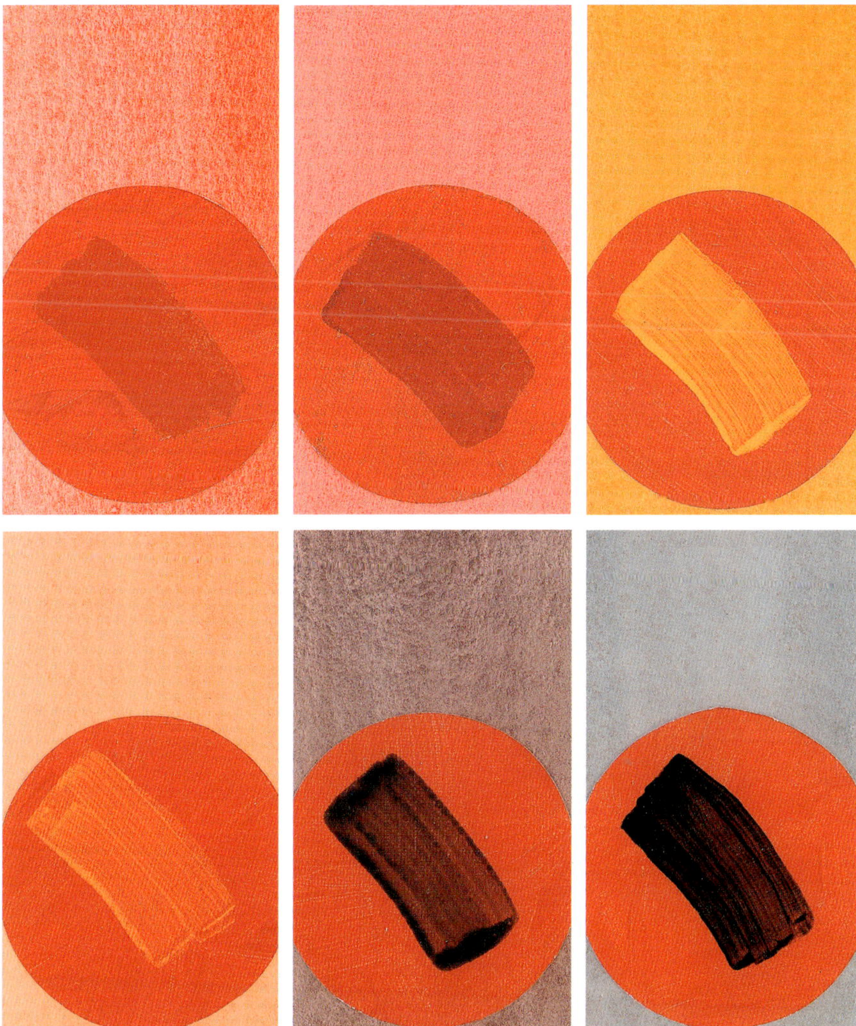

Kadmiumrot mittel

Fortsetzung

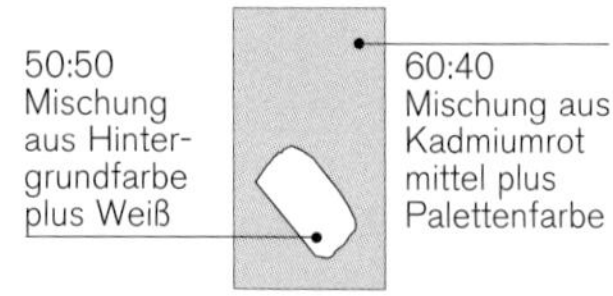

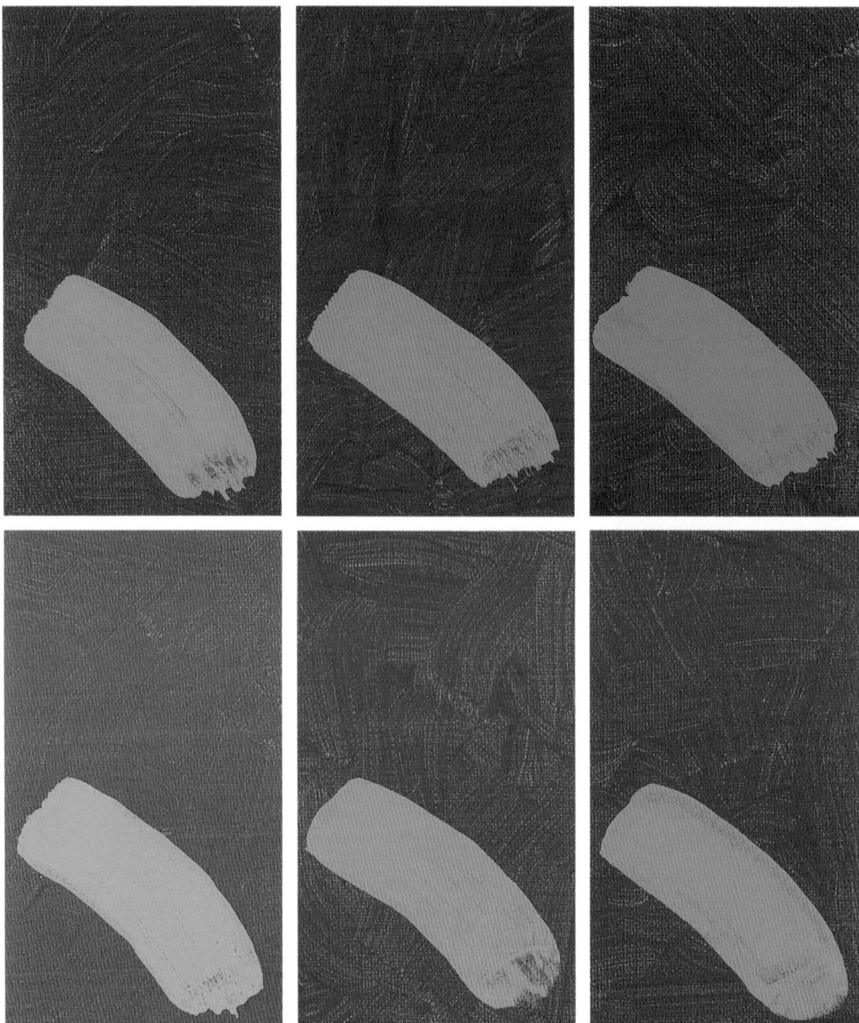

Palettenfarben

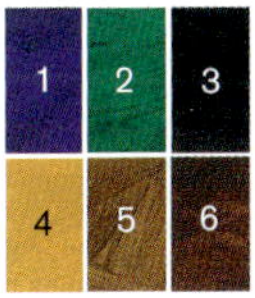

1 Dioxazinviolett
2 Phthalogrün (Blauton)
3 Elfenbeinschwarz
4 Ockergelb
5 Umbra natur
6 Umbra gebrannt

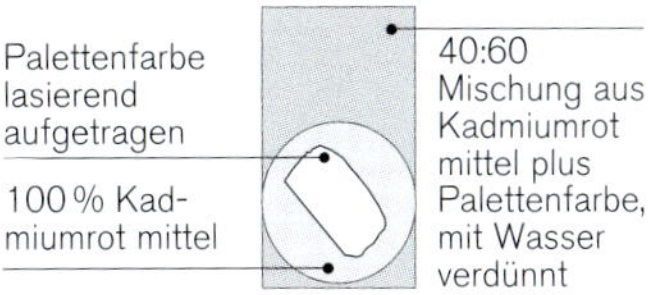

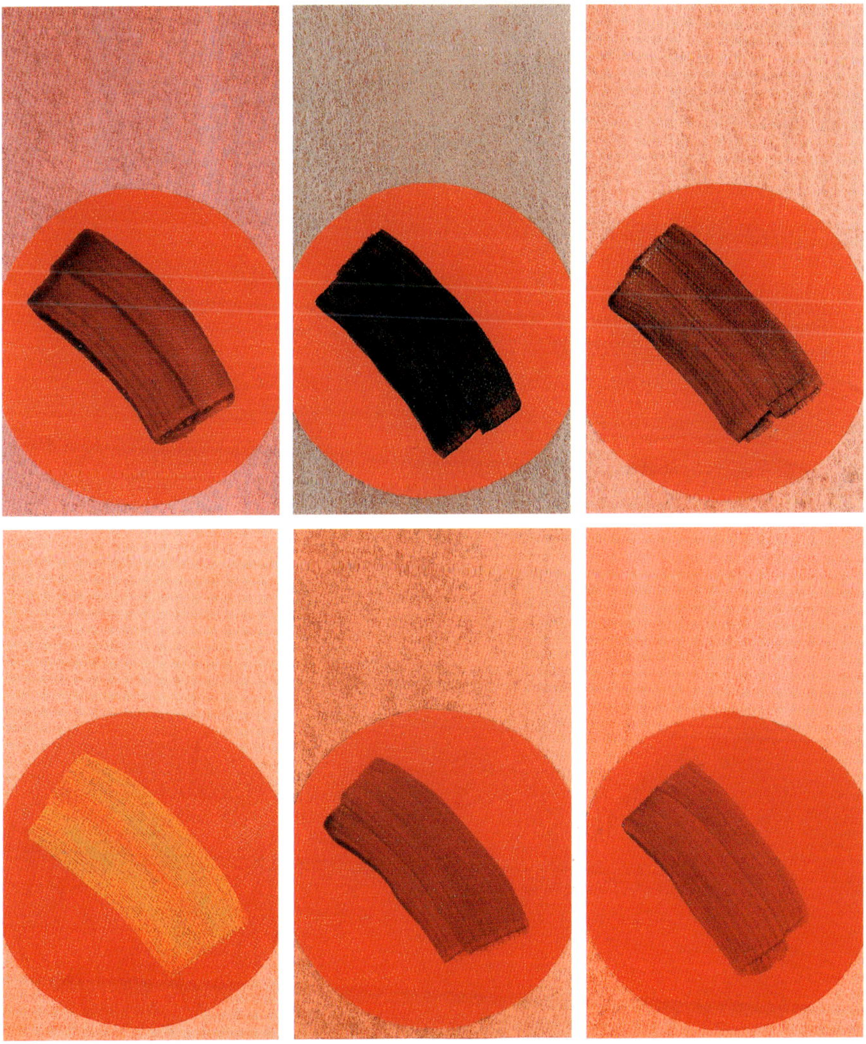

Naphtolrot hell

transparent
höchste Lichtbeständigkeit

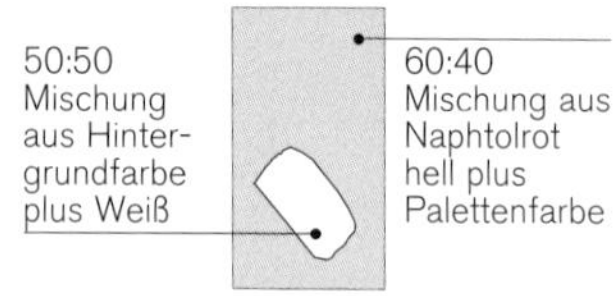

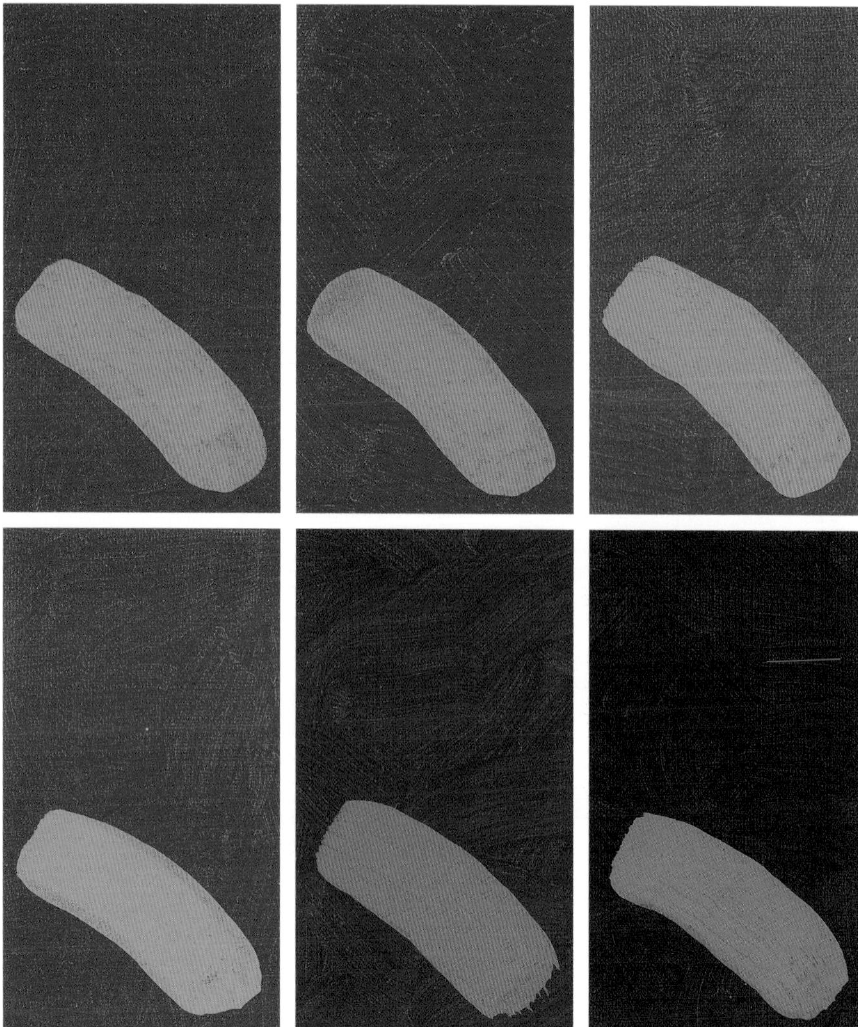

Palettenfarben

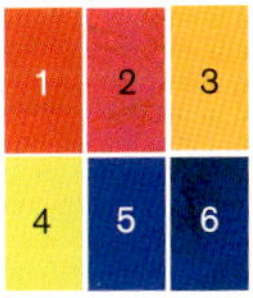

1 Kadmiumrot mittel
2 Karmesinrot
3 Kadmiumgelb mittel
4 Hansagelb hell
5 Ultramarinblau
6 Phthalocyaninblau

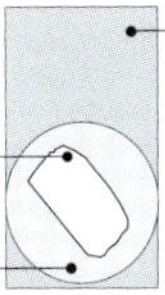

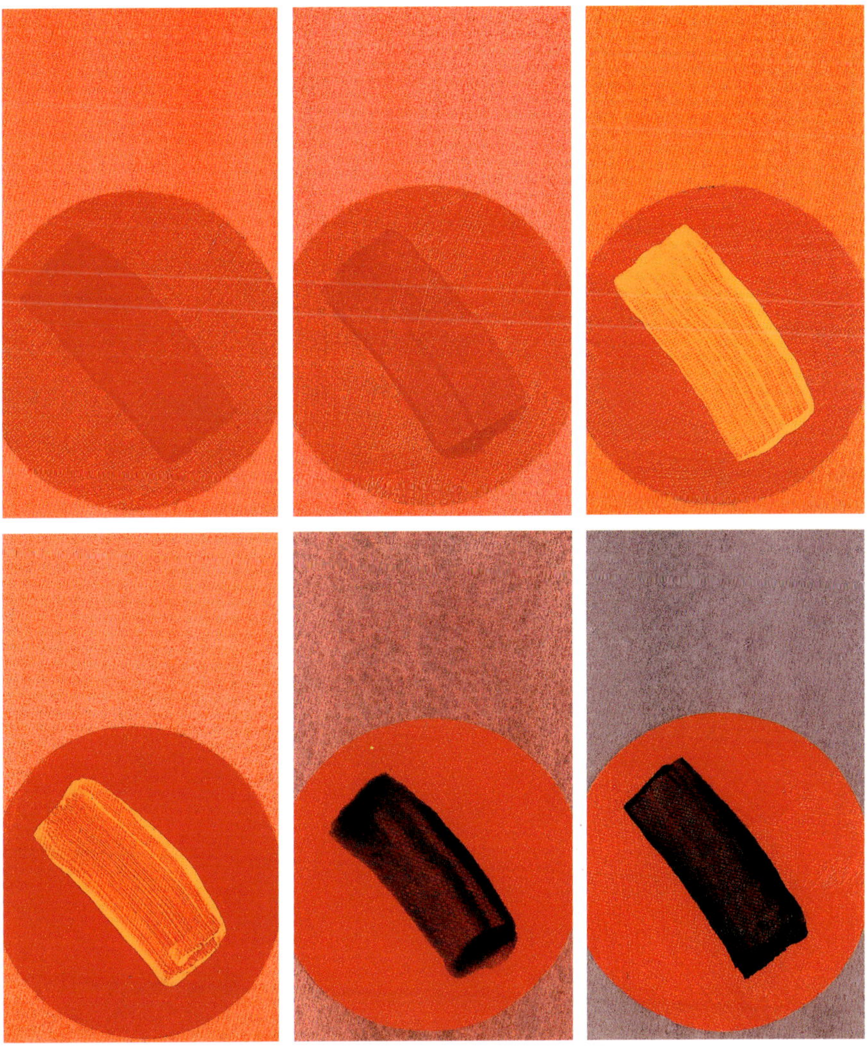

Naphtolrot hell

Fortsetzung

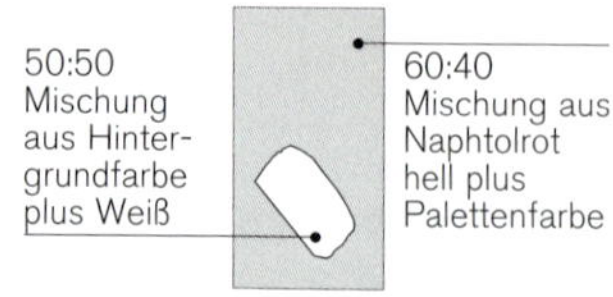

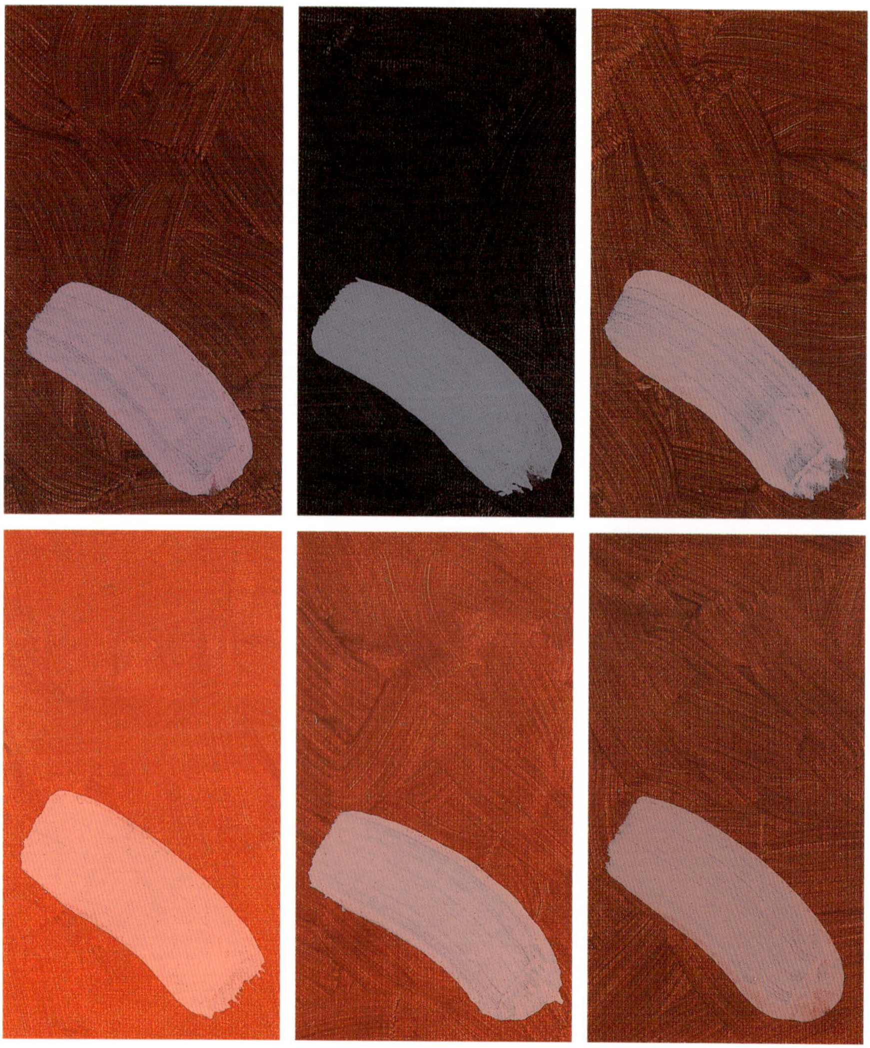

Palettenfarben

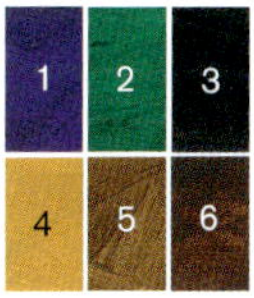

1 Dioxazinviolett
2 Phthalogrün (Blauton)
3 Elfenbeinschwarz
4 Ockergelb
5 Umbra natur
6 Umbra gebrannt

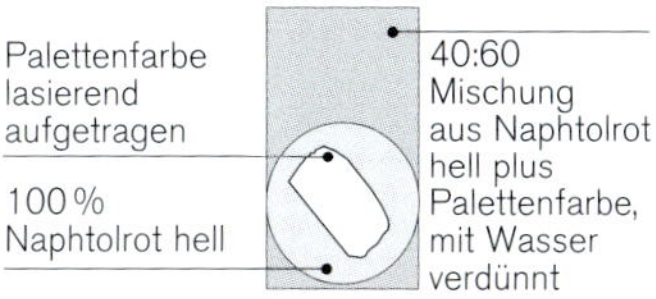

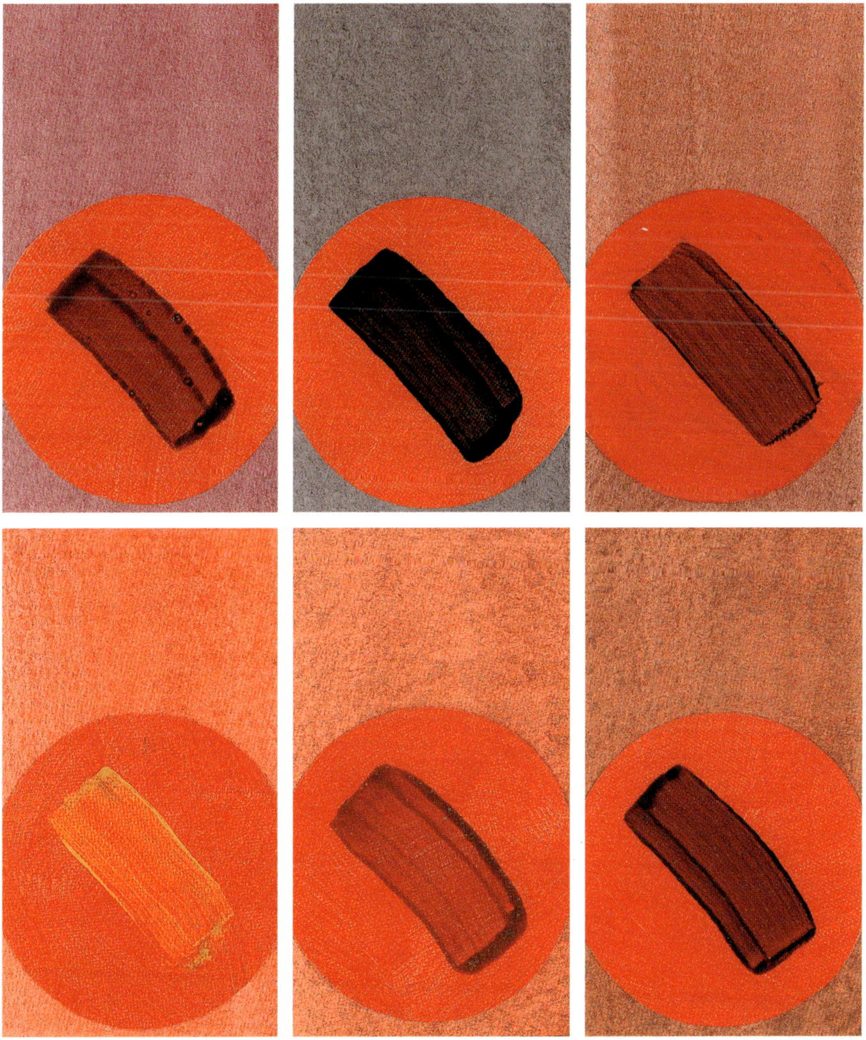

Scharlachrot

transparent

höchste Lichtbeständigkeit

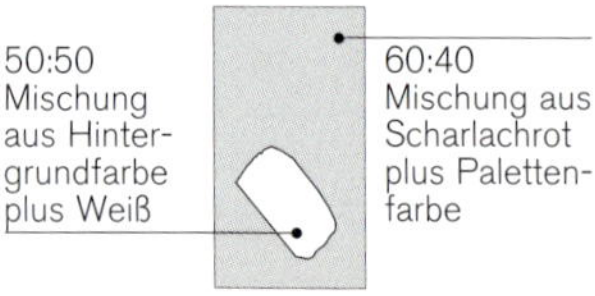

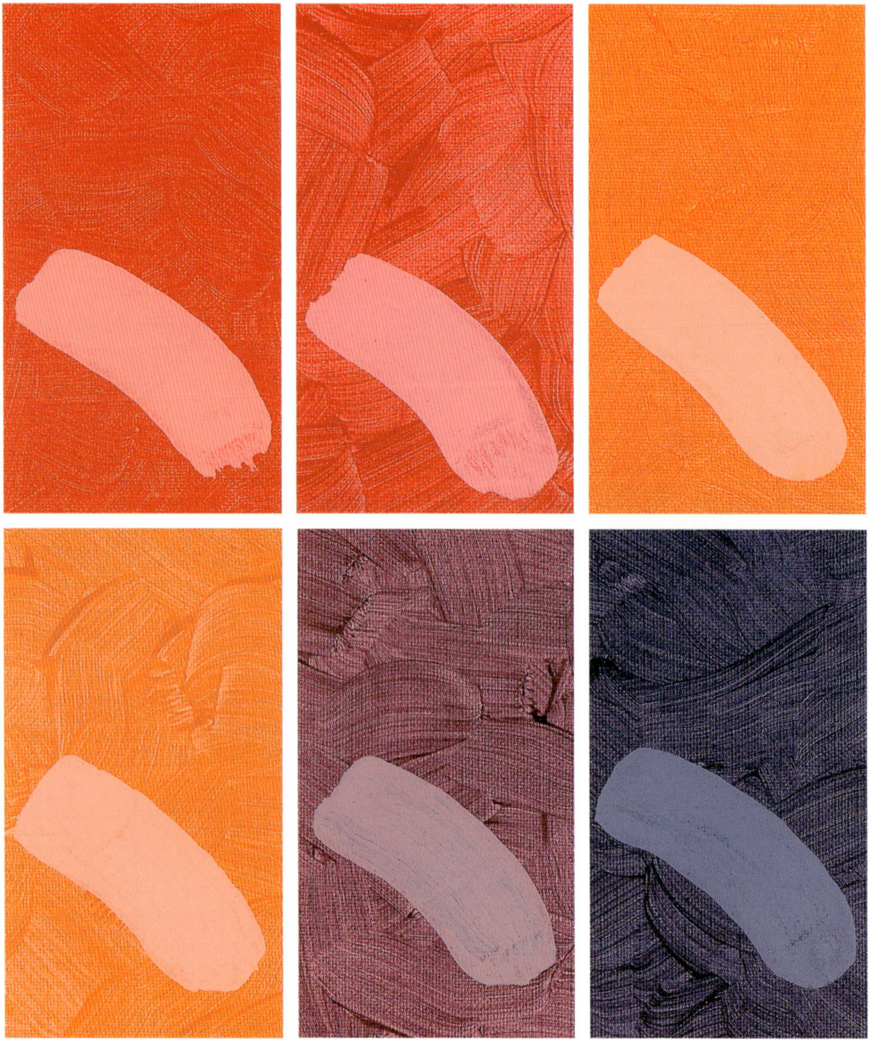

Palettenfarben

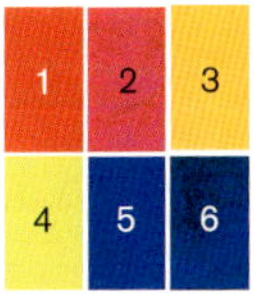

1 Kadmiumrot mittel
2 Karmesinrot
3 Kadmiumgelb mittel
4 Hansagelb hell
5 Ultramarinblau
6 Phthalocyaninblau

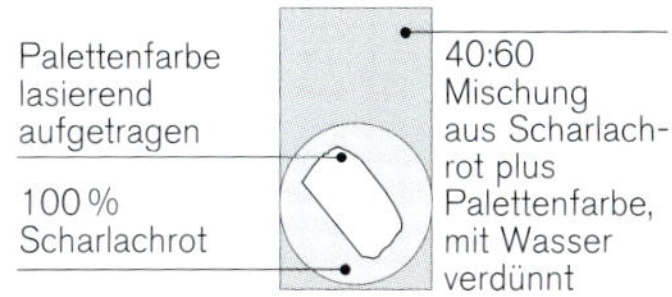

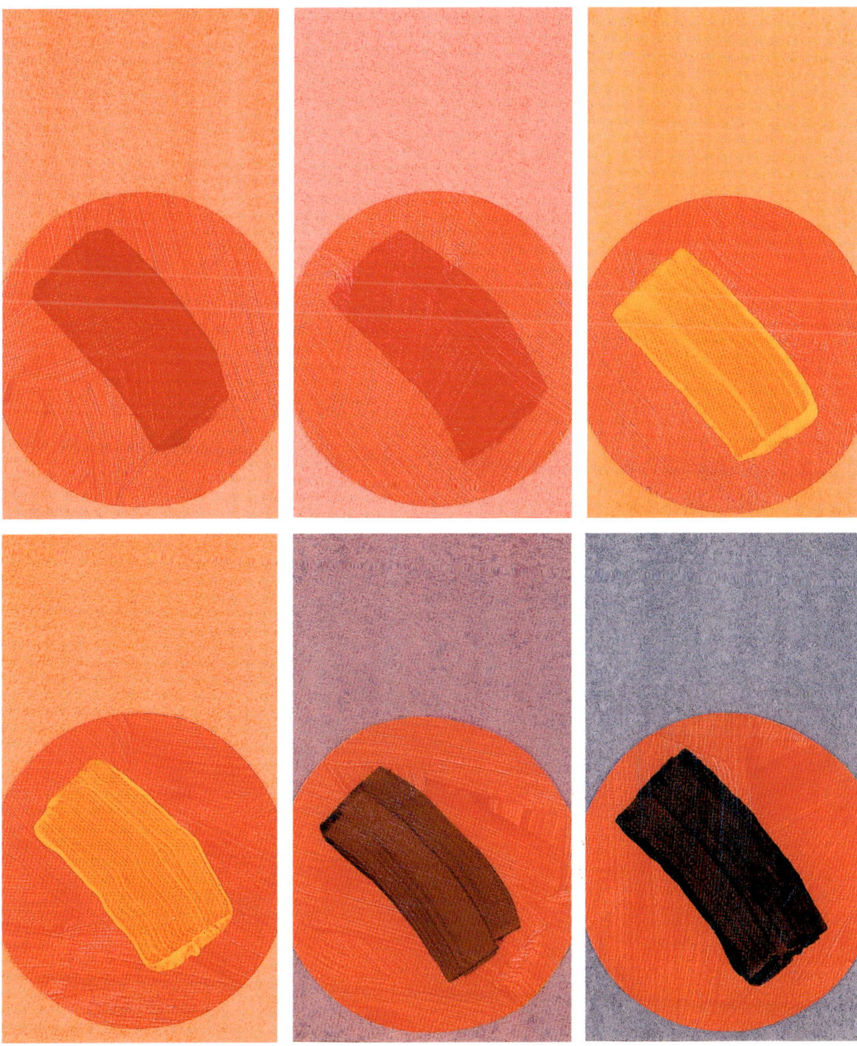

Scharlachrot

Fortsetzung

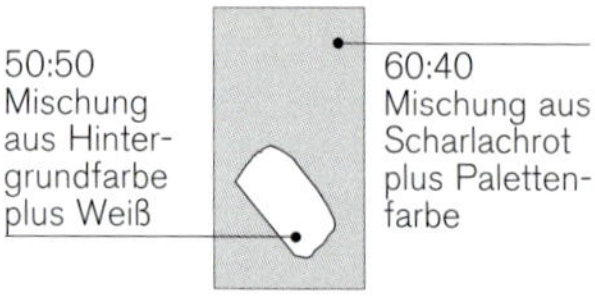

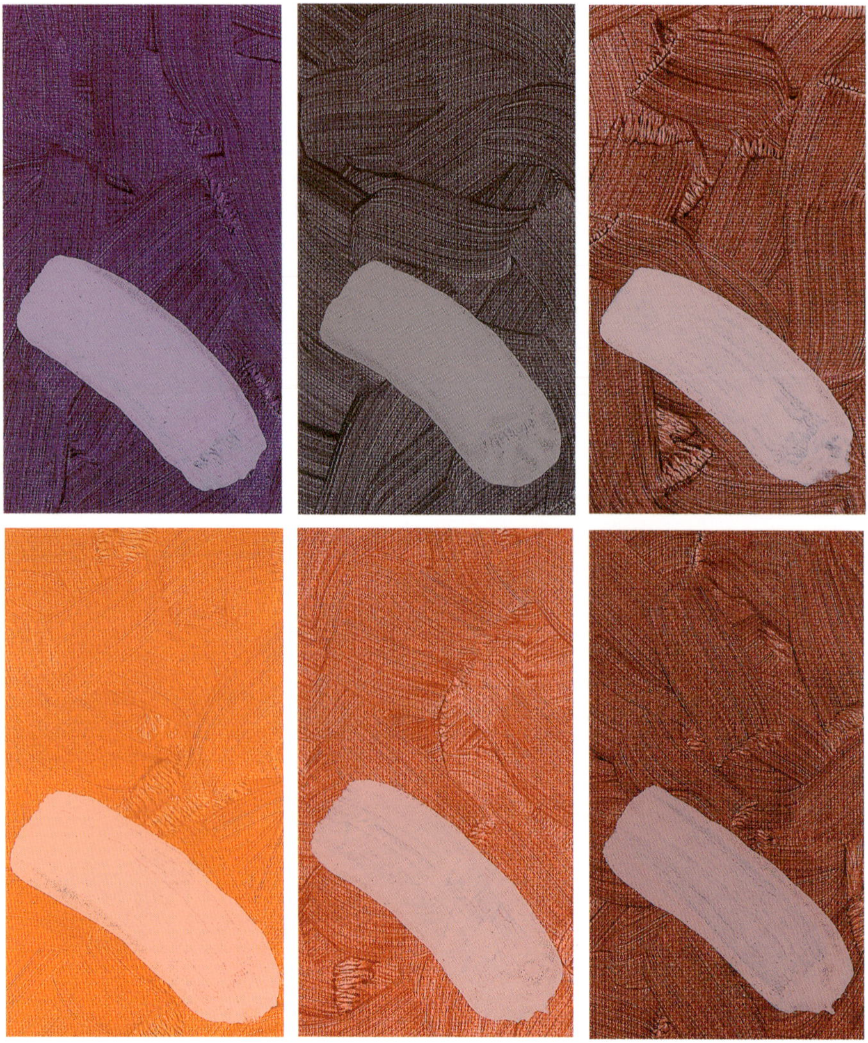

Palettenfarben

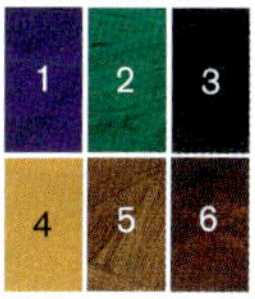

1 Dioxazinviolett
2 Phthalogrün (Blauton)
3 Elfenbeinschwarz
4 Ockergelb
5 Umbra natur
6 Umbra gebrannt

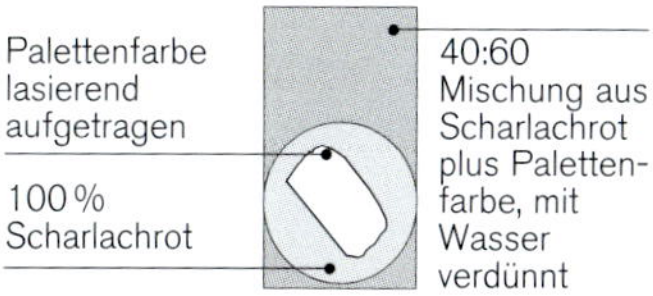

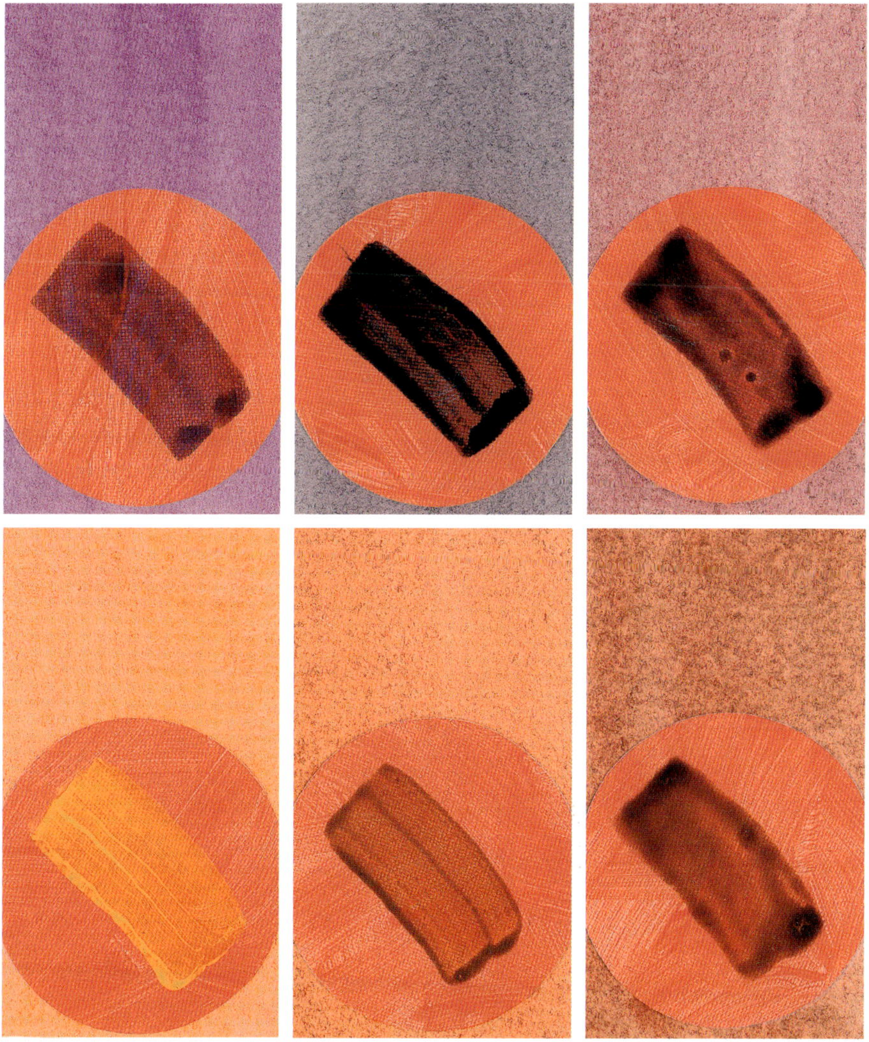

Indischrot

transparent
höchste Lichtbeständigkeit

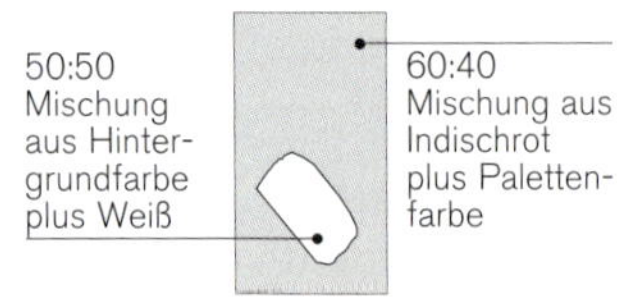

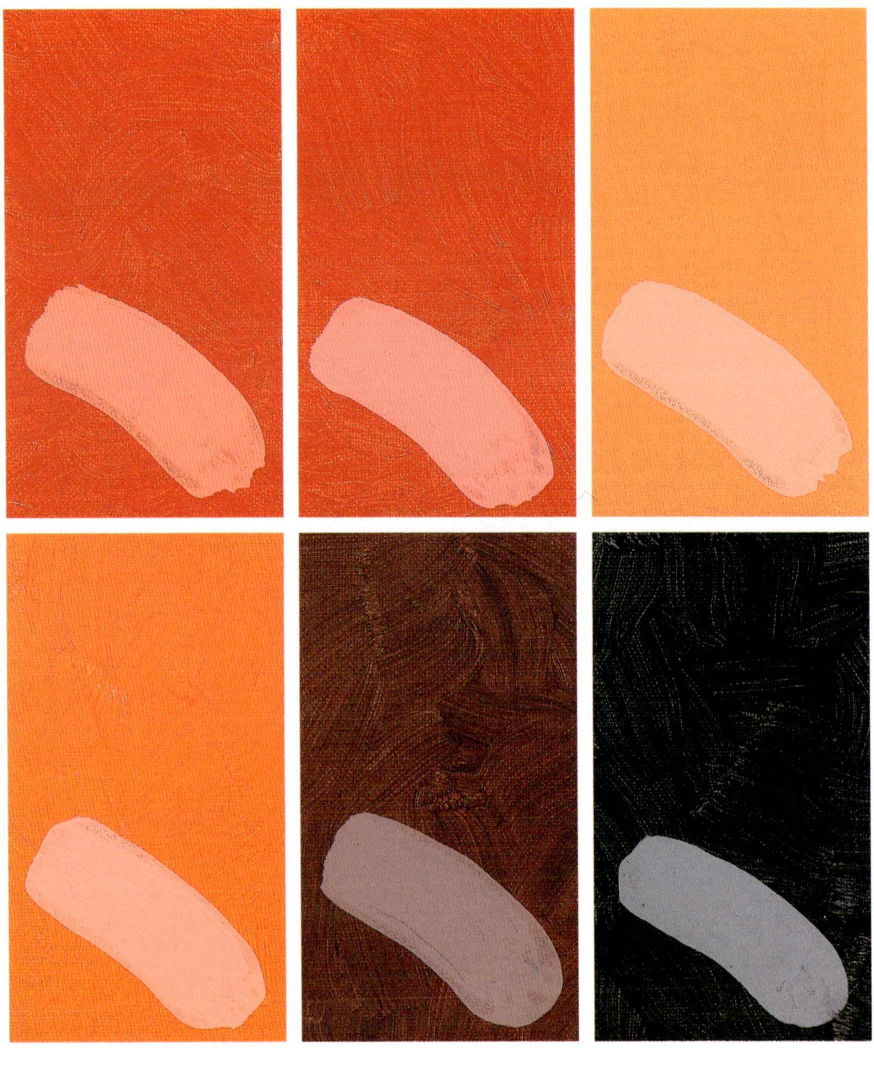

Palettenfarben

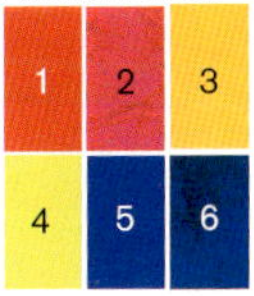

1 Kadmiumrot mittel
2 Karmesinrot
3 Kadmiumgelb mittel
4 Hansagelb hell
5 Ultramarinblau
6 Phthalocyaninblau

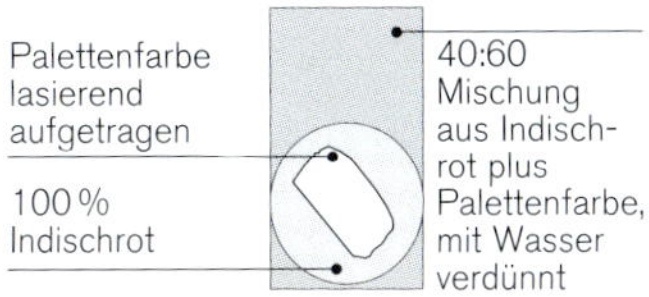

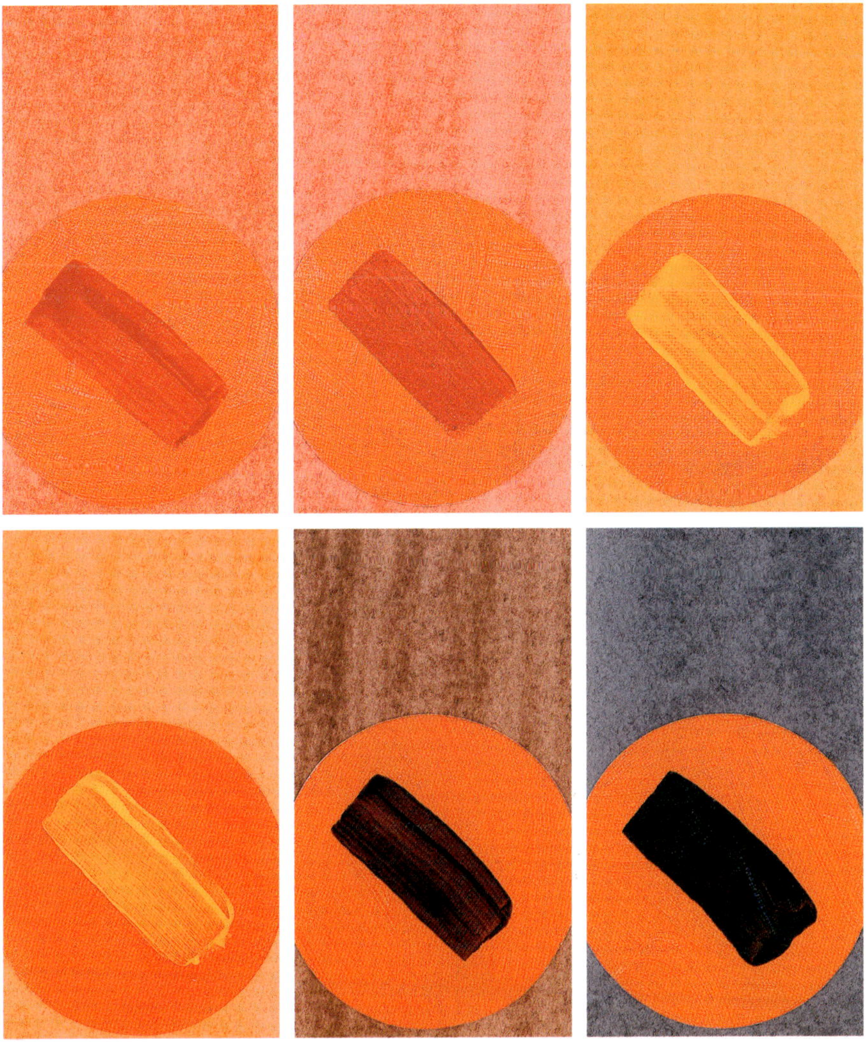

Indischrot
Fortsetzung

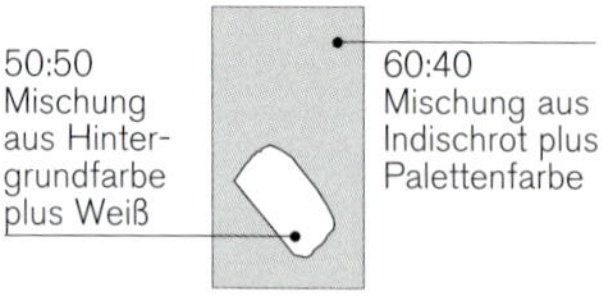

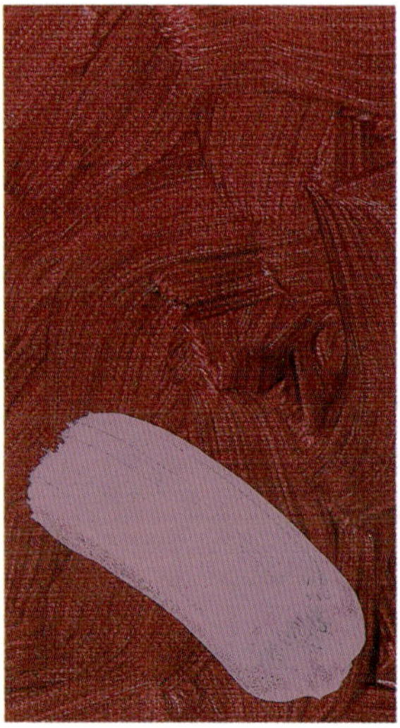
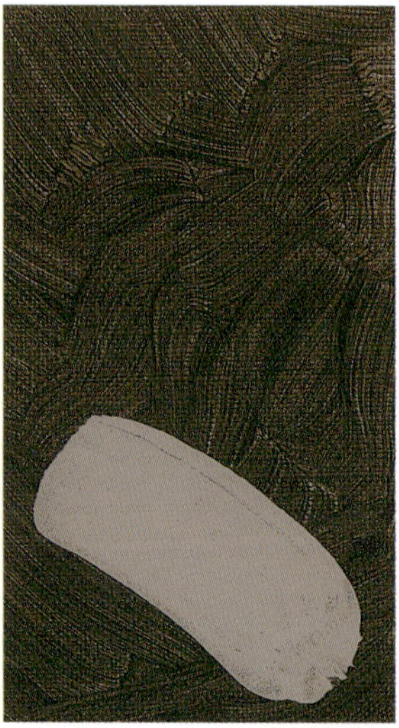
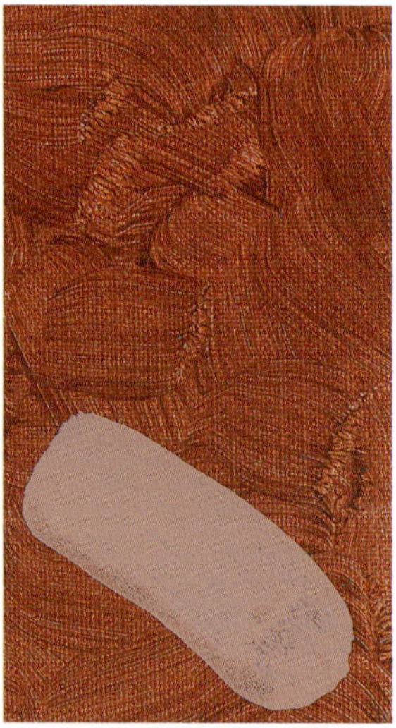
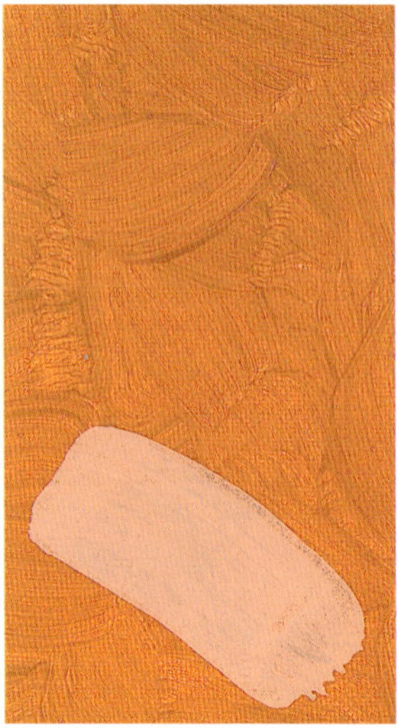
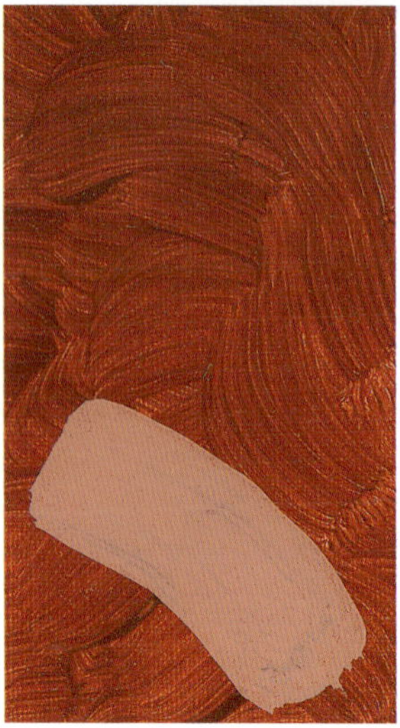
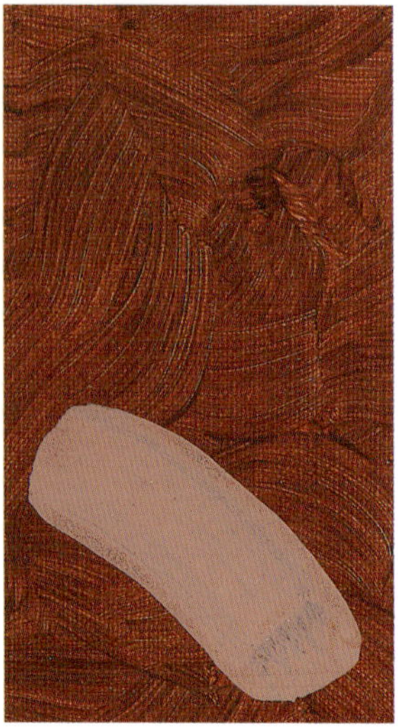

Palettenfarben

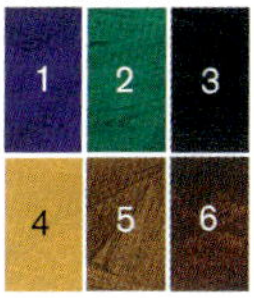

1 Dioxazinviolett
2 Phthalogrün (Blauton)
3 Elfenbeinschwarz
4 Ockergelb
5 Umbra natur
6 Umbra gebrannt

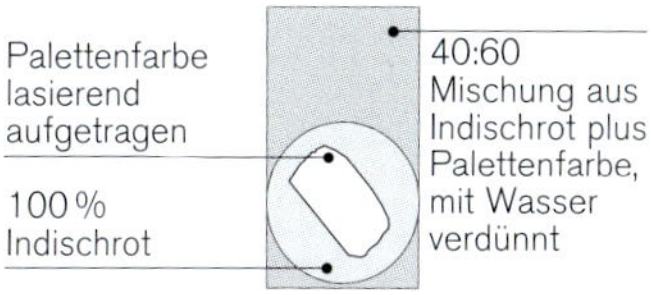

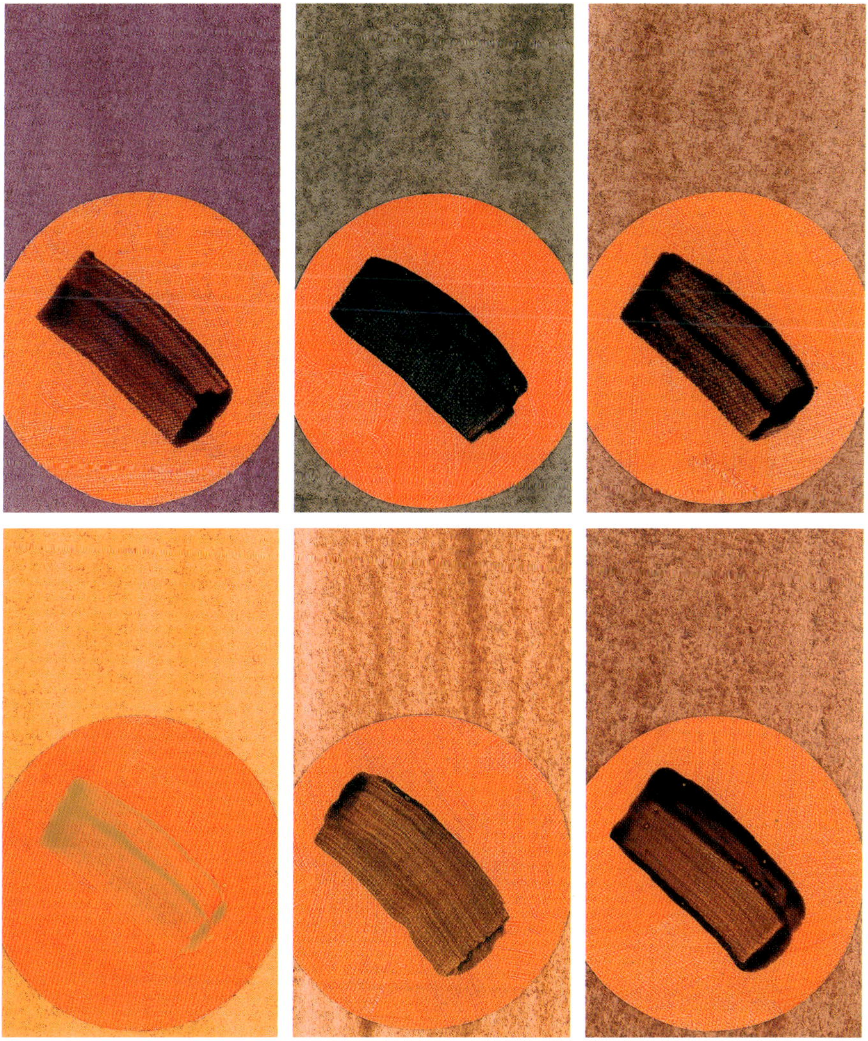

Rotorange feurig

transparent
höchste Lichtbeständigkeit

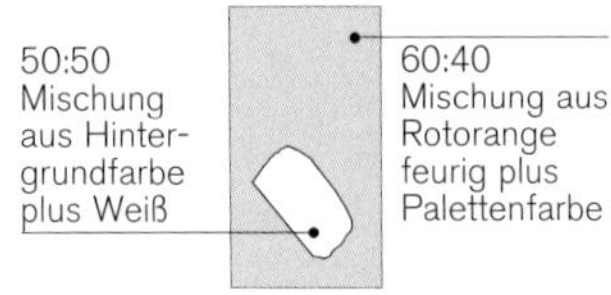

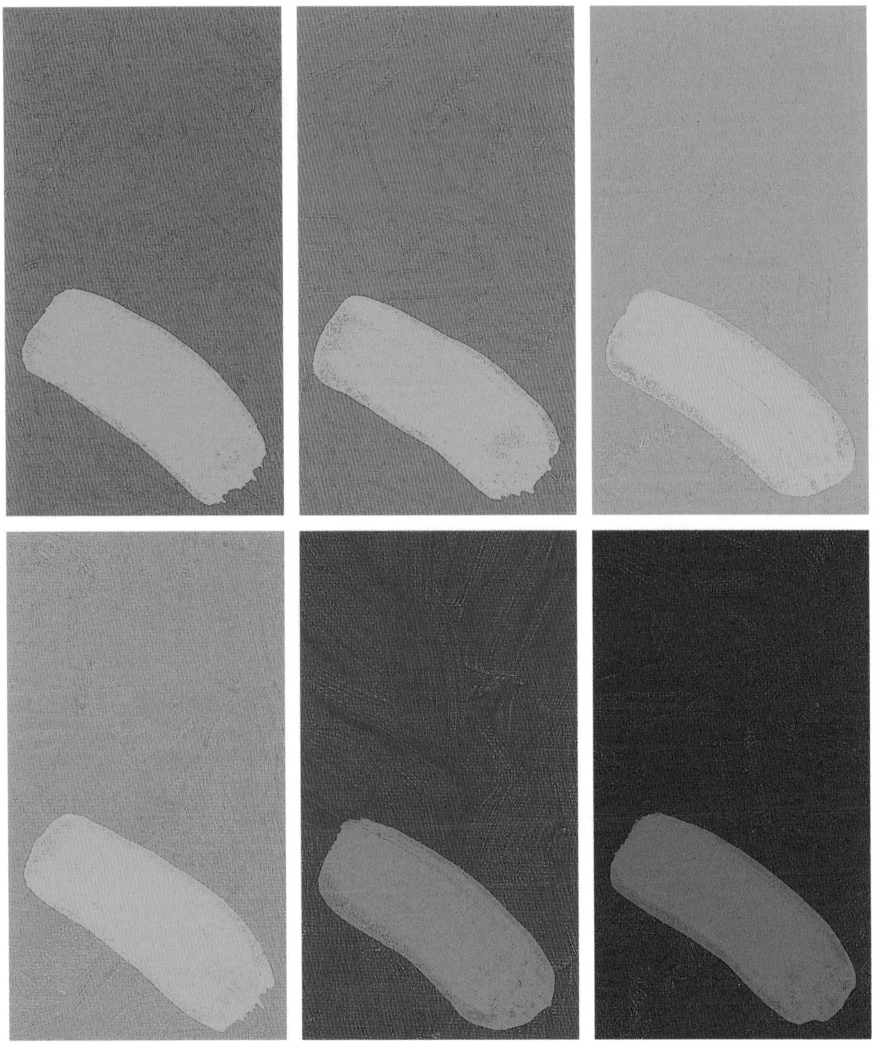

Palettenfarben

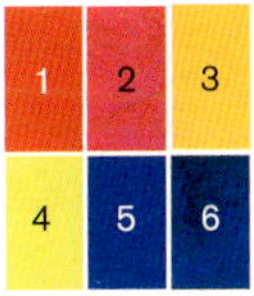

1 Kadmiumrot mittel
2 Karmesinrot
3 Kadmiumgelb mittel
4 Hansagelb hell
5 Ultramarinblau
6 Phthalocyaninblau

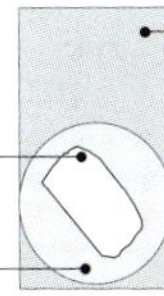

Palettenfarbe lasierend aufgetragen

100 % Rot-orange feurig

40:60 Mischung aus Rotorange feurig plus Palettenfarbe, mit Wasser verdünnt

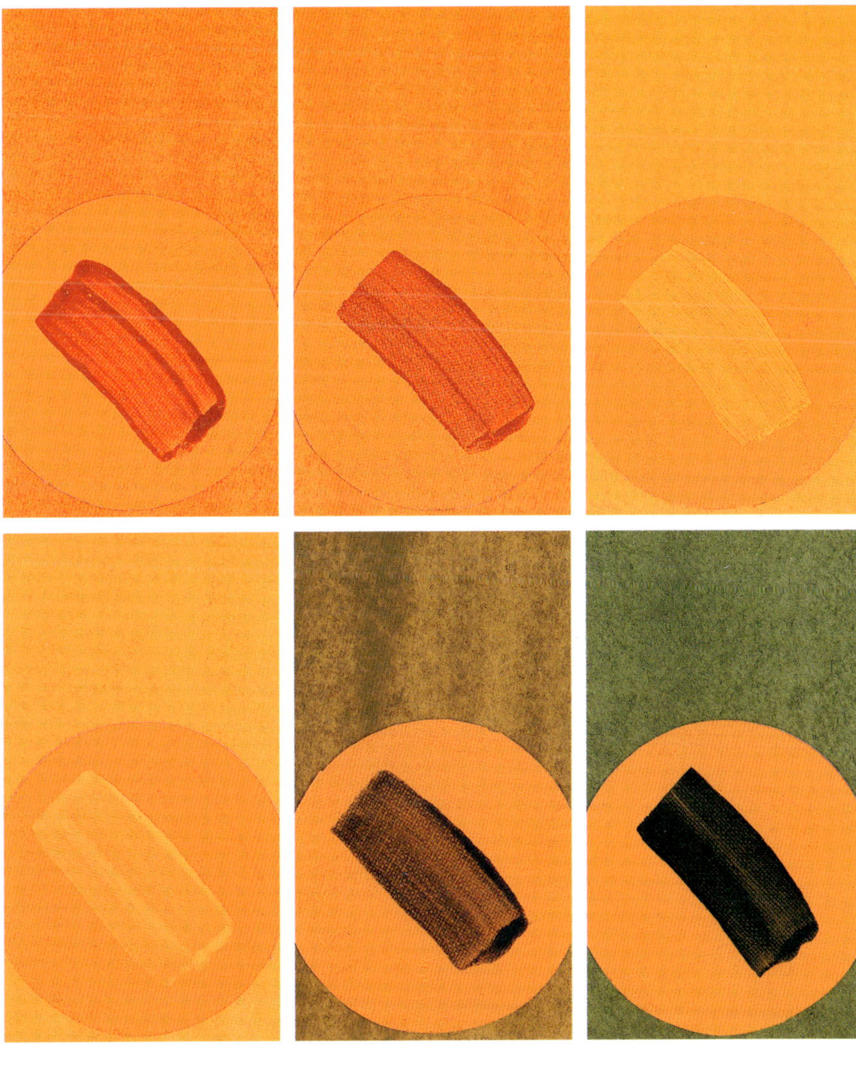

Rotorange feurig

Fortsetzung

50:50 Mischung aus Hintergrundfarbe plus Weiß

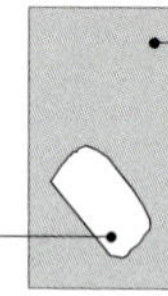

60:40 Mischung aus Rotorange feurig plus Palettenfarbe

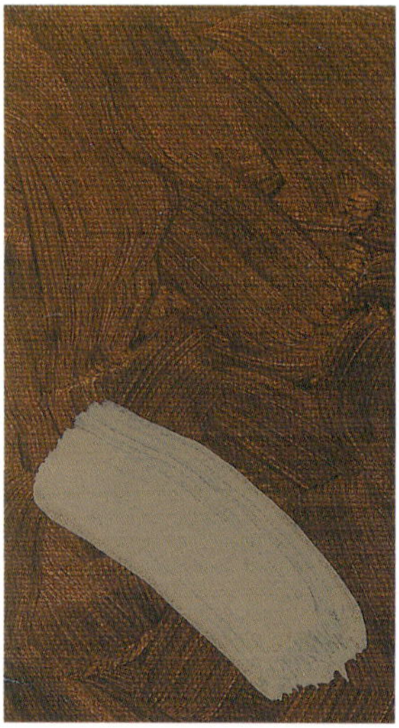
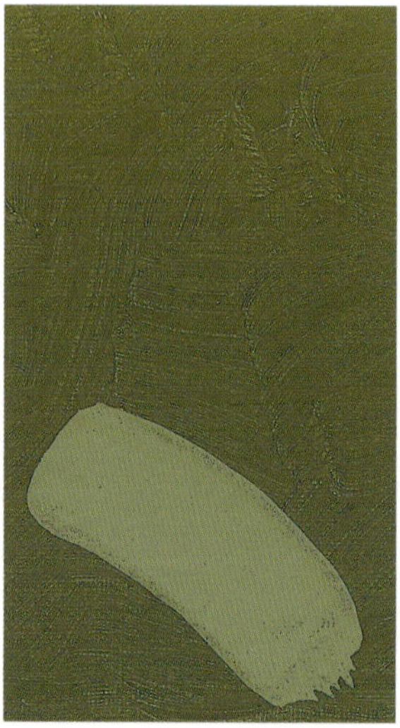
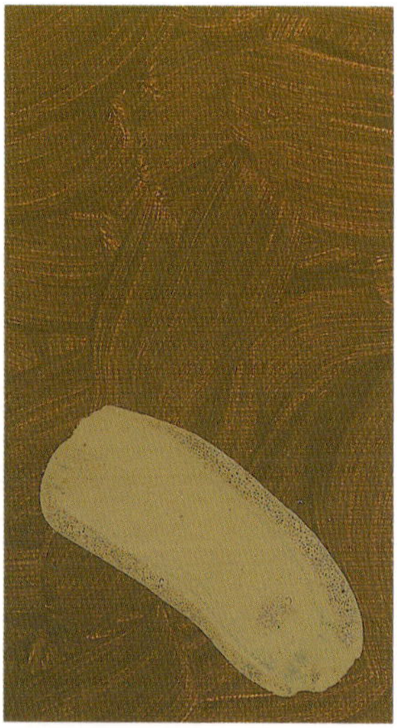
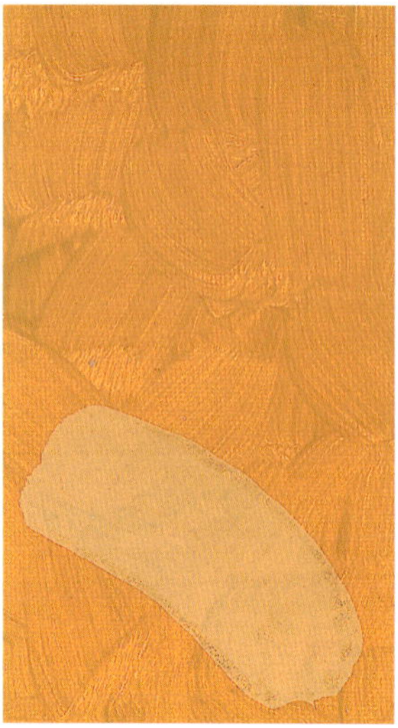
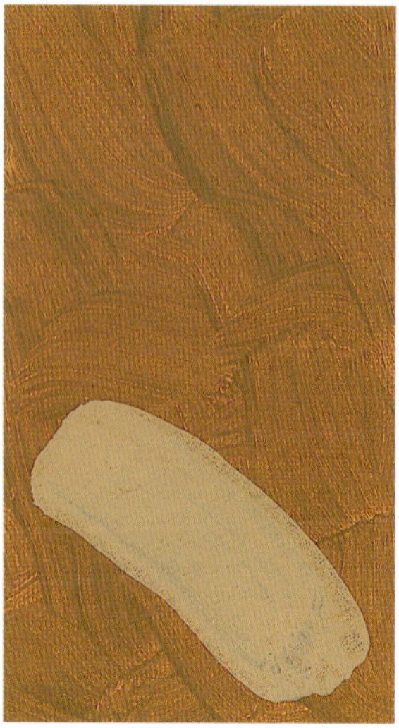
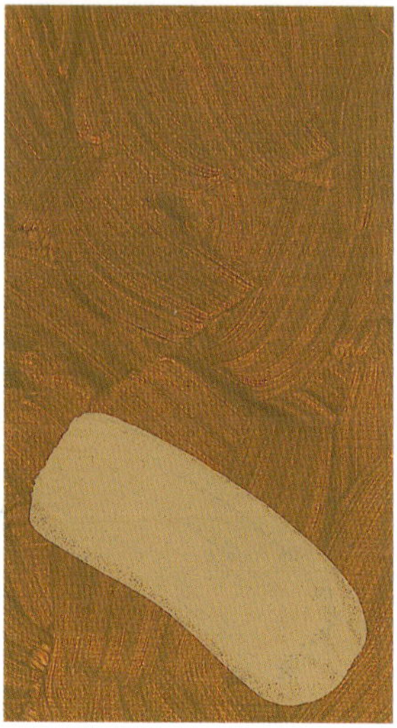

Palettenfarben

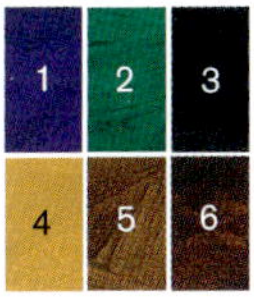

1 Dioxazinviolett
2 Phthalogrün (Blauton)
3 Elfenbeinschwarz
4 Ockergelb
5 Umbra natur
6 Umbra gebrannt

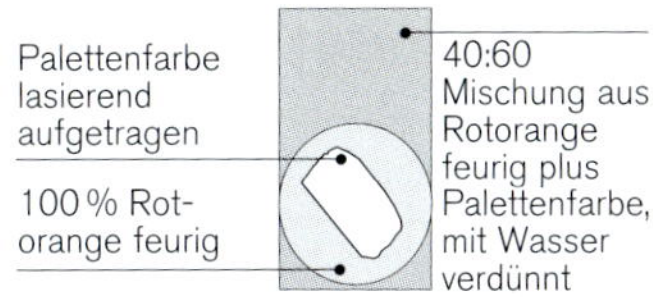

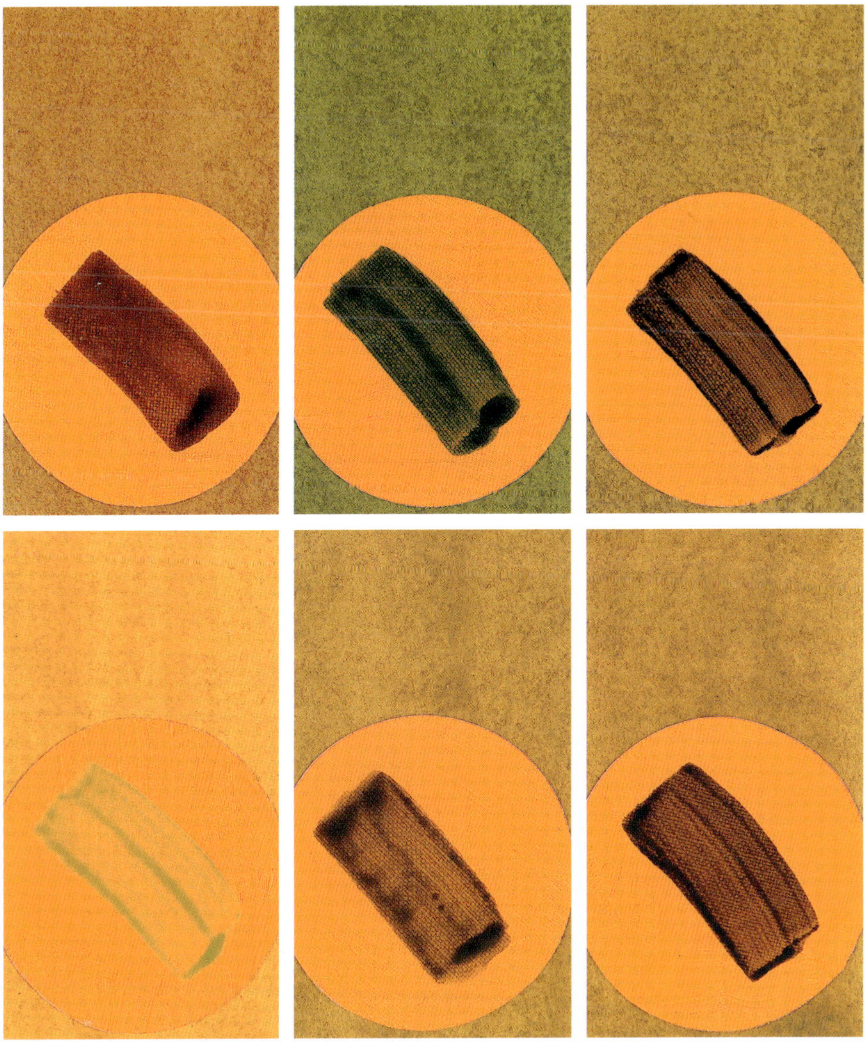

Kadmiumorange

deckend
höchste Lichtbeständigkeit

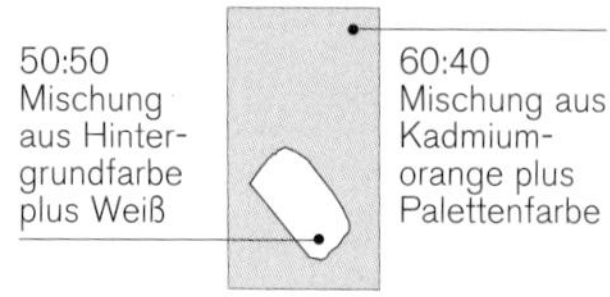

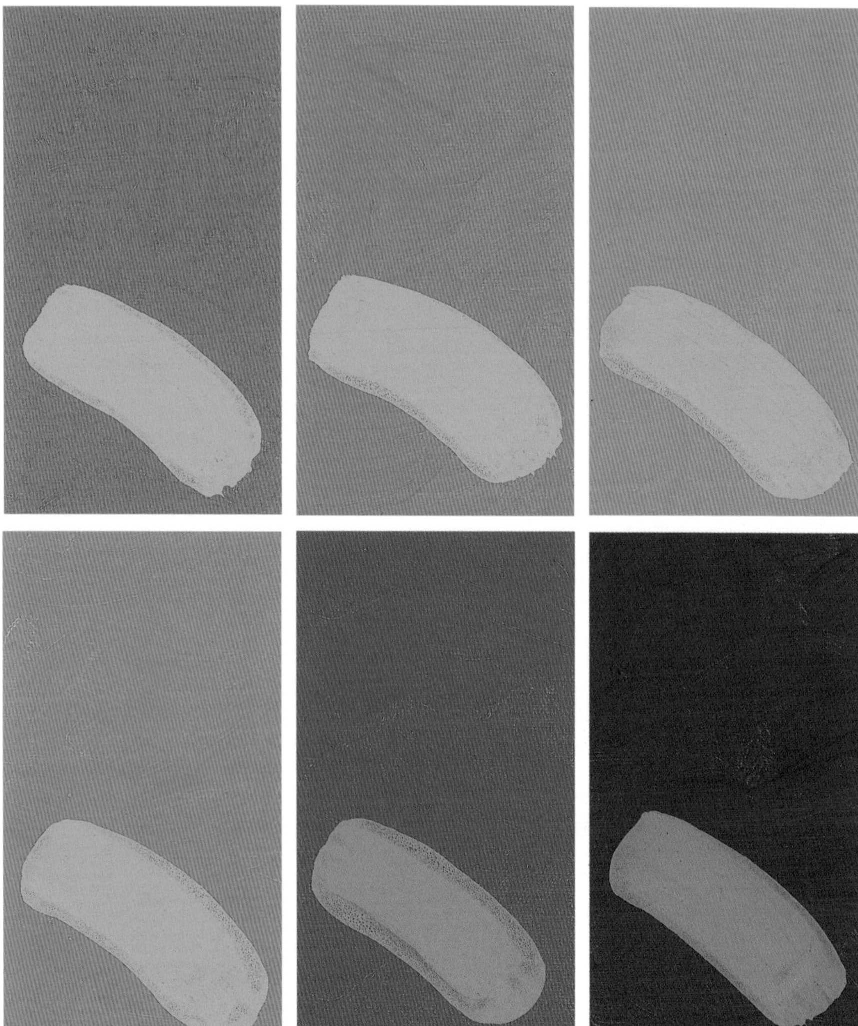

Palettenfarben

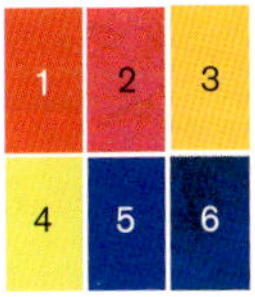

1 Kadmiumrot mittel
2 Karmesinrot
3 Kadmiumgelb mittel
4 Hansagelb hell
5 Ultramarinblau
6 Phthalocyaninblau

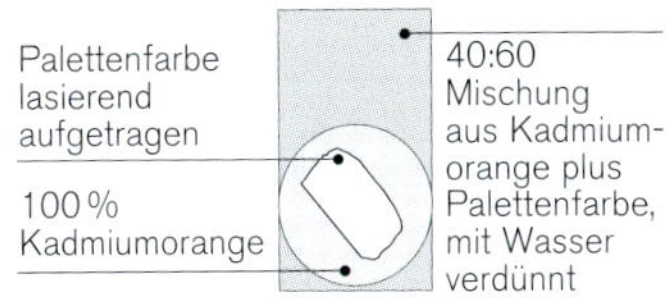

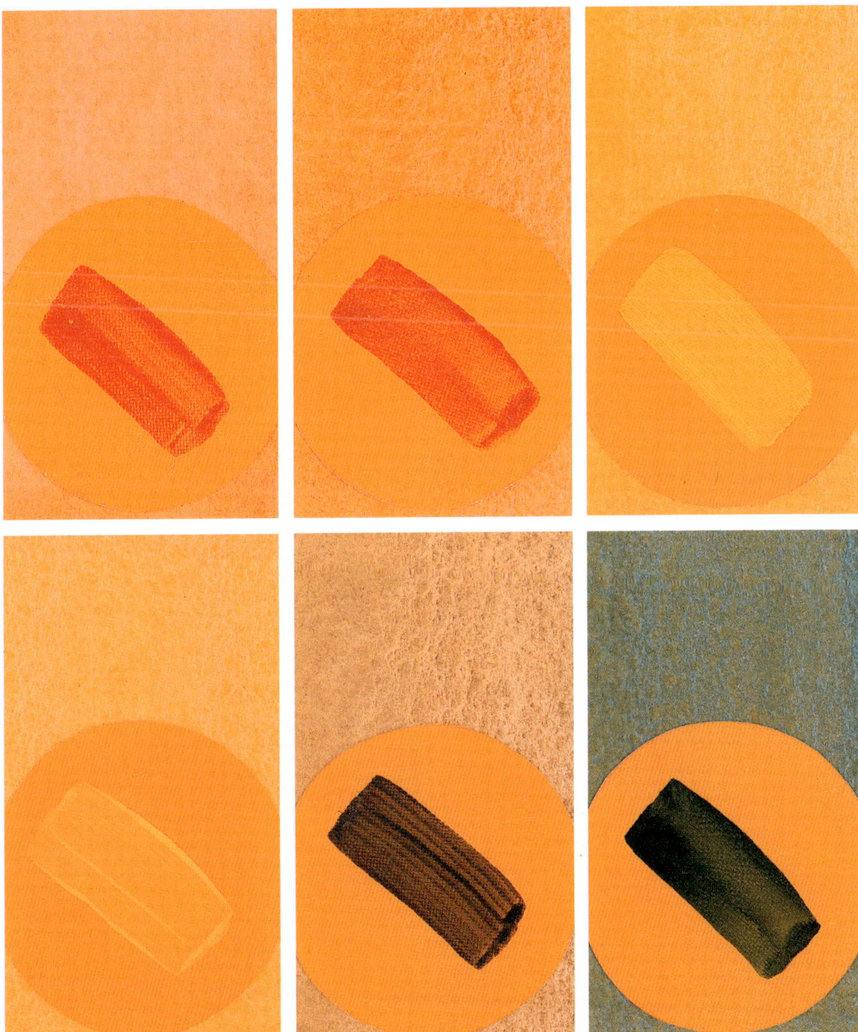

Kadmiumorange
Fortsetzung

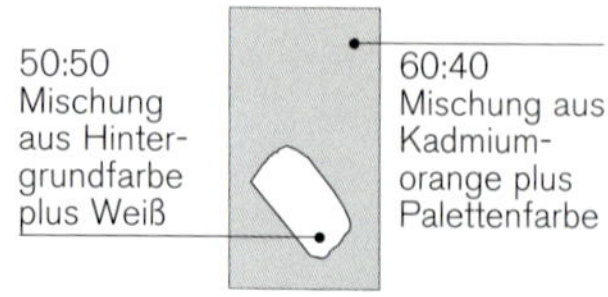

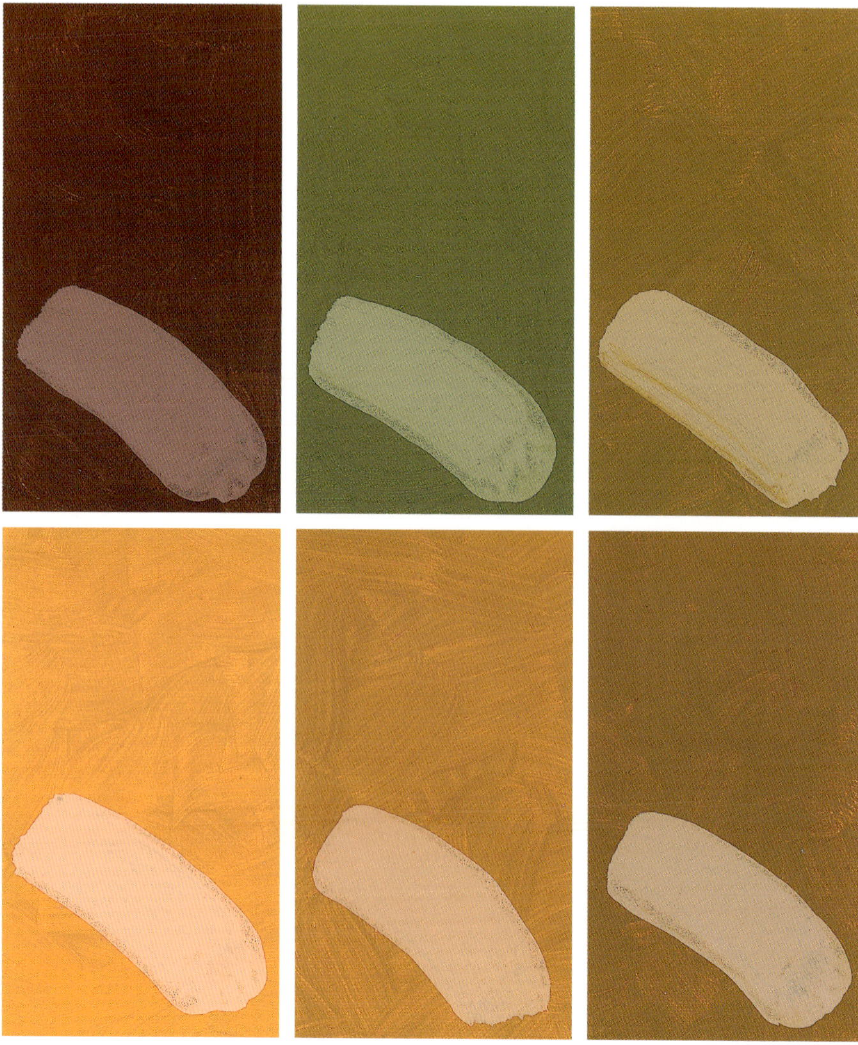

Palettenfarben

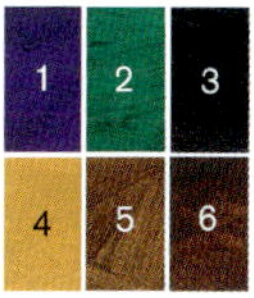

1 Dioxazinviolett
2 Phthalogrün (Blauton)
3 Elfenbeinschwarz
4 Ockergelb
5 Umbra natur
6 Umbra gebrannt

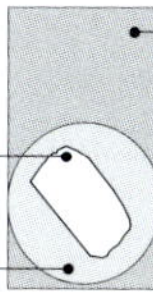

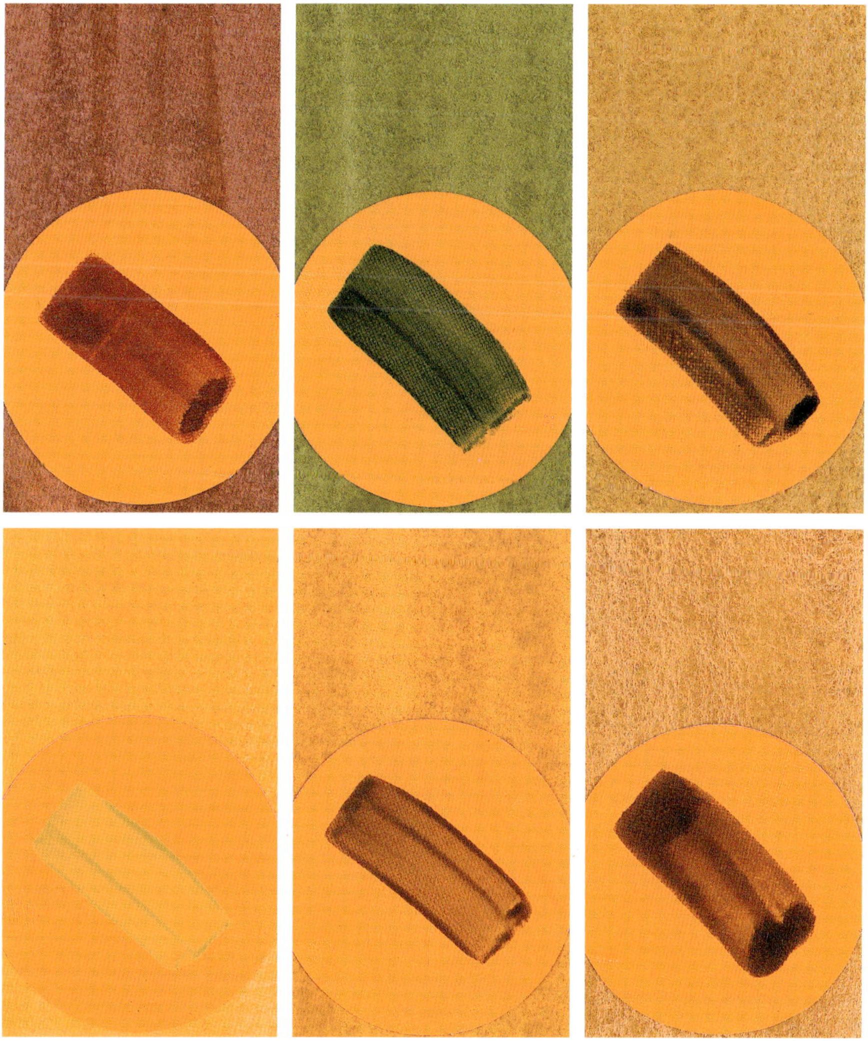

Azogelb dunkel

transparent
höchste Lichtbeständigkeit

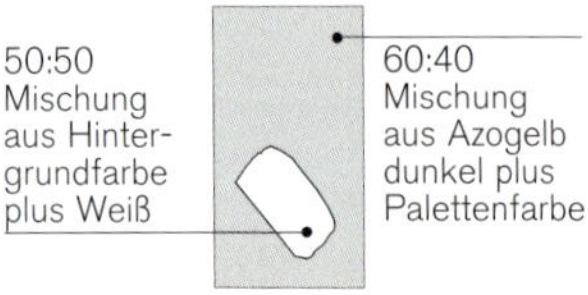

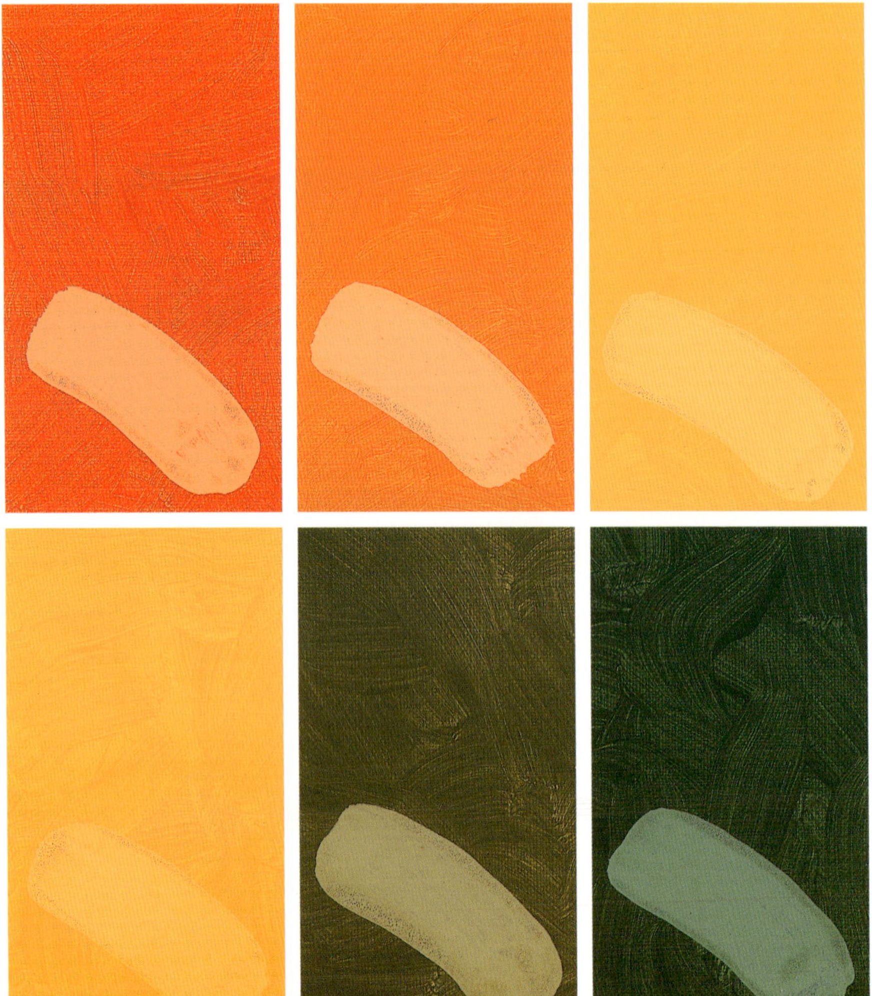

Palettenfarben

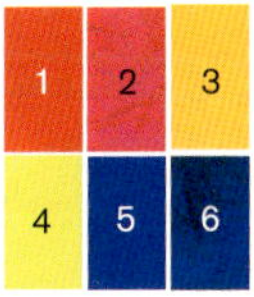

1 Kadmiumrot mittel
2 Karmesinrot
3 Kadmiumgelb mittel
4 Hansagelb hell
5 Ultramarinblau
6 Phthalocyaninblau

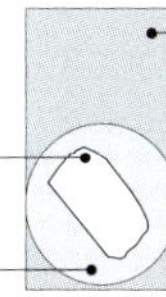

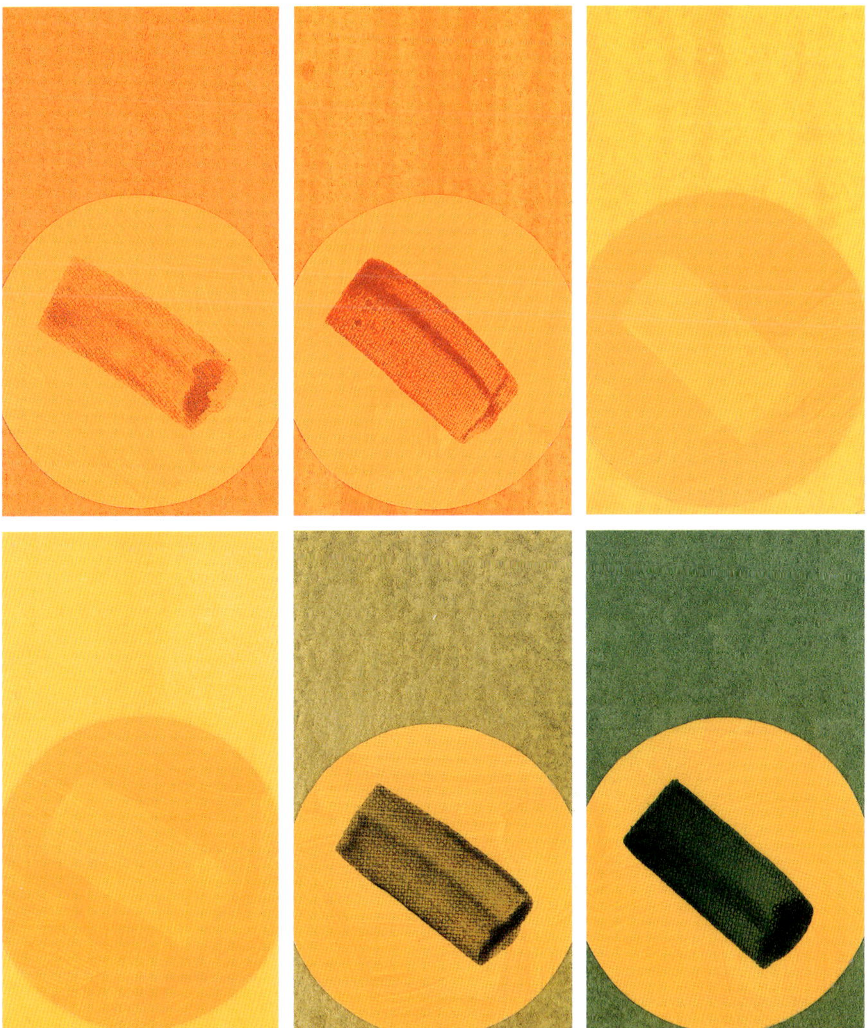

Azogelb dunkel
Fortsetzung

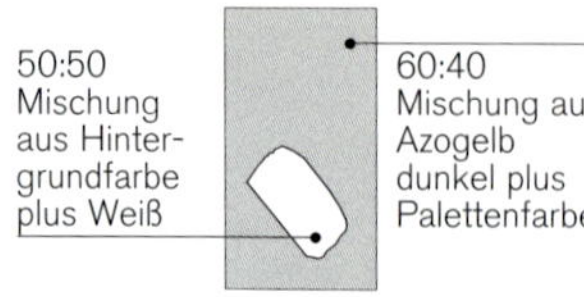

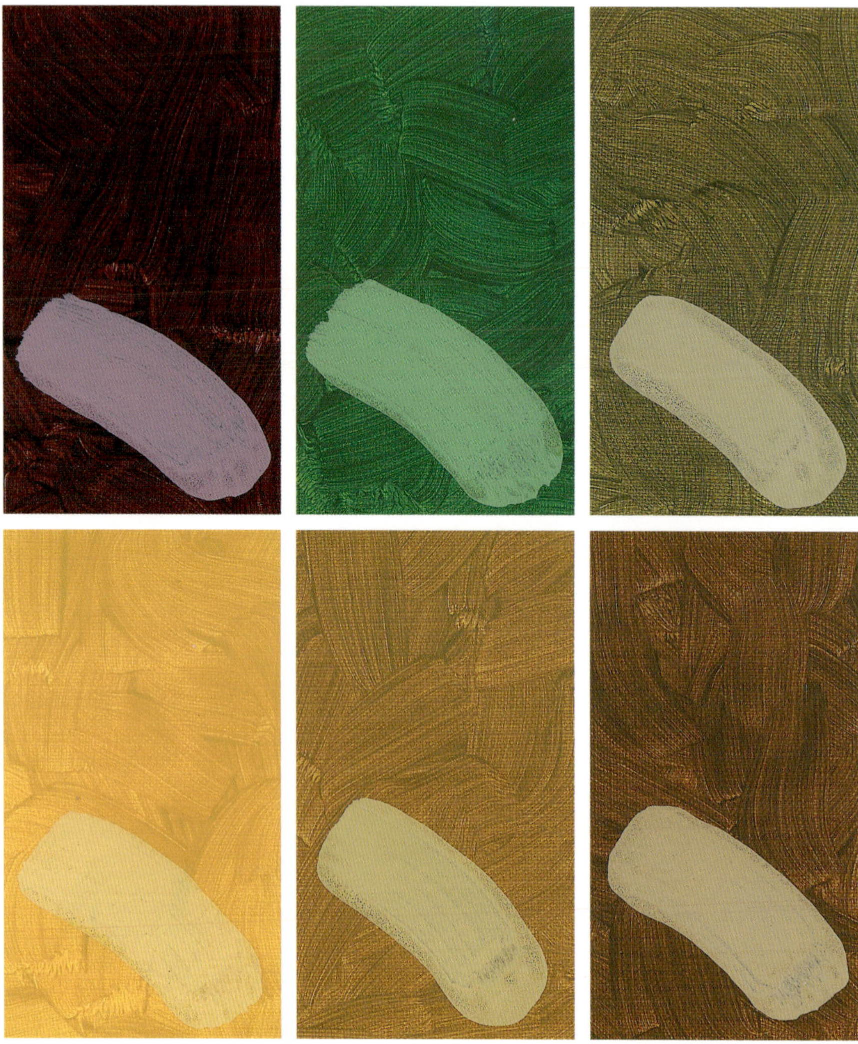

Palettenfarben

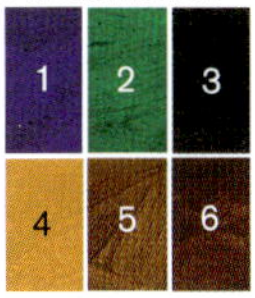

1 Dioxazinviolett
2 Phthalogrün (Blauton)
3 Elfenbeinschwarz
4 Ockergelb
5 Umbra natur
6 Umbra gebrannt

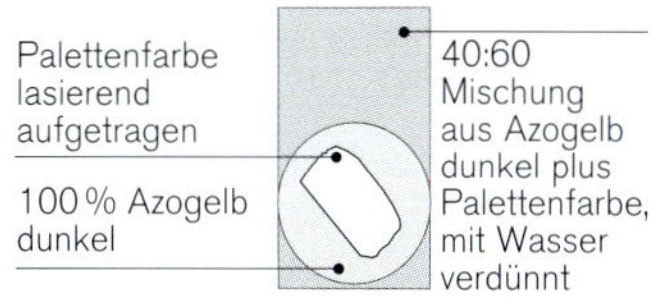

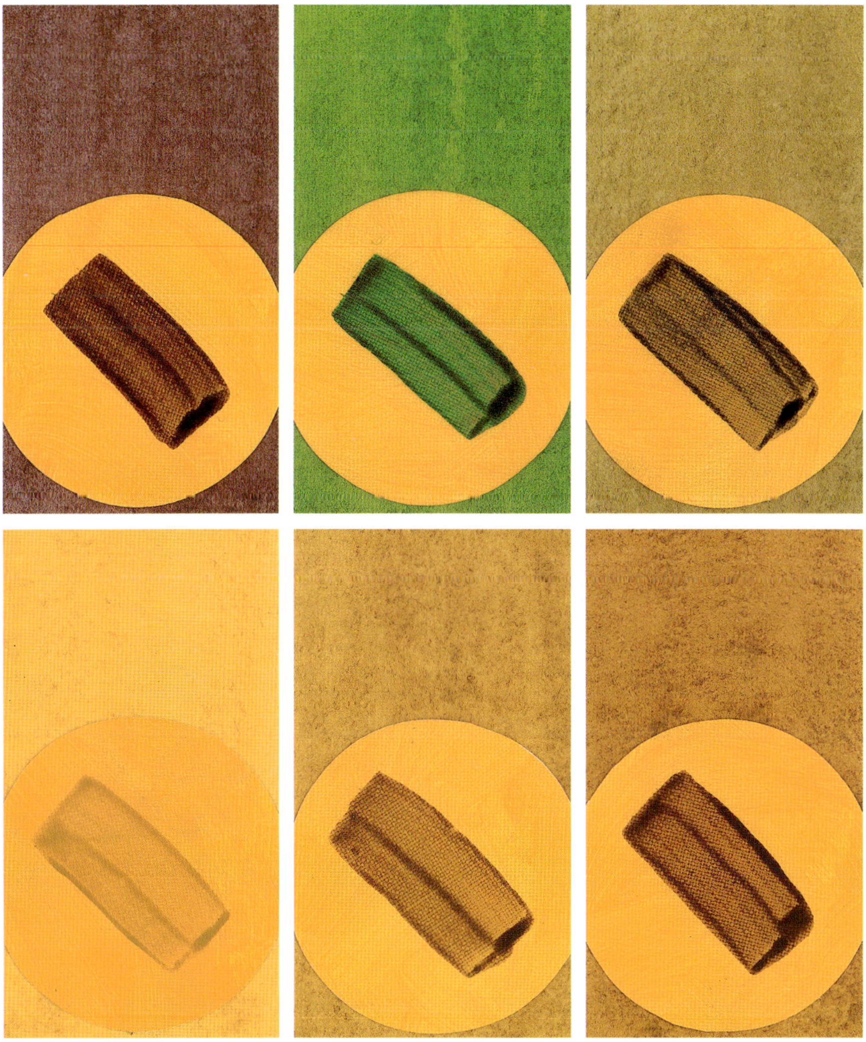

Bronzegelb

deckend
höchste Lichtbeständigkeit

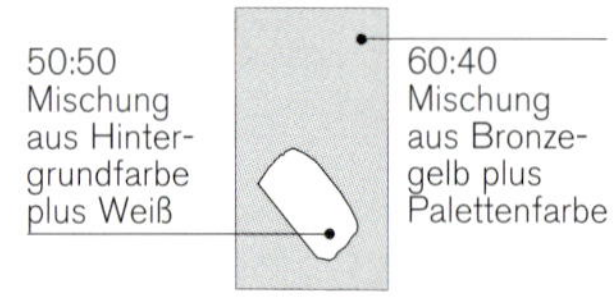

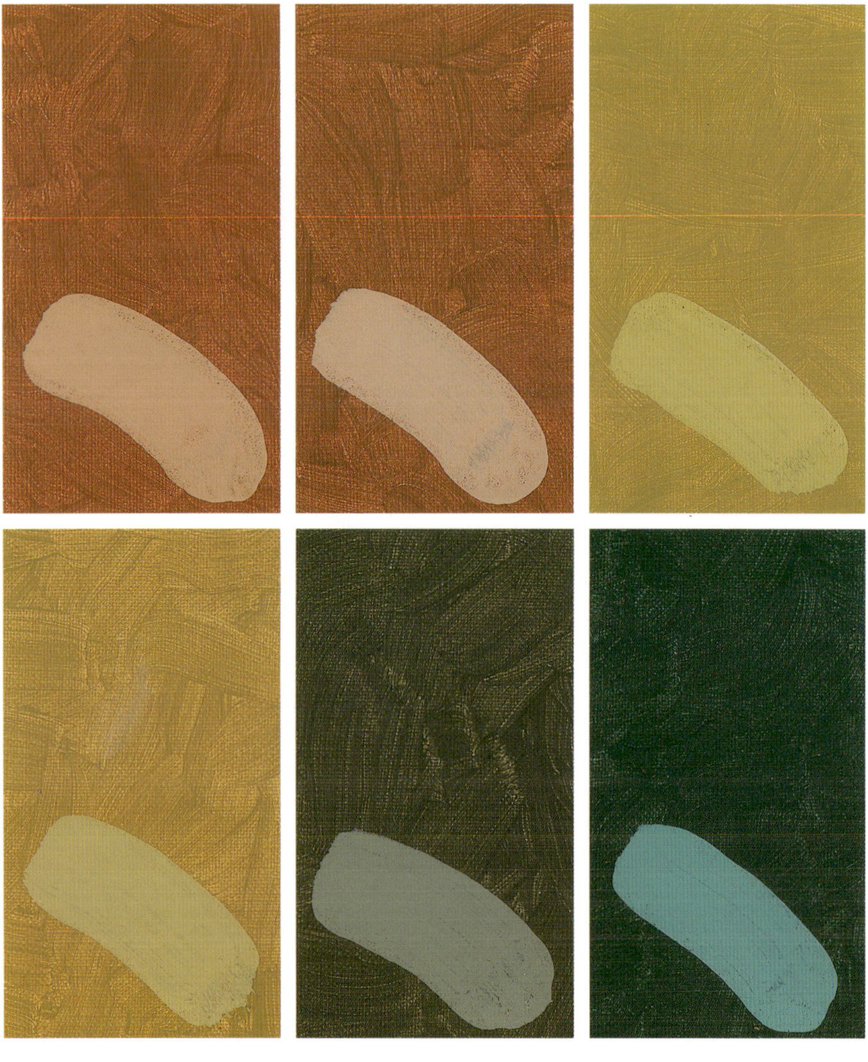

Palettenfarben

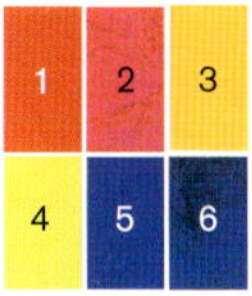

1 Kadmiumrot mittel
2 Karmesinrot
3 Kadmiumgelb mittel
4 Hansagelb hell
5 Ultramarinblau
6 Phthalocyaninblau

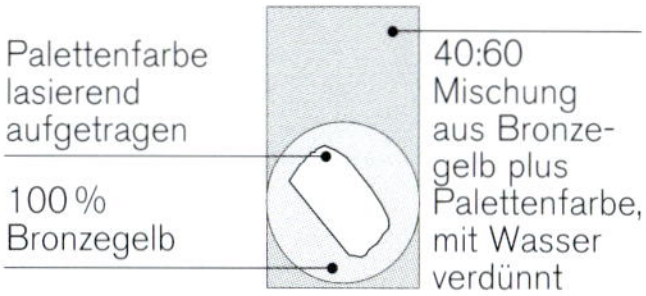

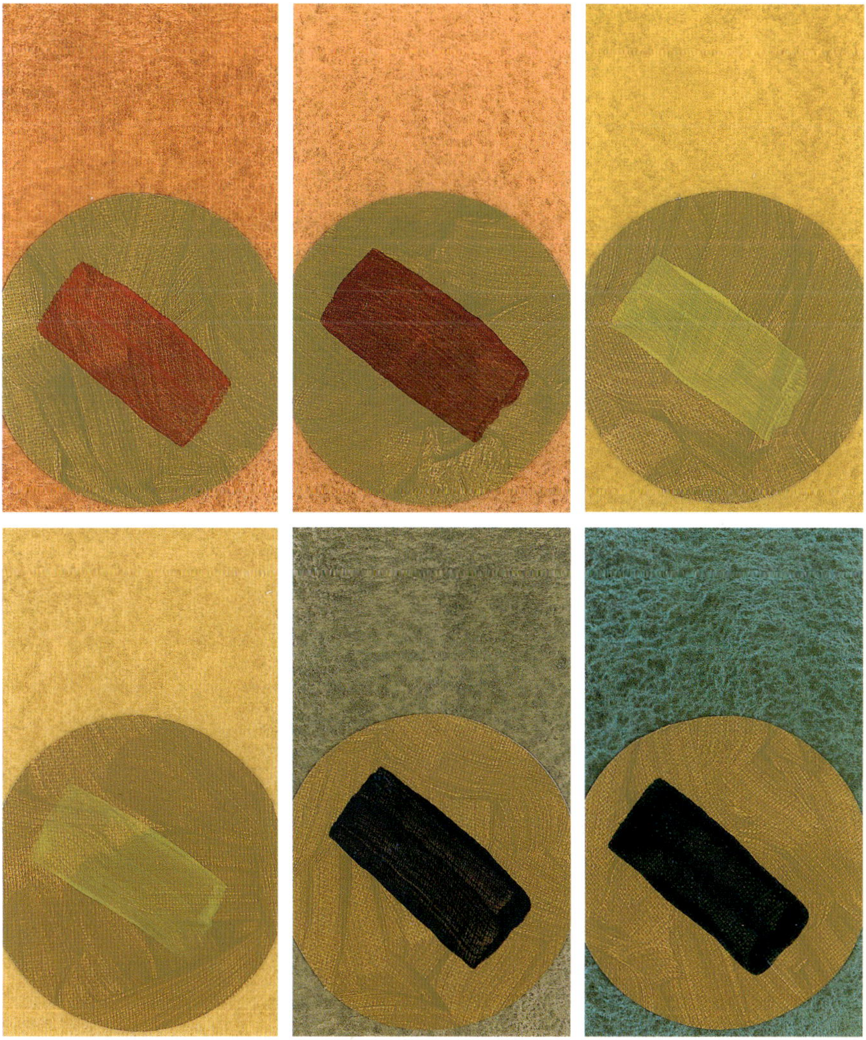

Bronzegelb
Fortsetzung

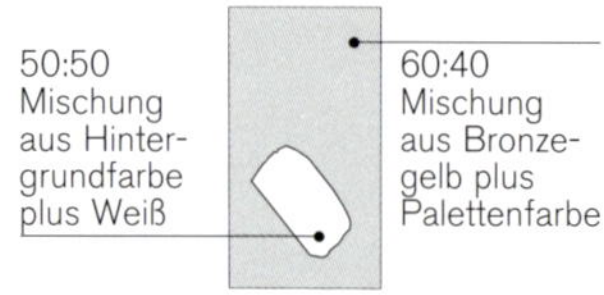

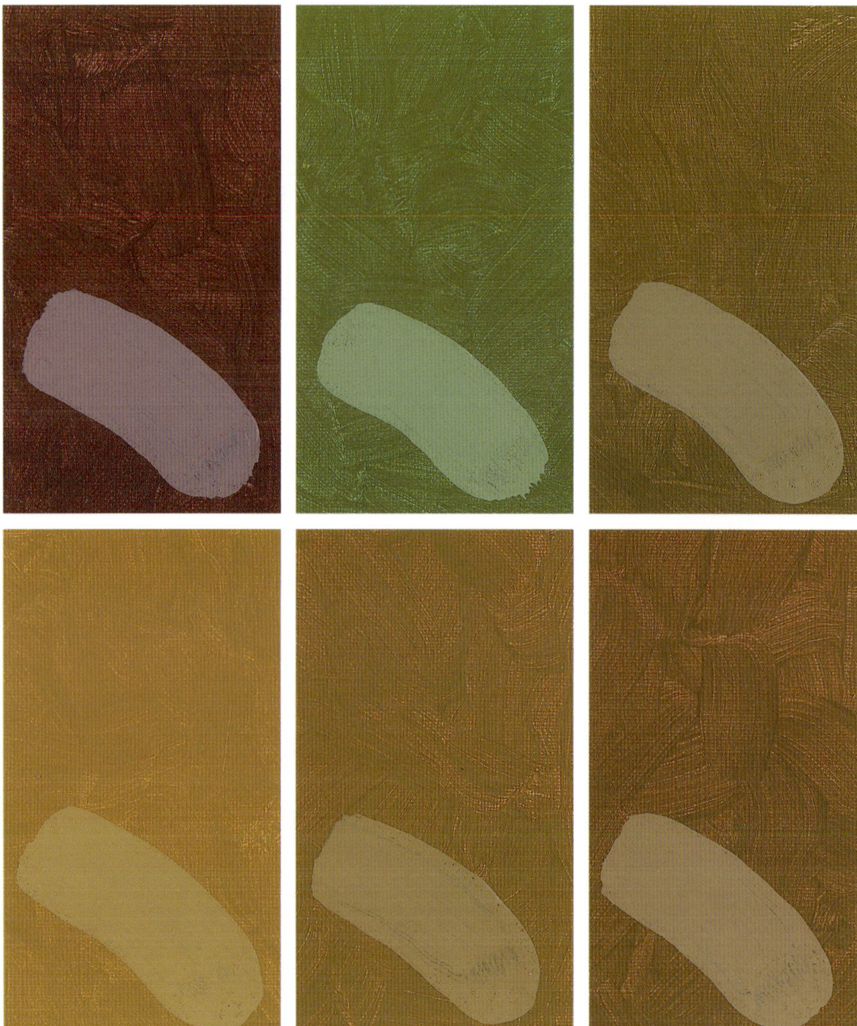

Palettenfarben

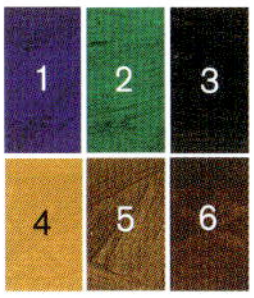

1 Dioxazinviolett
2 Phthalogrün (Blauton)
3 Elfenbeinschwarz
4 Ockergelb
5 Umbra natur
6 Umbra gebrannt

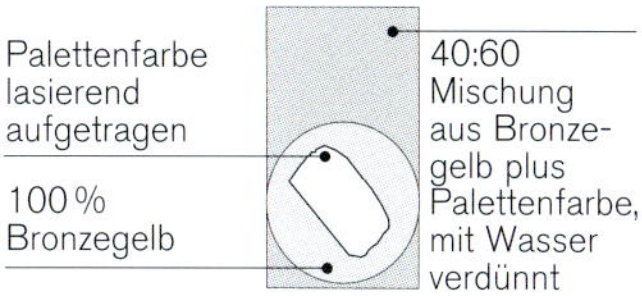

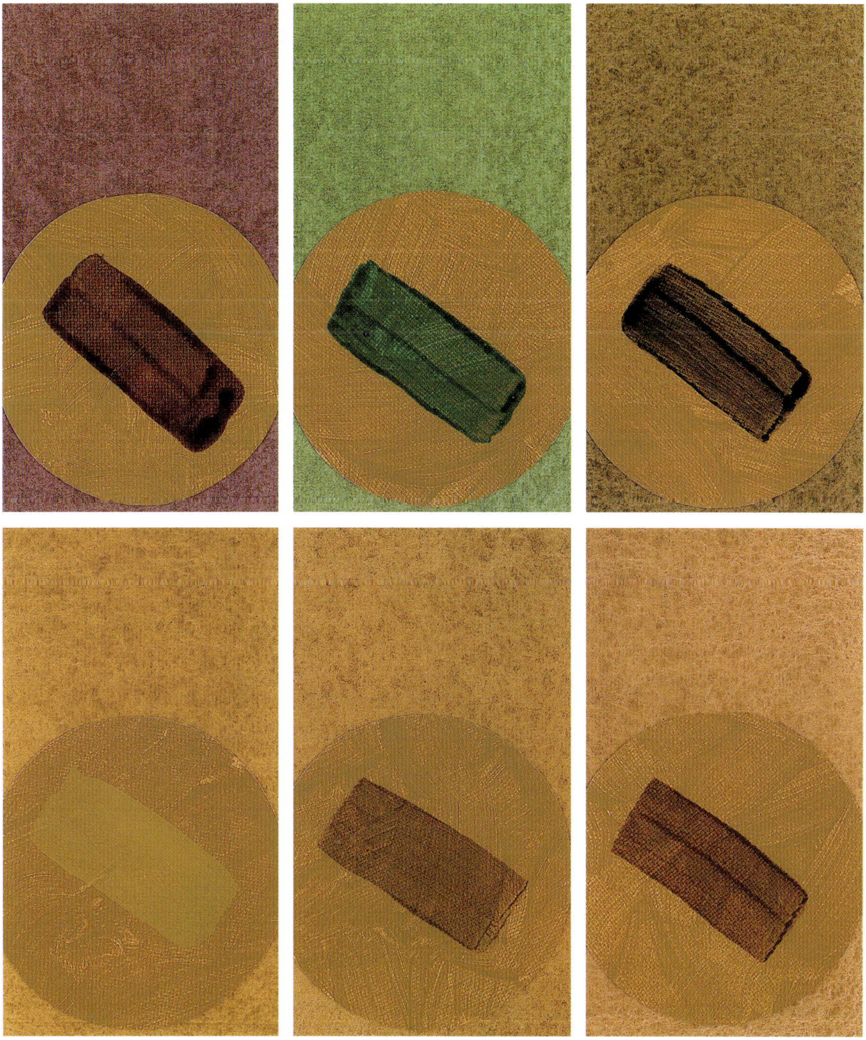

Ockergelb

deckend
höchste Lichtbeständigkeit

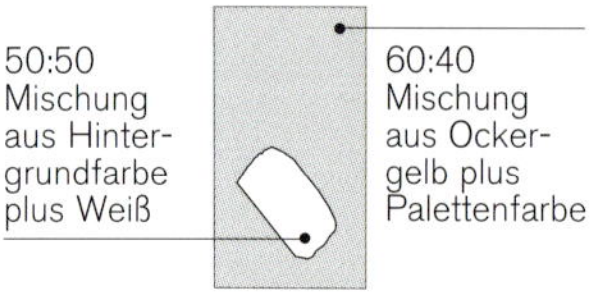

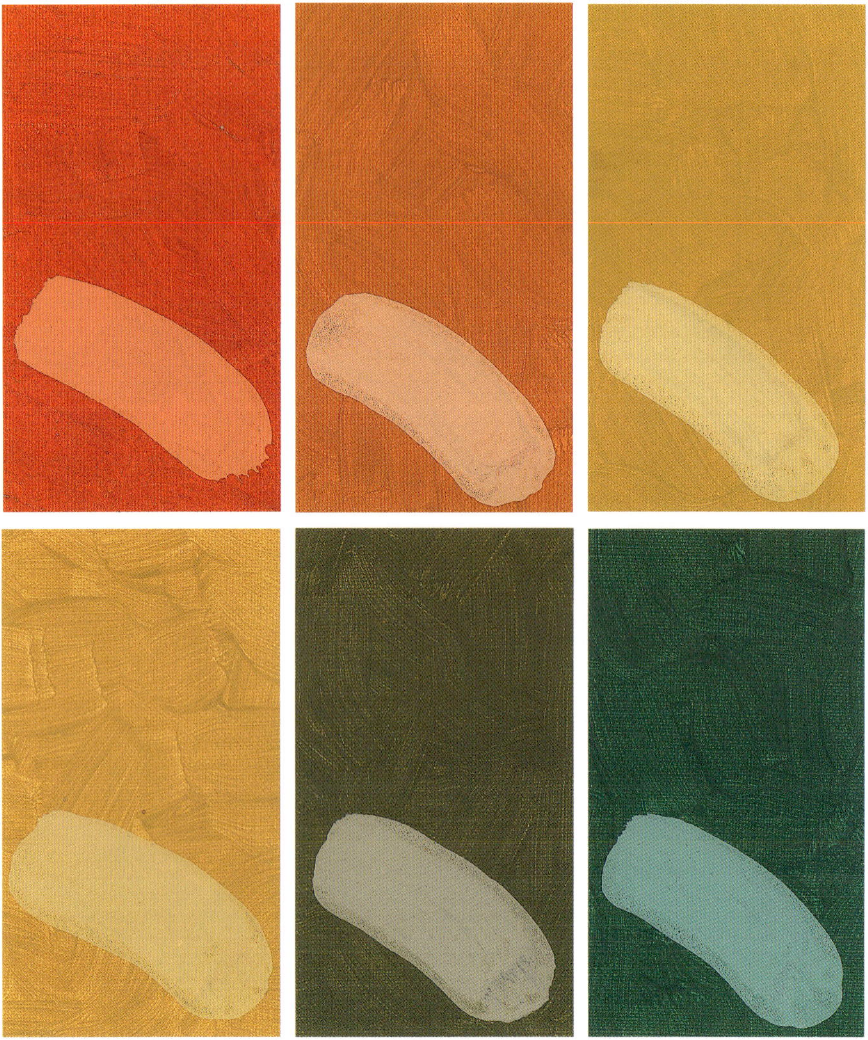

Palettenfarben

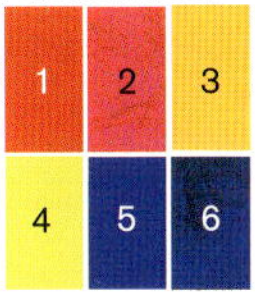

1 Kadmiumrot mittel
2 Karmesinrot
3 Kadmiumgelb mittel
4 Hansagelb hell
5 Ultramarinblau
6 Phthalocyaninblau

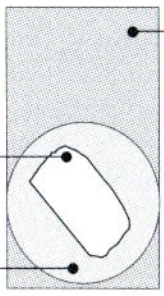

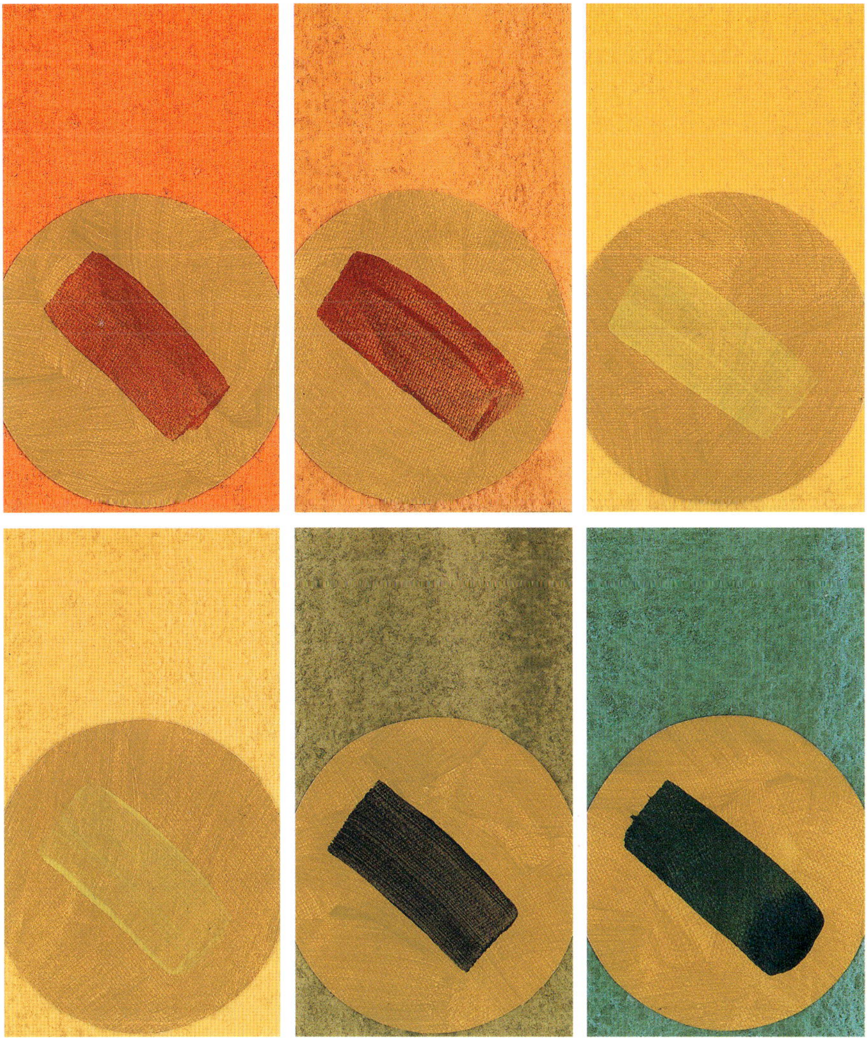

Ockergelb

Fortsetzung

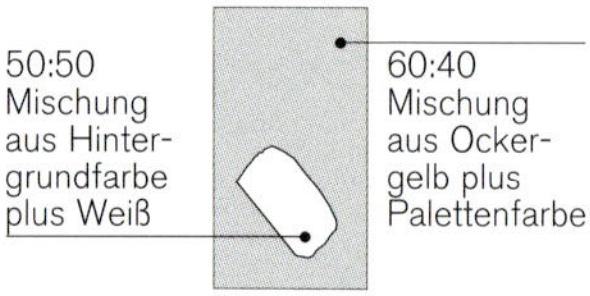

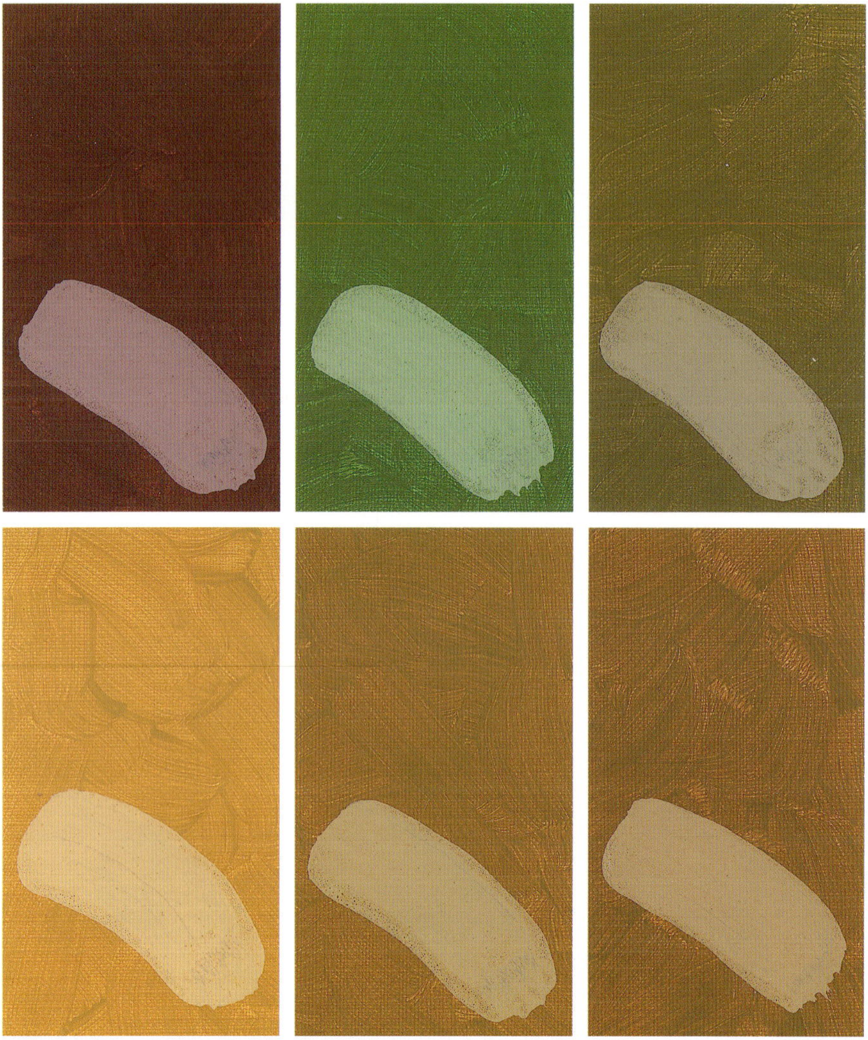

Palettenfarben

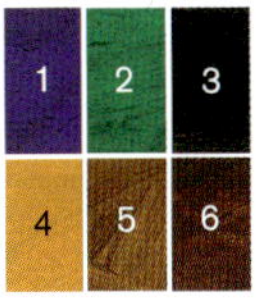

1 Dioxazinviolett
2 Phthalogrün (Blauton)
3 Elfenbeinschwarz
4 Ockergelb
5 Umbra natur
6 Umbra gebrannt

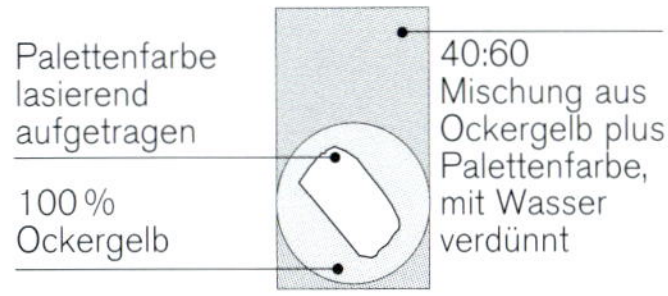

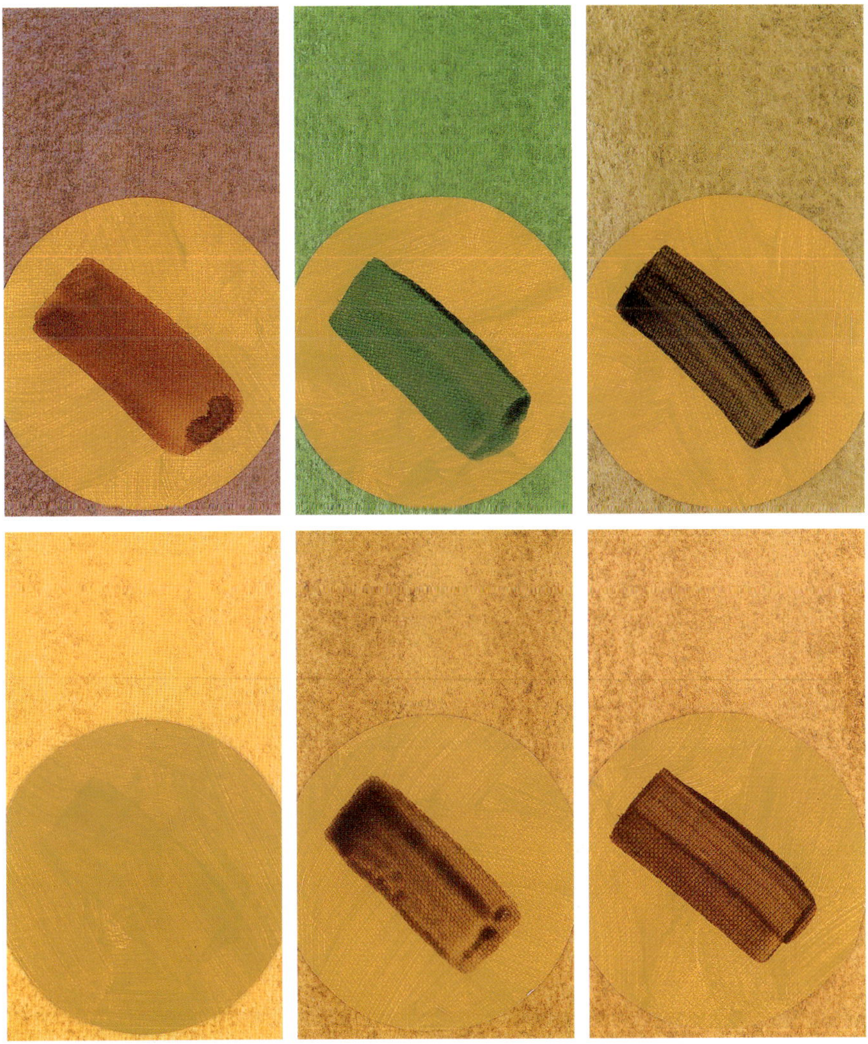

Neapelgelb

deckend

höchste Lichtbeständigkeit

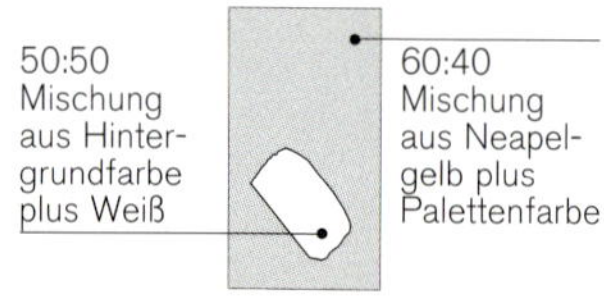

Palettenfarben

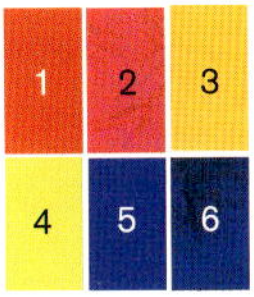

1 Kadmiumrot mittel
2 Karmesinrot
3 Kadmiumgelb mittel
4 Hansagelb hell
5 Ultramarinblau
6 Phthalocyaninblau

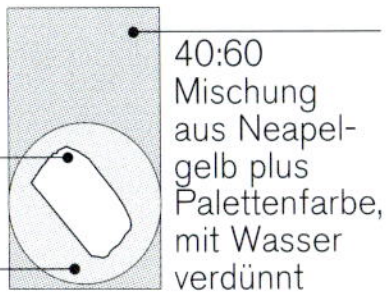

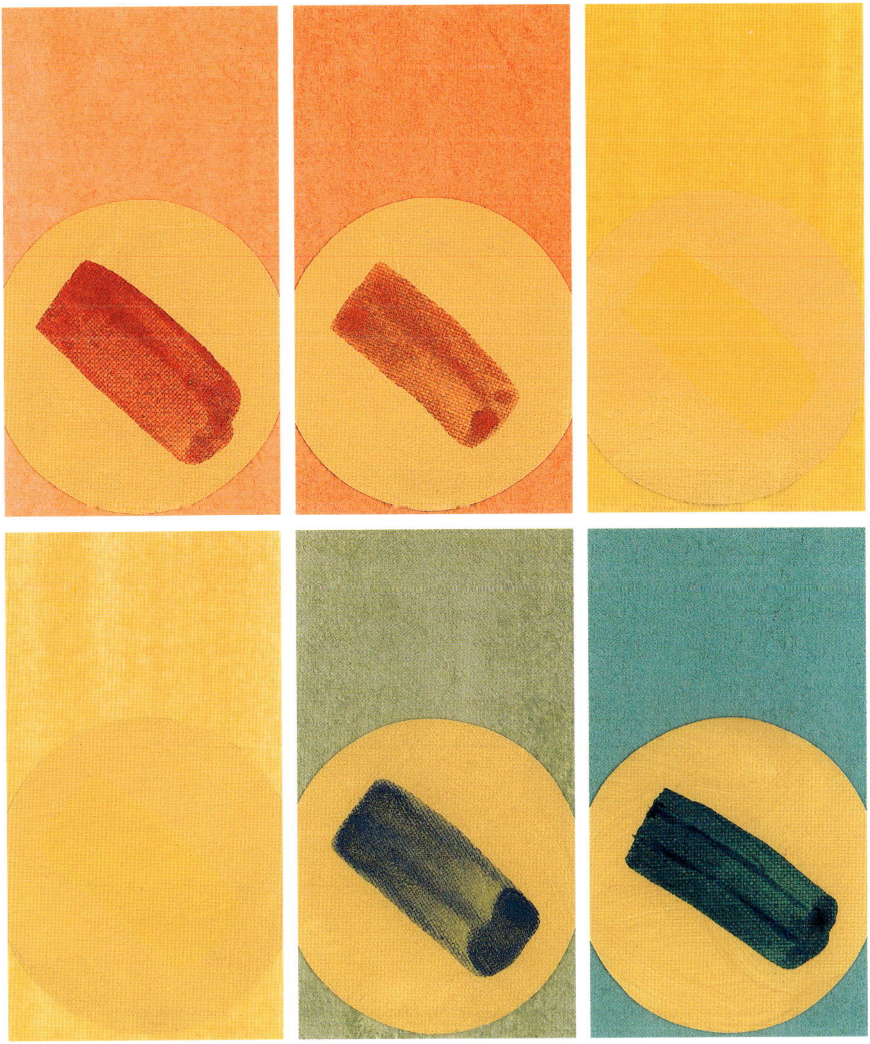

Neapelgelb

Fortsetzung

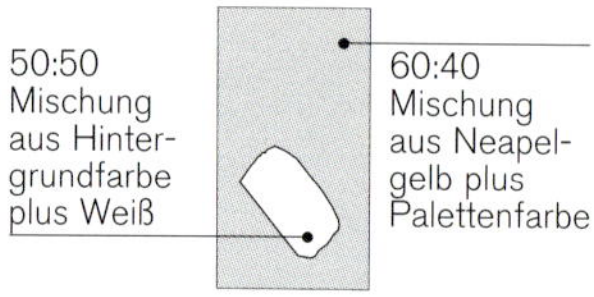

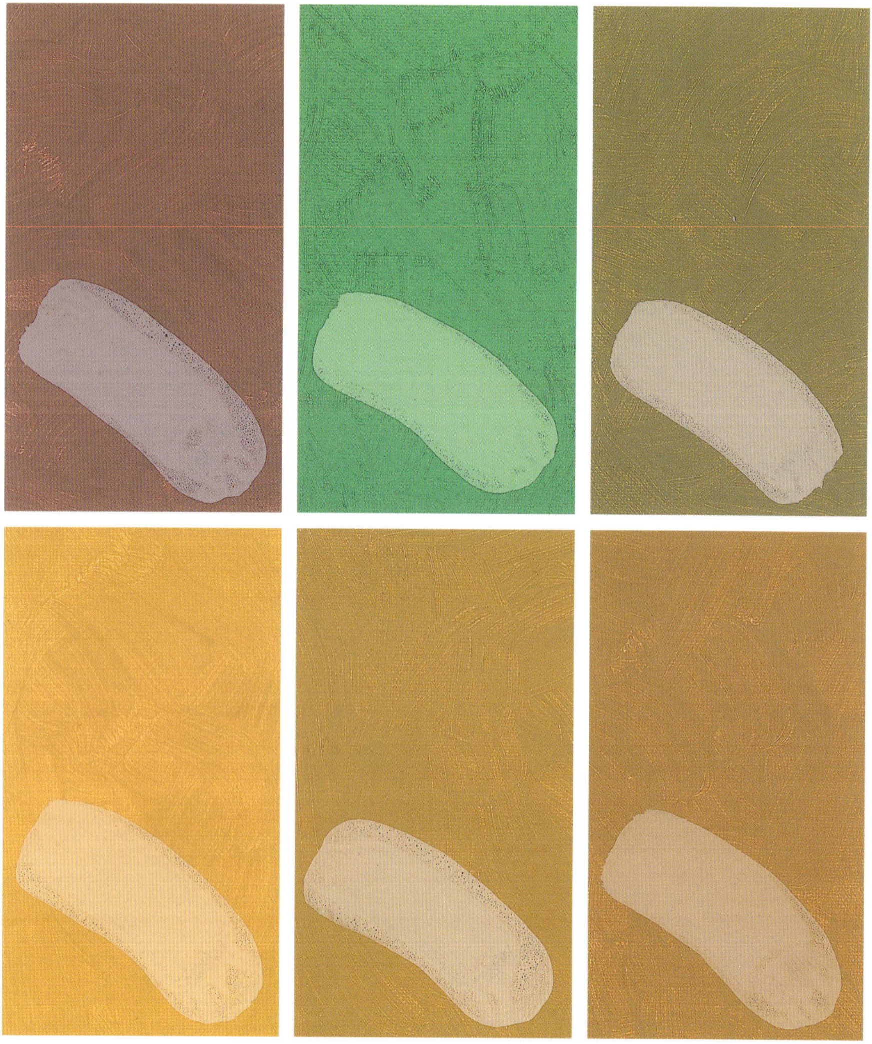

Palettenfarben

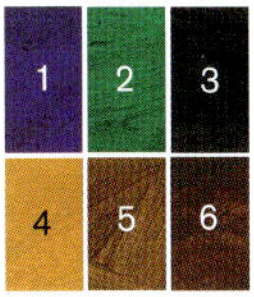

1 Dioxazinviolett
2 Phthalogrün (Blauton)
3 Elfenbeinschwarz
4 Ockergelb
5 Umbra natur
6 Umbra gebrannt

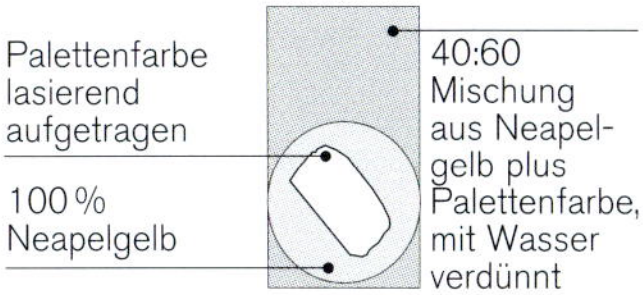

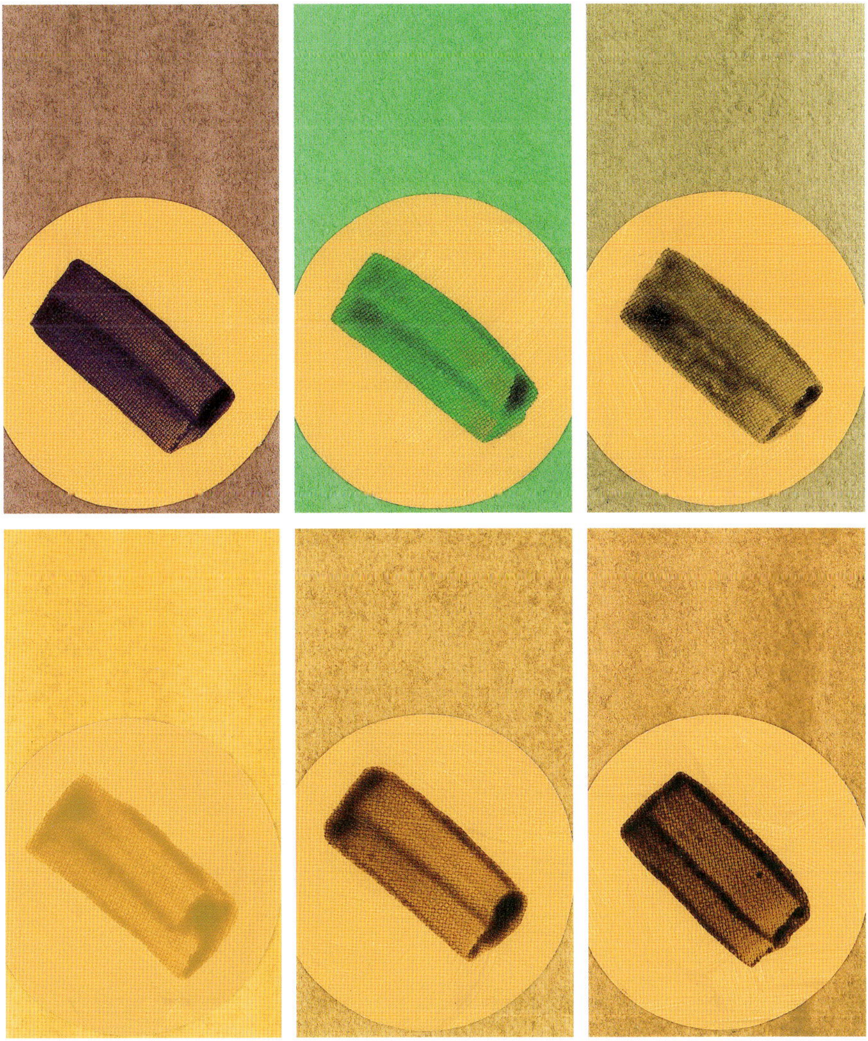

Turners Gelb

transparent
hohe Lichtbeständigkeit

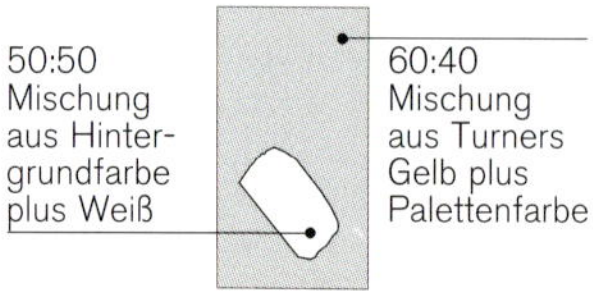

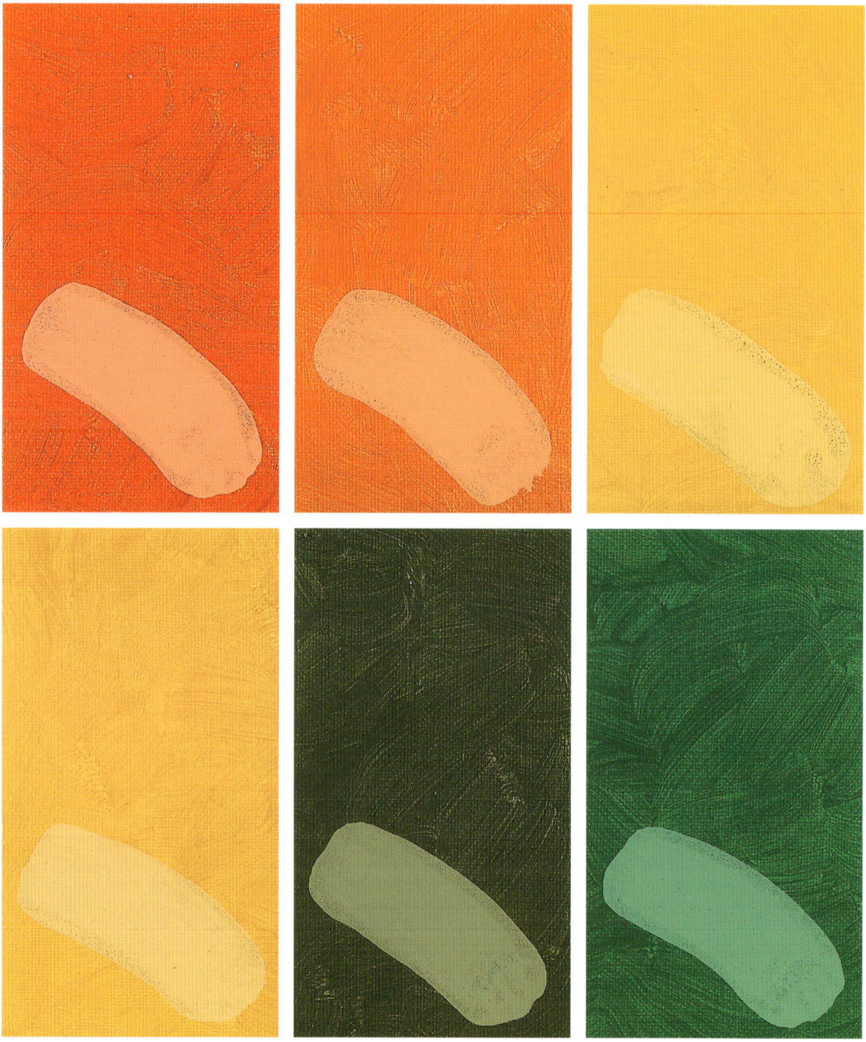

Palettenfarben

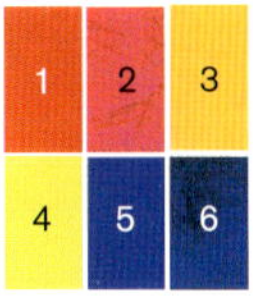

1 Kadmiumrot mittel
2 Karmesinrot
3 Kadmiumgelb mittel
4 Hansagelb hell
5 Ultramarinblau
6 Phthalocyaninblau

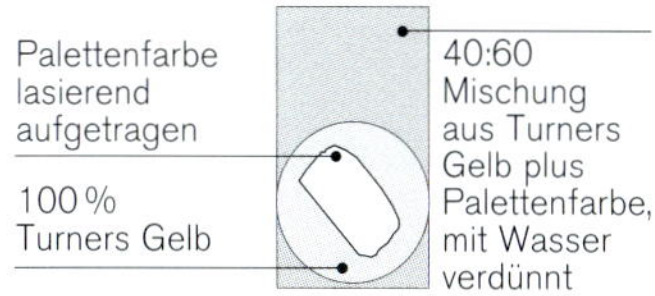

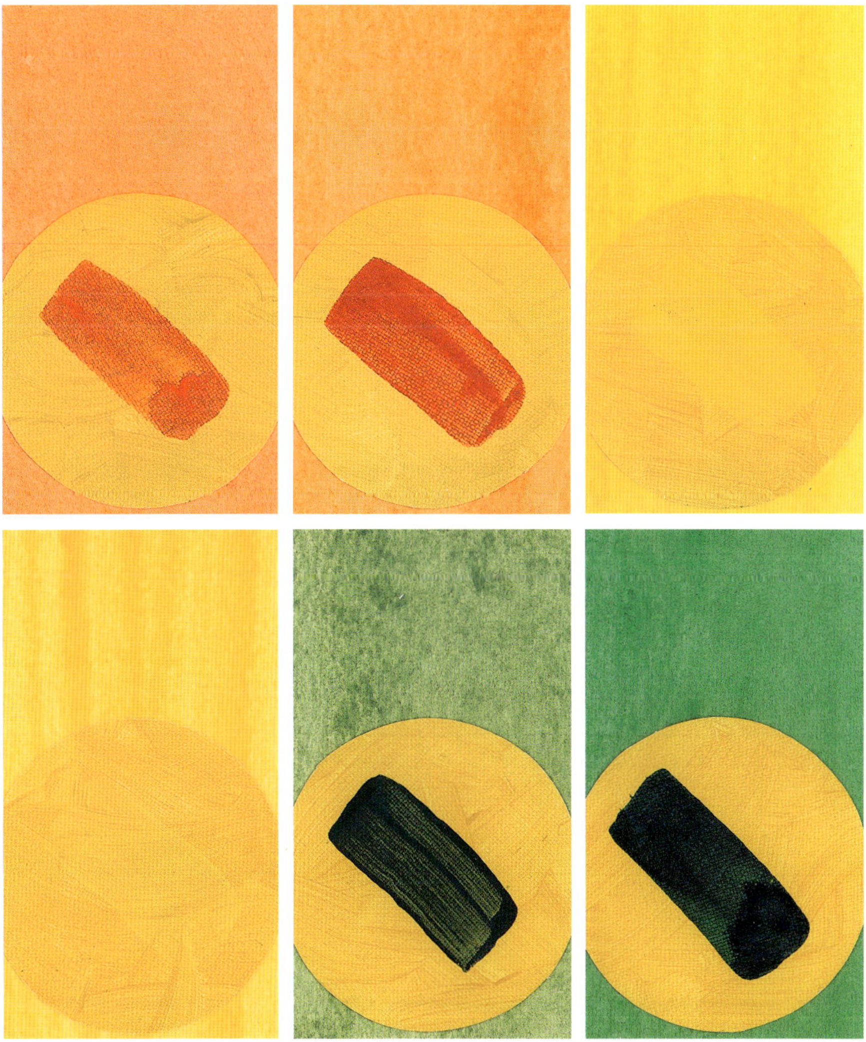

Turners Gelb
Fortsetzung

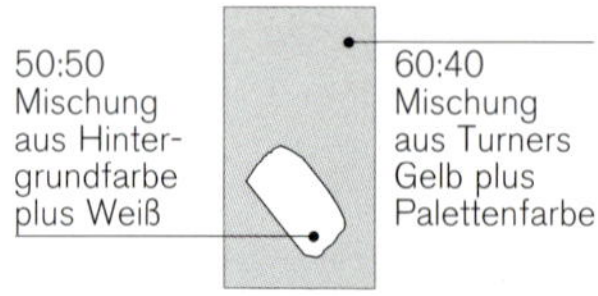

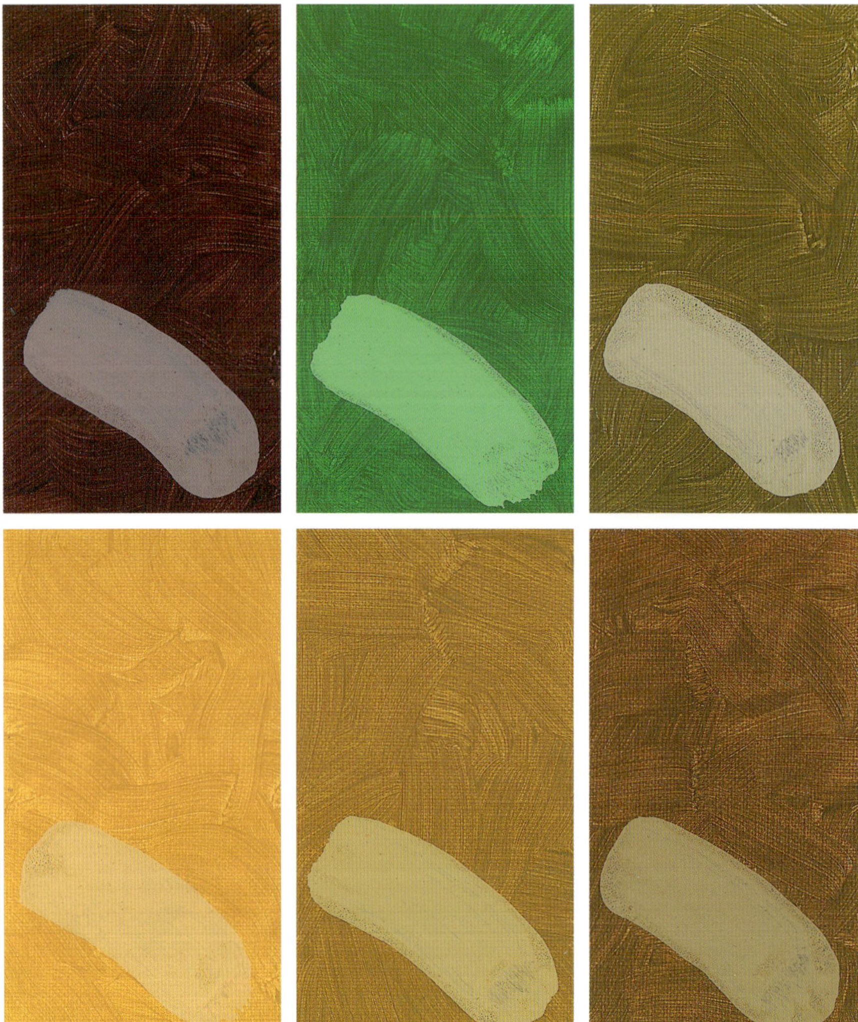

Palettenfarben

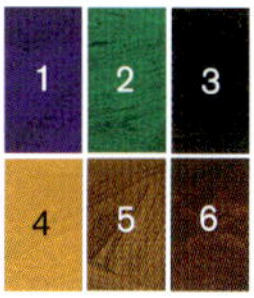

1 Dioxazinviolett
2 Phthalogrün (Blauton)
3 Elfenbeinschwarz
4 Ockergelb
5 Umbra natur
6 Umbra gebrannt

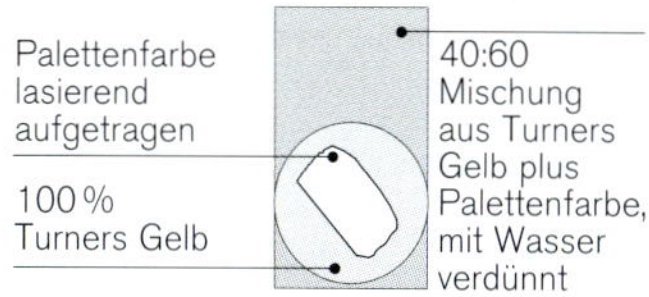

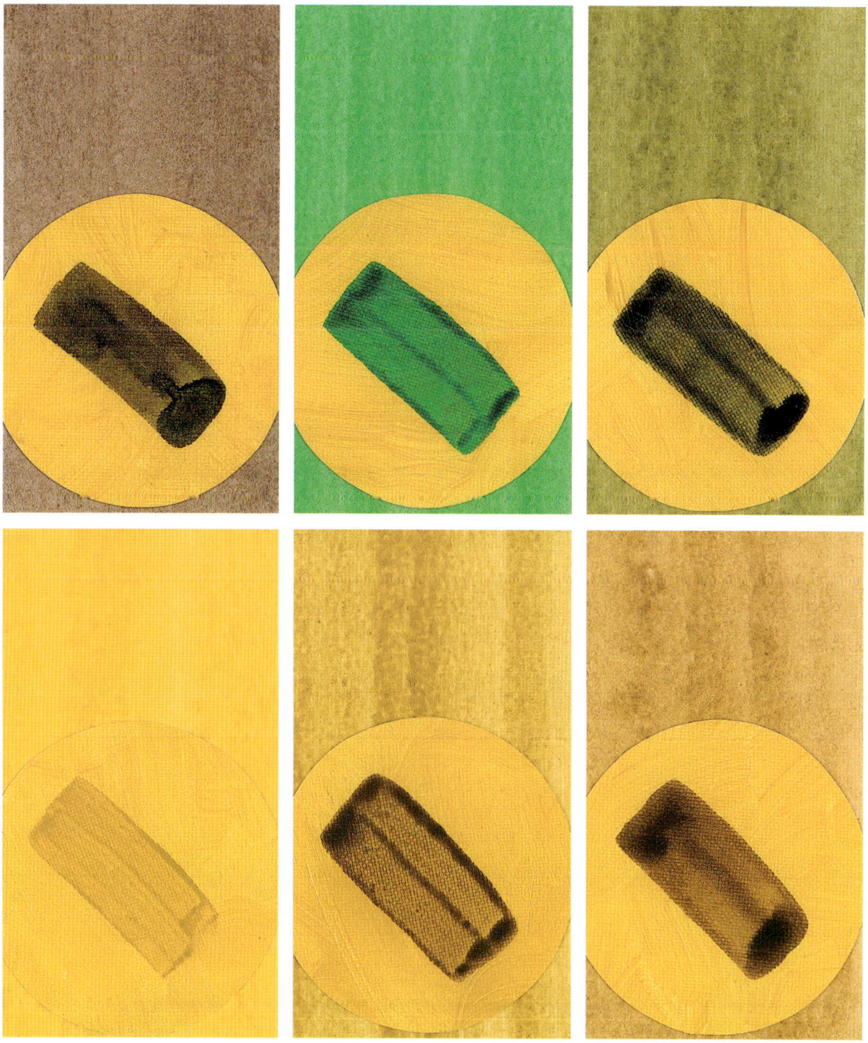

Kadmiumgelb mittel

deckend

höchste Lichtbeständigkeit

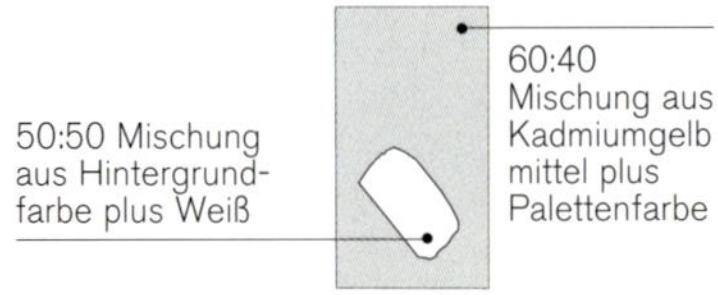

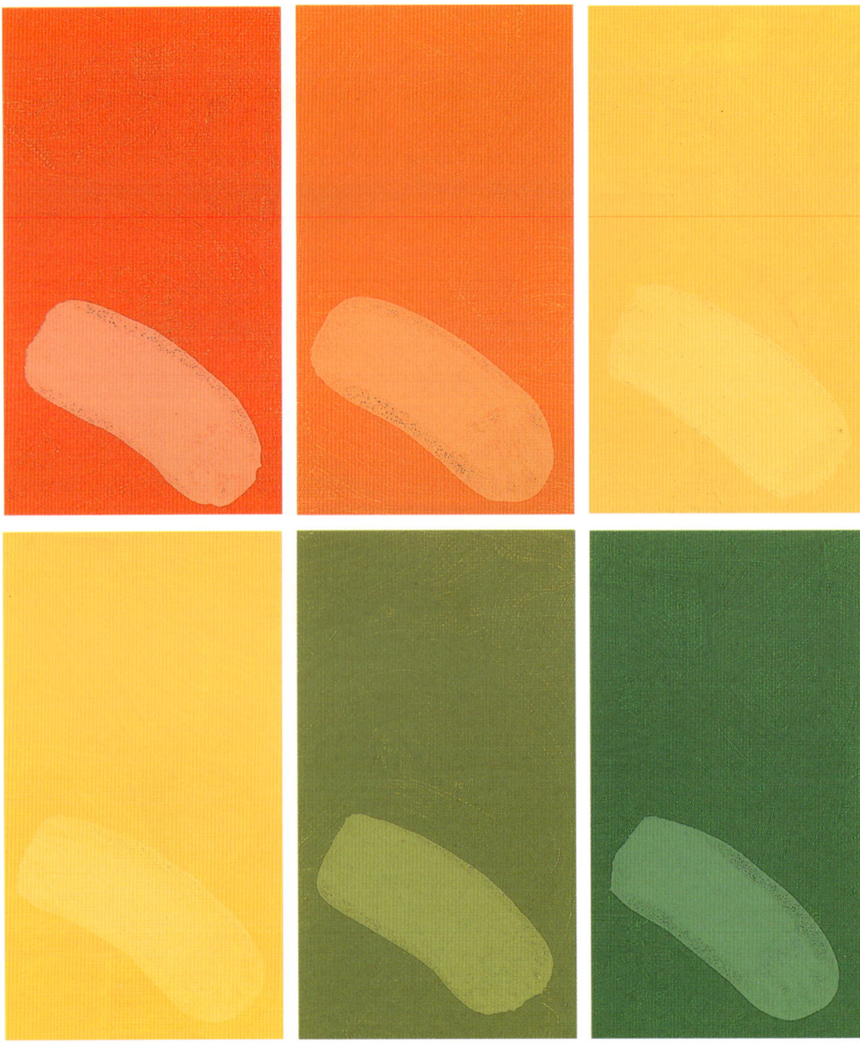

Palettenfarben

1	2	3
4	5	6

1 Kadmiumrot mittel
2 Karmesinrot
3 Kadmiumgelb mittel
4 Hansagelb hell
5 Ultramarinblau
6 Phthalocyaninblau

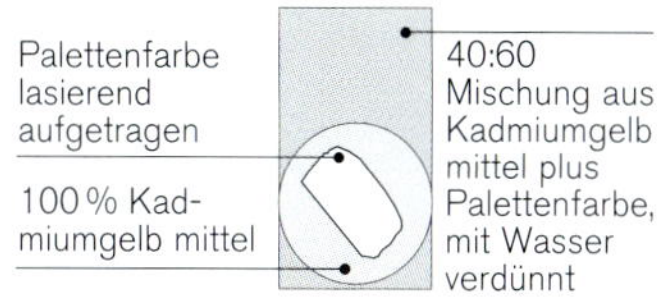

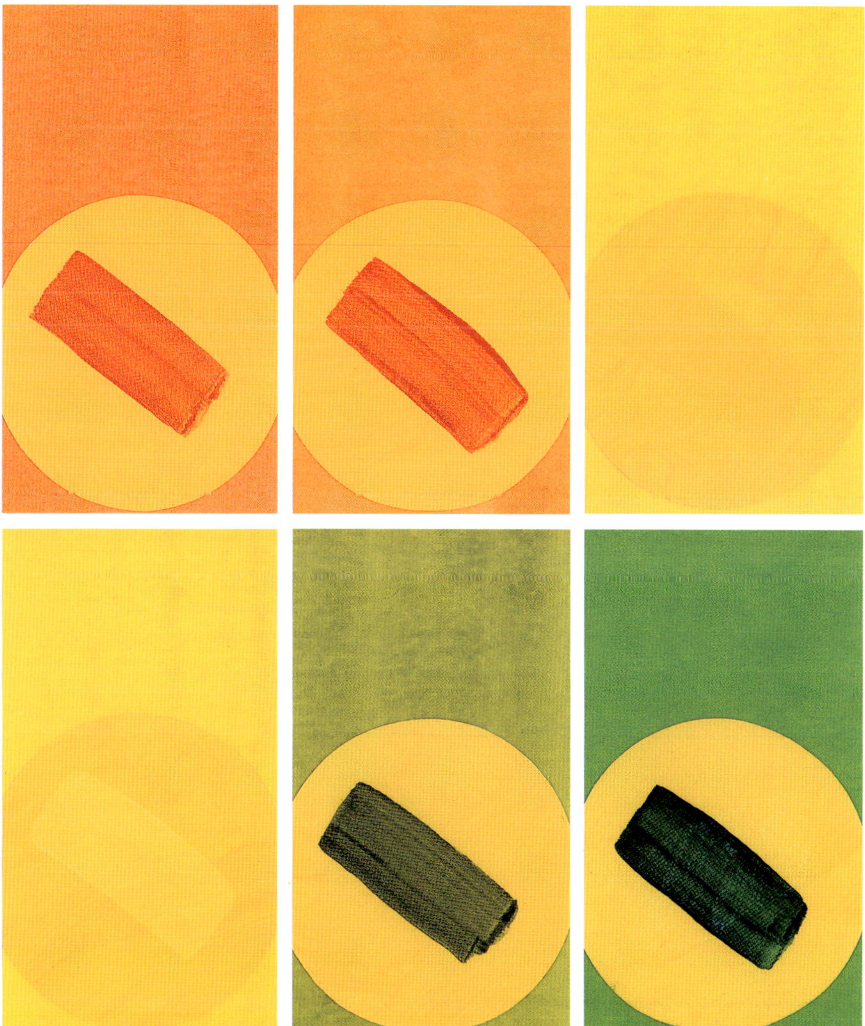

Kadmiumgelb mittel

Fortsetzung

50:50 Mischung aus Hintergrundfarbe plus Weiß

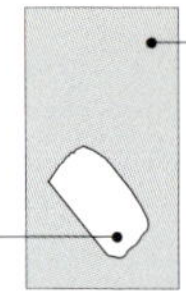

60:40 Mischung aus Kadmiumgelb mittel plus Palettenfarbe

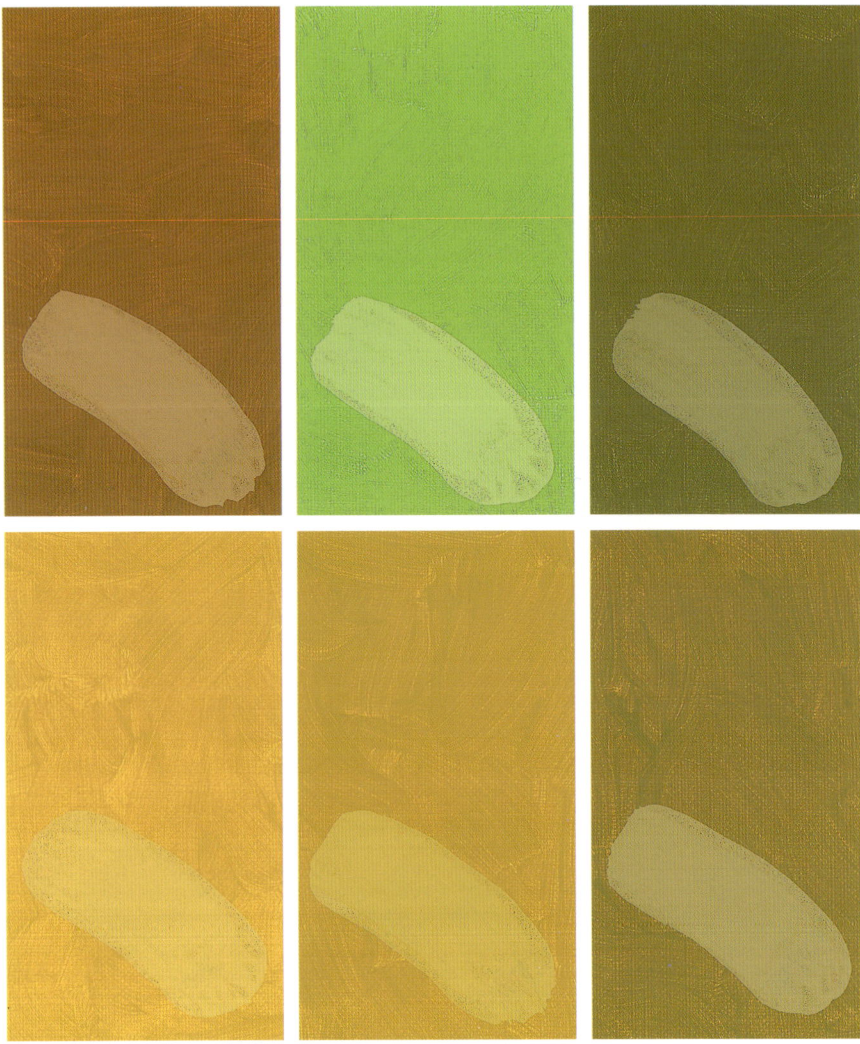

Palettenfarben

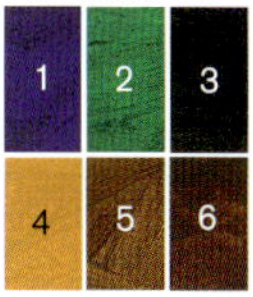

1 Dioxazinviolett
2 Phthalogrün (Blauton)
3 Elfenbeinschwarz
4 Ockergelb
5 Umbra natur
6 Umbra gebrannt

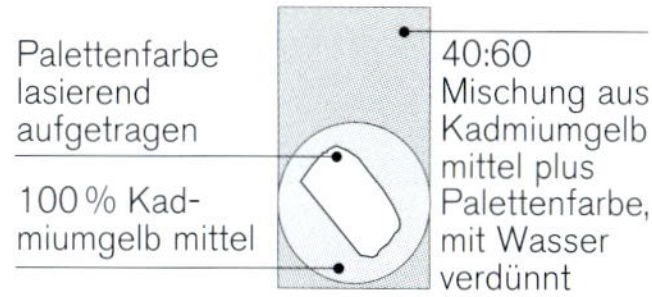

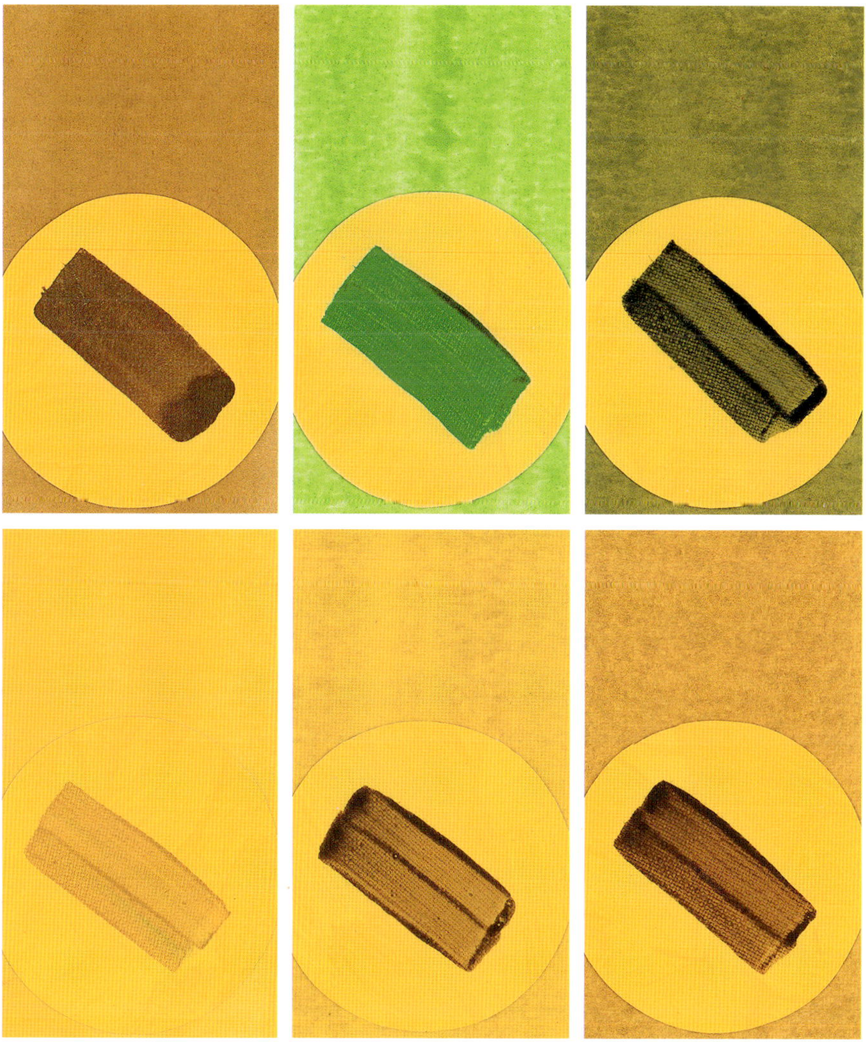

Hansagelb hell

transparent

hohe Lichtbeständigkeit

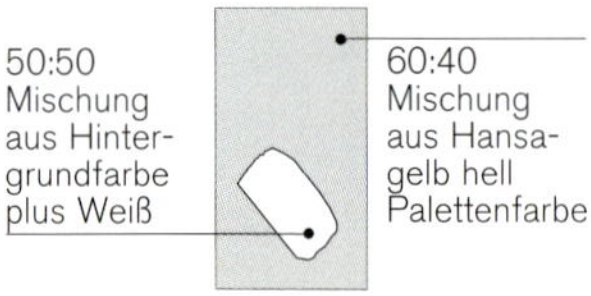

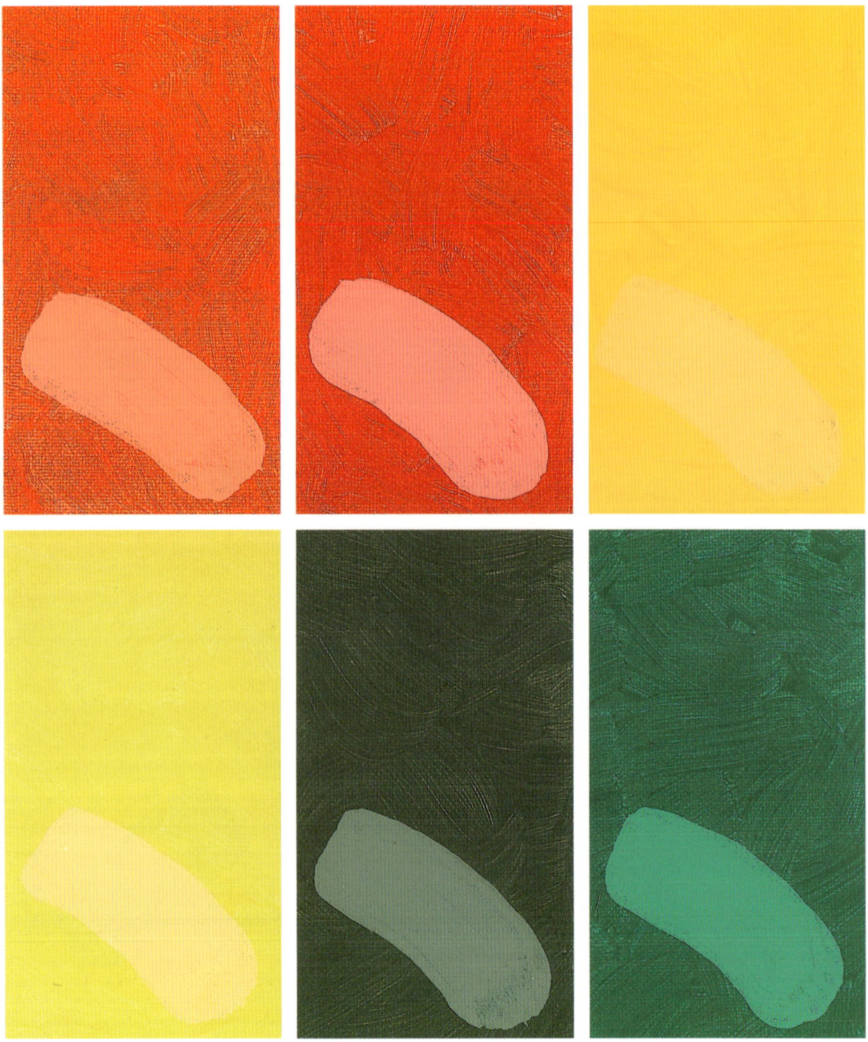

Palettenfarben

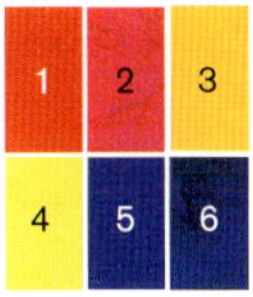

1 Kadmiumrot mittel
2 Karmesinrot
3 Kadmiumgelb mittel
4 Hansagelb hell
5 Ultramarinblau
6 Phthalocyaninblau

Palettenfarbe lasierend aufgetragen

100 % Hansagelb hell

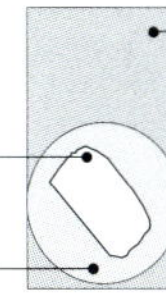

40:60 Mischung aus Hansagelb hell plus Palettenfarbe, mit Wasser verdünnt

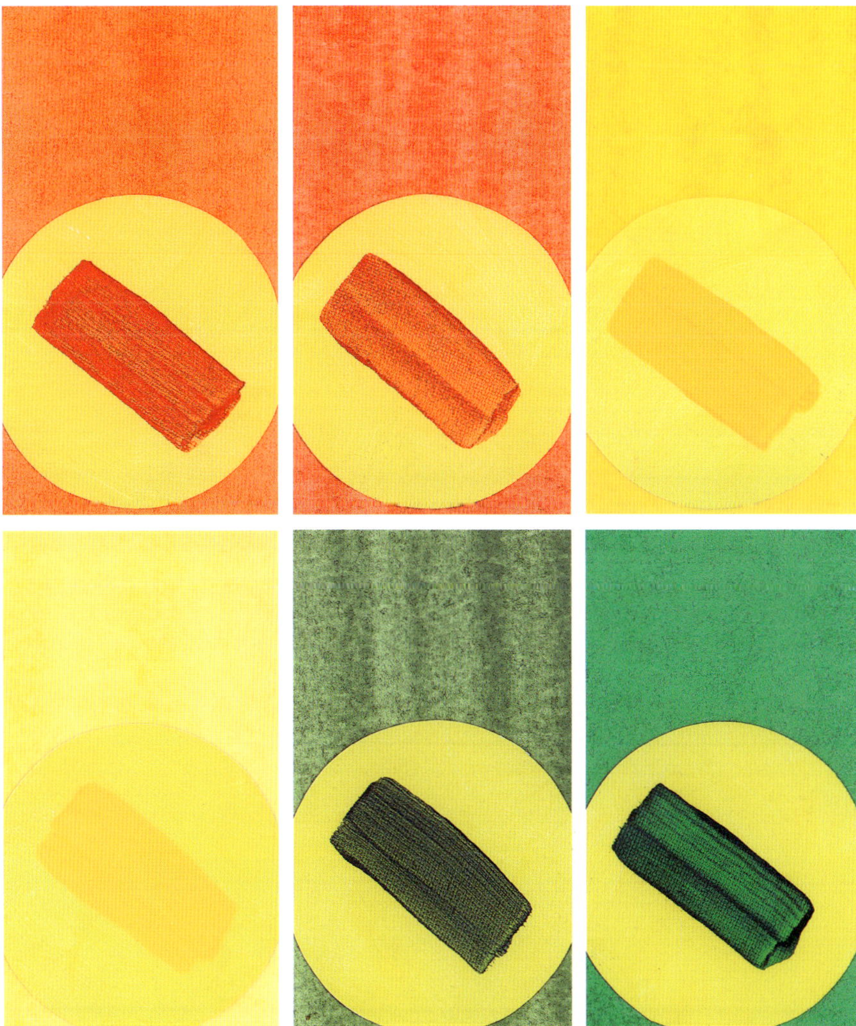

Hansagelb hell
Fortsetzung

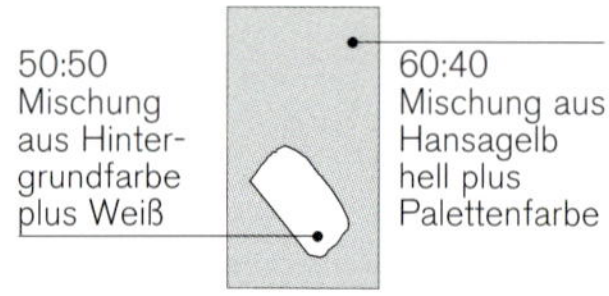

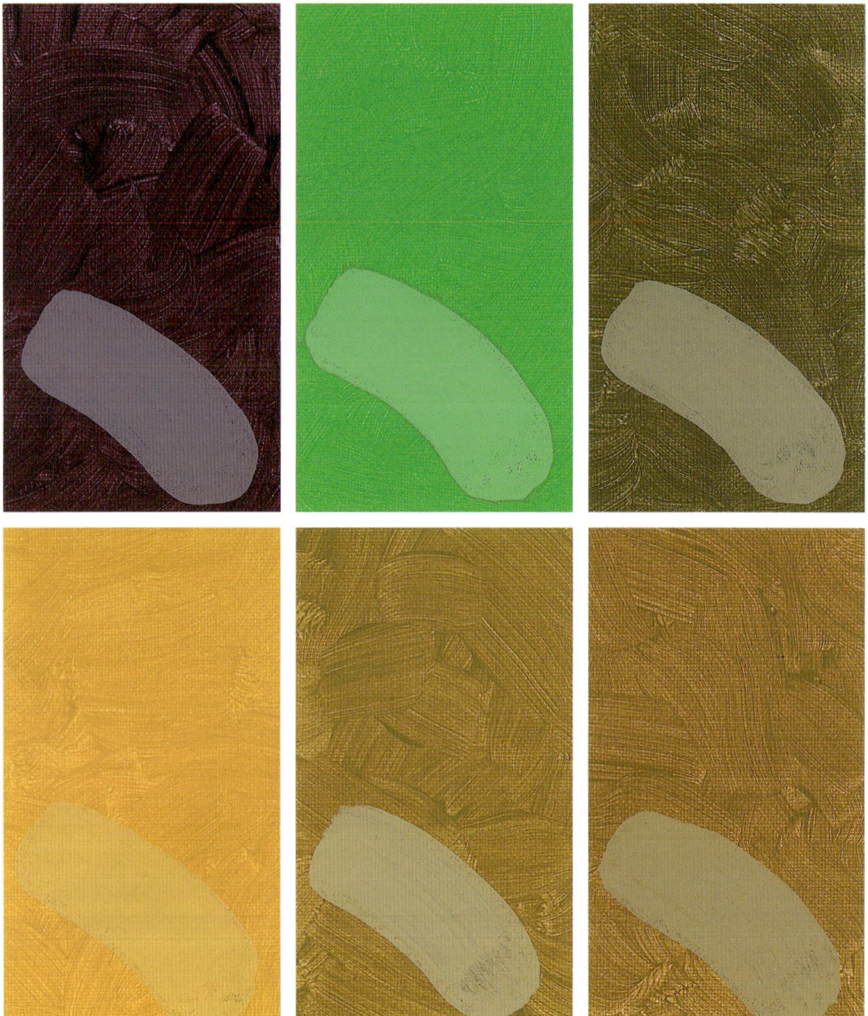

Palettenfarben

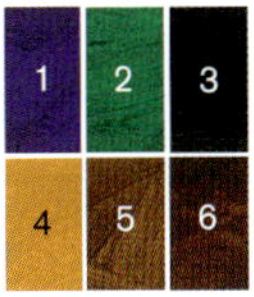

1 Dioxazinviolett
2 Phthalogrün (Blauton)
3 Elfenbeinschwarz
4 Ockergelb
5 Umbra natur
6 Umbra gebrannt

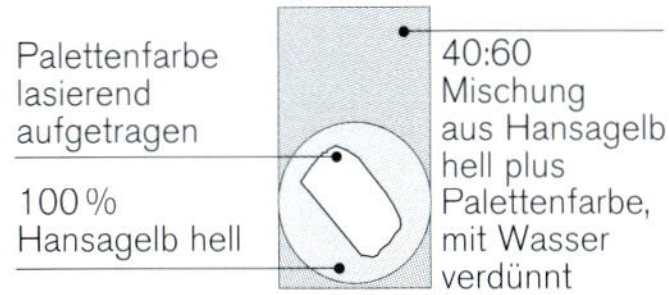

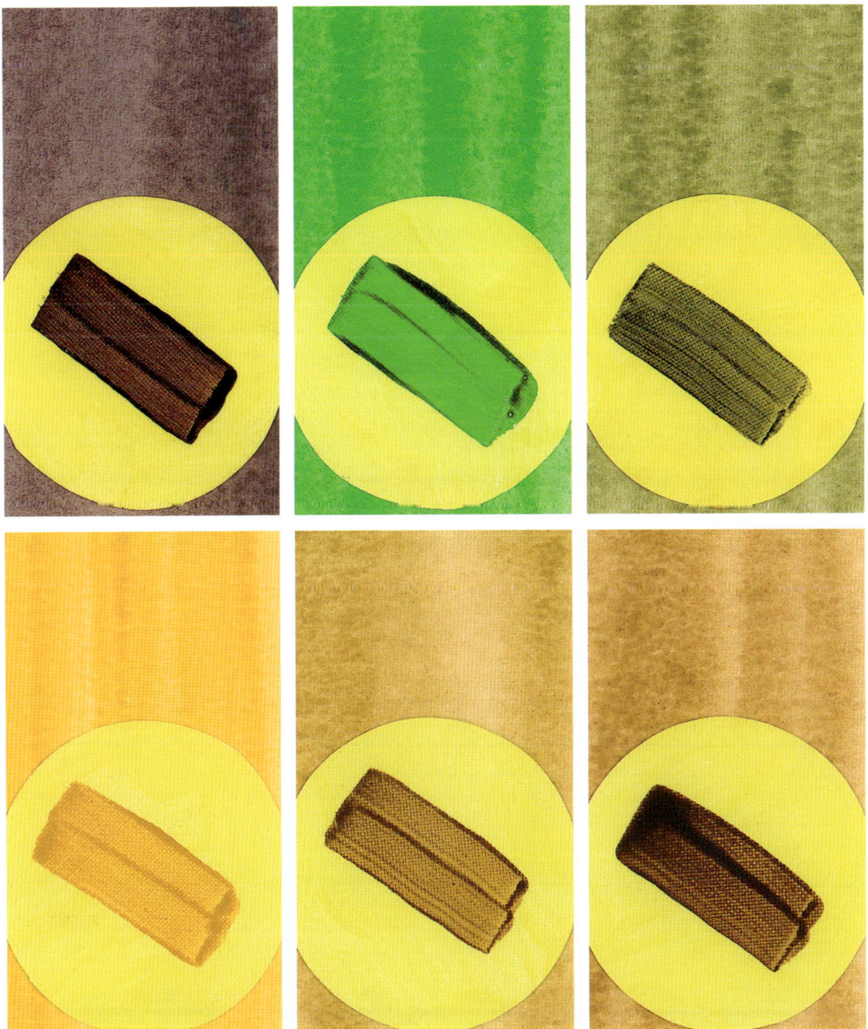

Zitronengrün feurig

deckend
höchste Lichtbeständigkeit

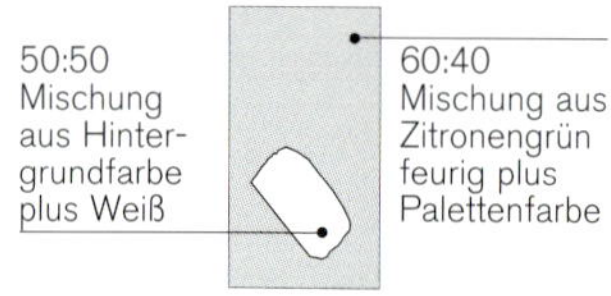

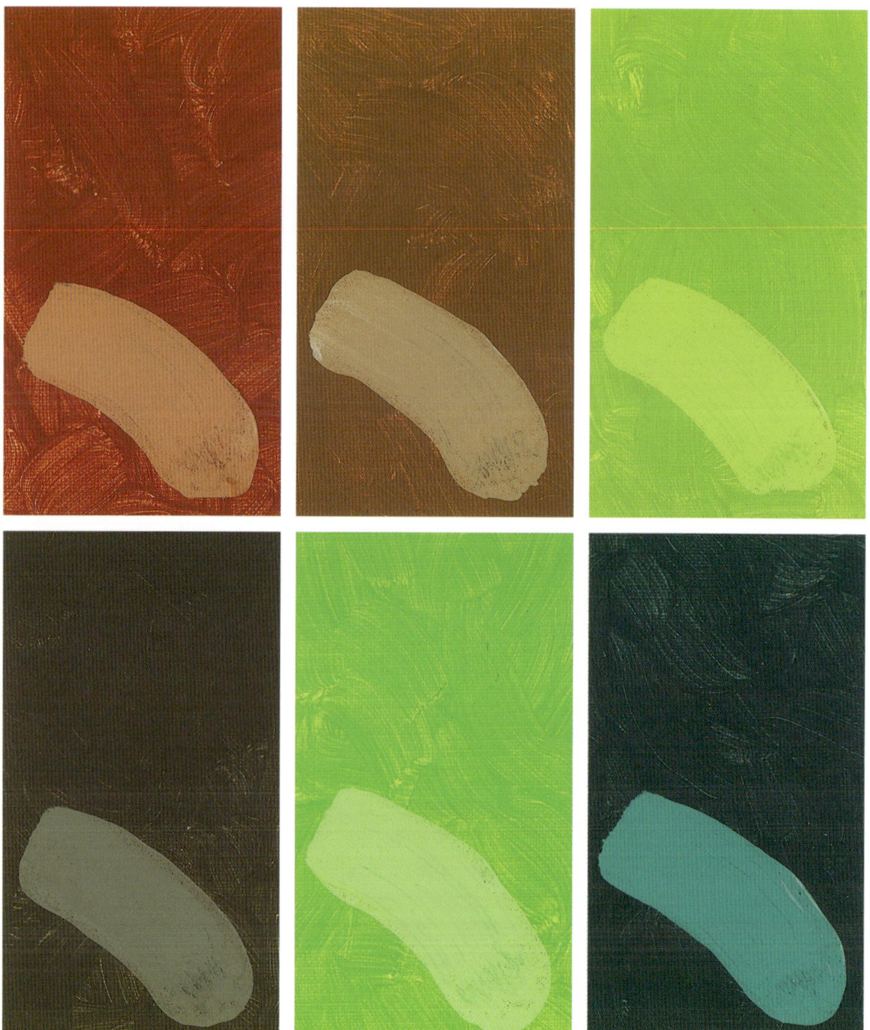

Palettenfarben

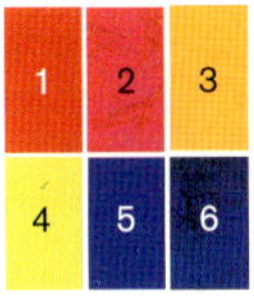

1 Kadmiumrot mittel
2 Karmesinrot
3 Kadmiumgelb mittel
4 Hansagelb hell
5 Ultramarinblau
6 Phthalocyaninblau

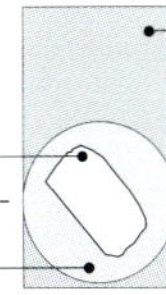

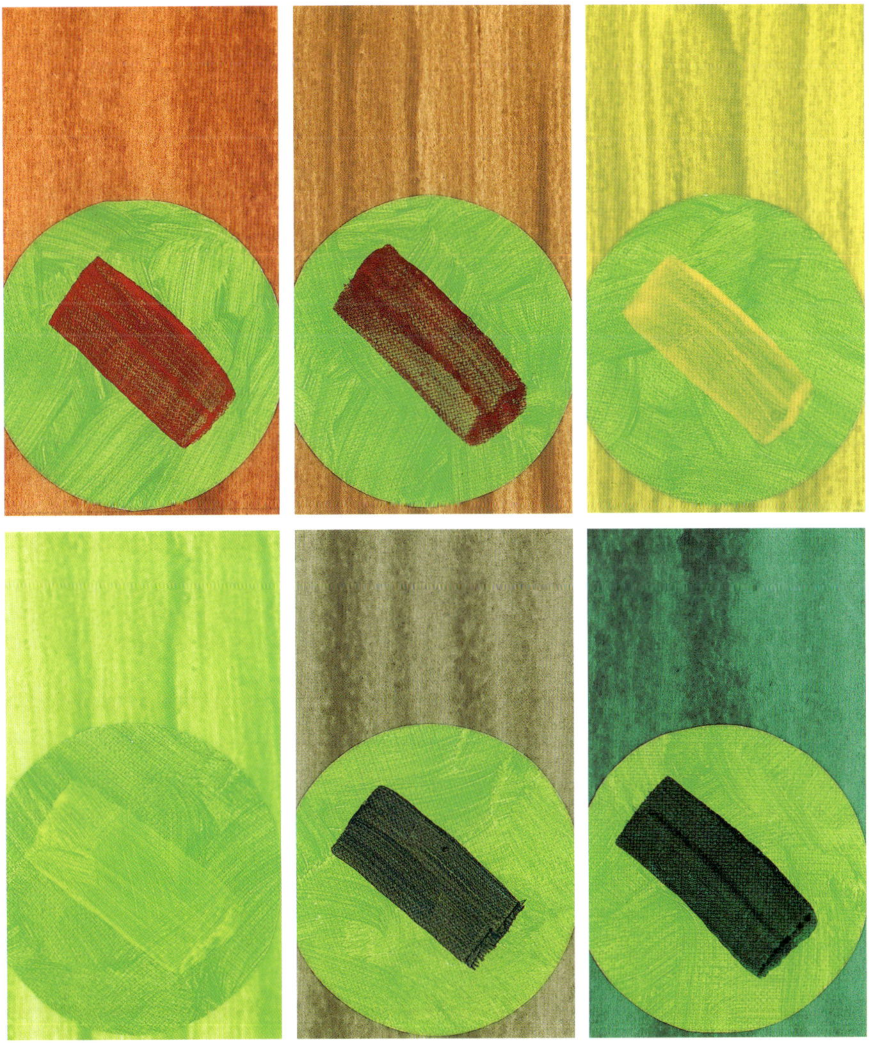

Zitronengrün feurig

Fortsetzung

50:50 Mischung aus Hintergrundfarbe plus Weiß

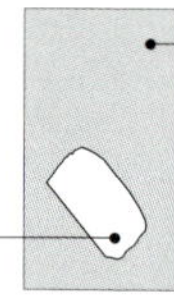

60:40 Mischung aus Zitronengrün feurig plus Palettenfarbe

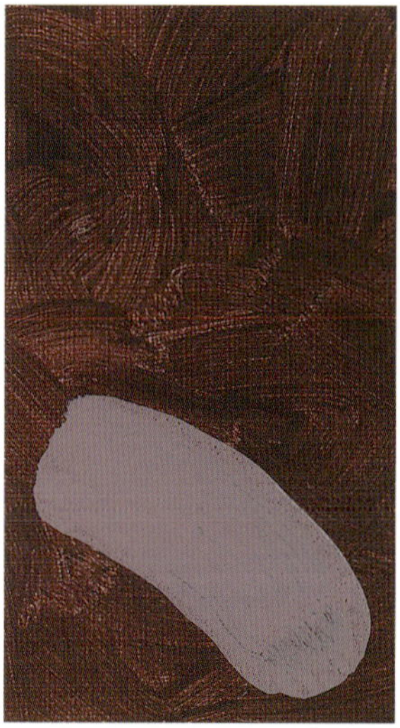

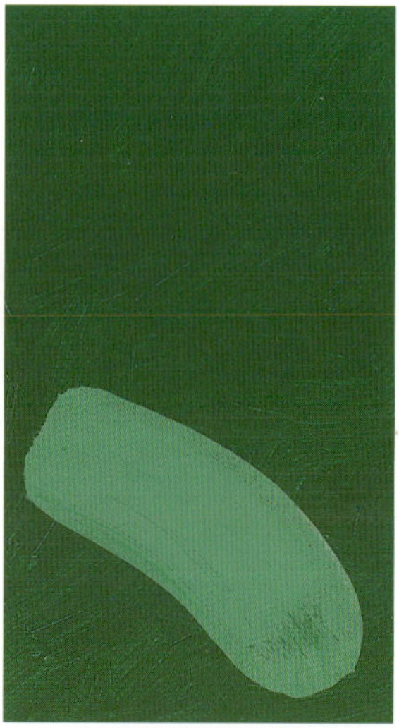

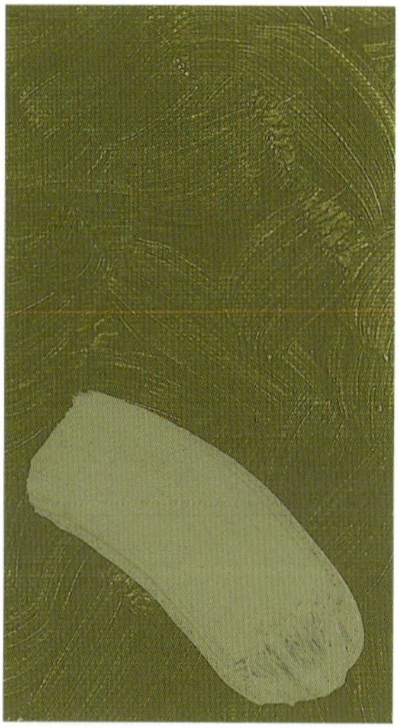

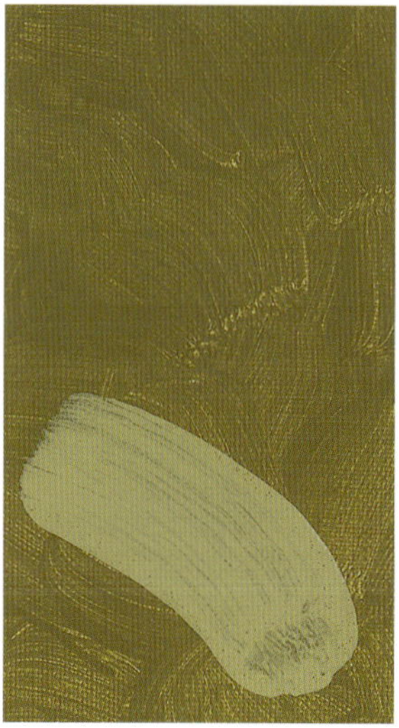

Palettenfarben

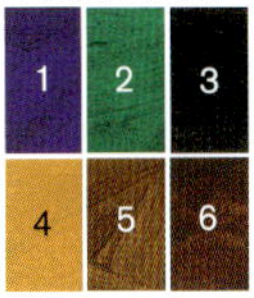

1 Dioxazinviolett
2 Phthalogrün (Blauton)
3 Elfenbeinschwarz
4 Ockergelb
5 Umbra natur
6 Umbra gebrannt

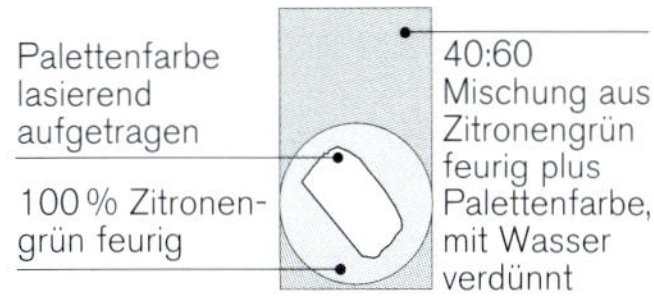

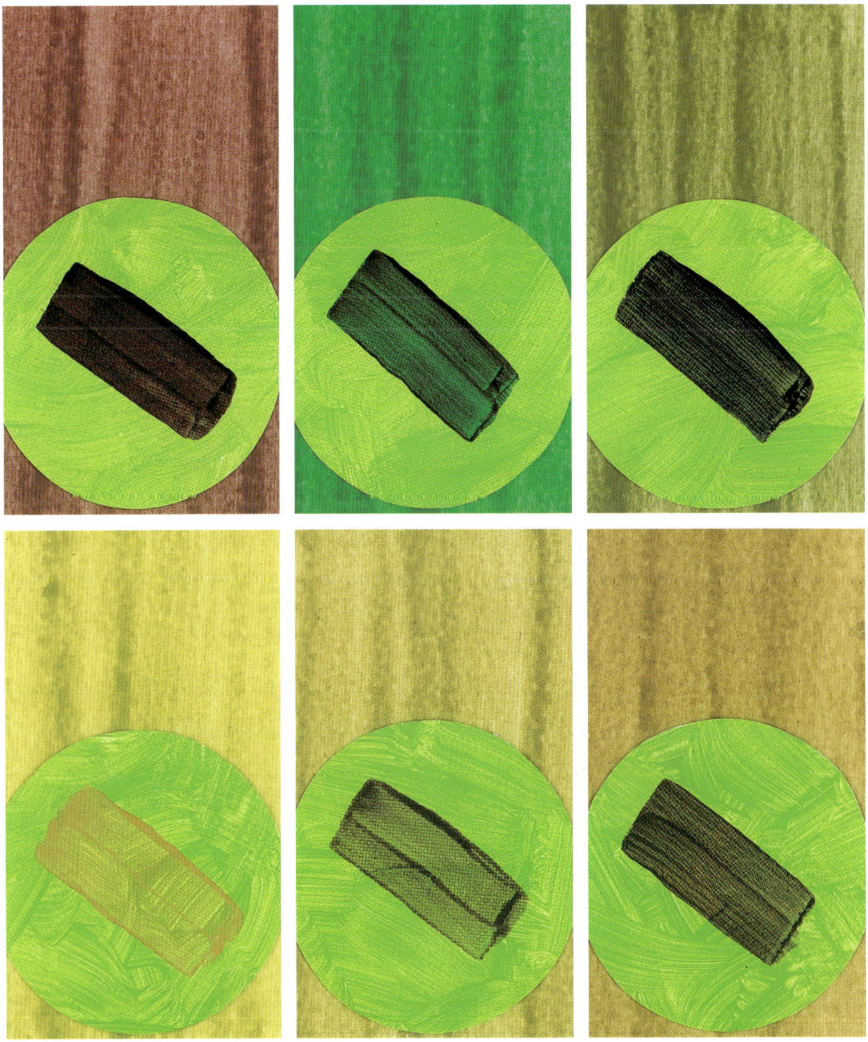

Smaragdgrün

deckend
höchste Lichtbeständigkeit

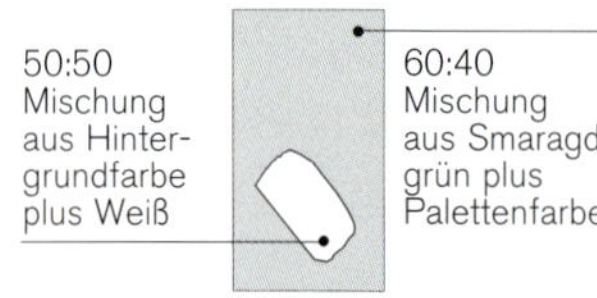

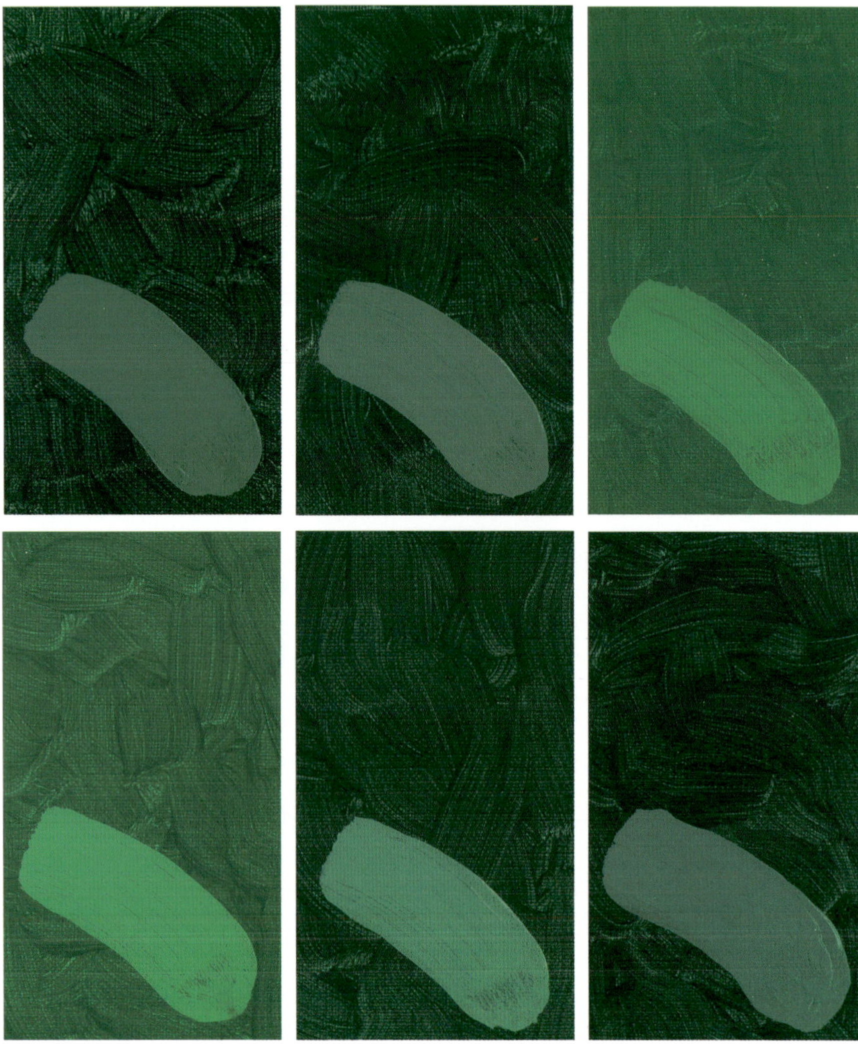

Palettenfarben

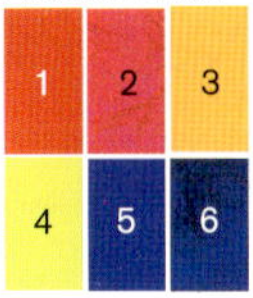

1 Kadmiumrot mittel
2 Karmesinrot
3 Kadmiumgelb mittel
4 Hansagelb hell
5 Ultramarinblau
6 Phthalocyaninblau

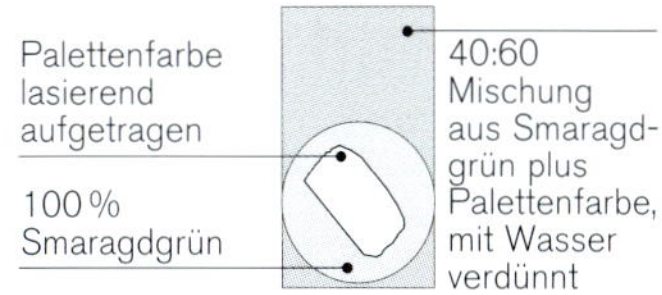

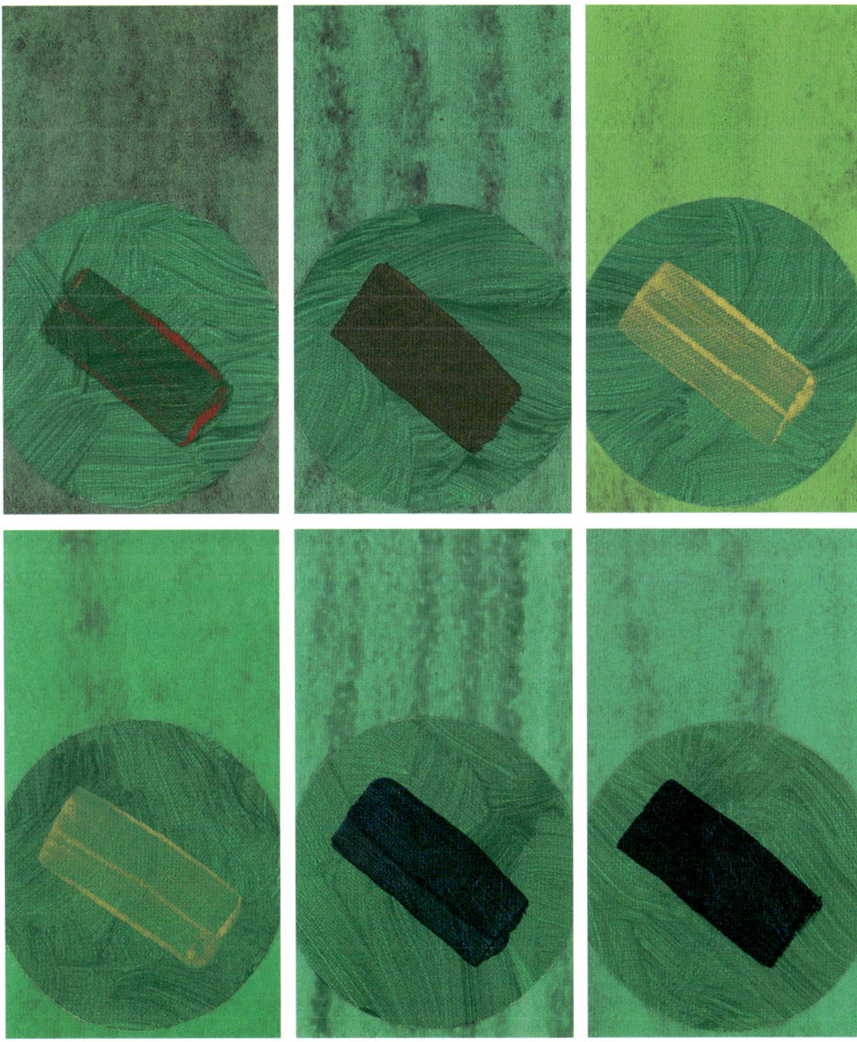

Smaragdgrün

Fortsetzung

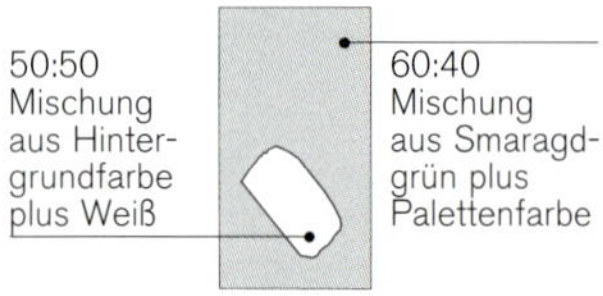

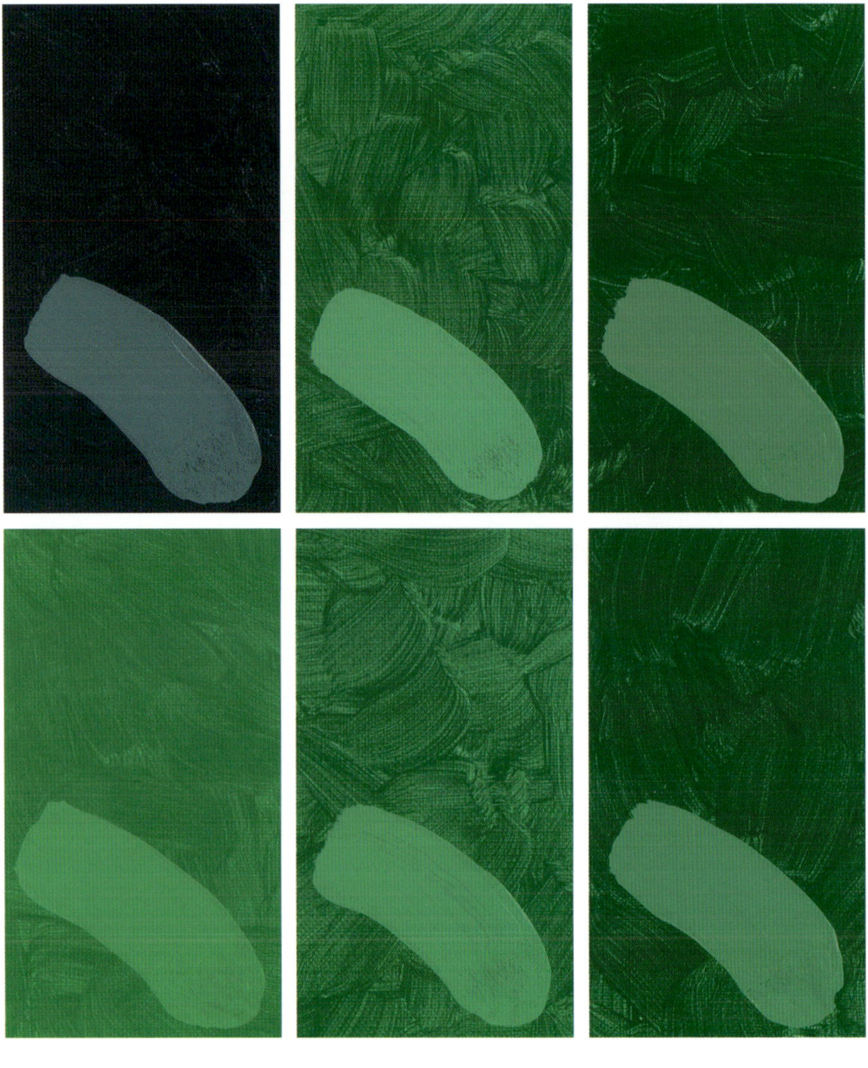

Palettenfarben

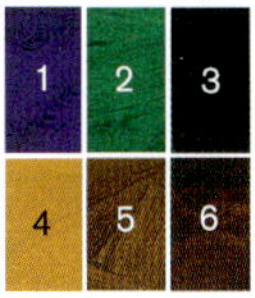

1 Dioxazinviolett
2 Phthalogrün (Blauton)
3 Elfenbeinschwarz
4 Ockergelb
5 Umbra natur
6 Umbra gebrannt

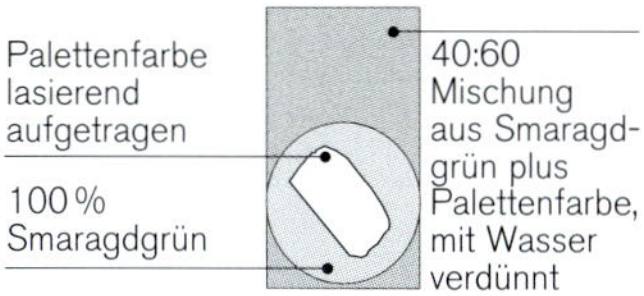

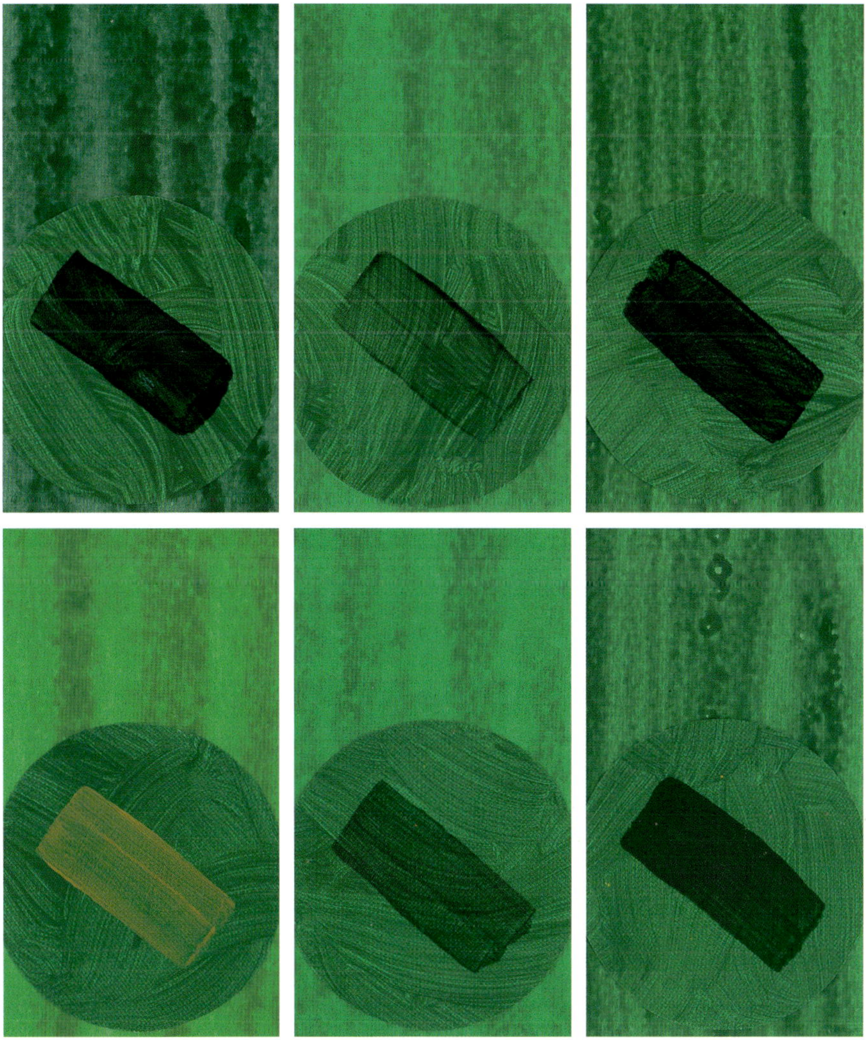

Graugrün

deckend
höchste Lichtbeständigkeit

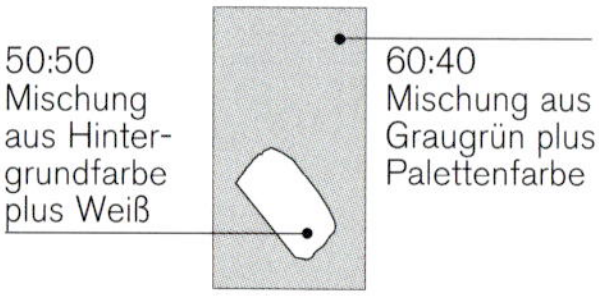

Palettenfarben

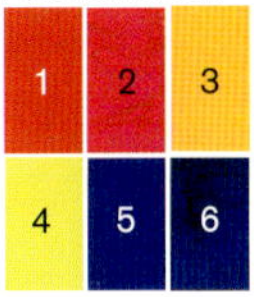

1 Kadmiumrot mittel
2 Karmesinrot
3 Kadmiumgelb mittel
4 Hansagelb hell
5 Ultramarinblau
6 Phthalocyaninblau

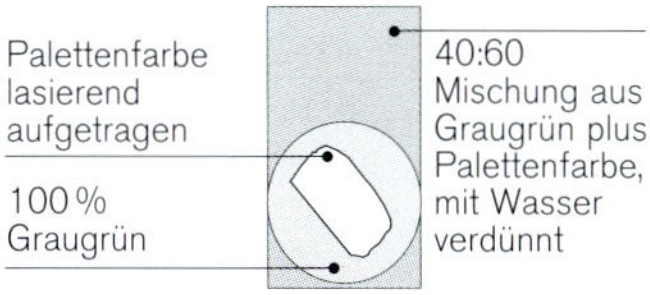

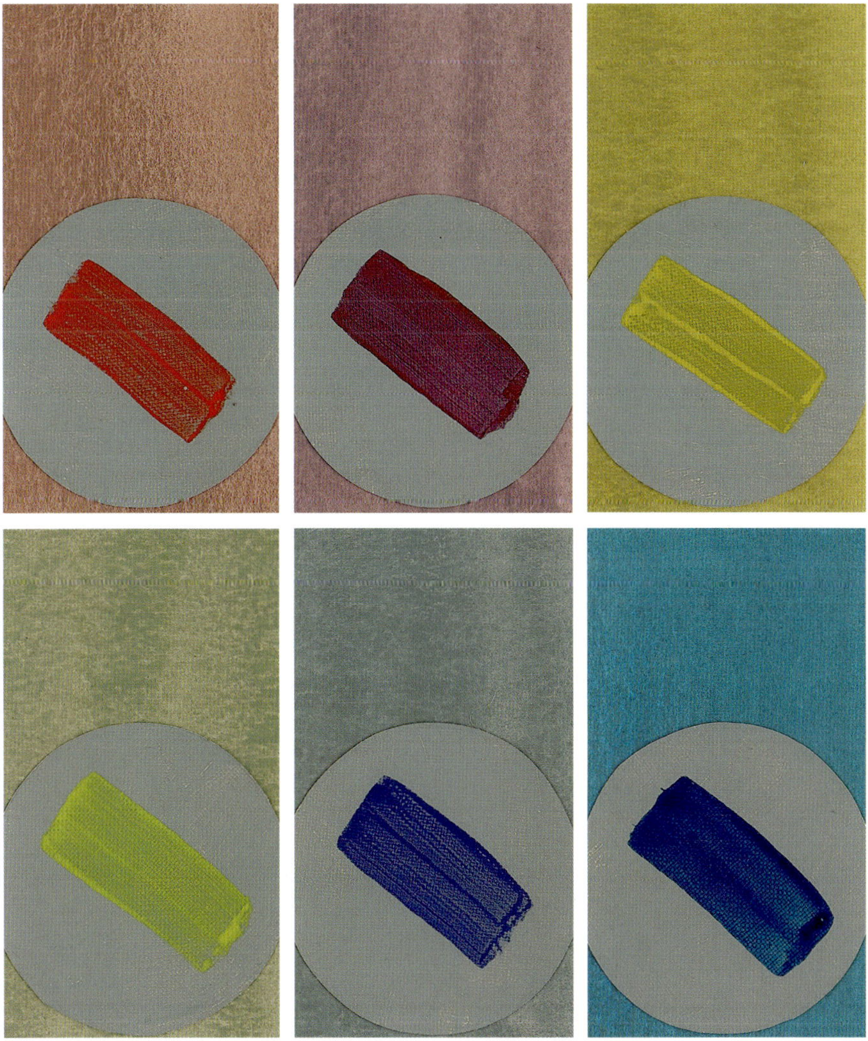

Graugrün
Fortsetzung

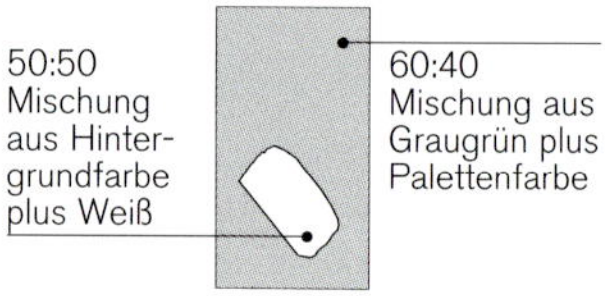

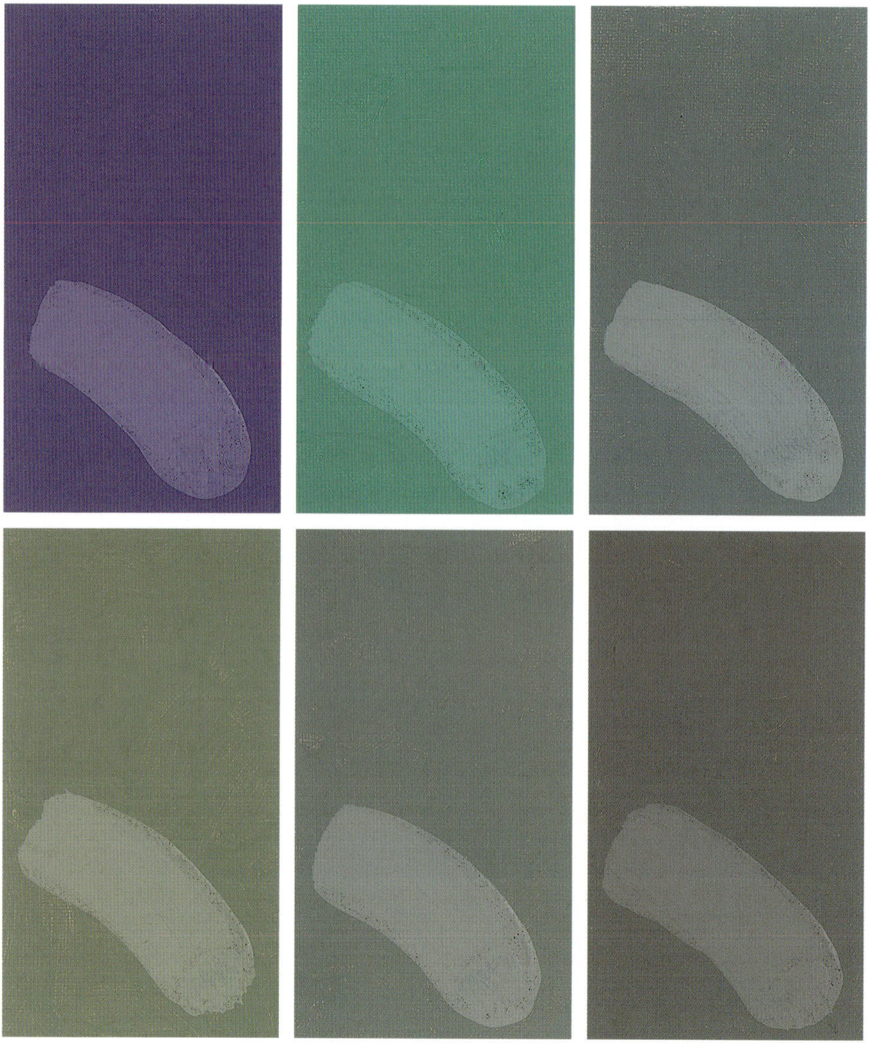

Palettenfarben

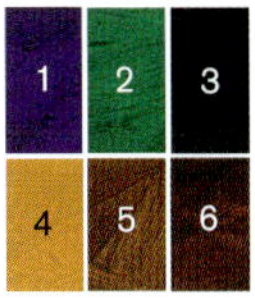

1 Dioxazinviolett
2 Phthalogrün (Blauton)
3 Elfenbeinschwarz
4 Ockergelb
5 Umbra natur
6 Umbra gebrannt

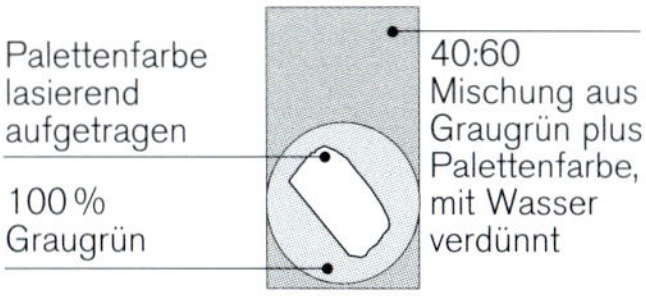

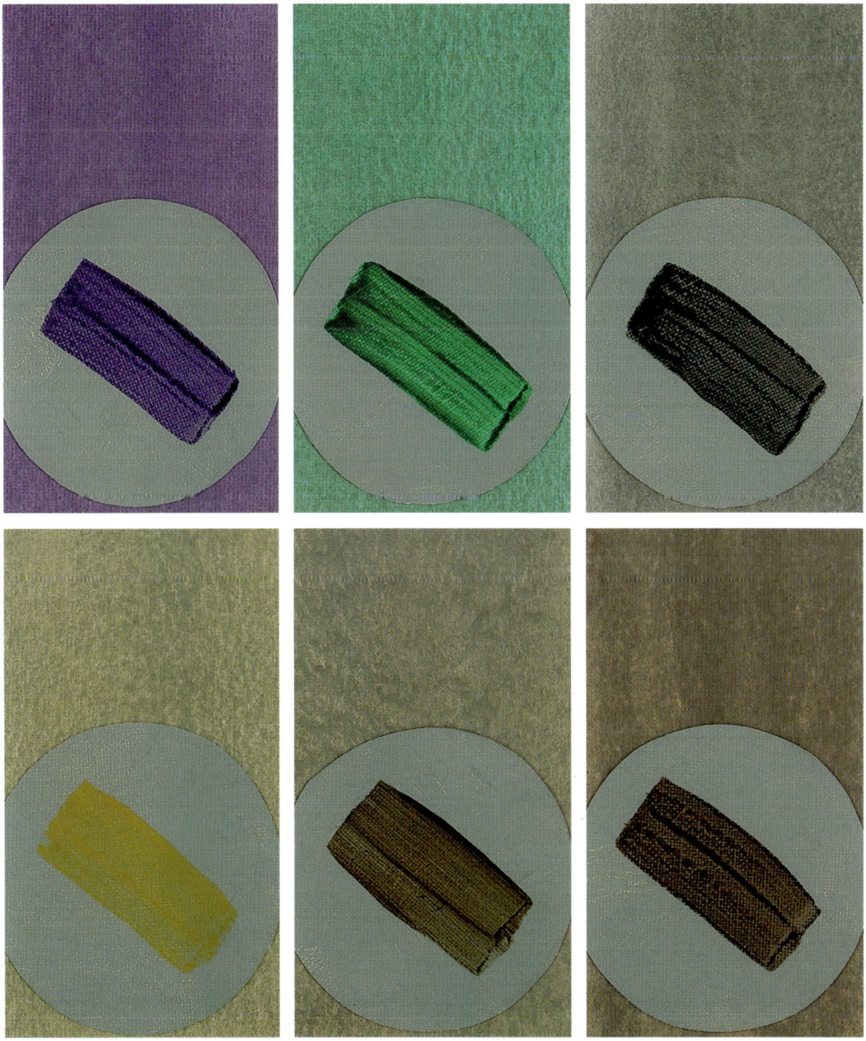

Olivgrün

deckend
höchste Lichtbeständigkeit

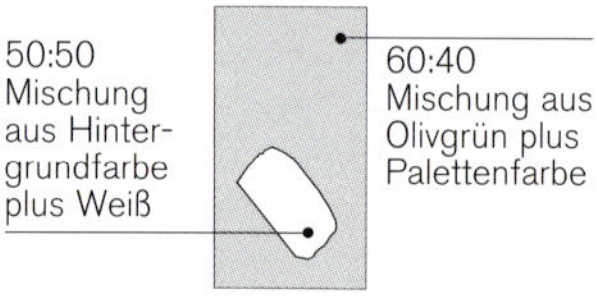

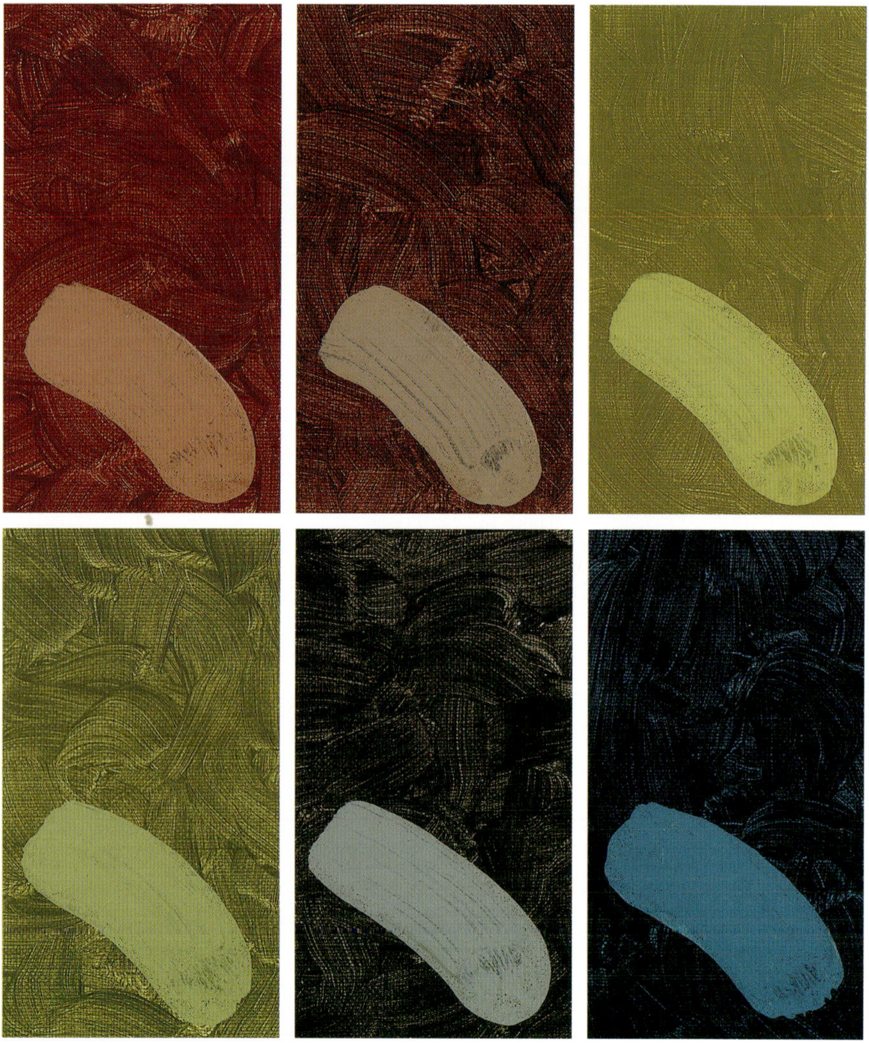

Palettenfarben

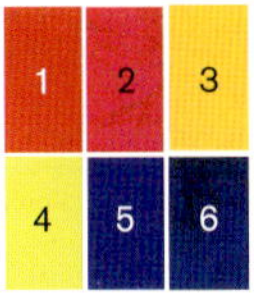

1 Kadmiumrot mittel
2 Karmesinrot
3 Kadmiumgelb mittel
4 Hansagelb hell
5 Ultramarinblau
6 Phthalocyaninblau

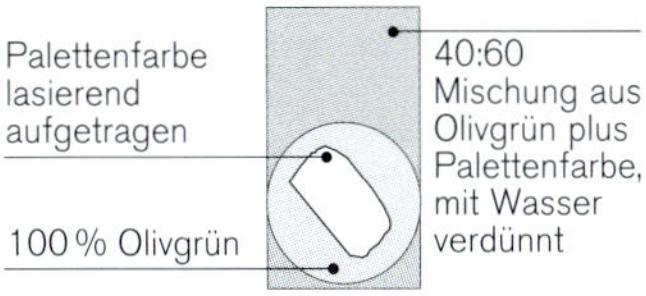

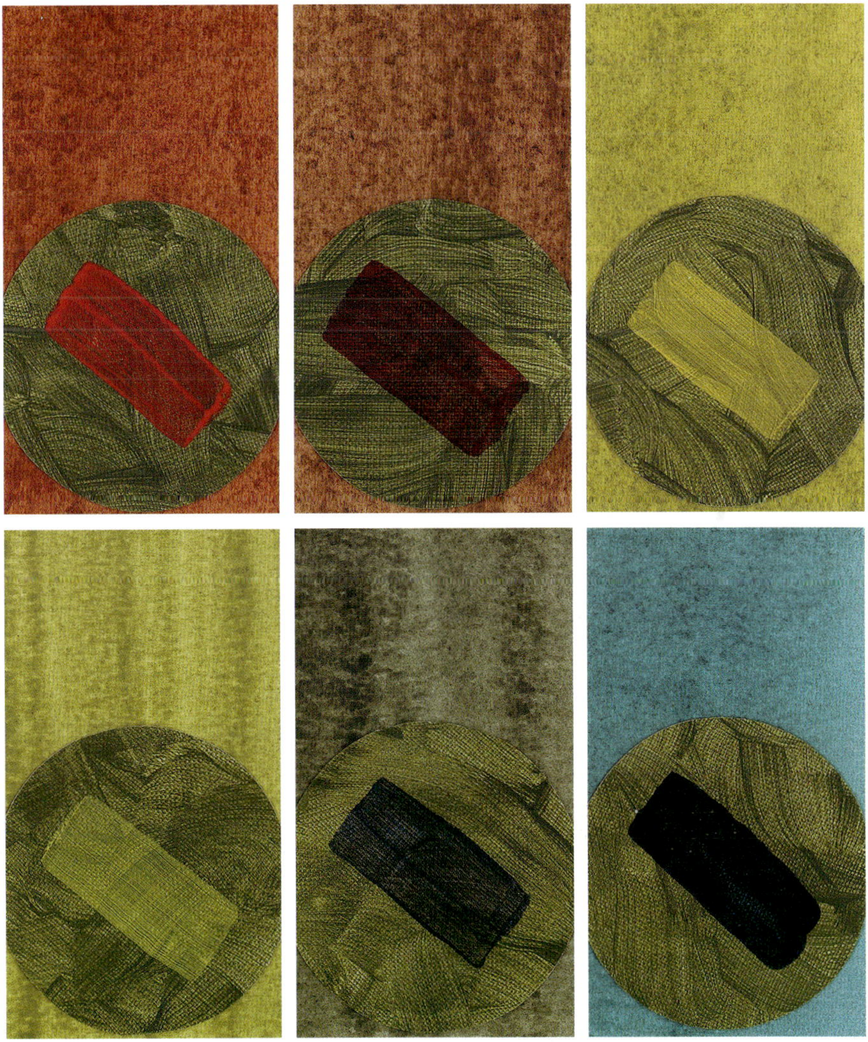

Olivgrün
Fortsetzung

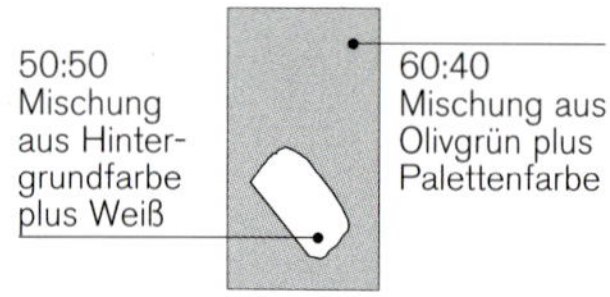

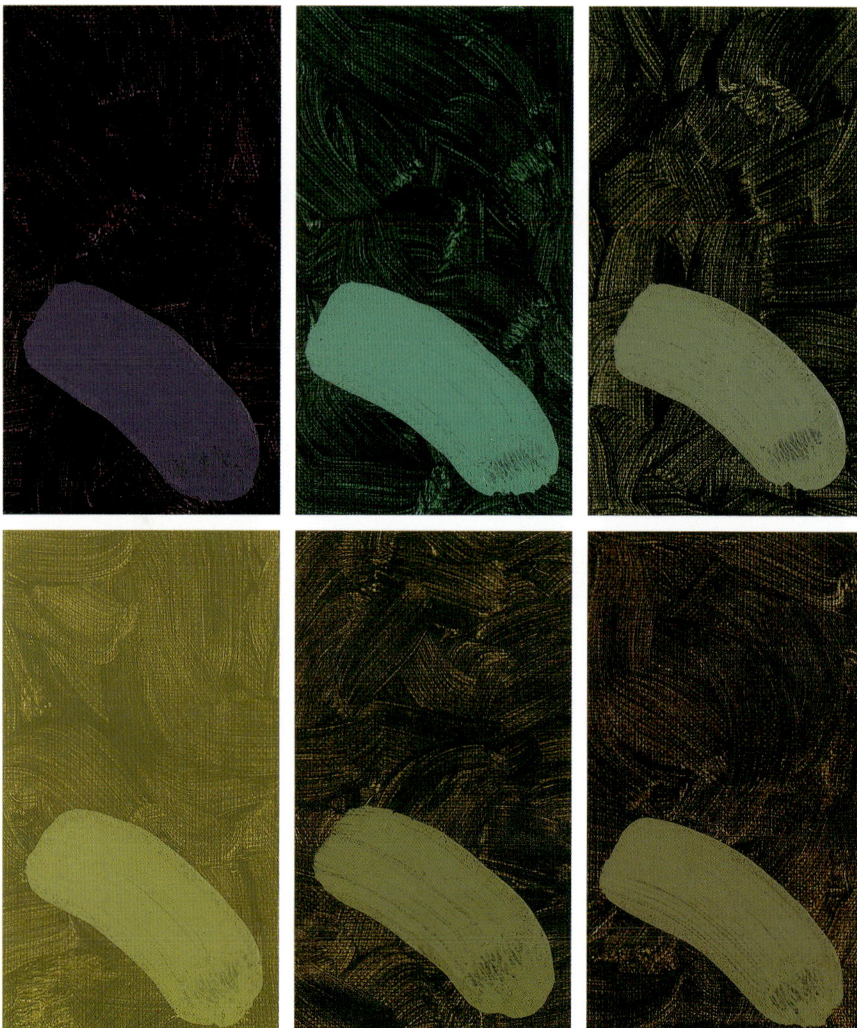

Palettenfarben

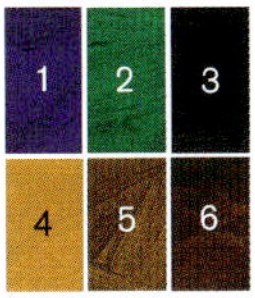

1 Dioxazinviolett
2 Phthalogrün (Blauton)
3 Elfenbeinschwarz
4 Ockergelb
5 Umbra natur
6 Umbra gebrannt

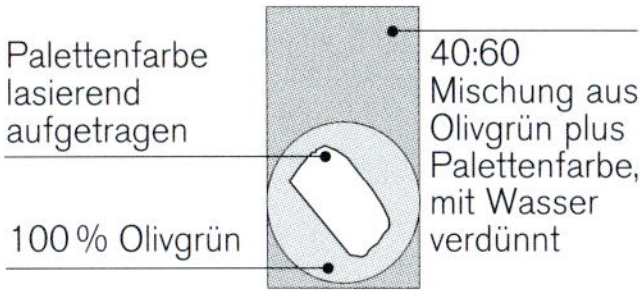

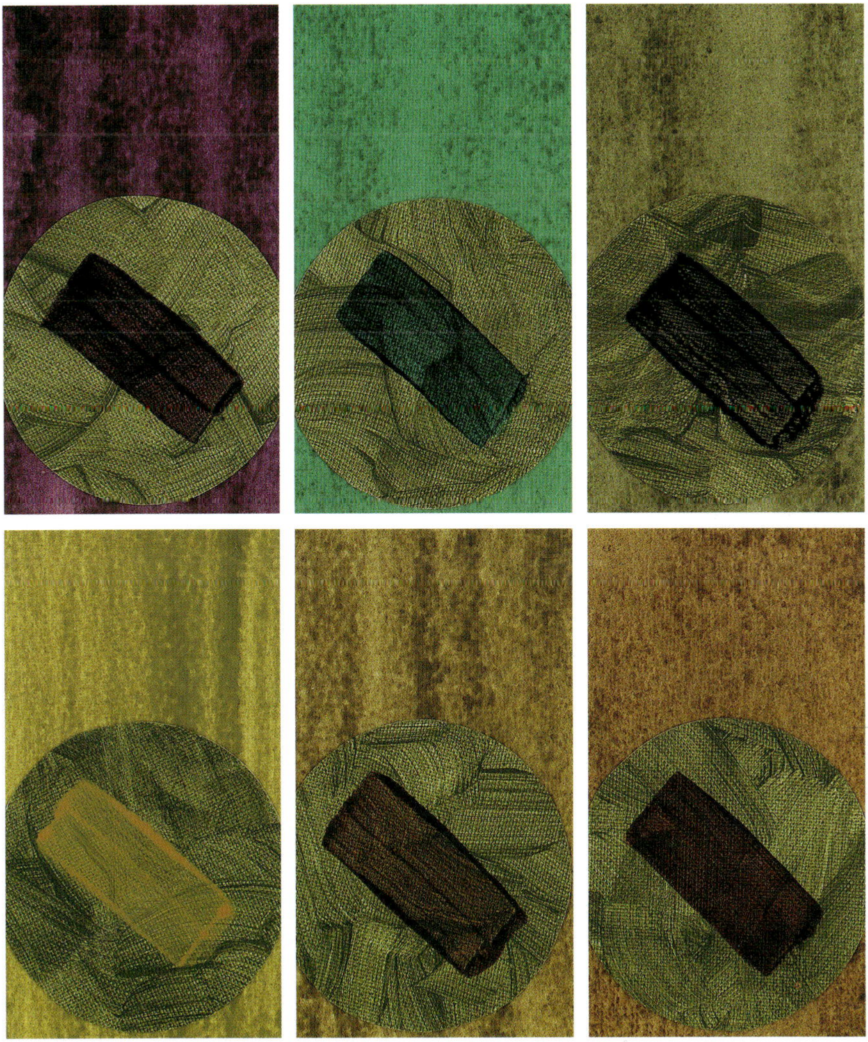

Chromoxidgrün

deckend
höchste Lichtbeständigkeit

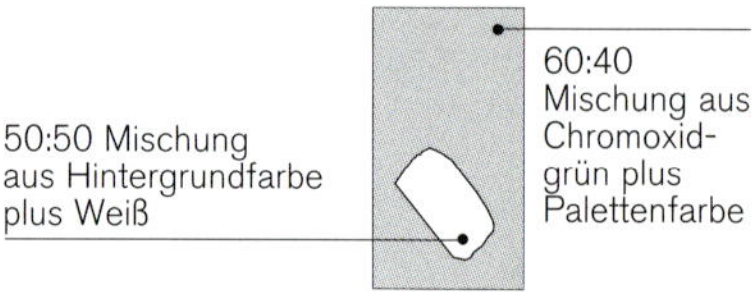

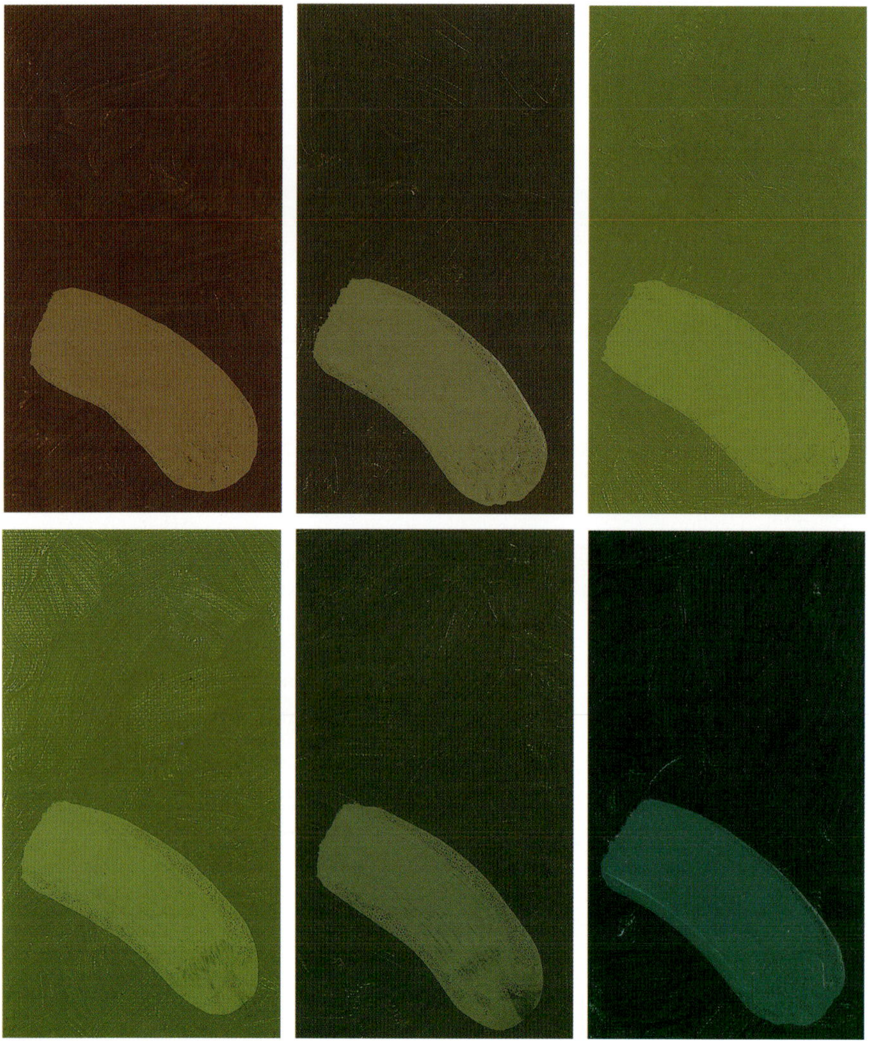

Palettenfarben

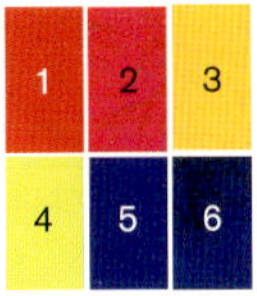

1 Kadmiumrot mittel
2 Karmesinrot
3 Kadmiumgelb mittel
4 Hansagelb hell
5 Ultramarinblau
6 Phthalocyaninblau

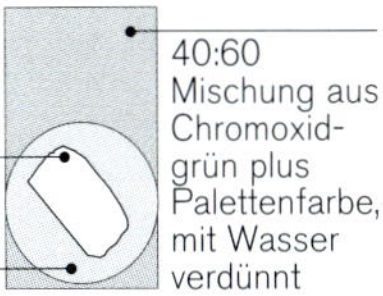

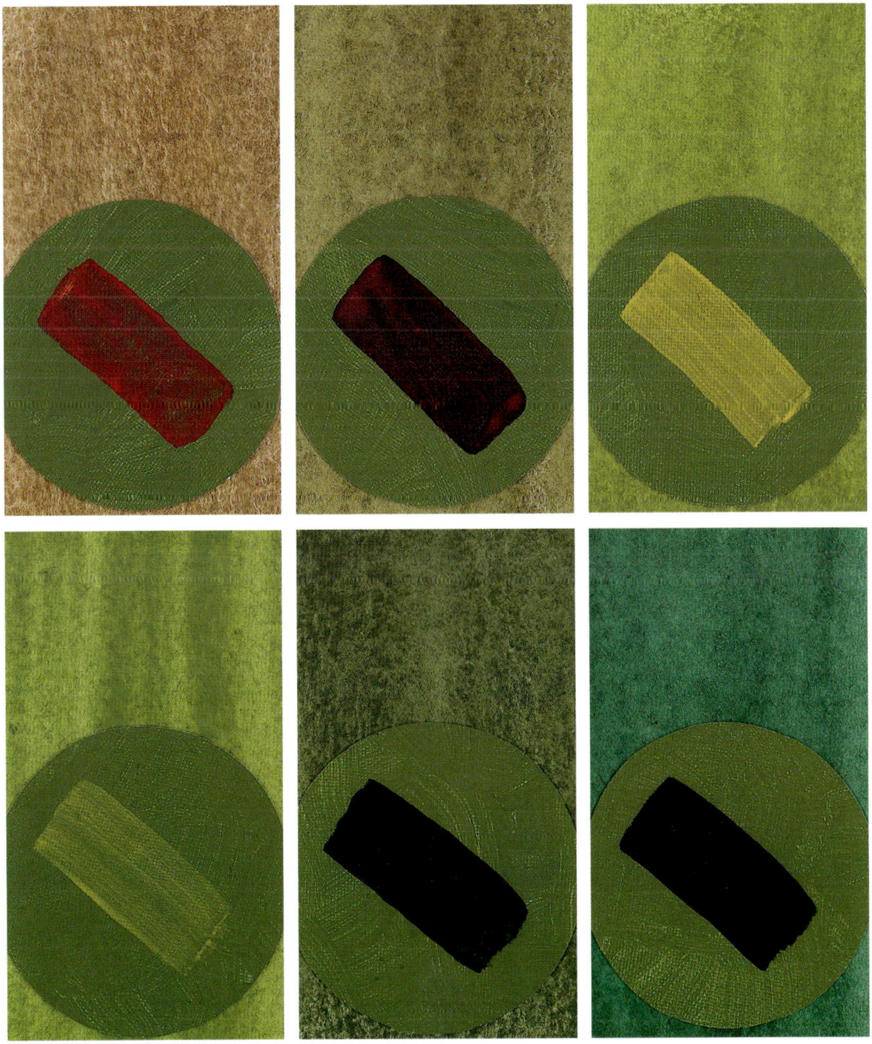

Chromoxidgrün
Fortsetzung

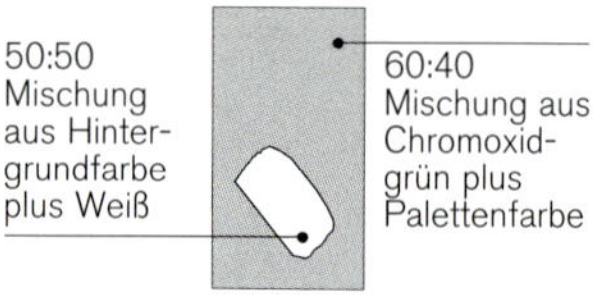

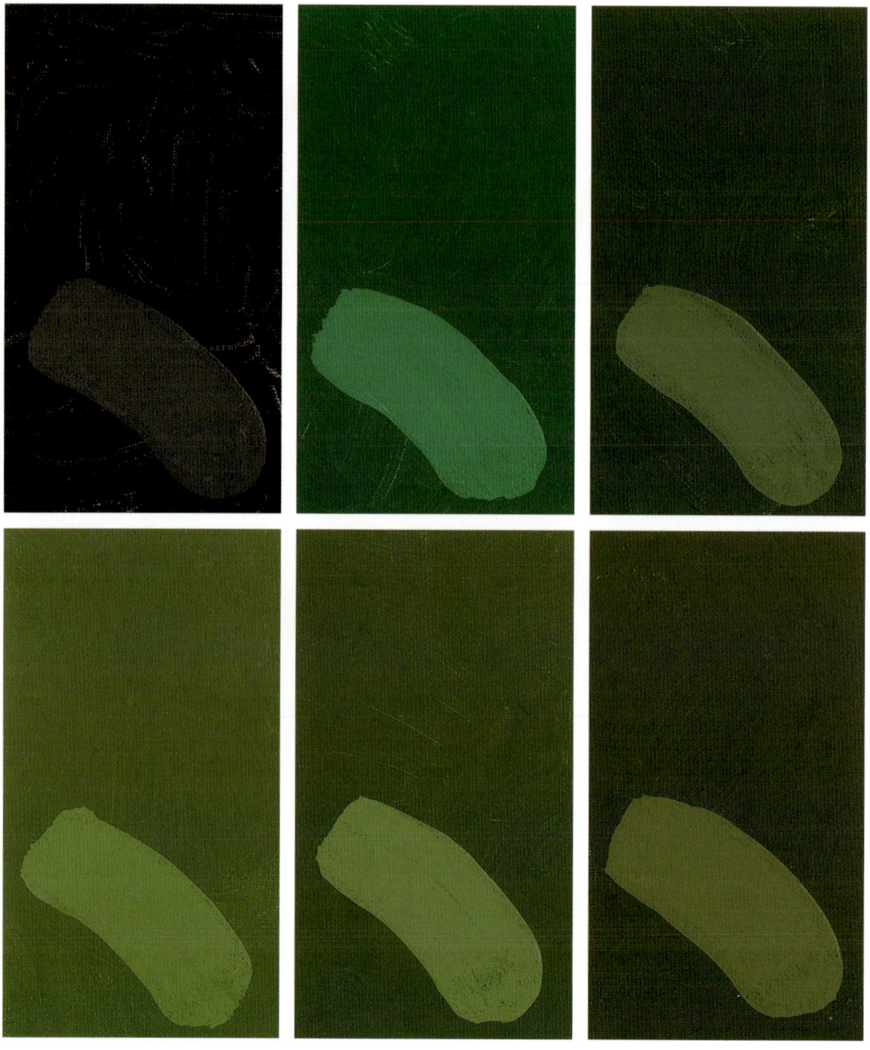

Palettenfarben

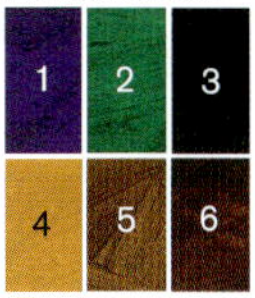

1 Dioxazinviolett
2 Phthalogrün (Blauton)
3 Elfenbeinschwarz
4 Ockergelb
5 Umbra natur
6 Umbra gebrannt

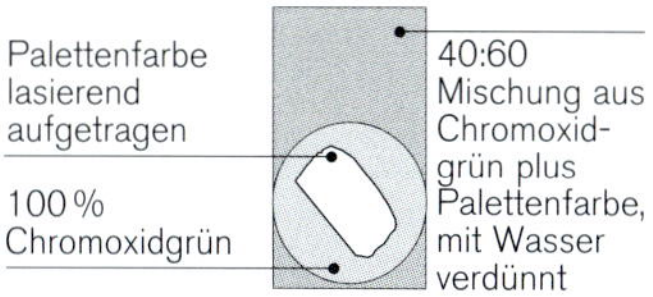

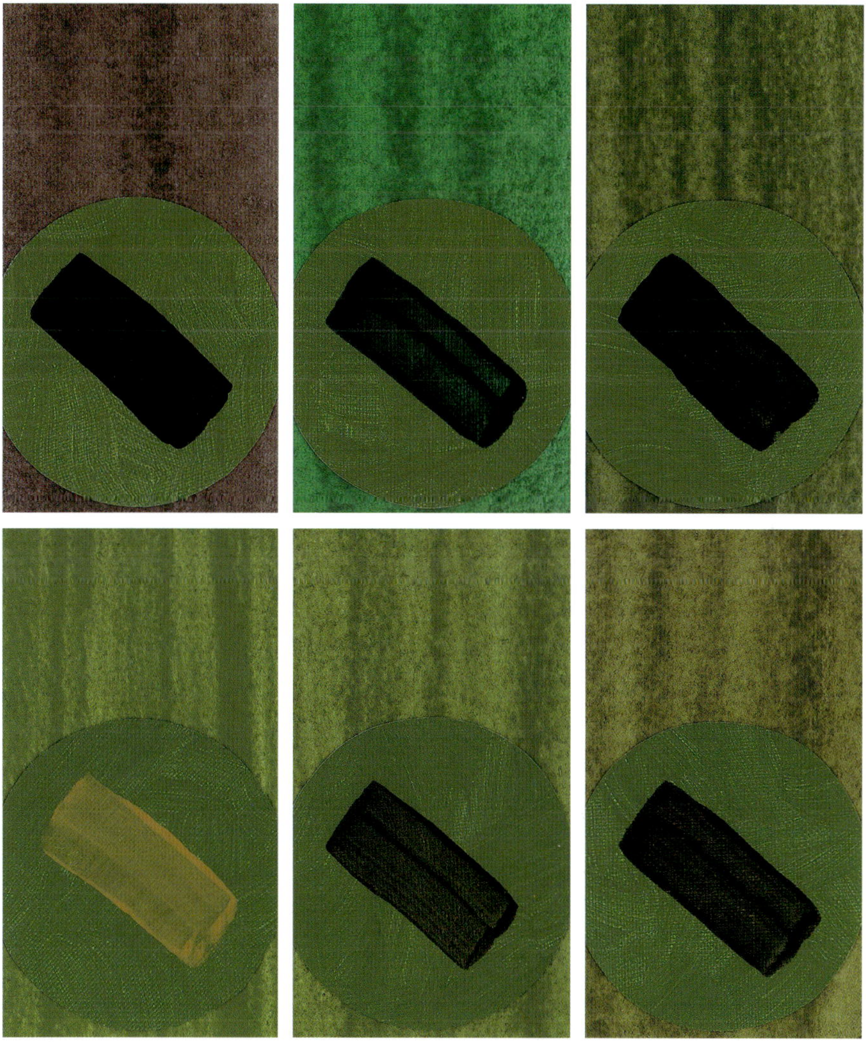

Saftgrün permanent

transparent
höchste Lichtbeständigkeit

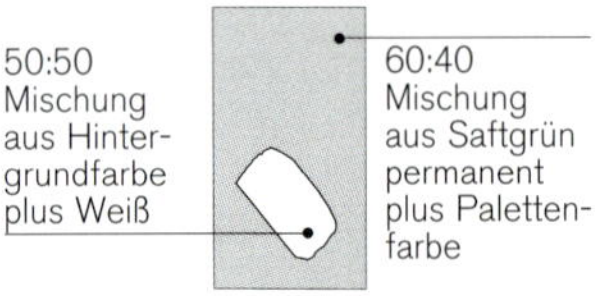

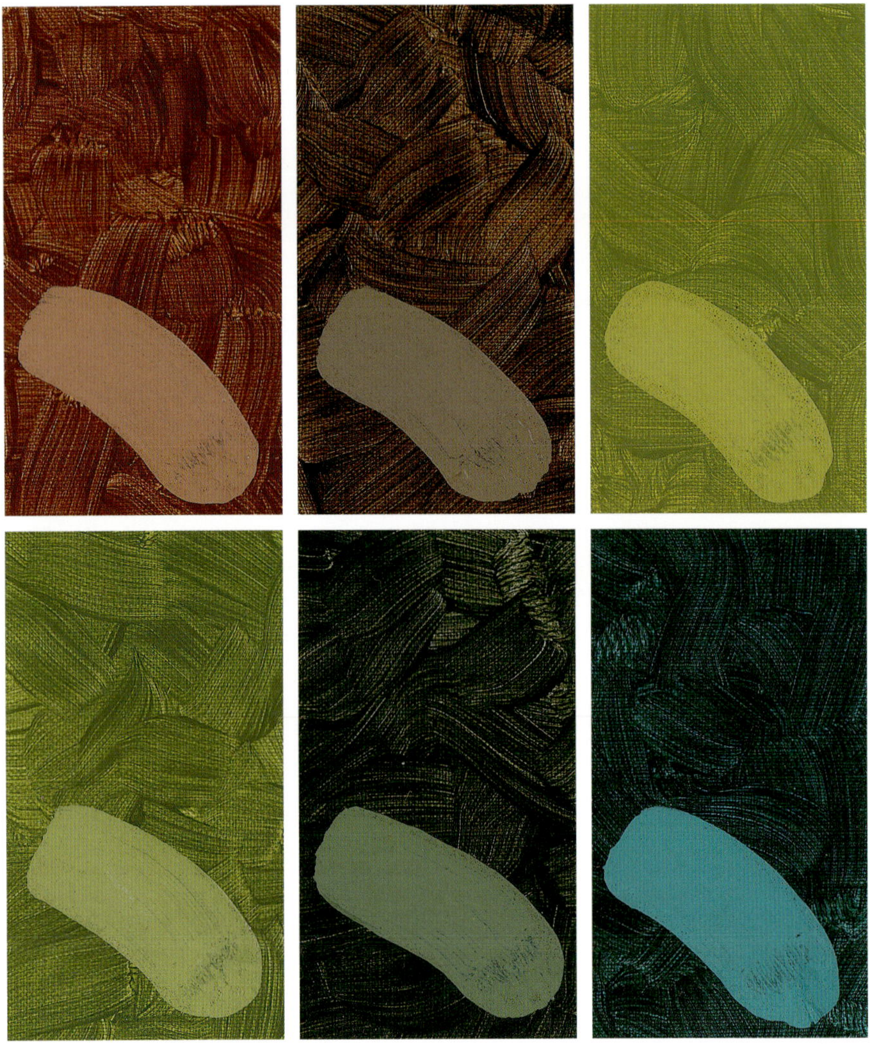

Palettenfarben

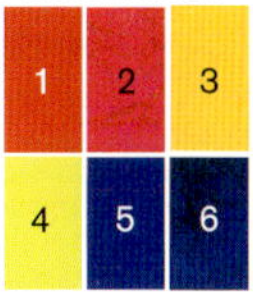

1 Kadmiumrot mittel
2 Karmesinrot
3 Kadmiumgelb mittel
4 Hansagelb hell
5 Ultramarinblau
6 Phthalocyaninblau

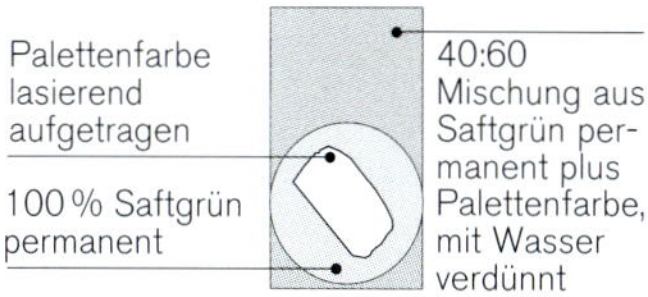

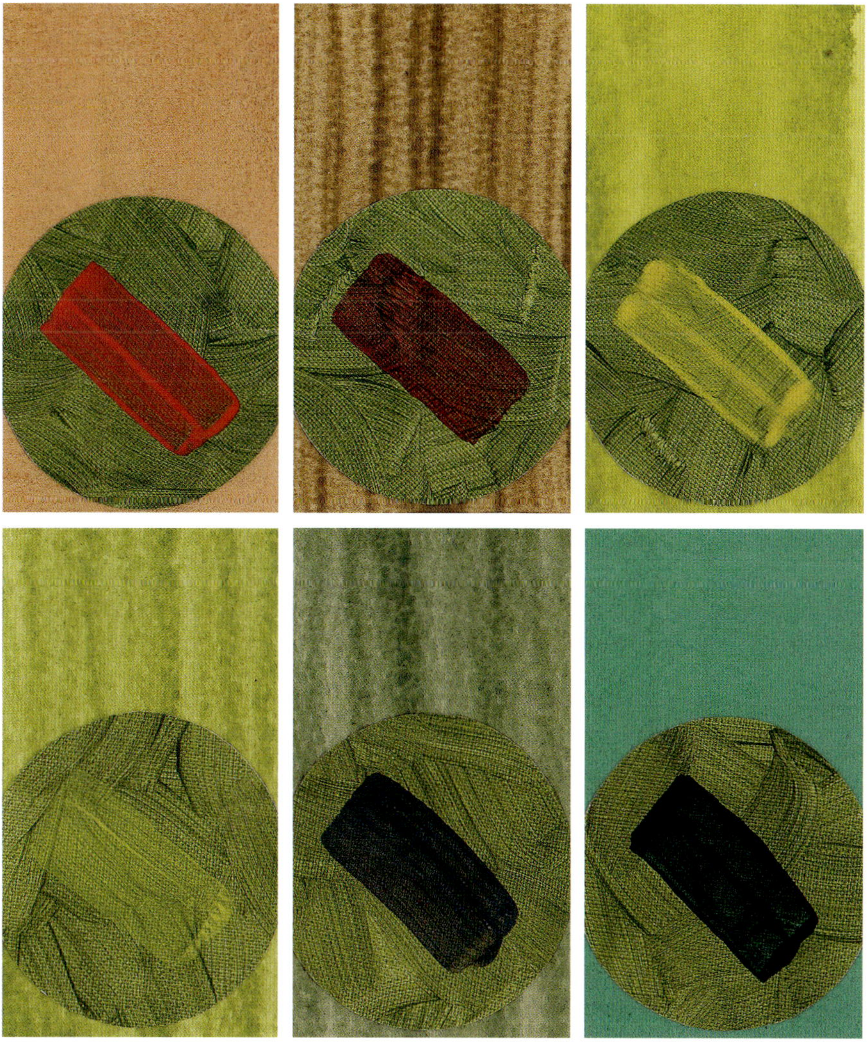

Saftgrün permanent
Fortsetzung

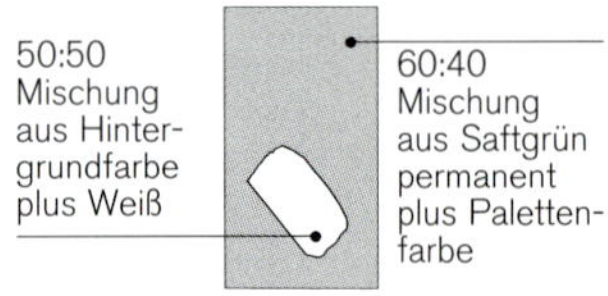

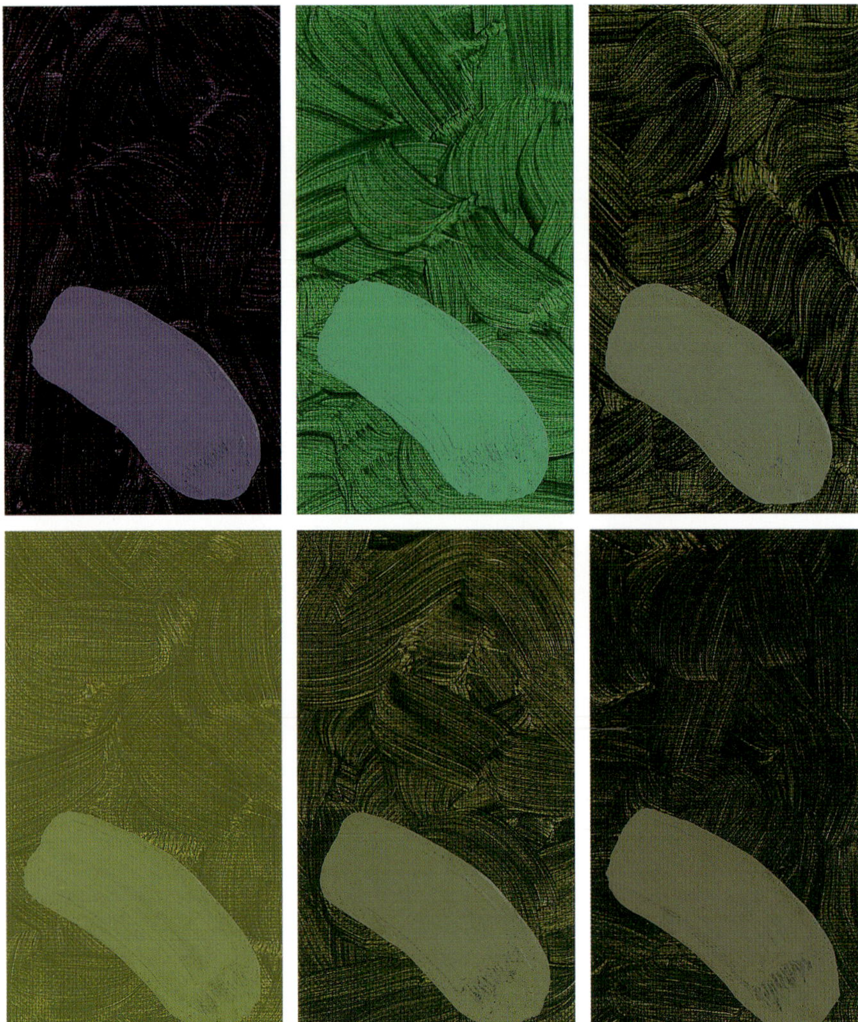

Palettenfarben

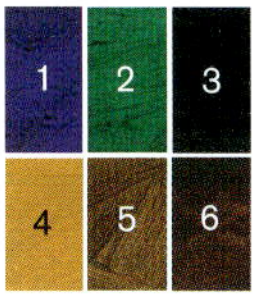

1 Dioxazinviolett
2 Phthalogrün (Blauton)
3 Elfenbeinschwarz
4 Ockergelb
5 Umbra natur
6 Umbra gebrannt

Palettenfarbe lasierend aufgetragen

100 % Saftgrün permanent

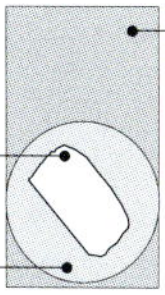

40:60 Mischung aus Saftgrün permanent plus Palettenfarbe, mit Wasser verdünnt

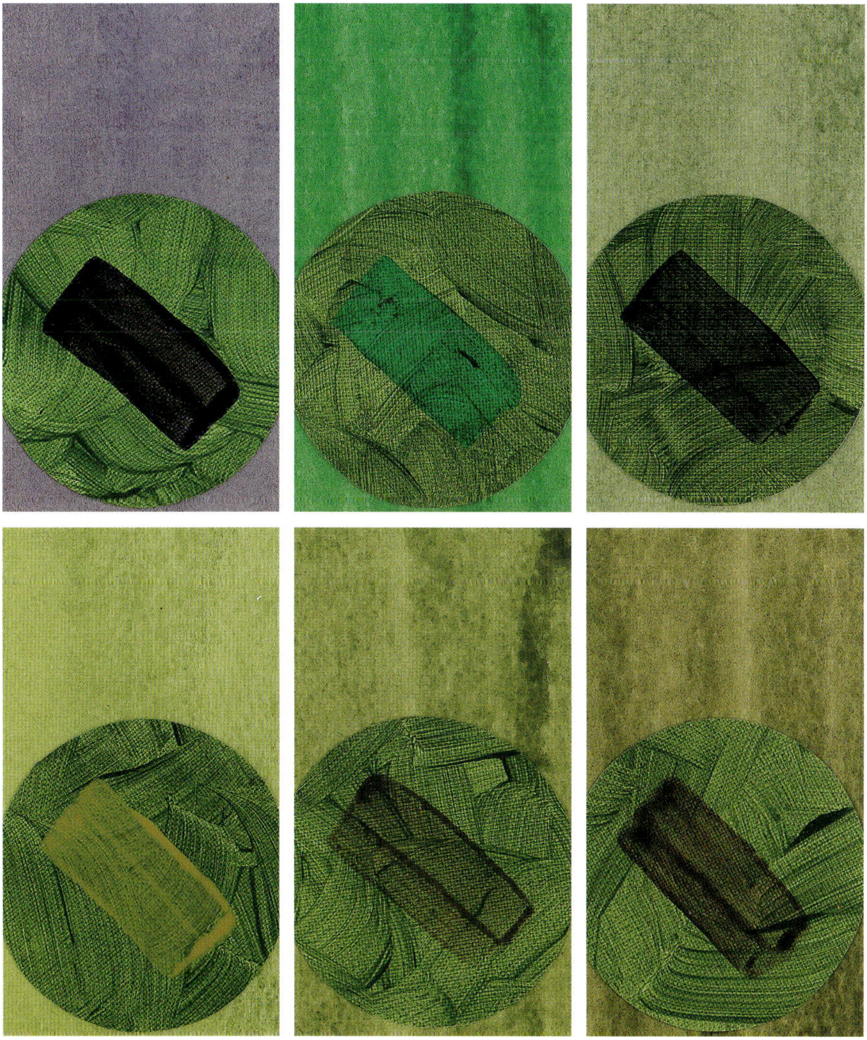

Hookersgrün dunkel

transparent
höchste Lichtbeständigkeit

50:50 Mischung aus Hintergrundfarbe plus Weiß

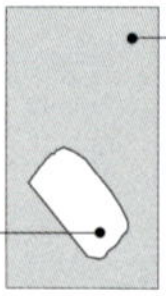

60:40 Mischung aus Hookersgrün dunkel plus Palettenfarbe

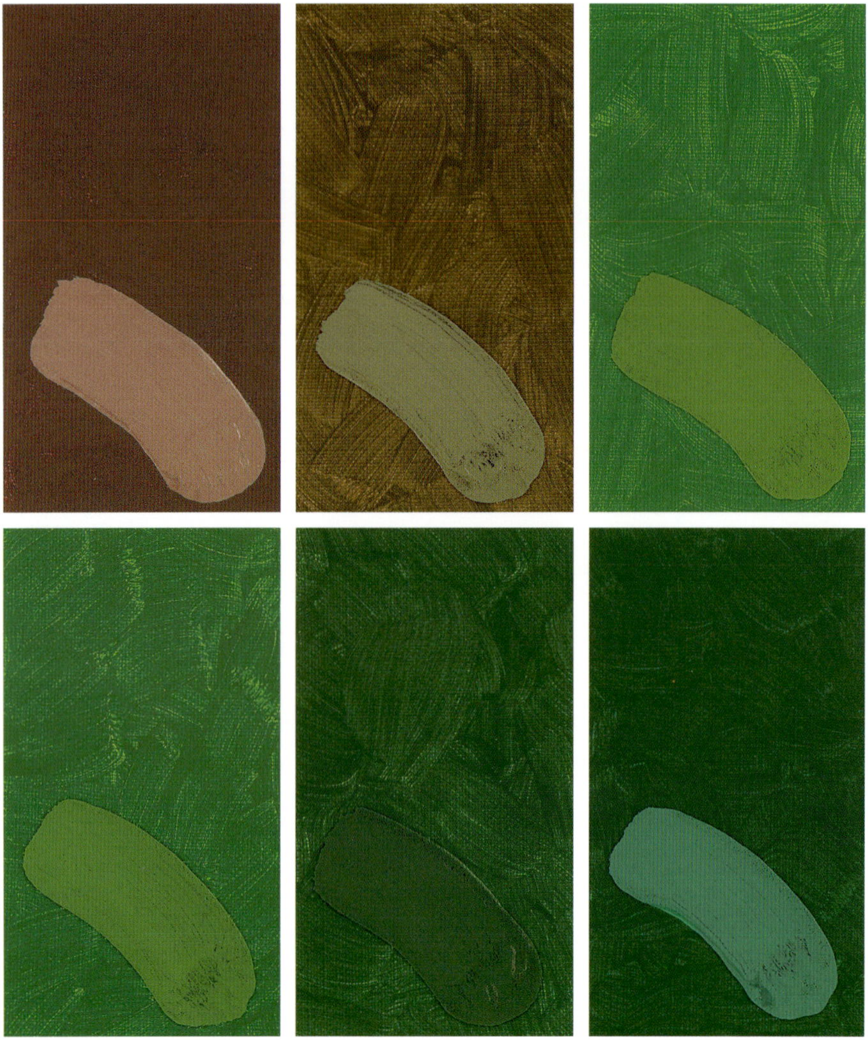

Palettenfarben

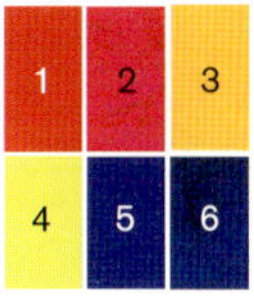

1 Kadmiumrot mittel
2 Karmesinrot
3 Kadmiumgelb mittel
4 Hansagelb hell
5 Ultramarinblau
6 Phthalocyaninblau

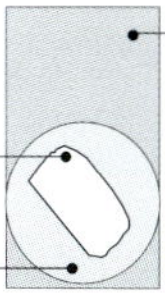

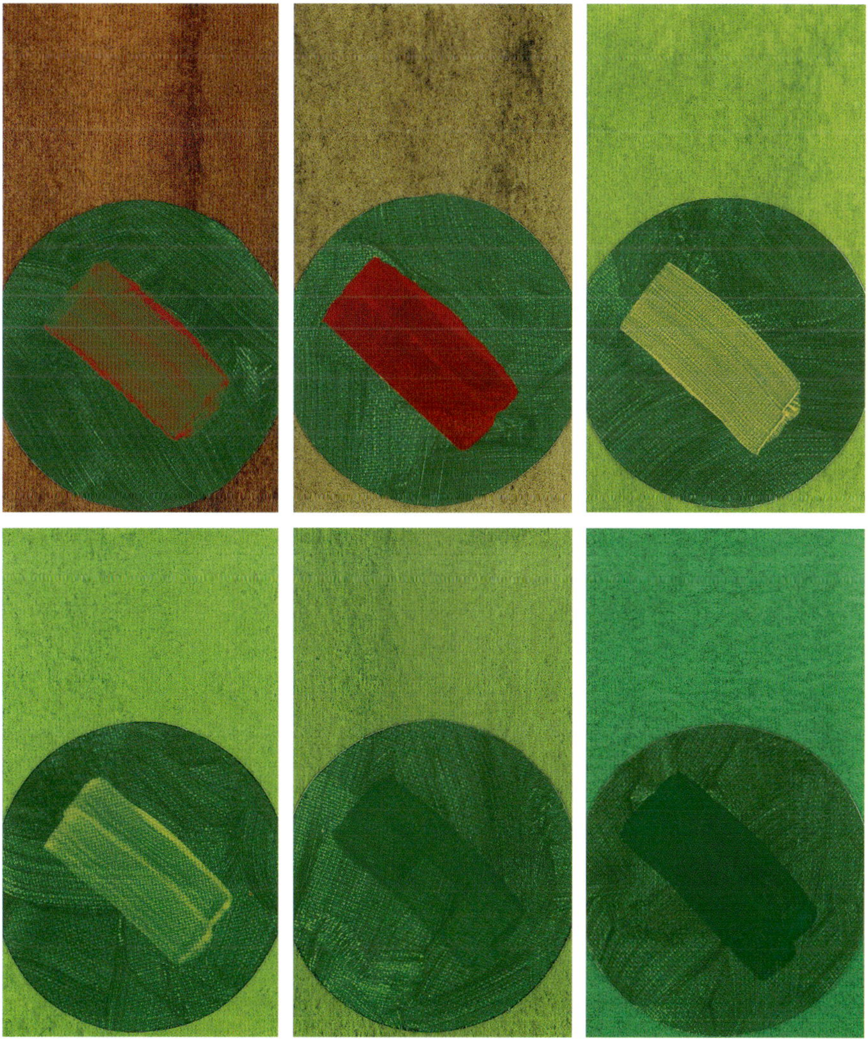

Hookersgrün dunkel

Fortsetzung

50:50 Mischung aus Hintergrundfarbe plus Weiß

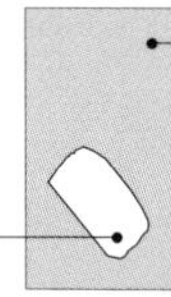

60:40 Mischung aus Hookersgrün dunkel plus Palettenfarbe

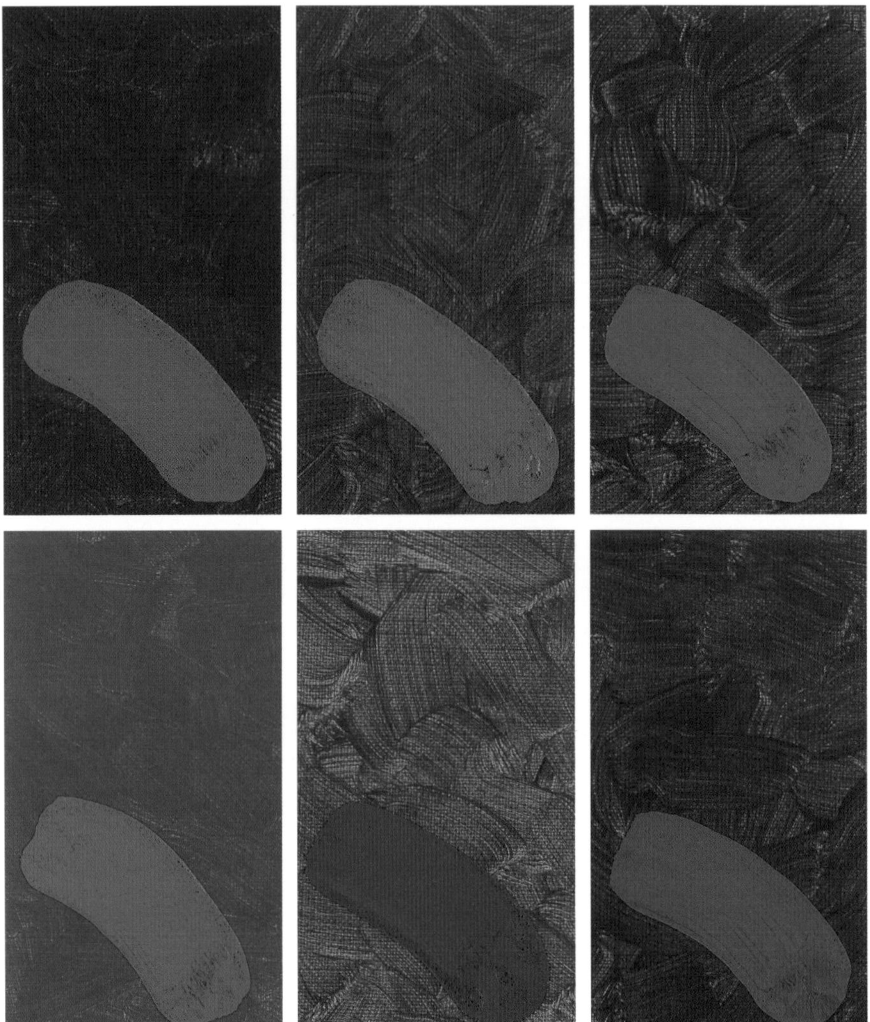

Palettenfarben

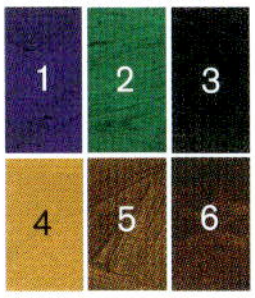

1 Dioxazinviolett
2 Phthalogrün (Blauton)
3 Elfenbeinschwarz
4 Ockergelb
5 Umbra natur
6 Umbra gebrannt

Palettenfarbe lasierend aufgetragen

100 % Hookersgrün dunkel

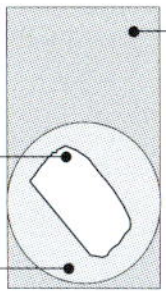

40:60 Mischung aus Hookersgrün dunkel plus Palettenfarbe, mit Wasser verdünnt

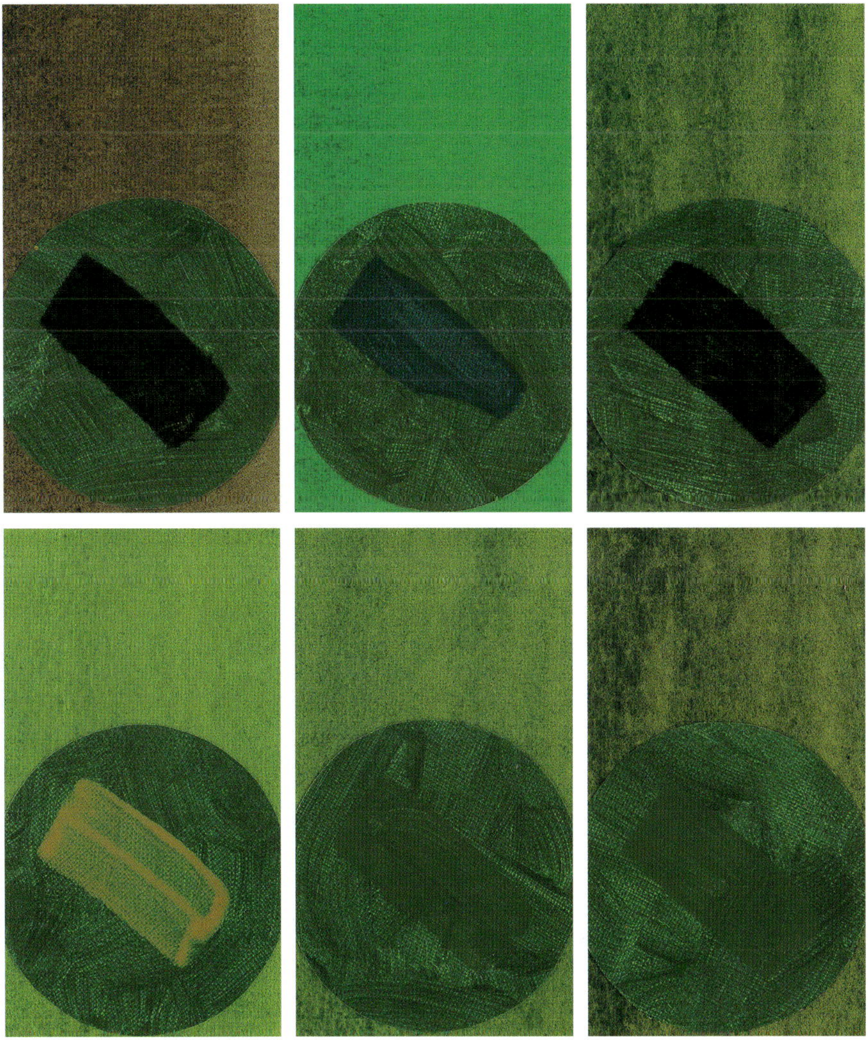

Phthalogrün (Gelbton)

transparent
höchste Lichtbeständigkeit

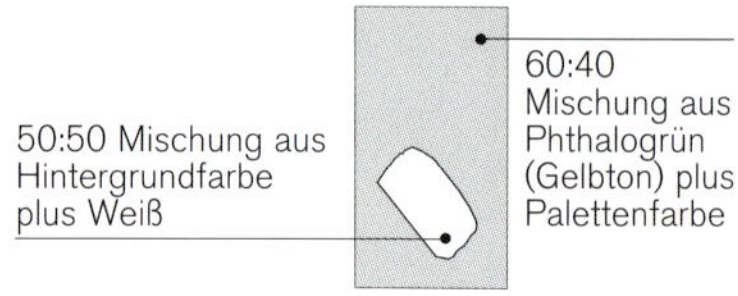

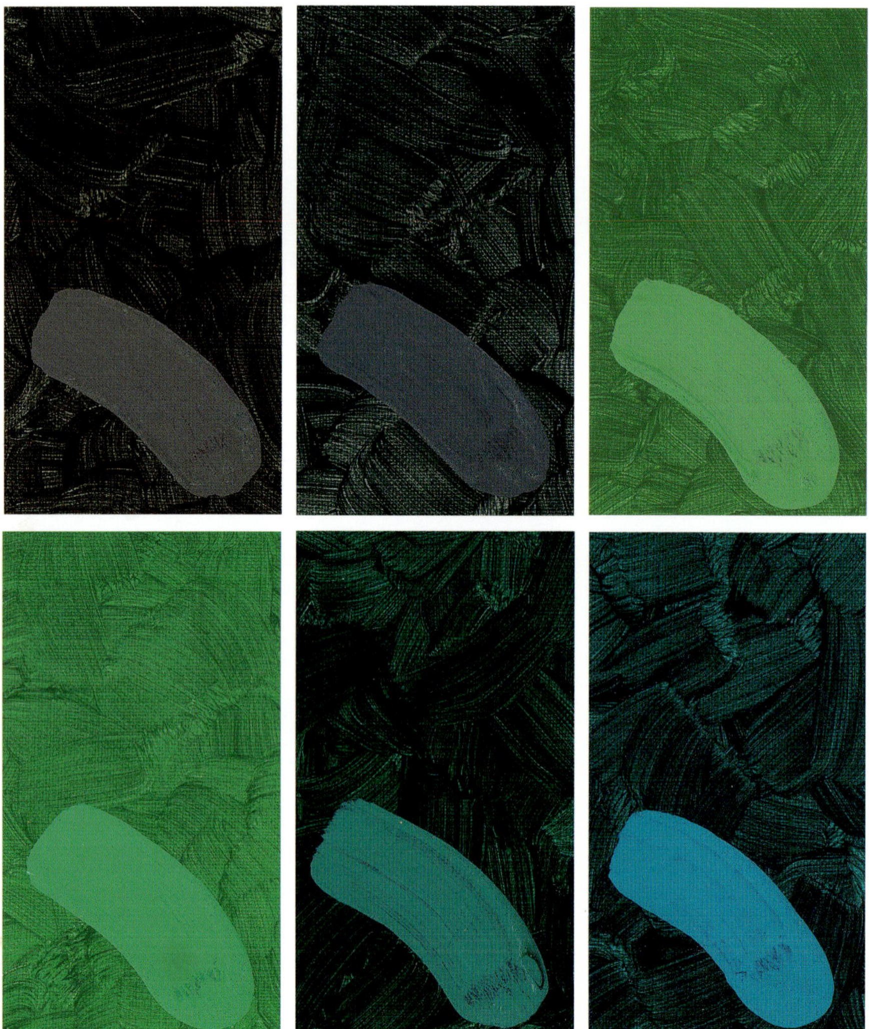

Palettenfarben

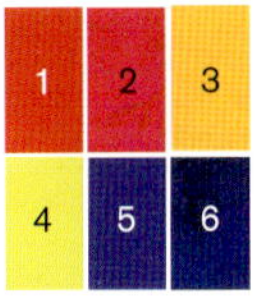

1 Kadmiumrot mittel
2 Karmesinrot
3 Kadmiumgelb mittel
4 Hansagelb hell
5 Ultramarinblau
6 Phthalocyaninblau

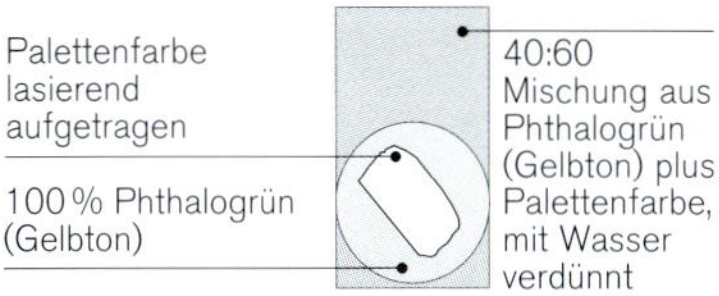

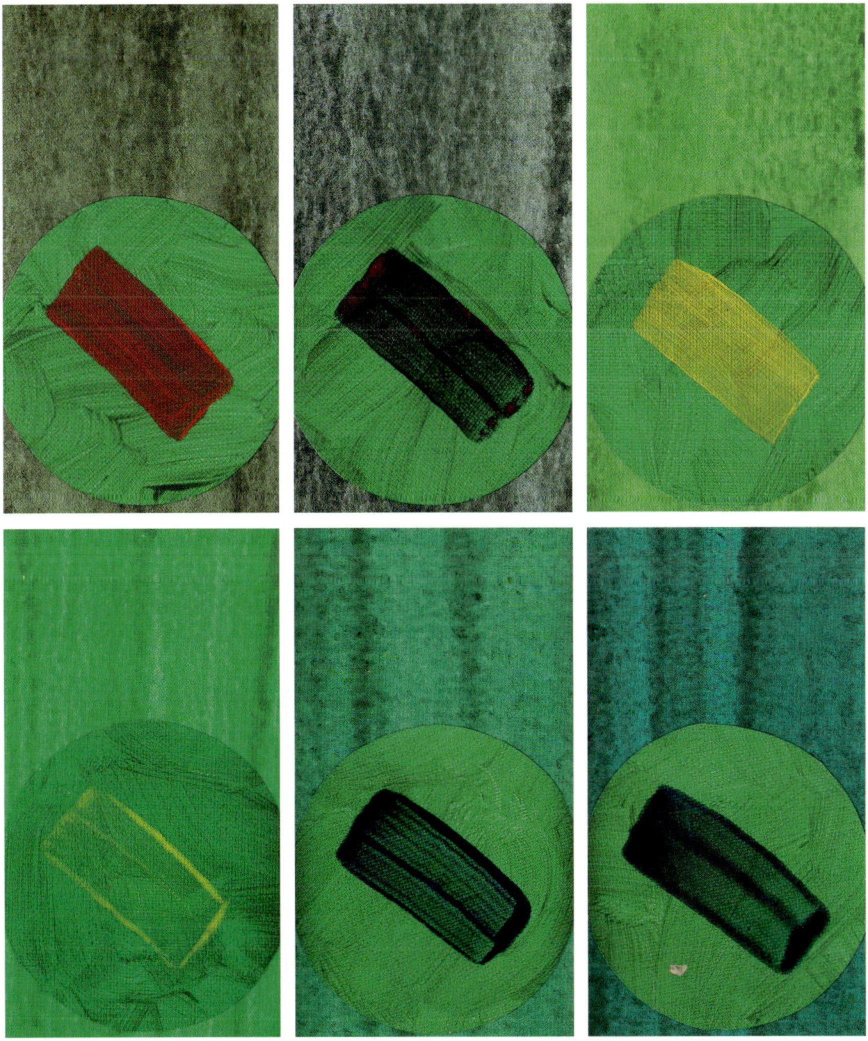

Phthalogrün (Gelbton)

Fortsetzung

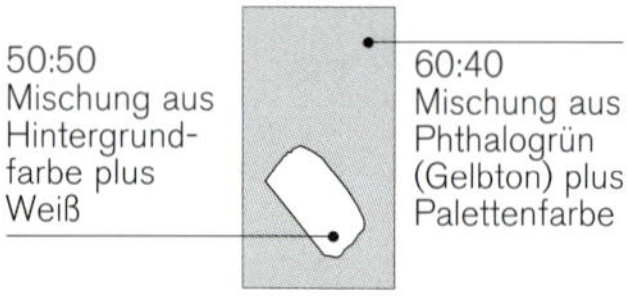

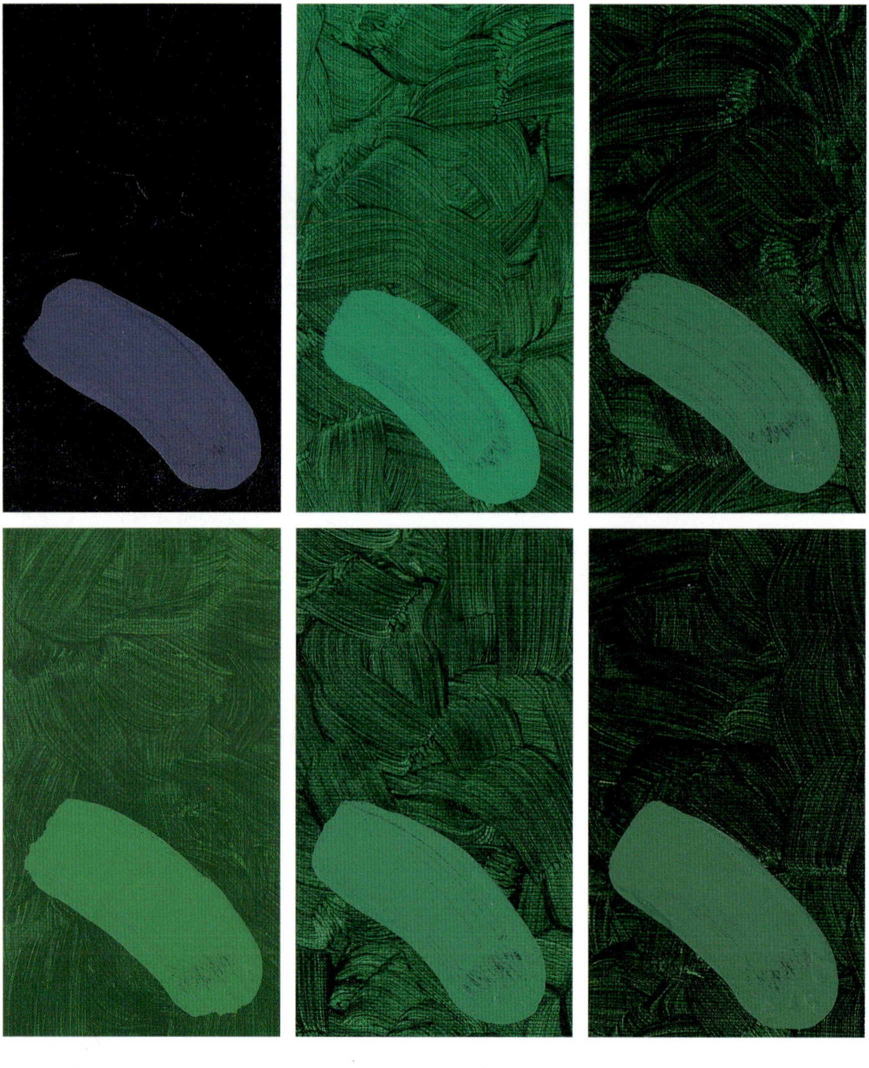

Palettenfarben

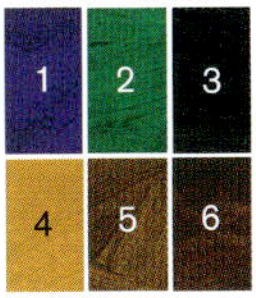

1 Dioxazinviolett
2 Phthalogrün (Blauton)
3 Elfenbeinschwarz
4 Ockergelb
5 Umbra natur
6 Umbra gebrannt

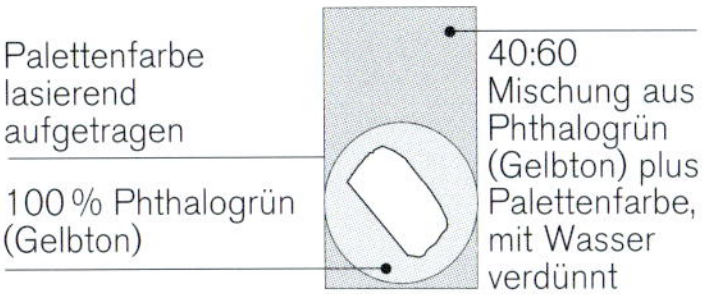

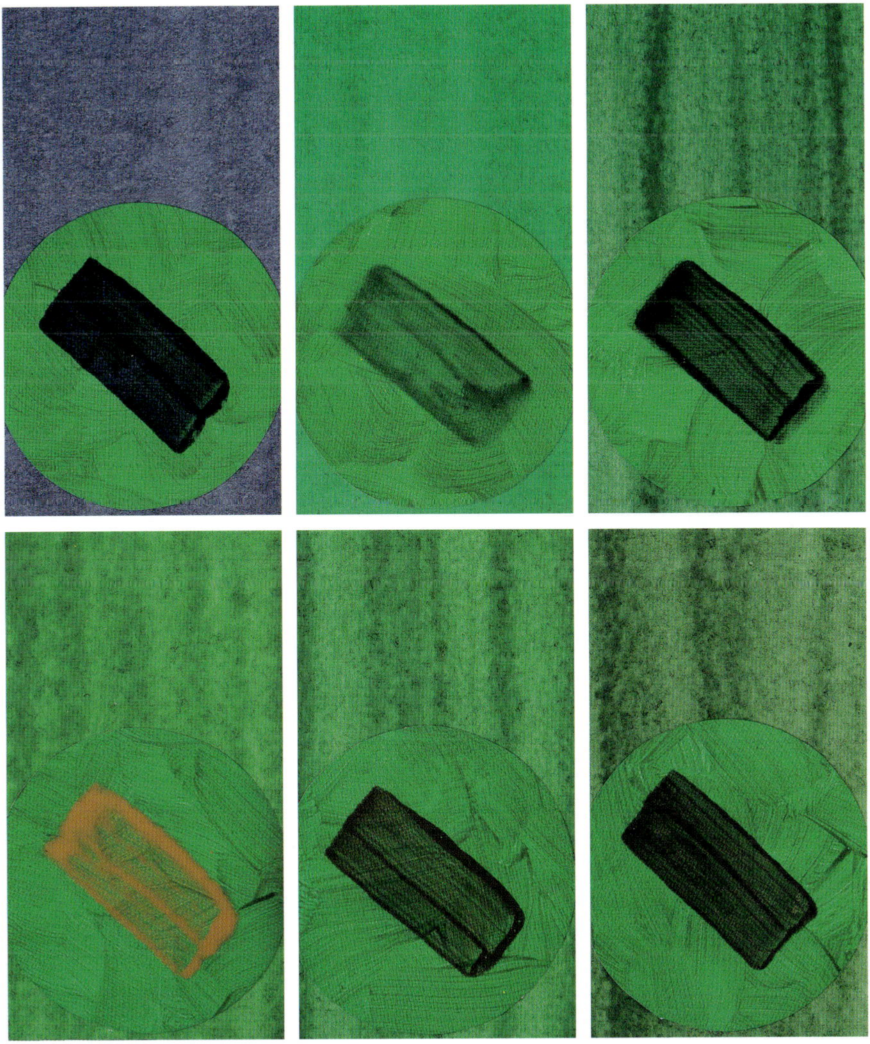

Phthalogrün (Blauton)

transparent

höchste Lichtbeständigkeit

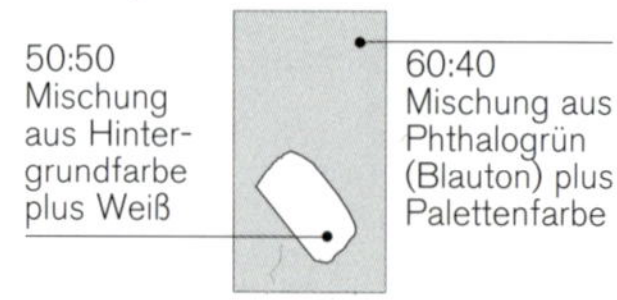

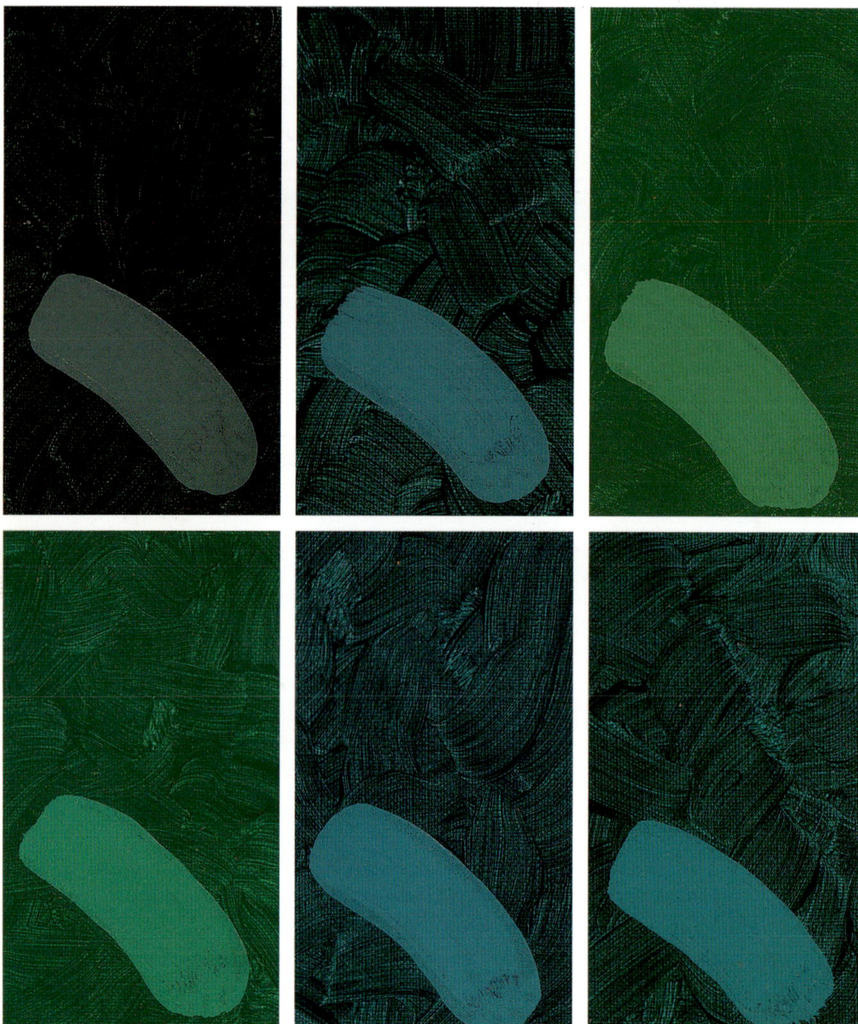

Palettenfarben

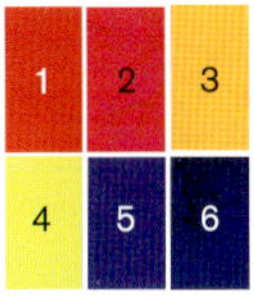

1 Kadmiumrot mittel
2 Karmesinrot
3 Kadmiumgelb mittel
4 Hansagelb hell
5 Ultramarinblau
6 Phthalocyaninblau

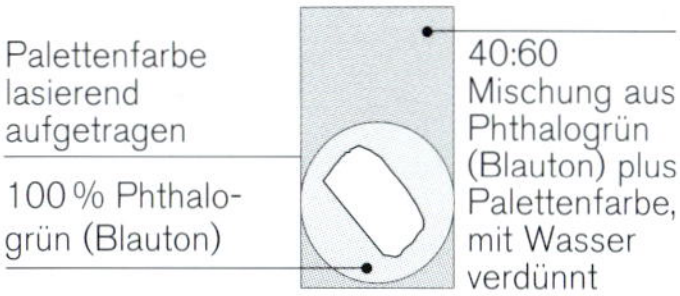

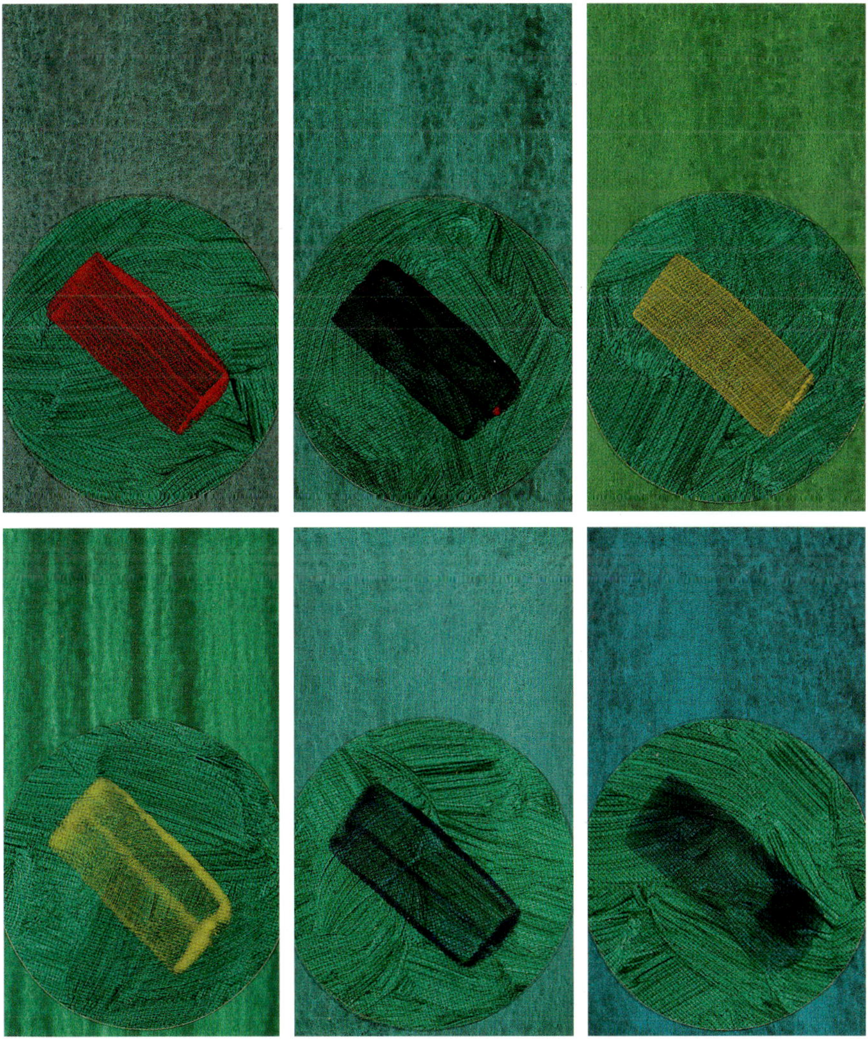

Phthalogrün (Blauton)

Fortsetzung

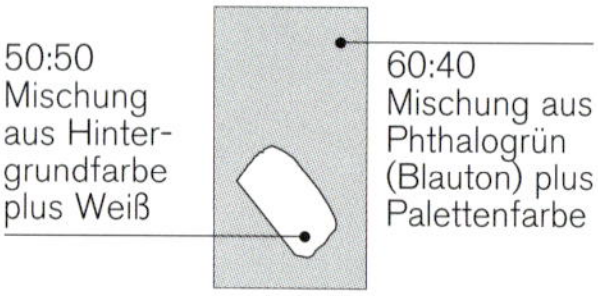

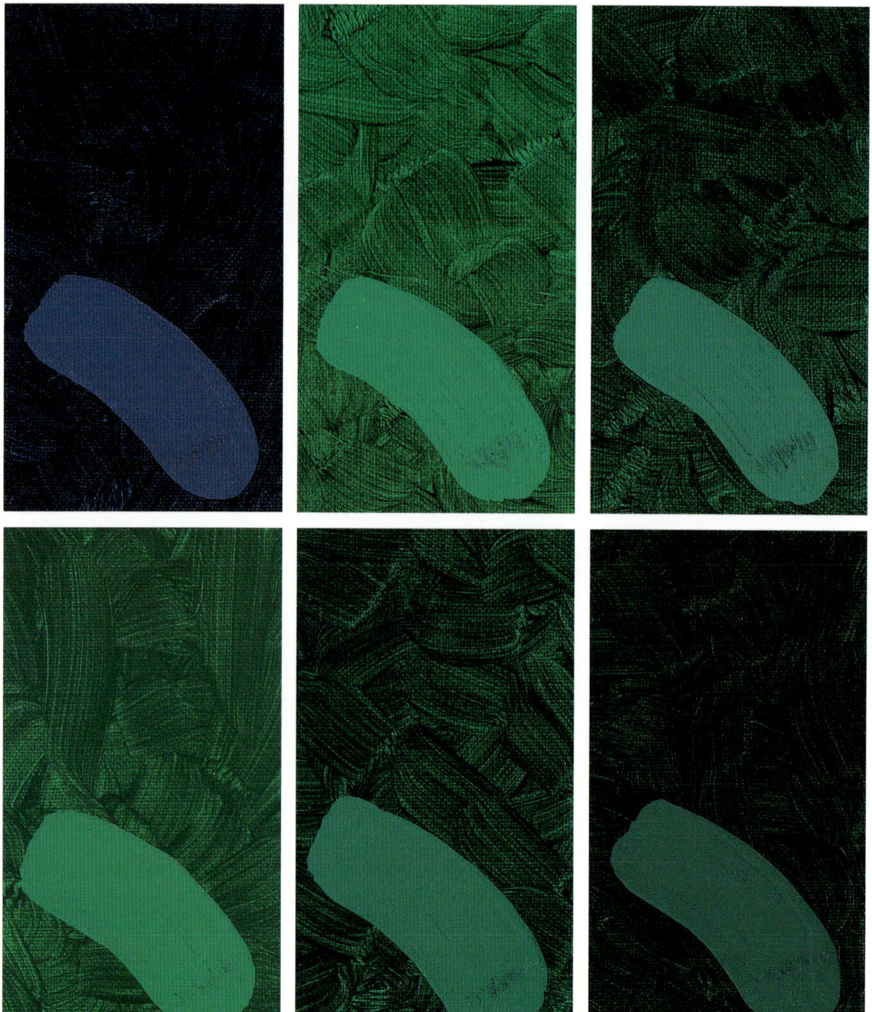

Palettenfarben

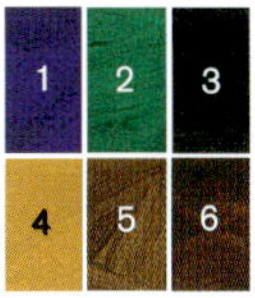

1 Dioxazinviolett
2 Phthalogrün (Blauton)
3 Elfenbeinschwarz
4 Ockergelb
5 Umbra natur
6 Umbra gebrannt

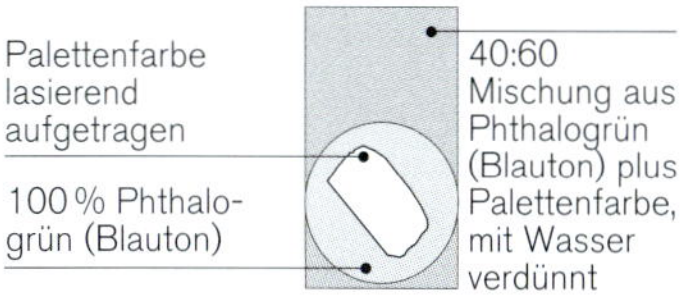

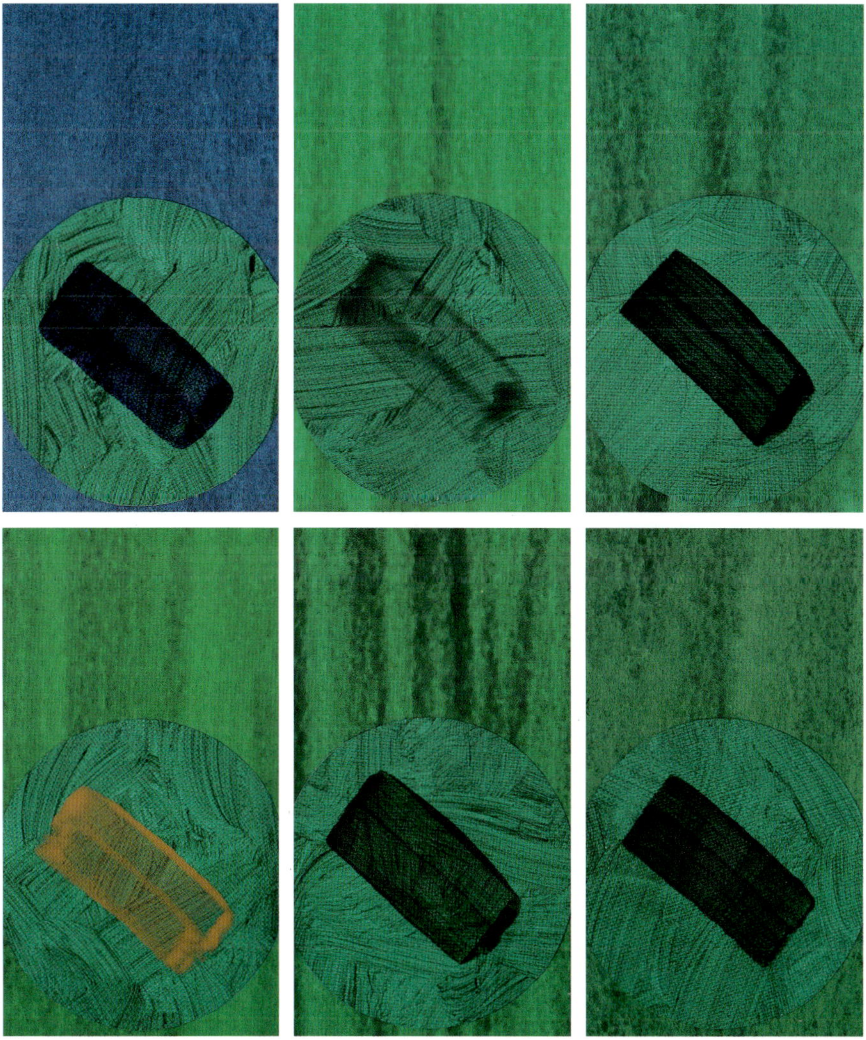

Kobaltgrün

deckend
höchste Lichtbeständigkeit

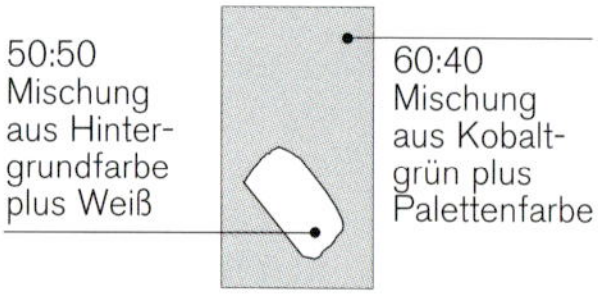

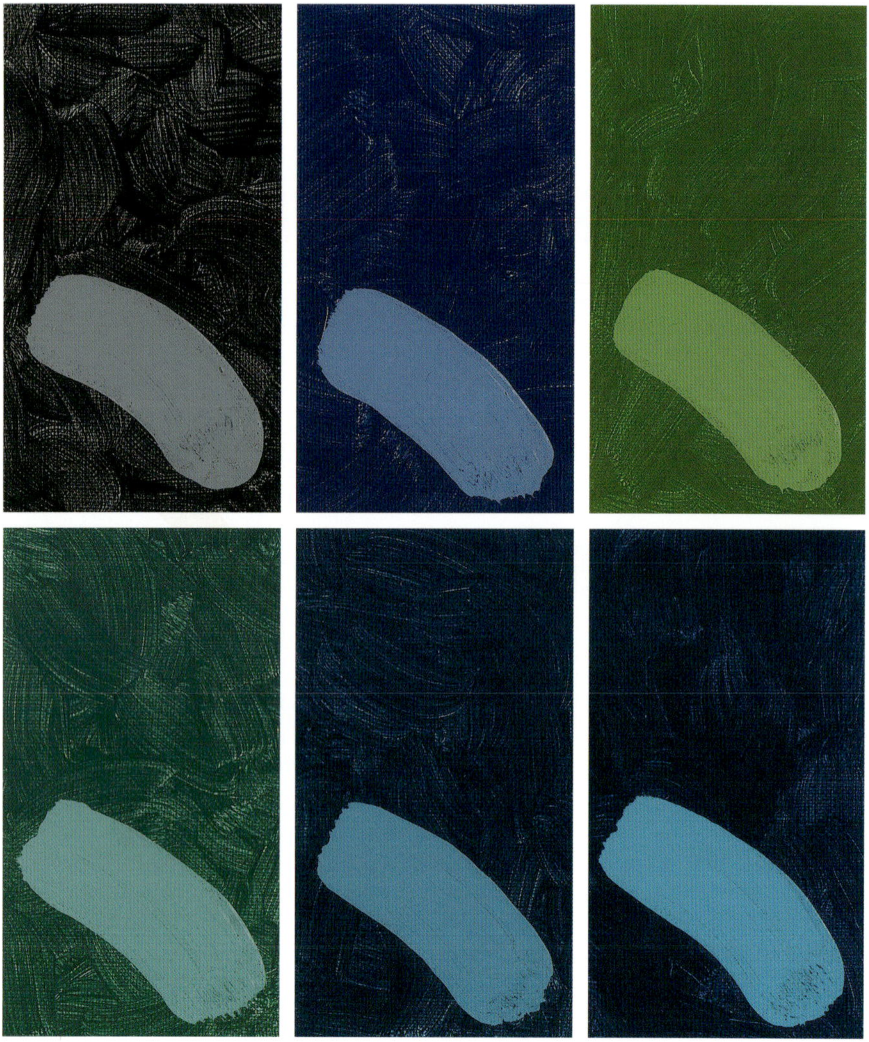

Palettenfarben

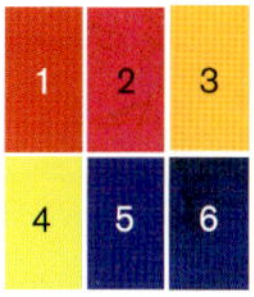

1 Kadmiumrot mittel
2 Karmesinrot
3 Kadmiumgelb mittel
4 Hansagelb hell
5 Ultramarinblau
6 Phthalocyaninblau

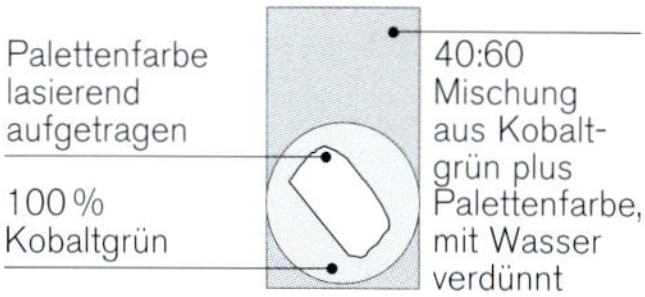

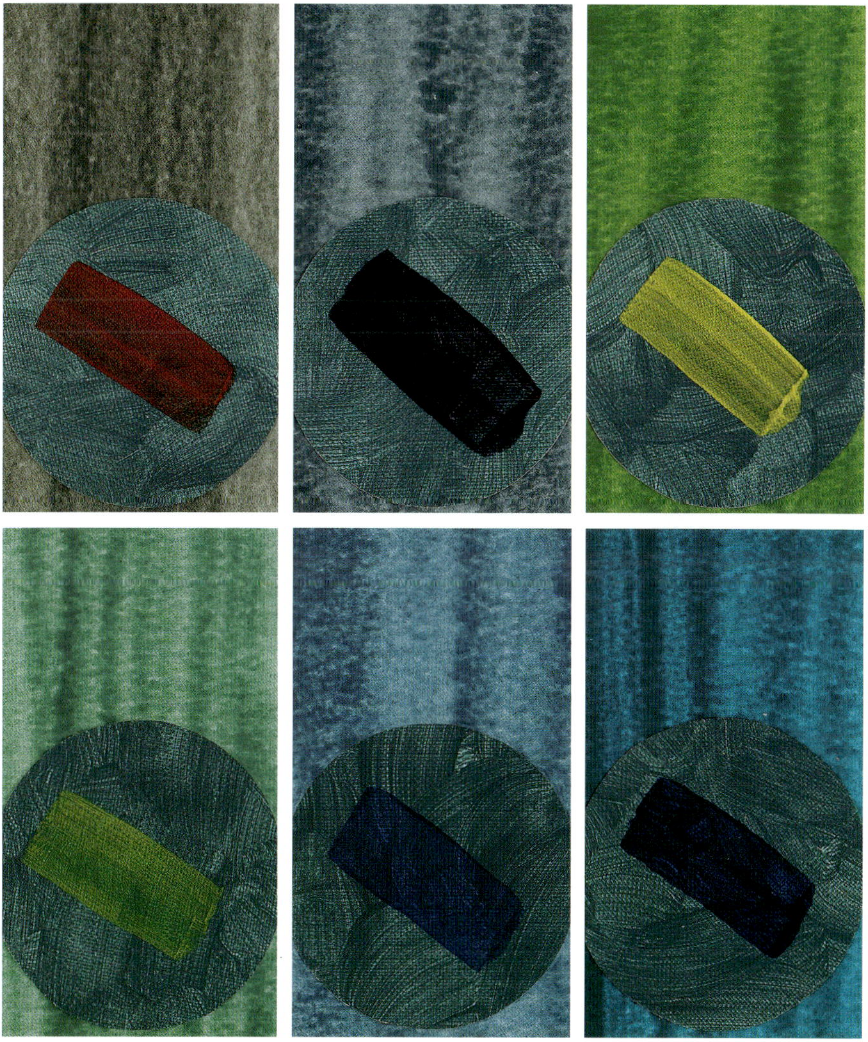

Kobaltgrün

Fortsetzung

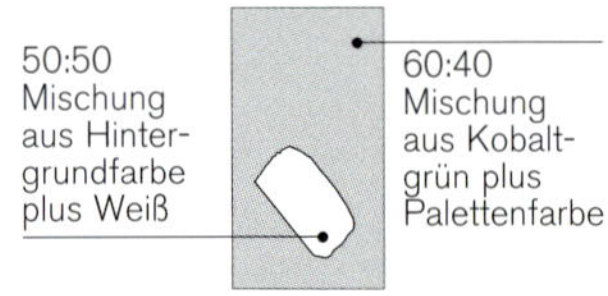

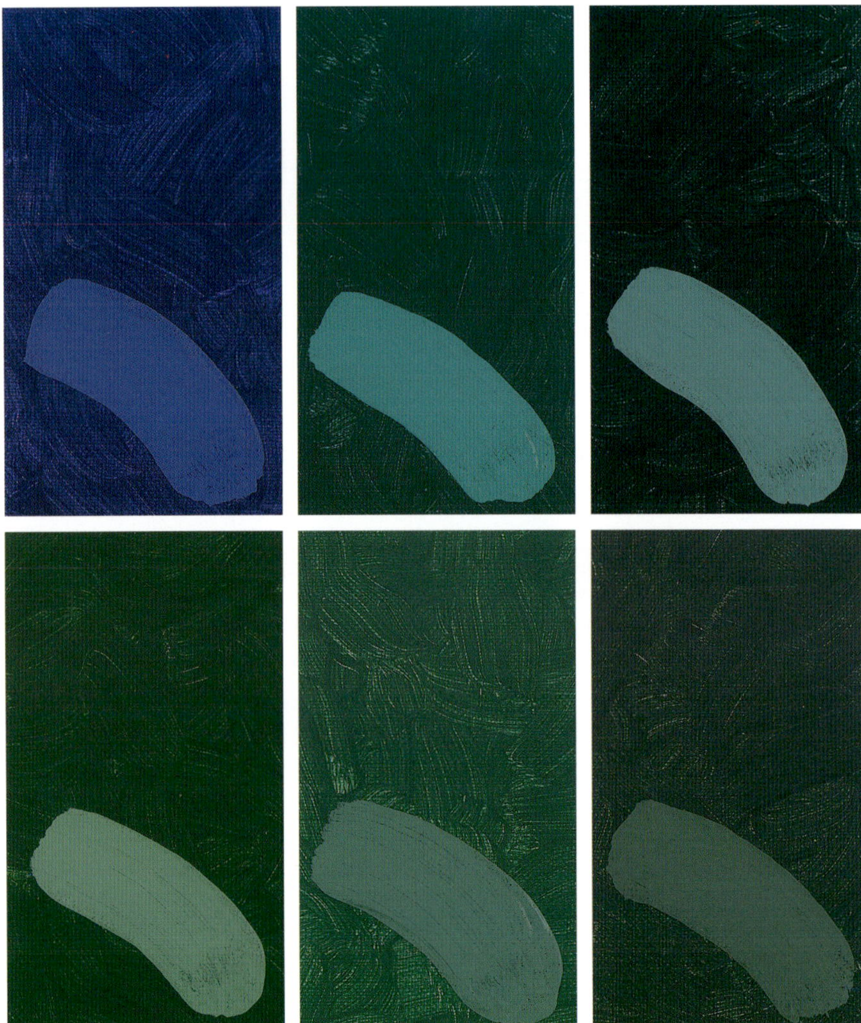

Palettenfarben

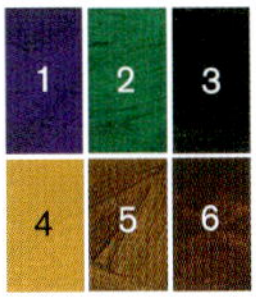

1 Dioxazinviolett
2 Phthalogrün (Blauton)
3 Elfenbeinschwarz
4 Ockergelb
5 Umbra natur
6 Umbra gebrannt

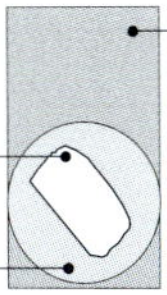

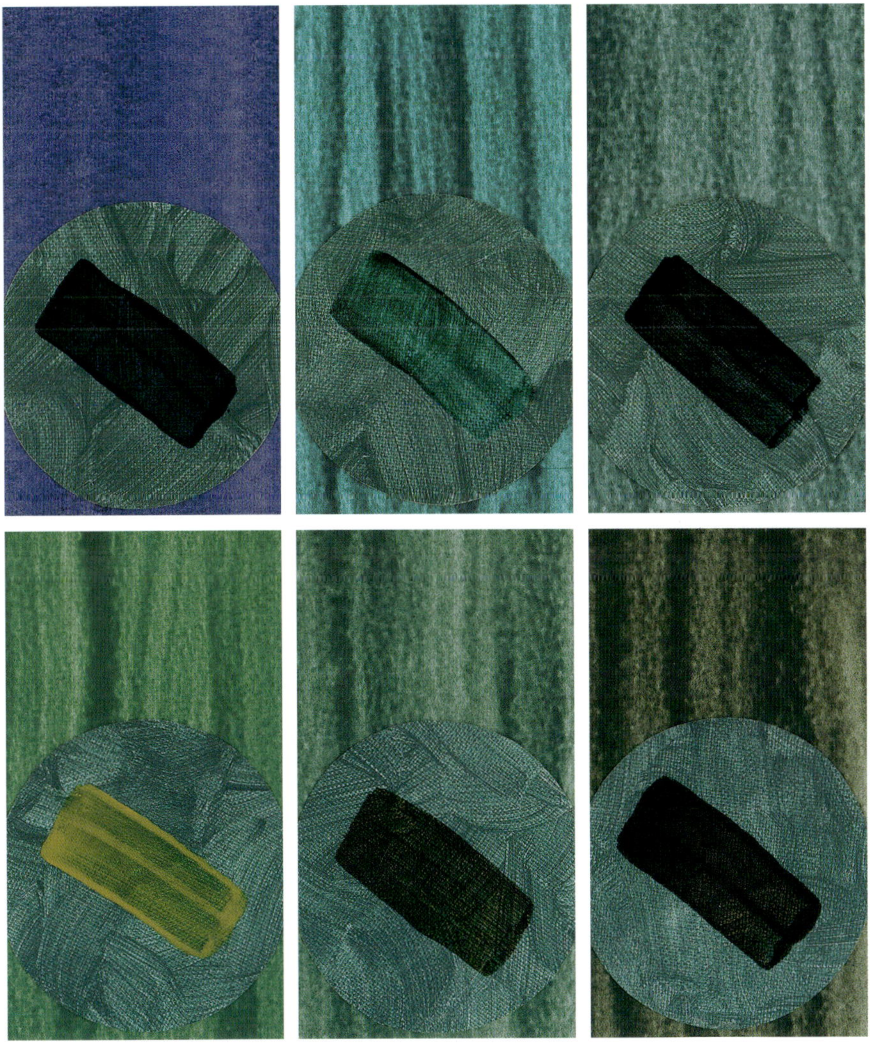

Brilliantblau

deckend
höchste Lichtbeständigkeit

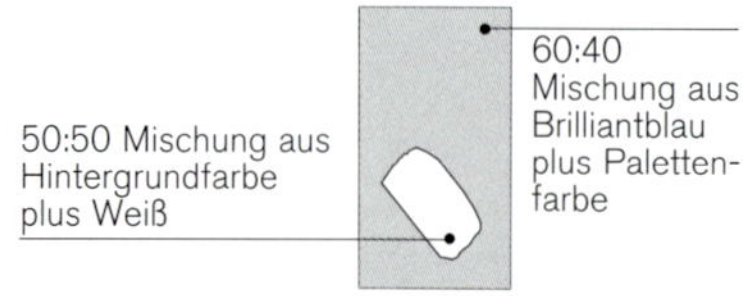

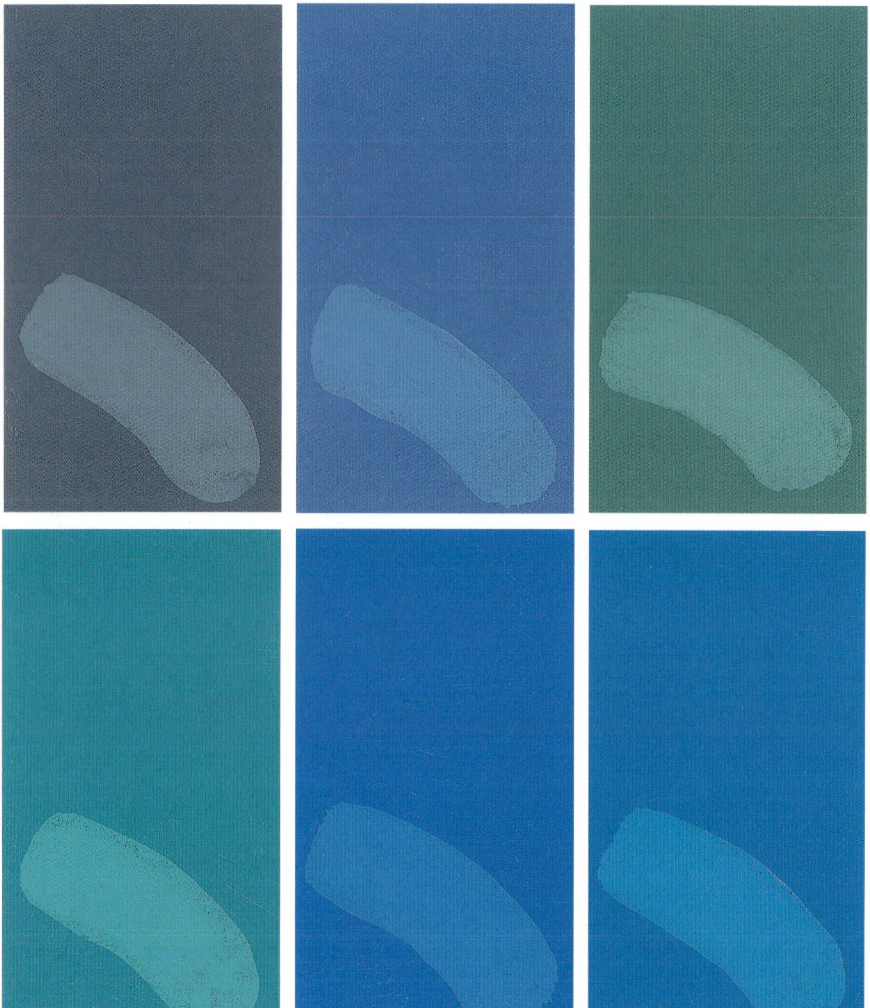

Palettenfarben

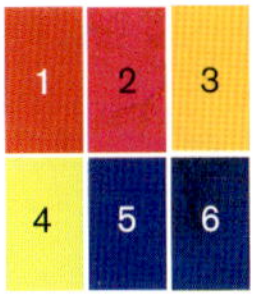

1 Kadmiumrot mittel
2 Karmesinrot
3 Kadmiumgelb mittel
4 Hansagelb hell
5 Ultramarinblau
6 Phthalocyaninblau

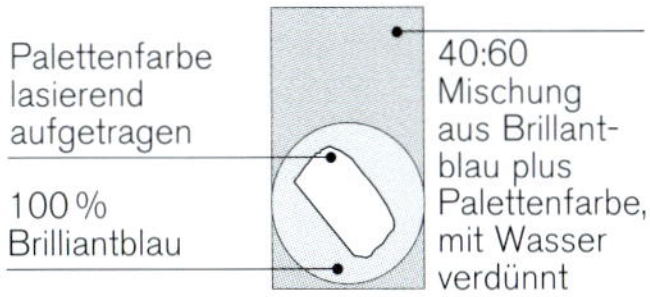

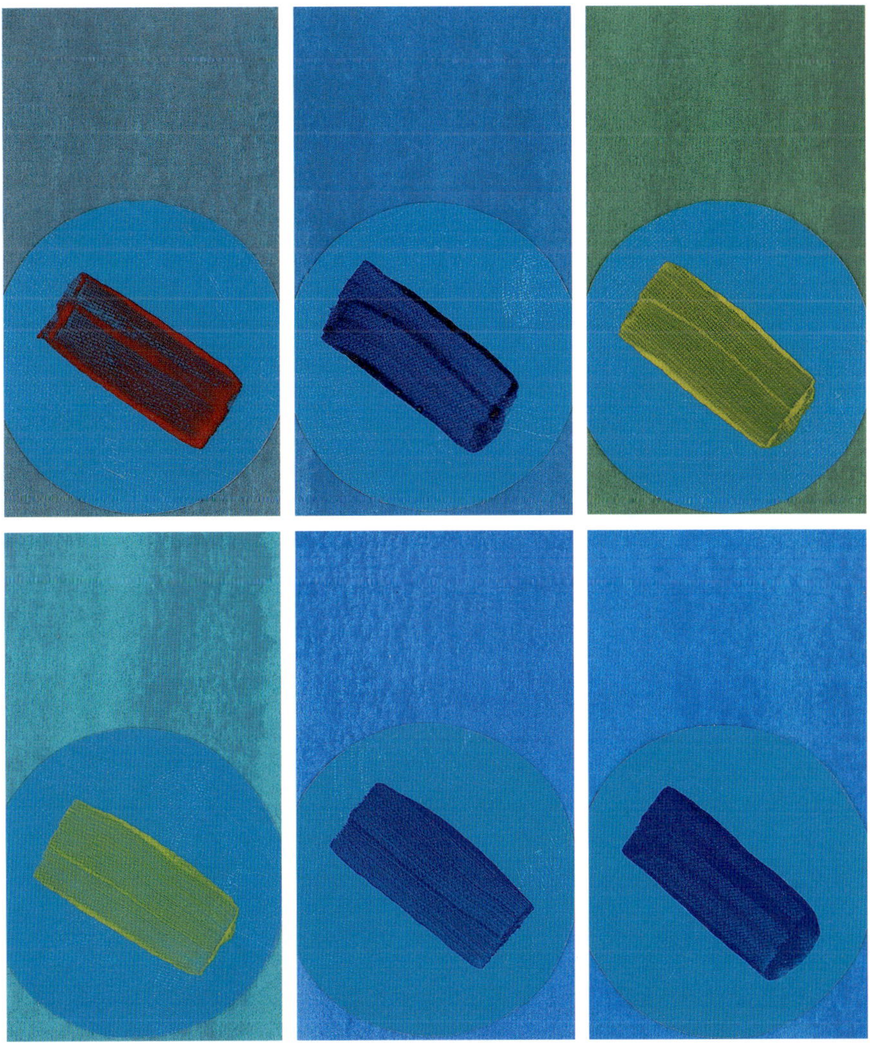

Brilliantblau
Fortsetzung

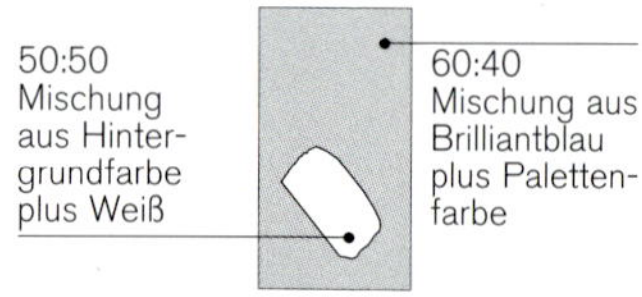

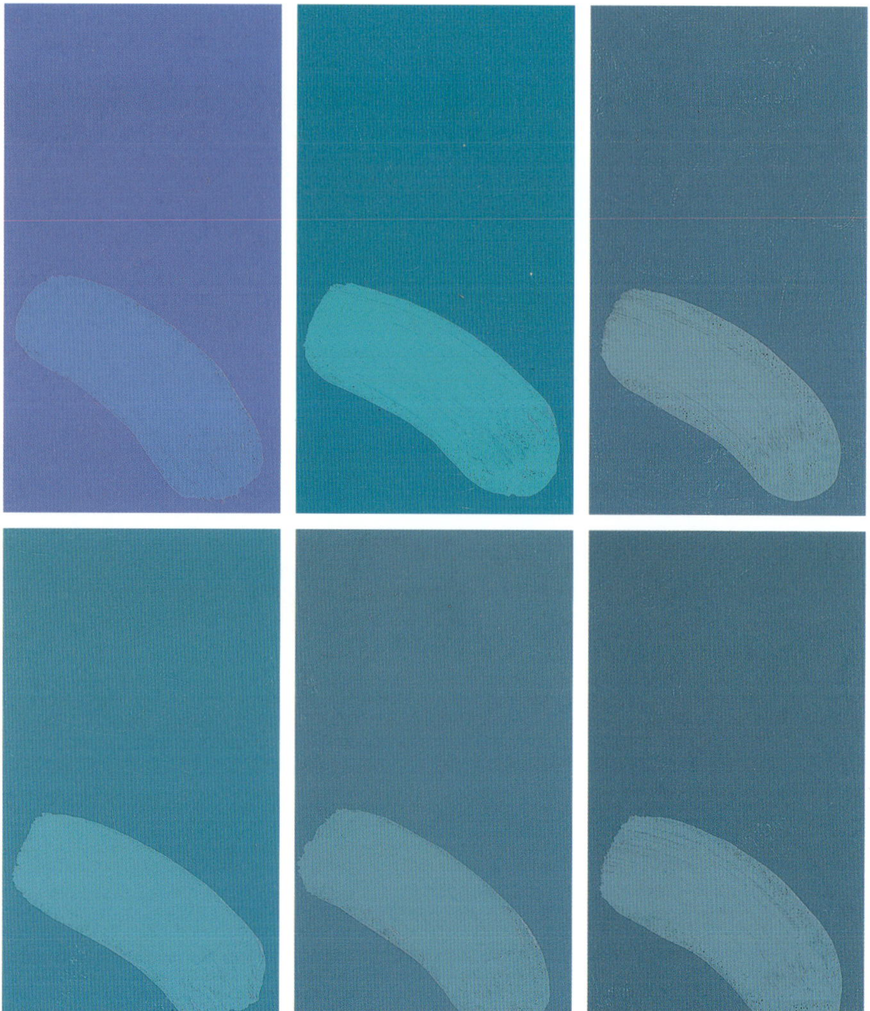

Palettenfarben

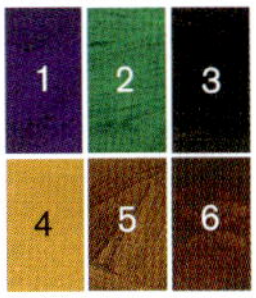

1 Dioxazinviolett
2 Phthalogrün (Blauton)
3 Elfenbeinschwarz
4 Ockergelb
5 Umbra natur
6 Umbra gebrannt

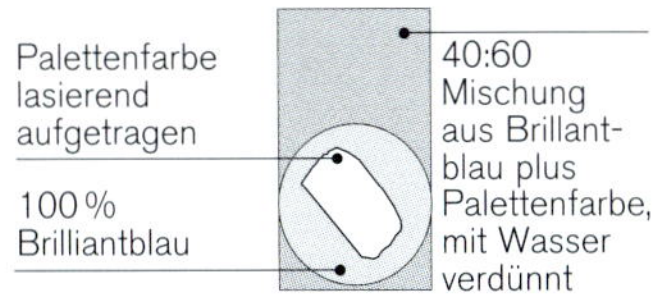

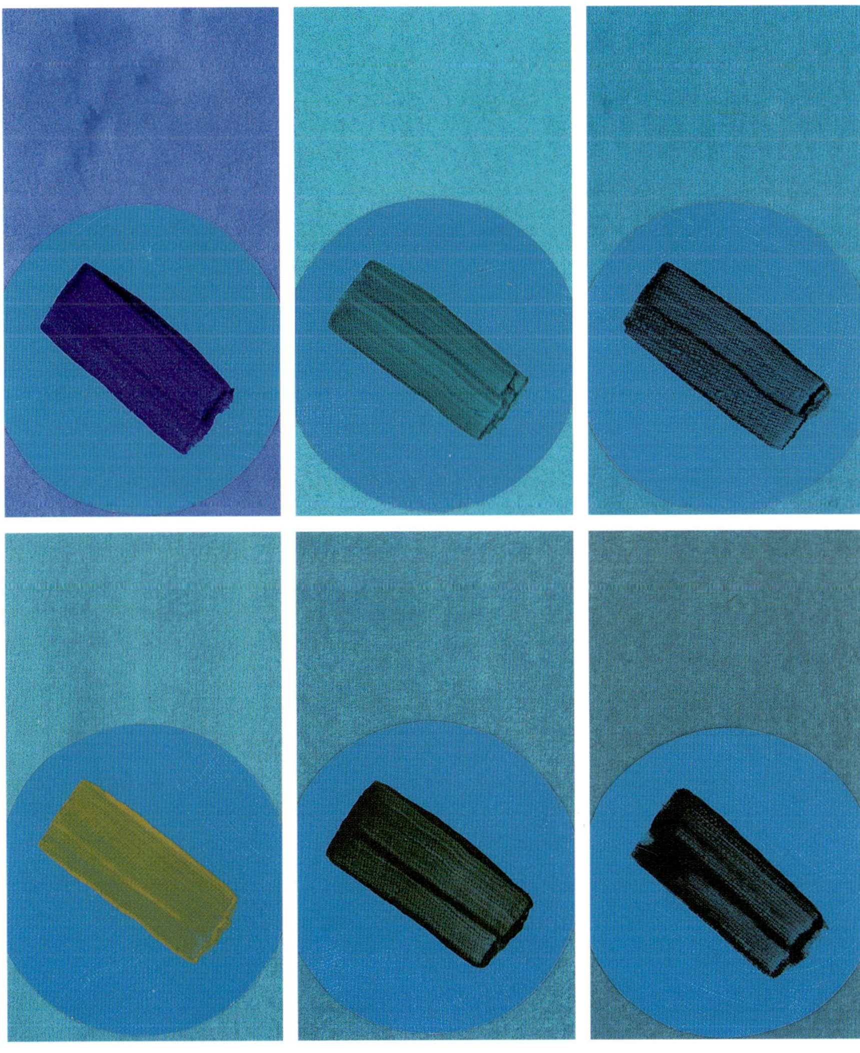

Coelinblau

deckend
höchste Lichtbeständigkeit

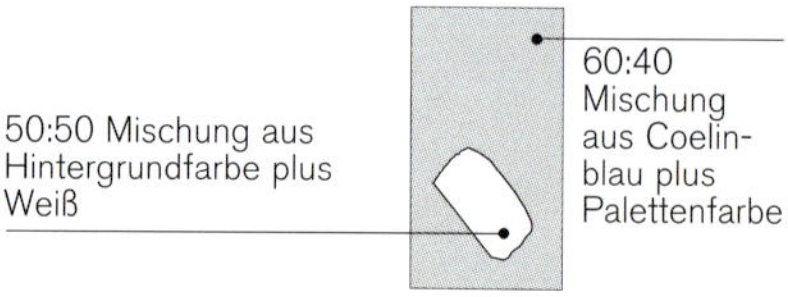

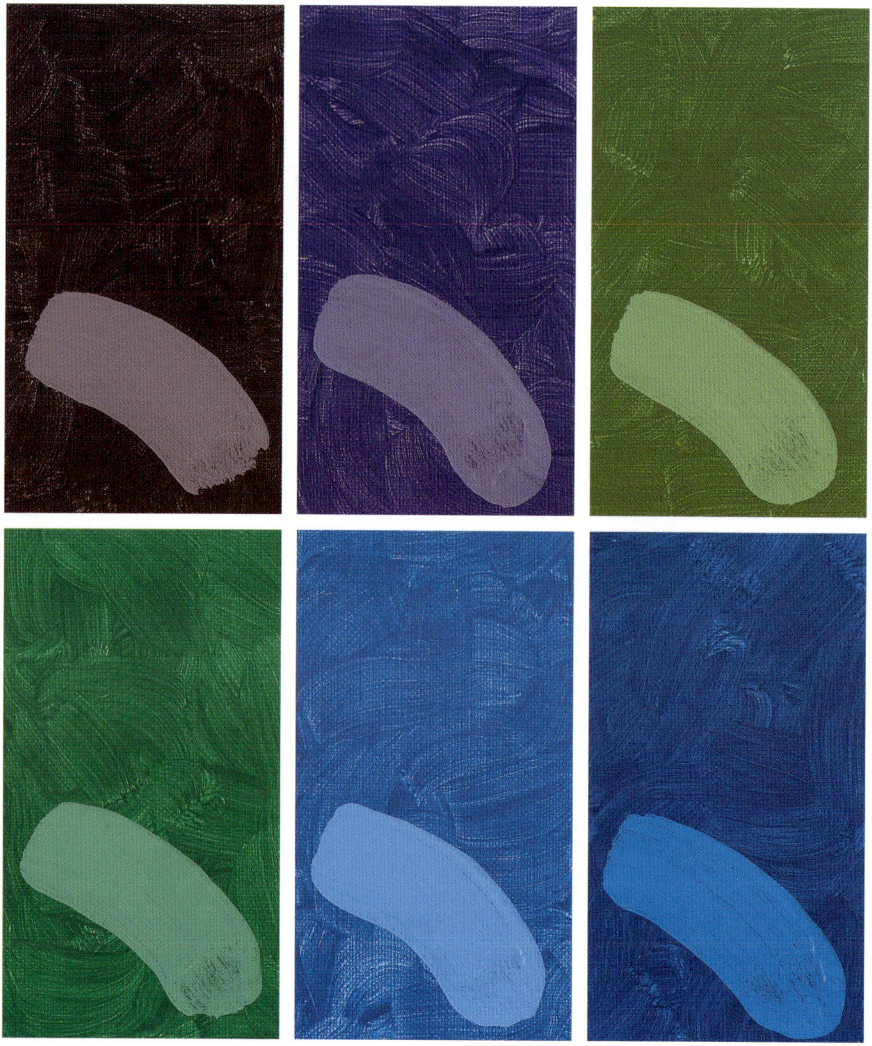

Palettenfarben

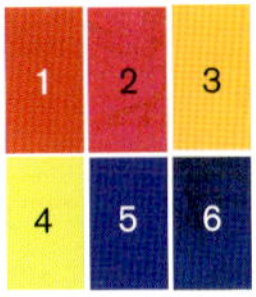

1 Kadmiumrot mittel
2 Karmesinrot
3 Kadmiumgelb mittel
4 Hansagelb hell
5 Ultramarinblau
6 Phthalocyaninblau

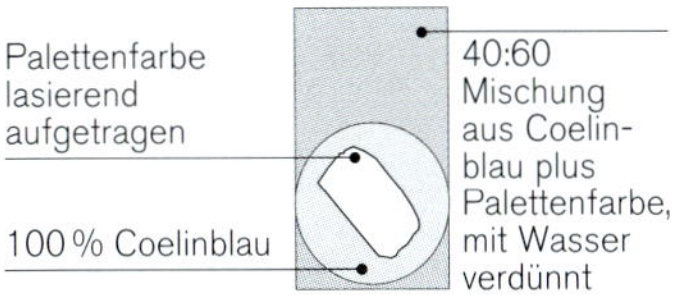

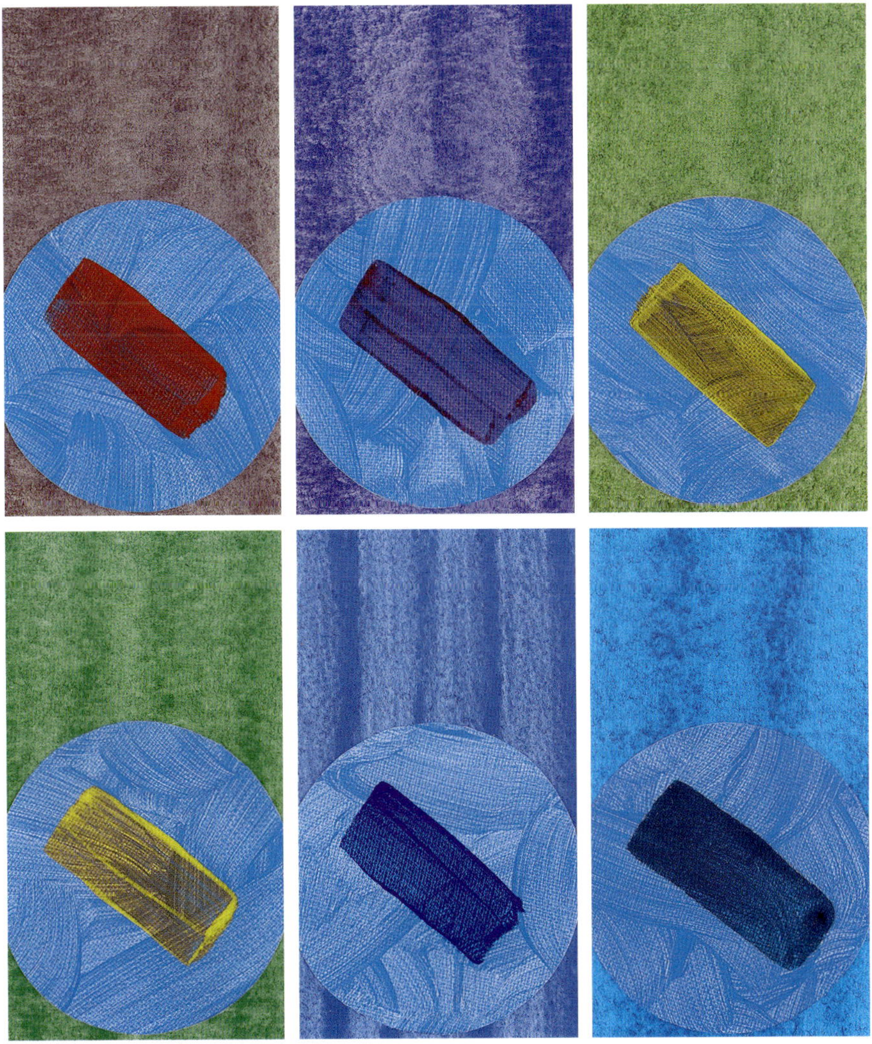

Coelinblau

Fortsetzung

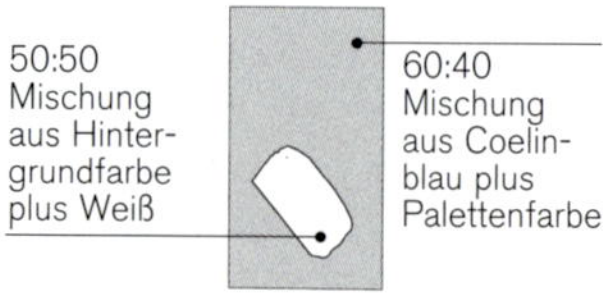

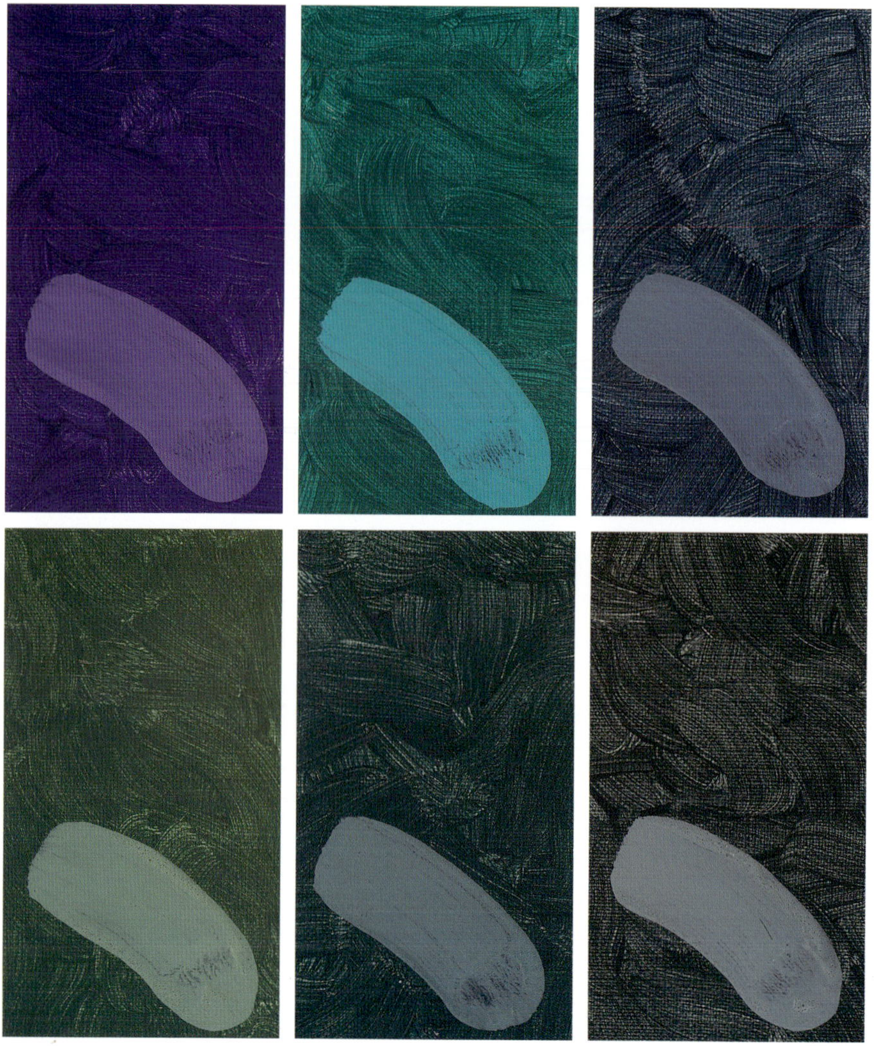

Palettenfarben

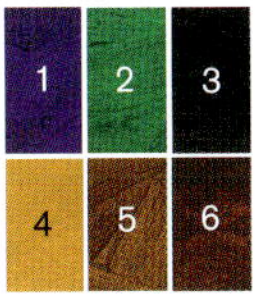

1 Dioxazinviolett
2 Phthalogrün (Blauton)
3 Elfenbeinschwarz
4 Ockergelb
5 Umbra natur
6 Umbra gebrannt

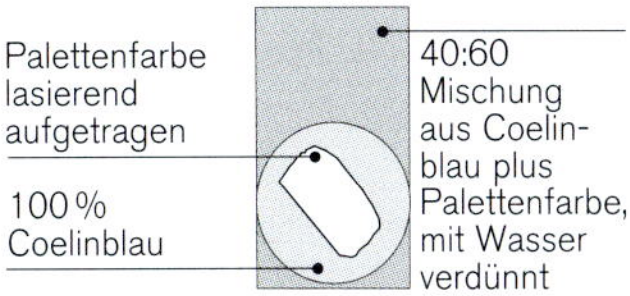

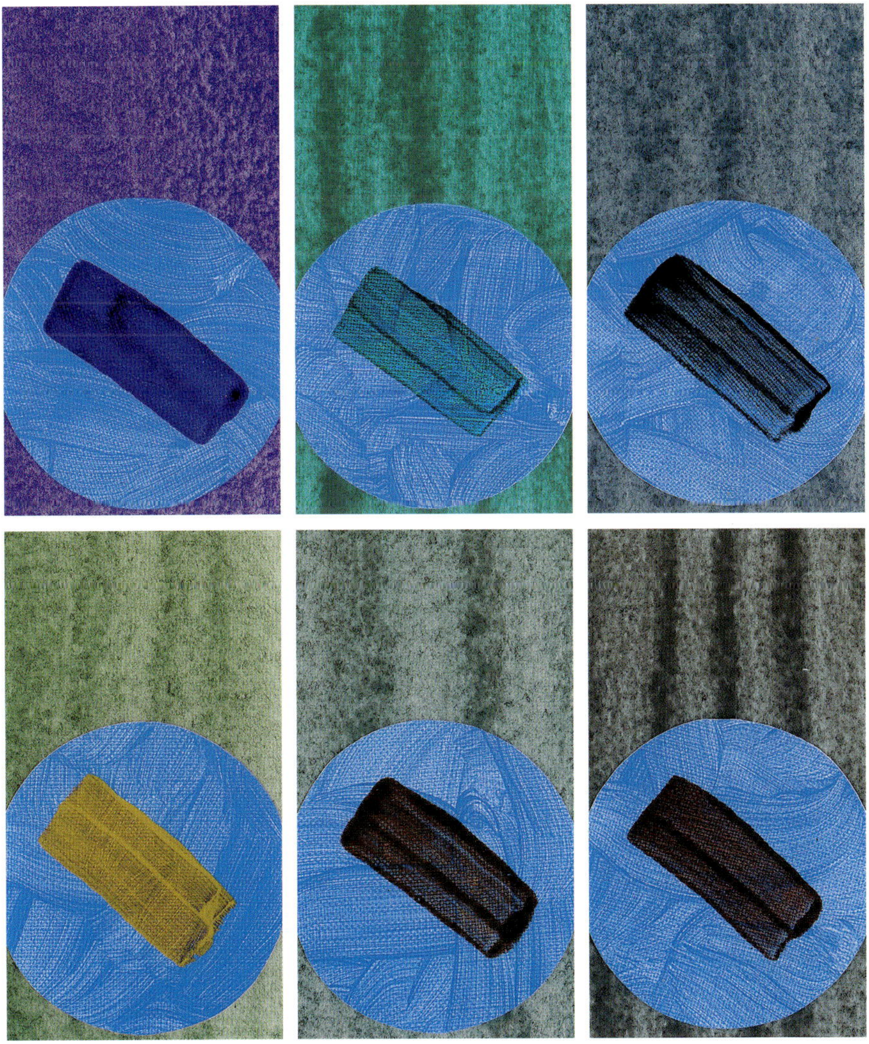

Phthalocyaninblau

transparent

höchste Lichtbeständigkeit

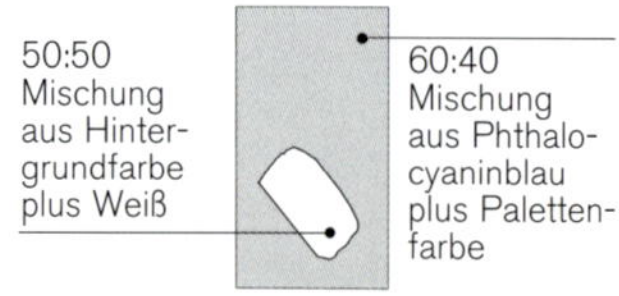

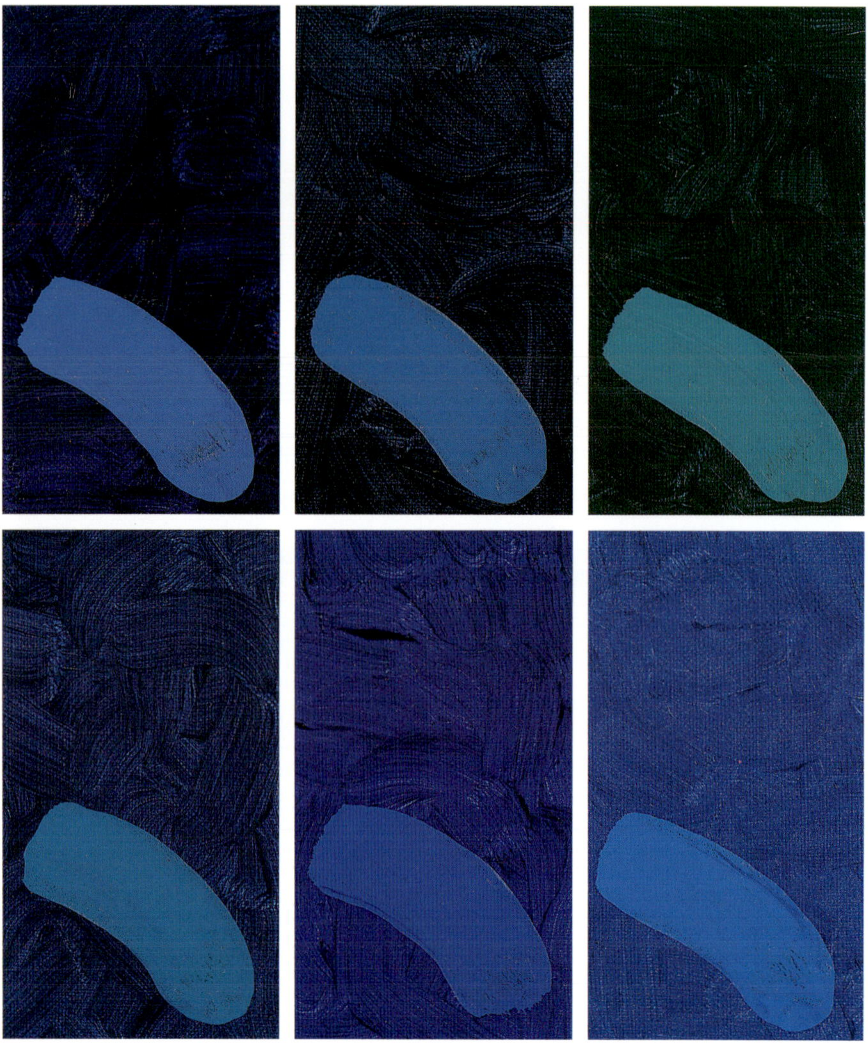

Palettenfarben

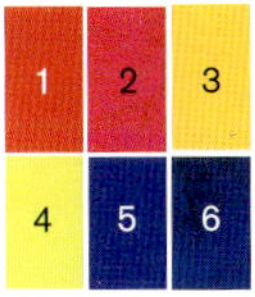

1 Kadmiumrot mittel
2 Karmesinrot
3 Kadmiumgelb mittel
4 Hansagelb hell
5 Ultramarinblau
6 Phthalocyaninblau

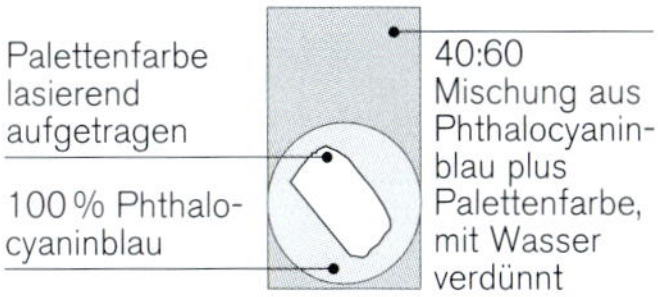

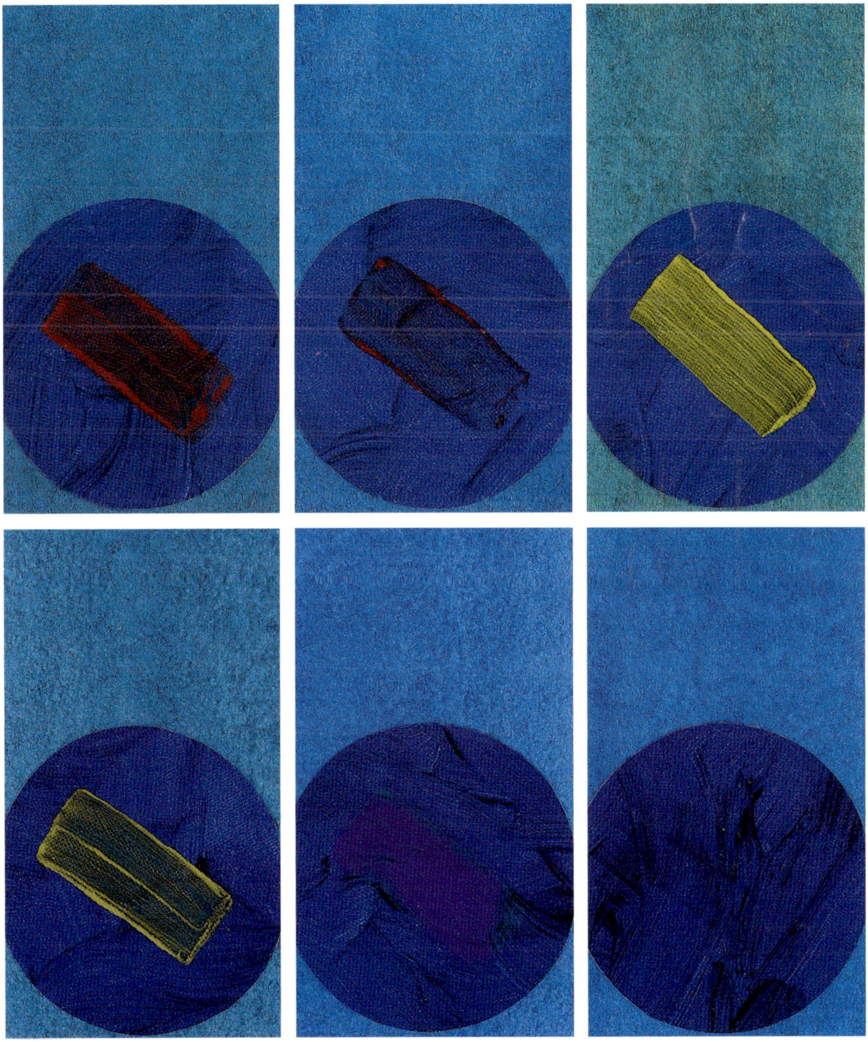

Phthalocyaninblau

Fortsetzung

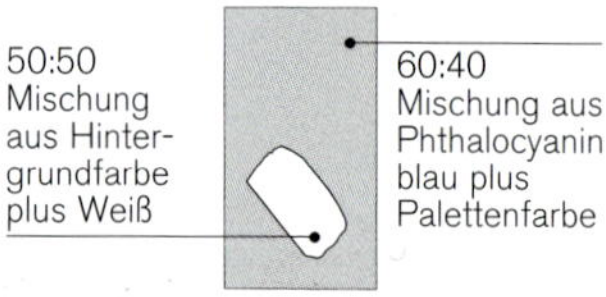

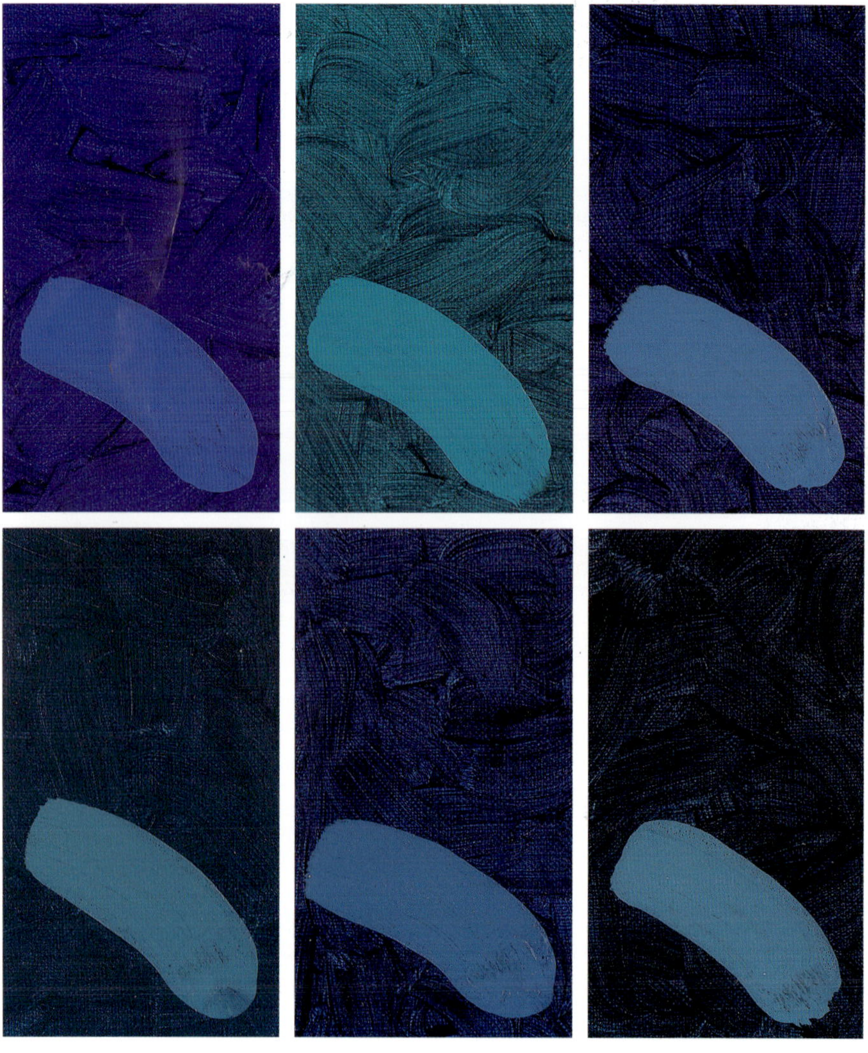

Palettenfarben

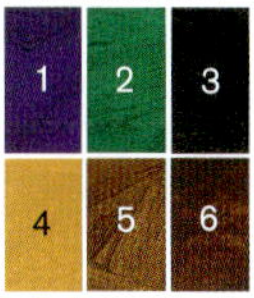

1 Dioxazinviolett
2 Phthalogrün (Blauton)
3 Elfenbeinschwarz
4 Ockergelb
5 Umbra natur
6 Umbra gebrannt

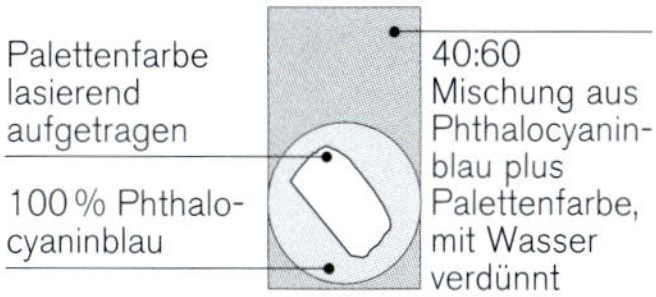

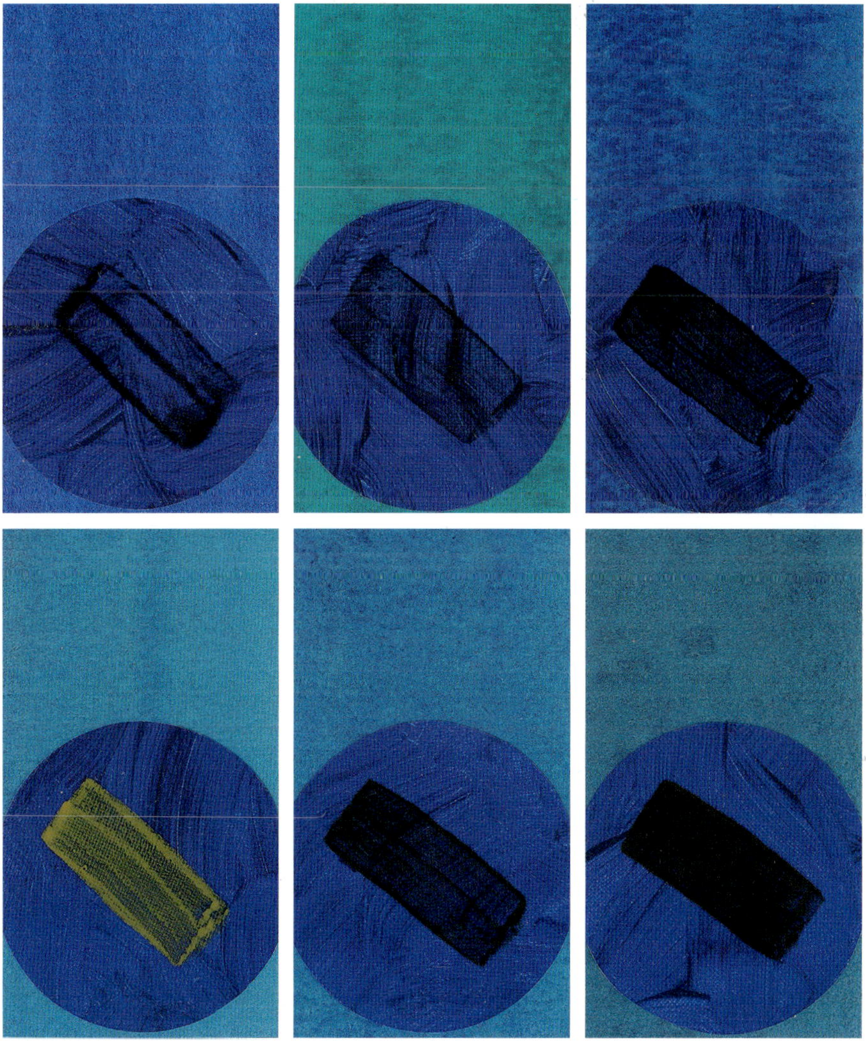

Ultramarinblau

transparent
höchste Lichtbeständigkeit

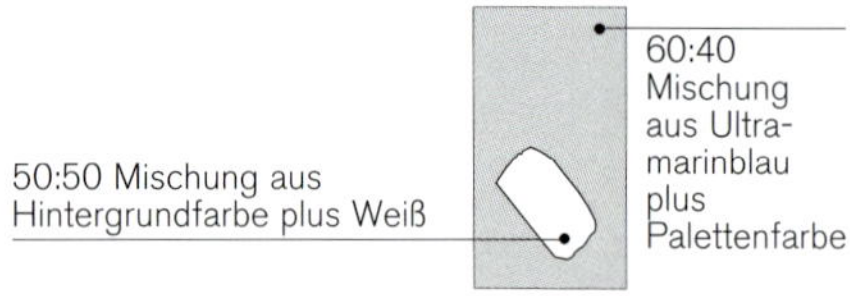

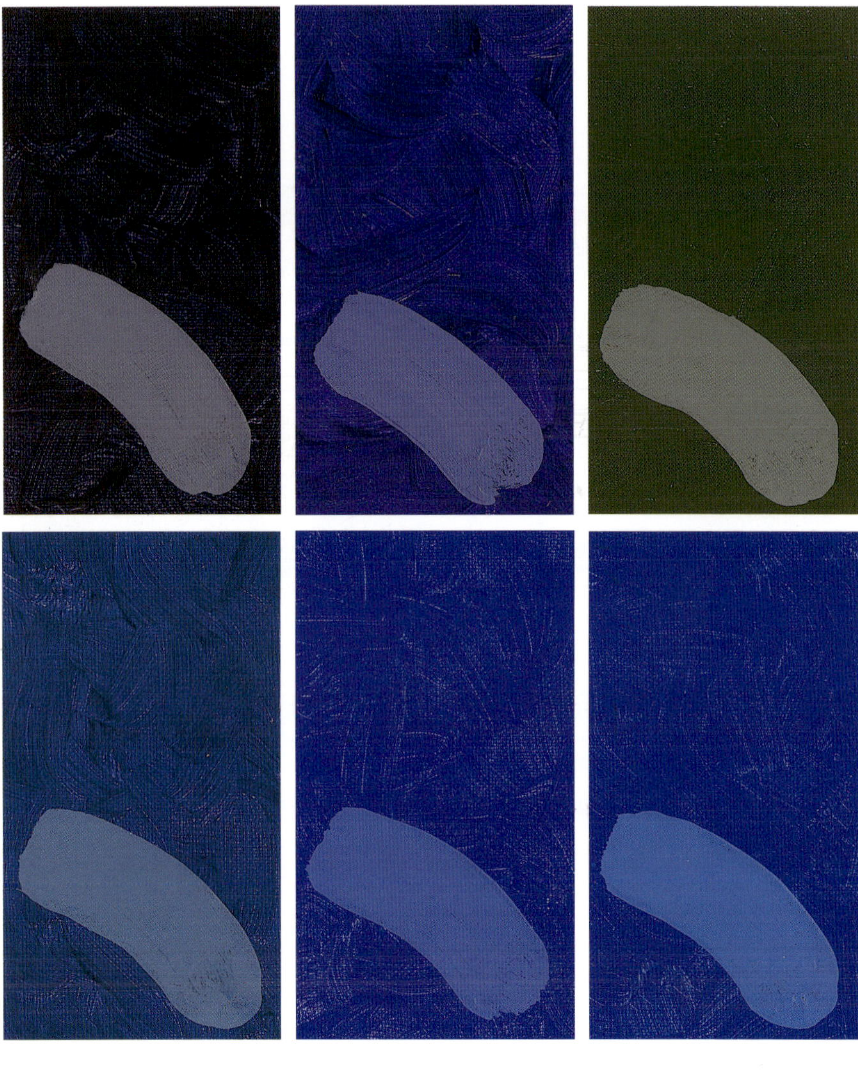

Palettenfarben

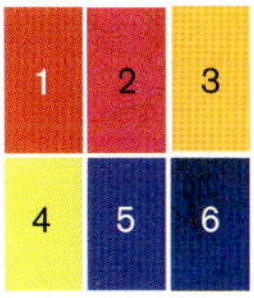

1 Kadmiumrot mittel
2 Karmesinrot
3 Kadmiumgelb mittel
4 Hansagelb hell
5 Ultramarinblau
6 Phthalocyaninblau

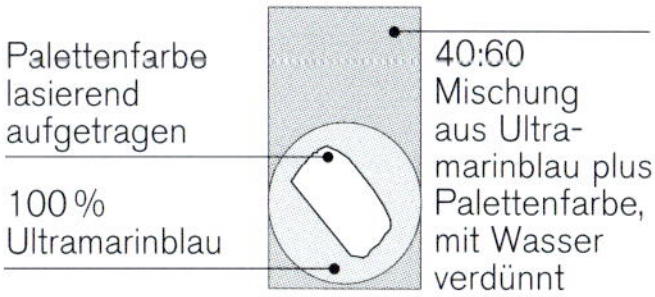

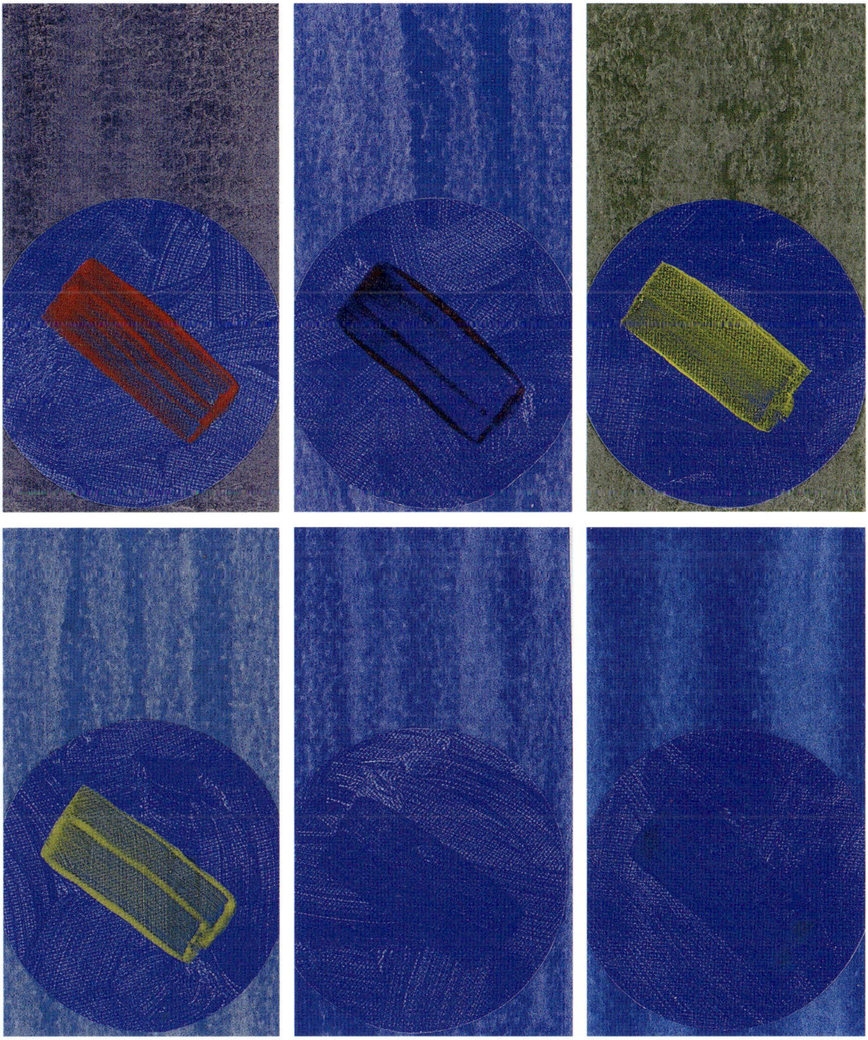

Ultramarinblau

Fortsetzung

50:50 Mischung aus Hintergrundfarbe plus Weiß

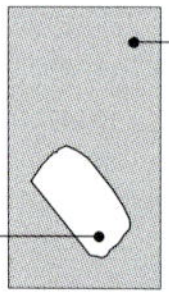

60:40 Mischung aus Ultramarinblau plus Palettenfarbe

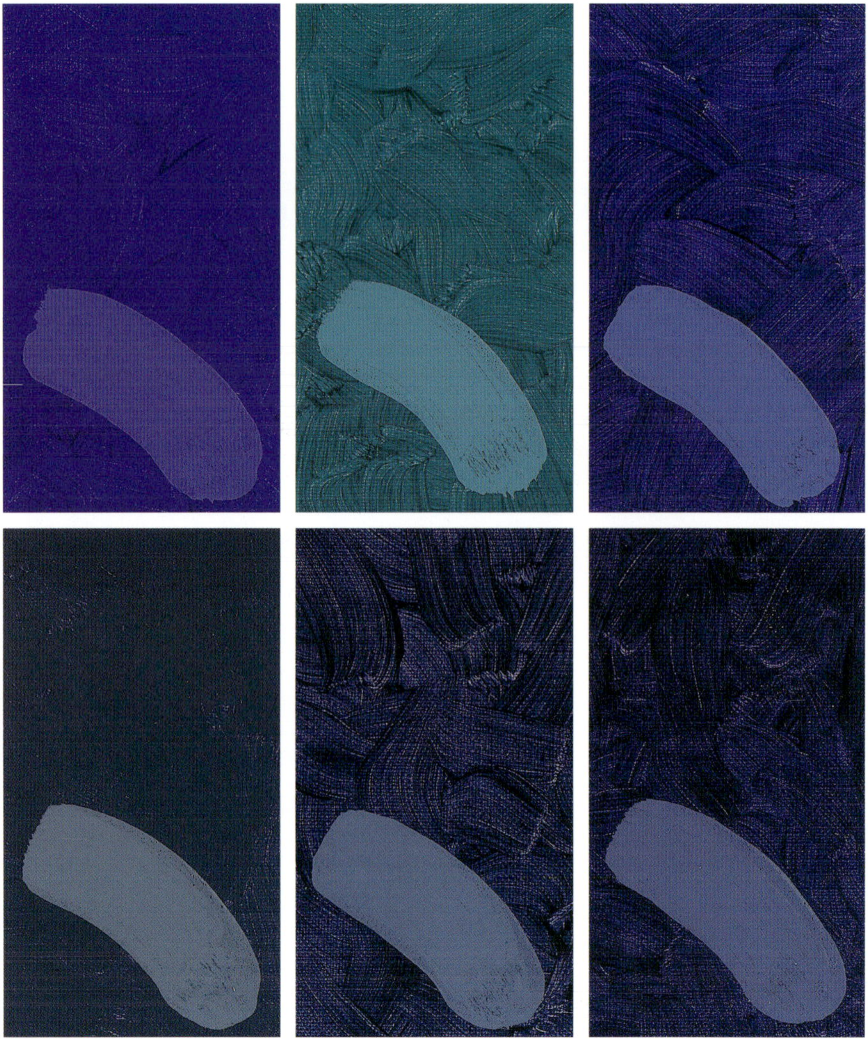

Palettenfarben

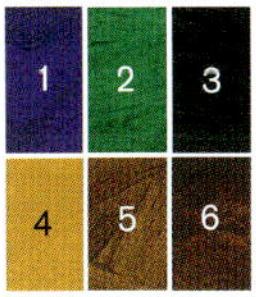

1 Dioxazinviolett
2 Phthalogrün (Blauton)
3 Elfenbeinschwarz
4 Ockergelb
5 Umbra natur
6 Umbra gebrannt

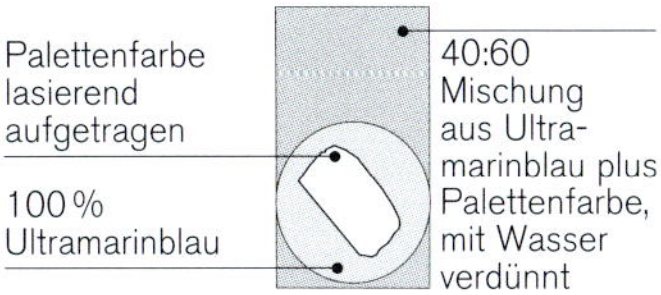

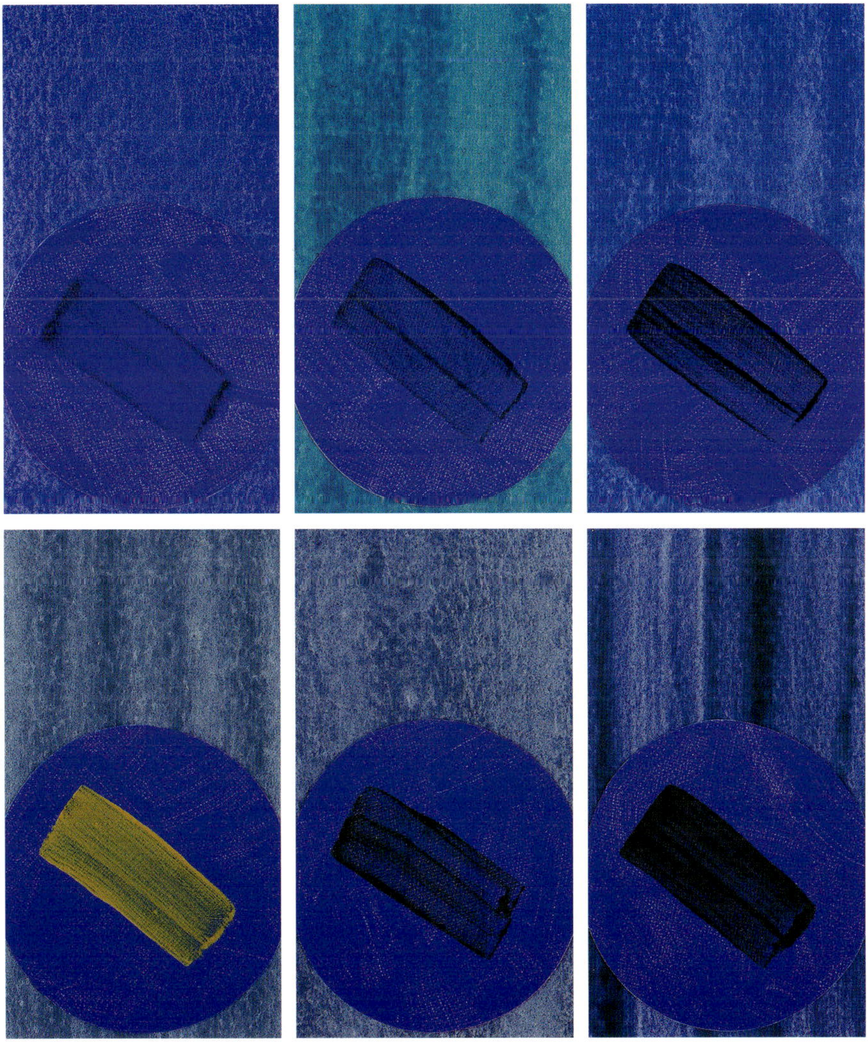

Kobaltblau

transparent
höchste Lichtbeständigkeit

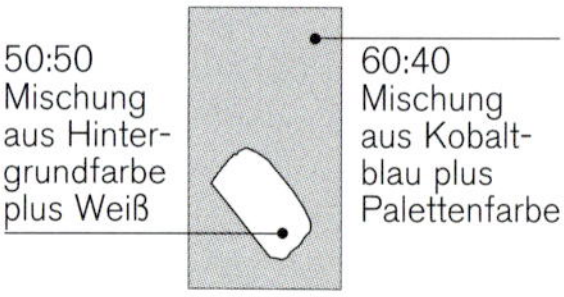

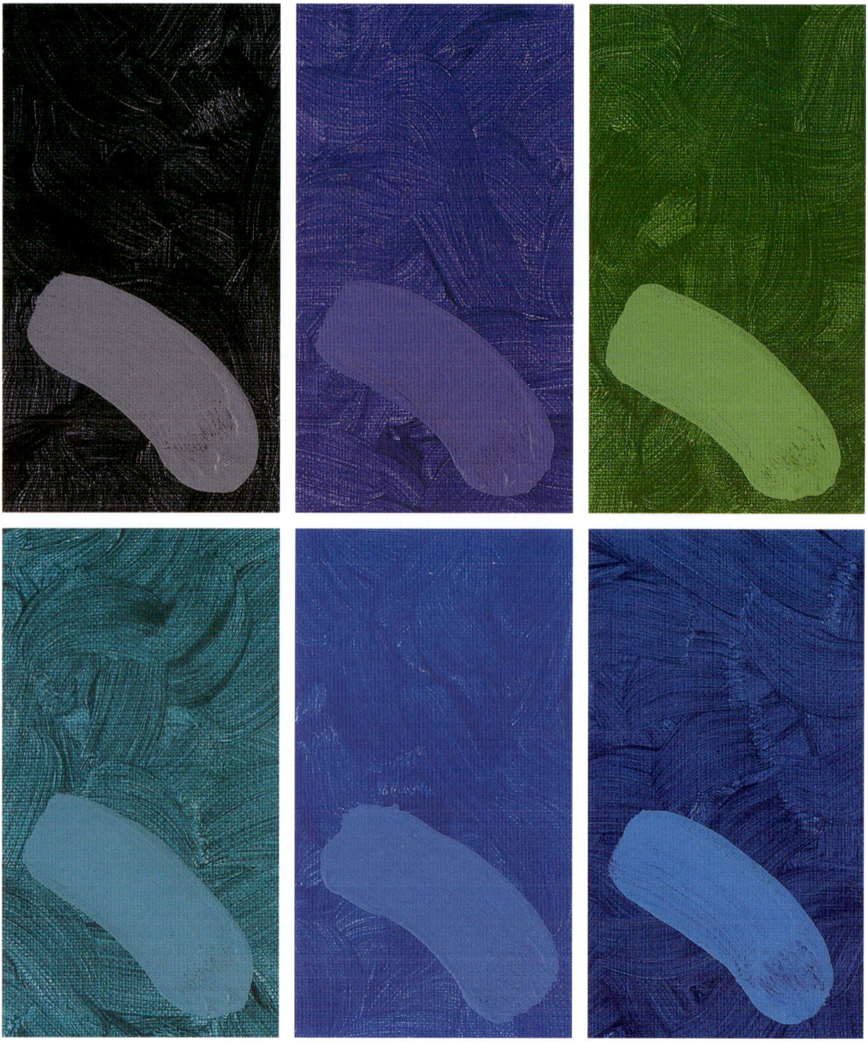

Palettenfarben

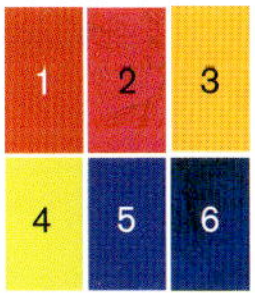

1 Kadmiumrot mittel
2 Karmesinrot
3 Kadmiumgelb mittel
4 Hansagelb hell
5 Ultramarinblau
6 Phthalocyaninblau

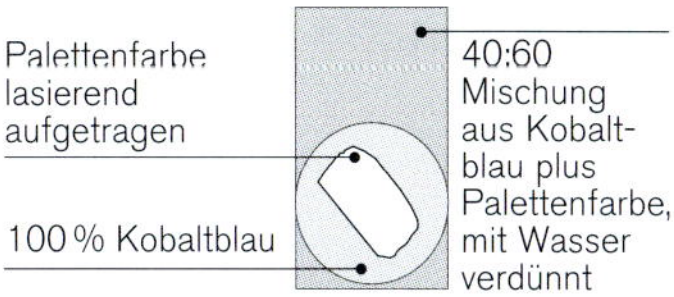

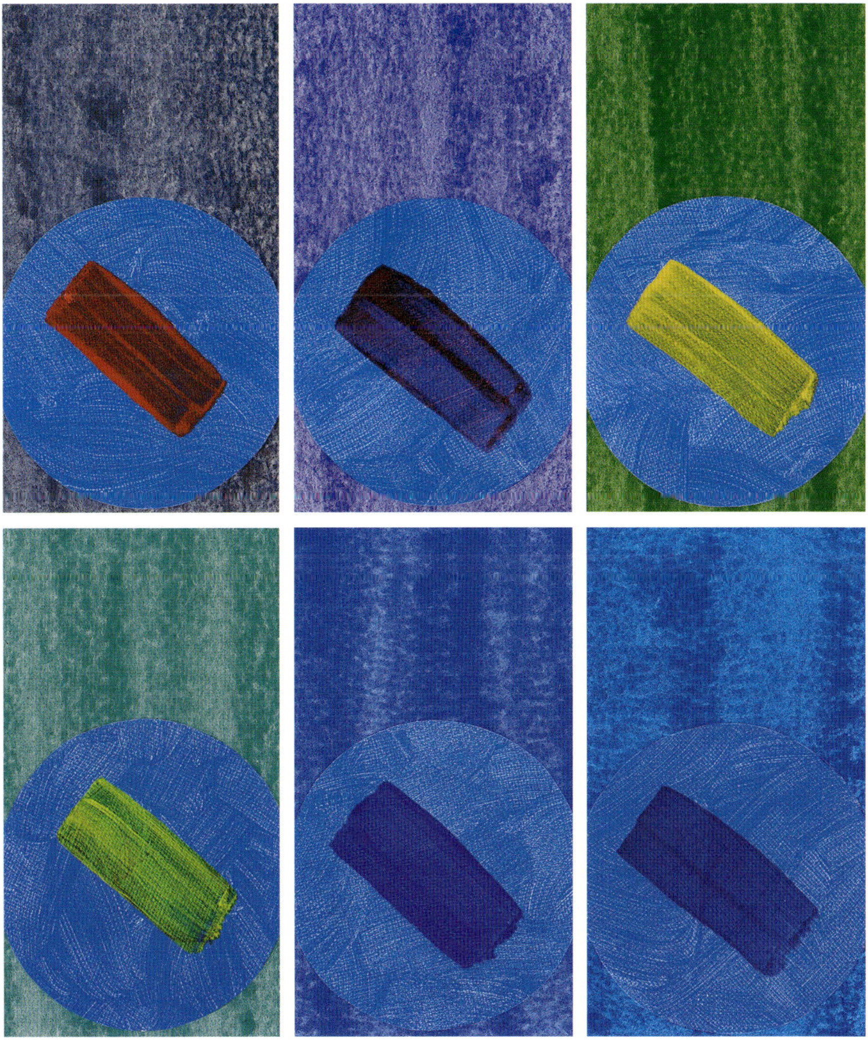

Kobaltblau

Fortsetzung

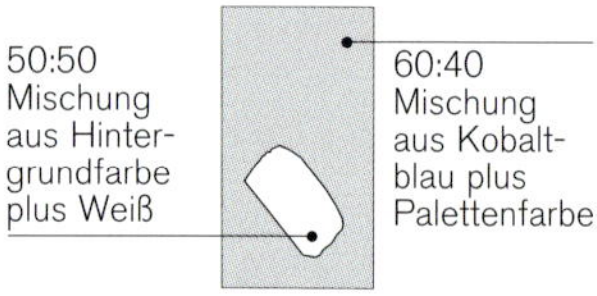

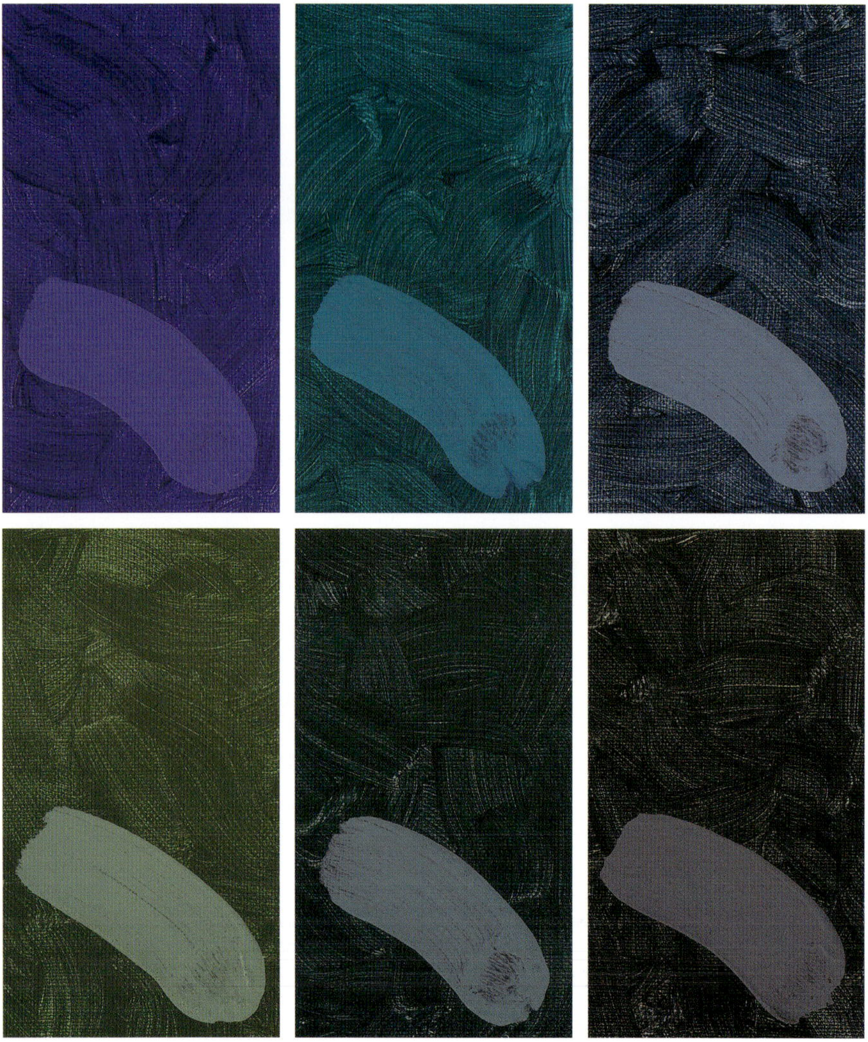

Palettenfarben

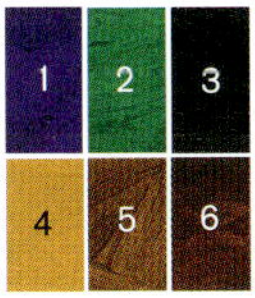

1 Dioxazinviolett
2 Phthalogrün (Blauton)
3 Elfenbeinschwarz
4 Ockergelb
5 Umbra natur
6 Umbra gebrannt

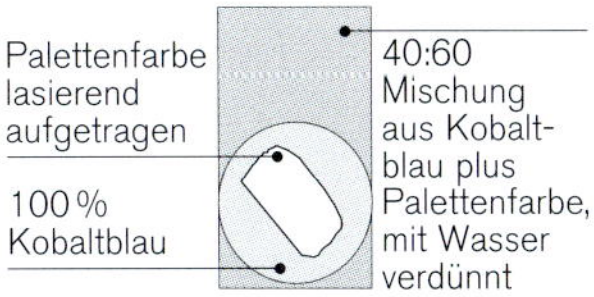

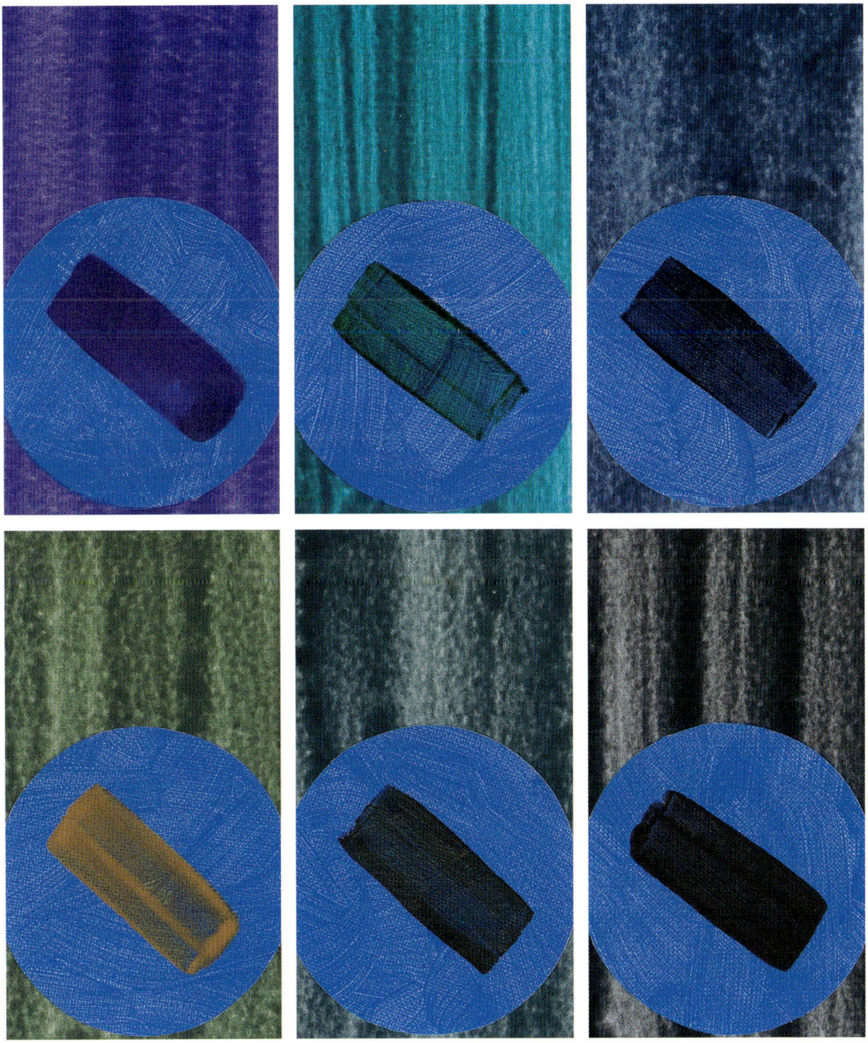

Hellviolett

deckend

höchste Lichtbeständigkeit

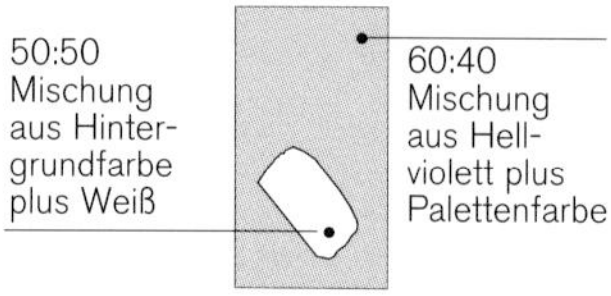

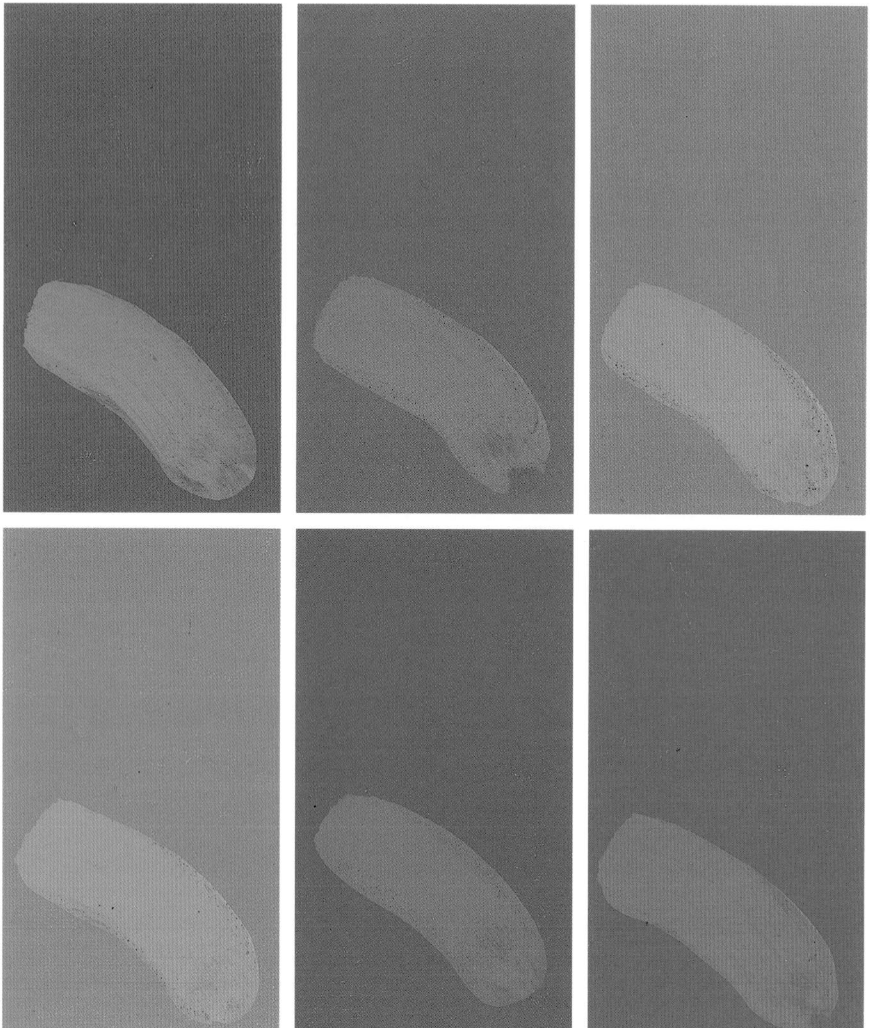

Palettenfarben

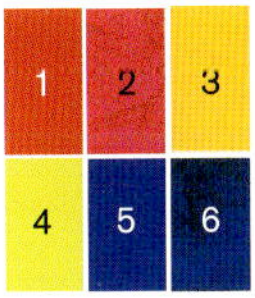

1 Kadmiumrot mittel
2 Karmesinrot
3 Kadmiumgelb mittel
4 Hansagelb hell
5 Ultramarinblau
6 Phthalocyaninblau

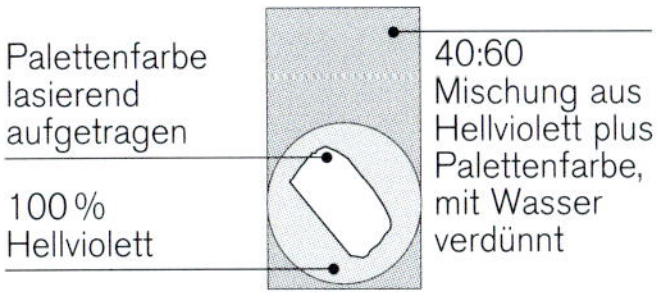

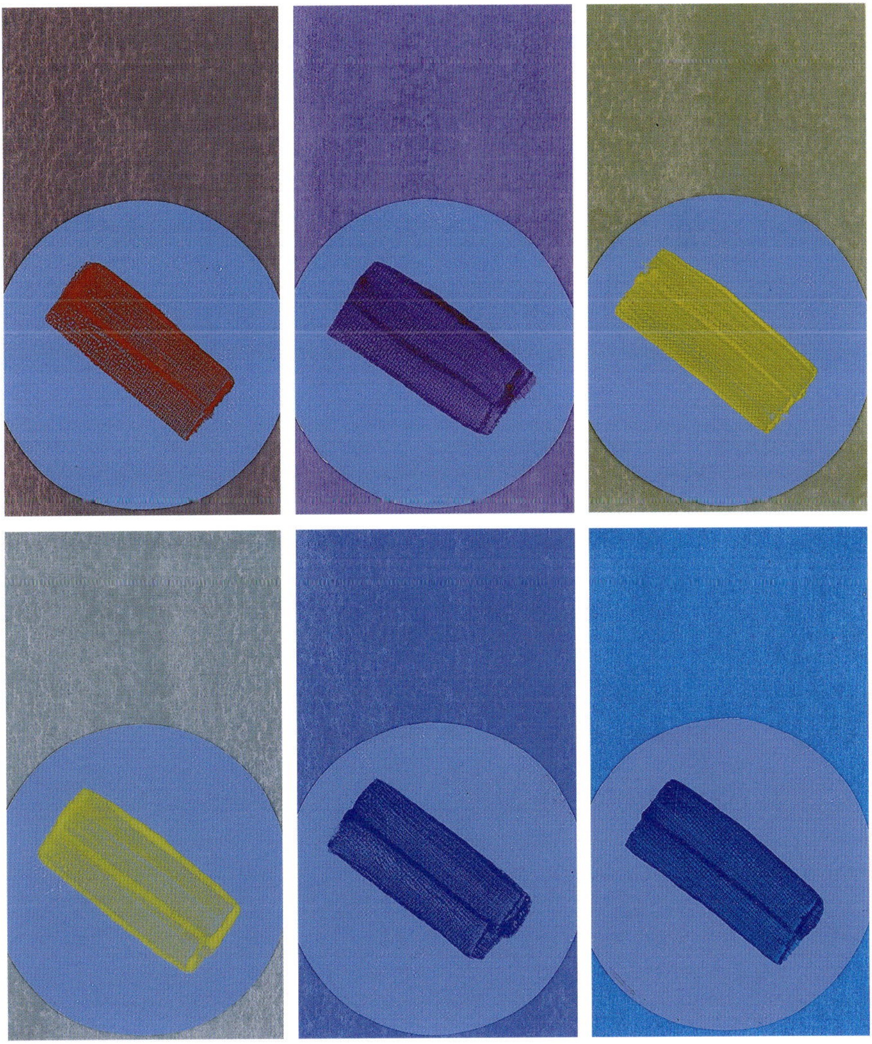

Hellviolett
Fortsetzung

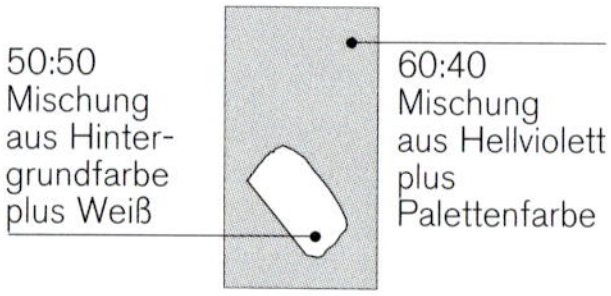

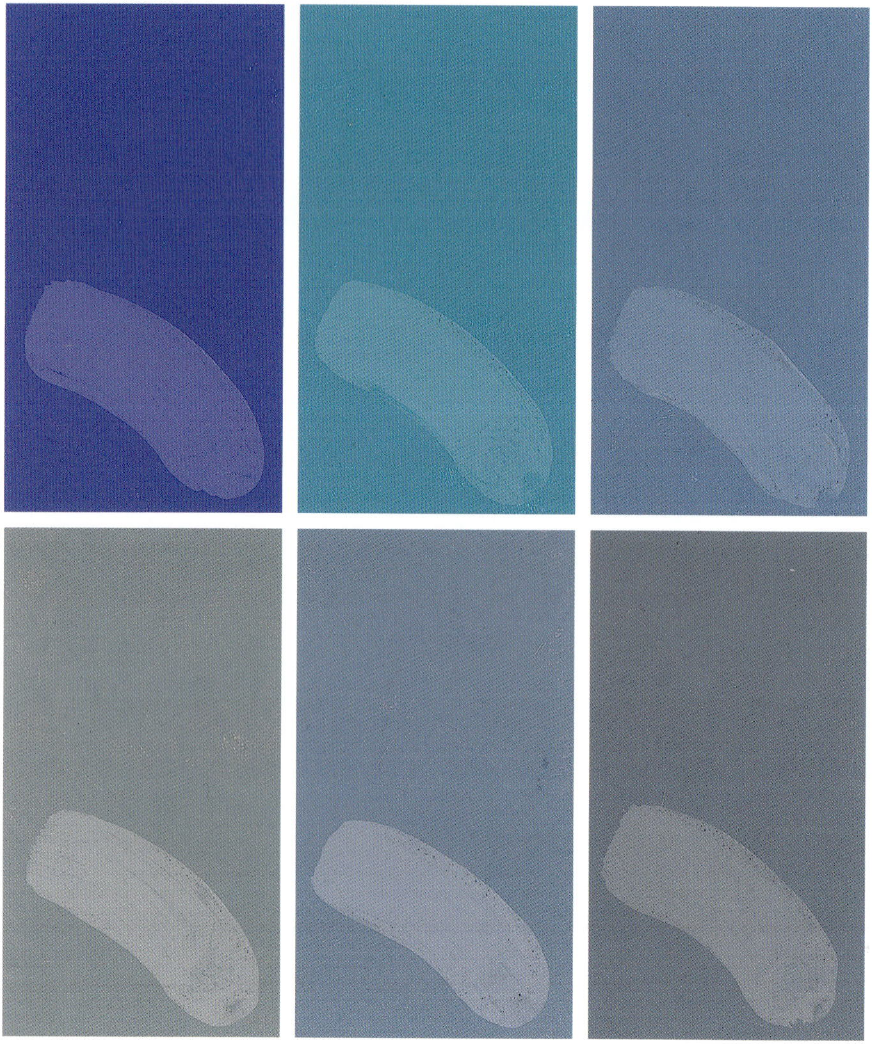

Palettenfarben

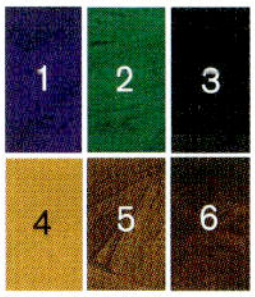

1 Dioxazinviolett
2 Phthalogrün (Blauton)
3 Elfenbeinschwarz
4 Ockergelb
5 Umbra natur
6 Umbra gebrannt

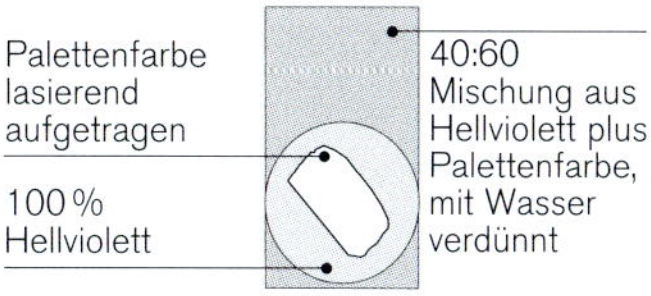

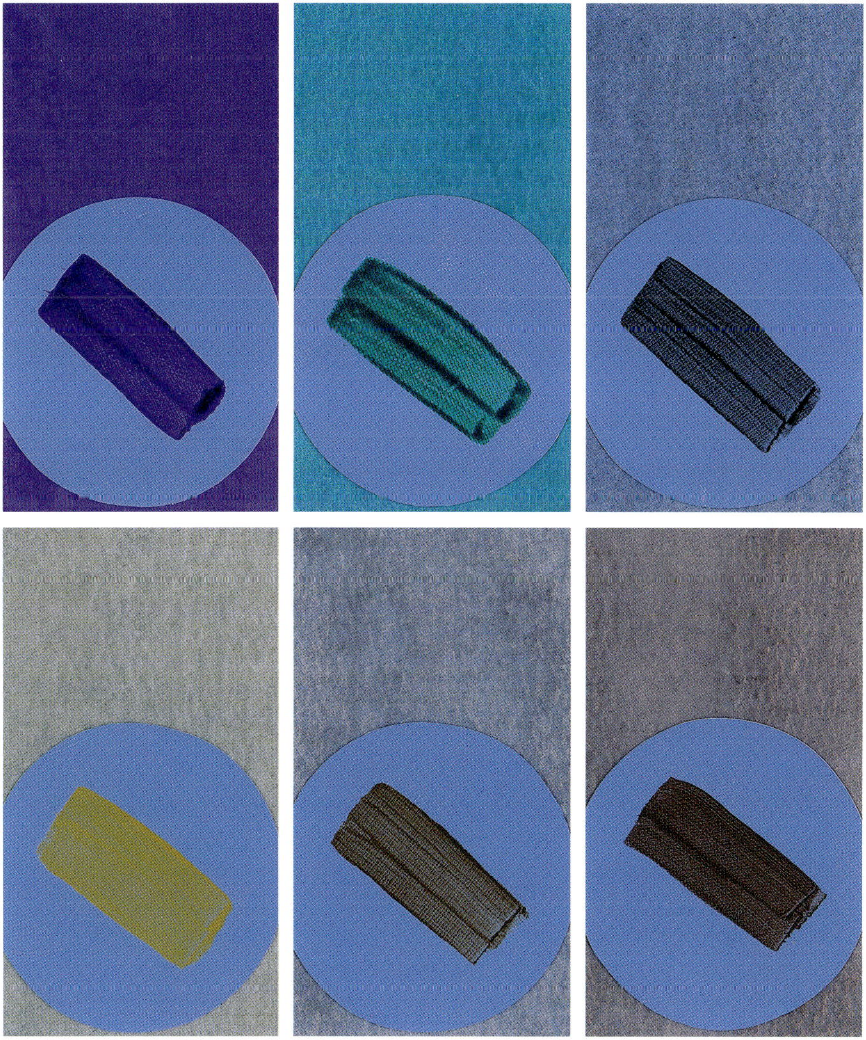

Brillantpurpur

deckend

hohe Lichtbeständigkeit

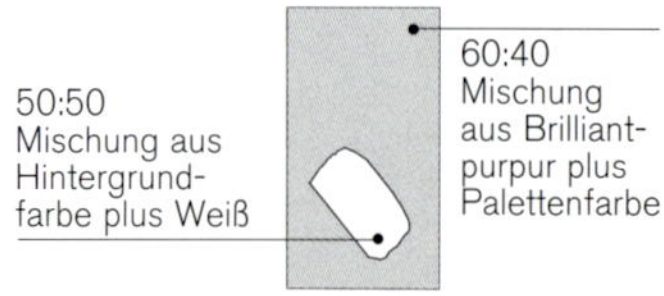

Palettenfarben

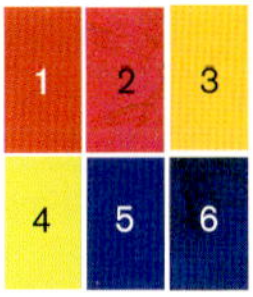

1 Kadmiumrot mittel
2 Karmesinrot
3 Kadmiumgelb mittel
4 Hansagelb hell
5 Ultramarinblau
6 Phthalocyaninblau

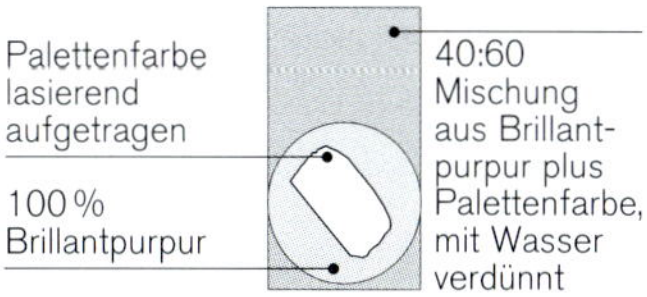

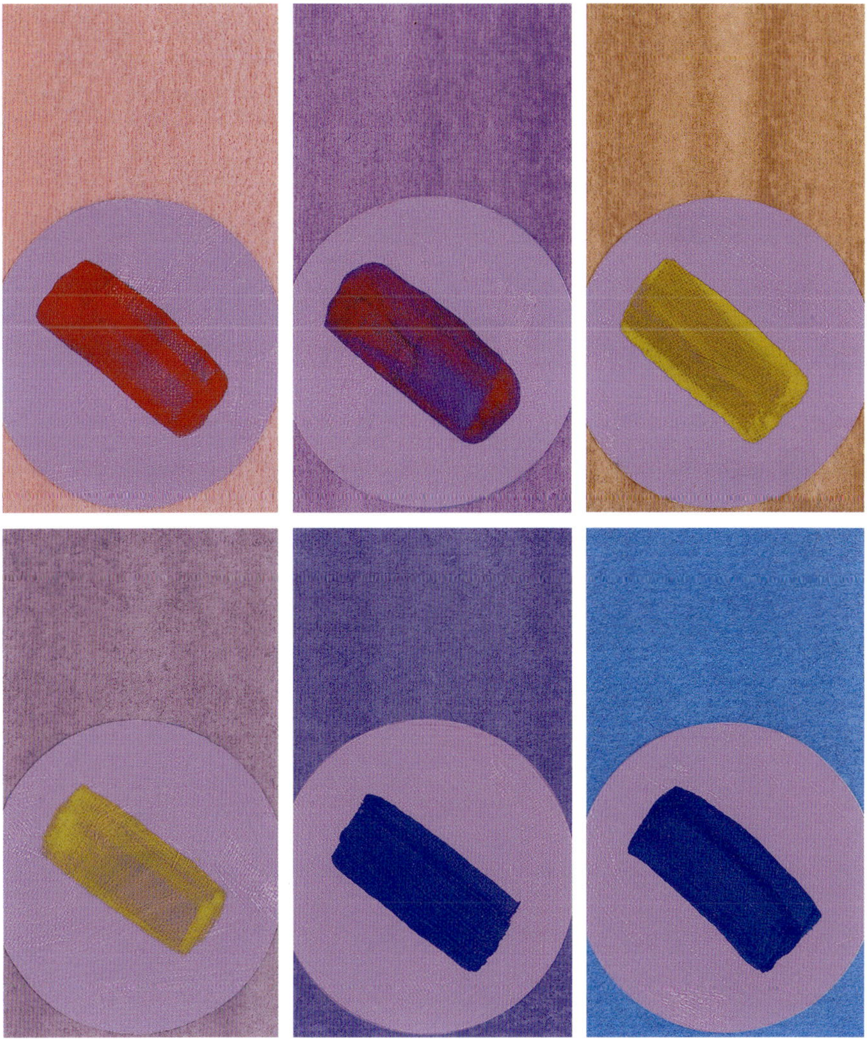

Brillantpurpur

Fortsetzung

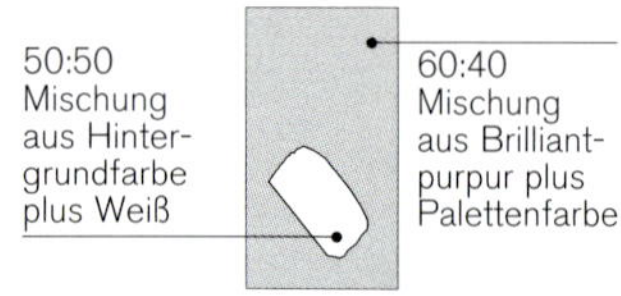

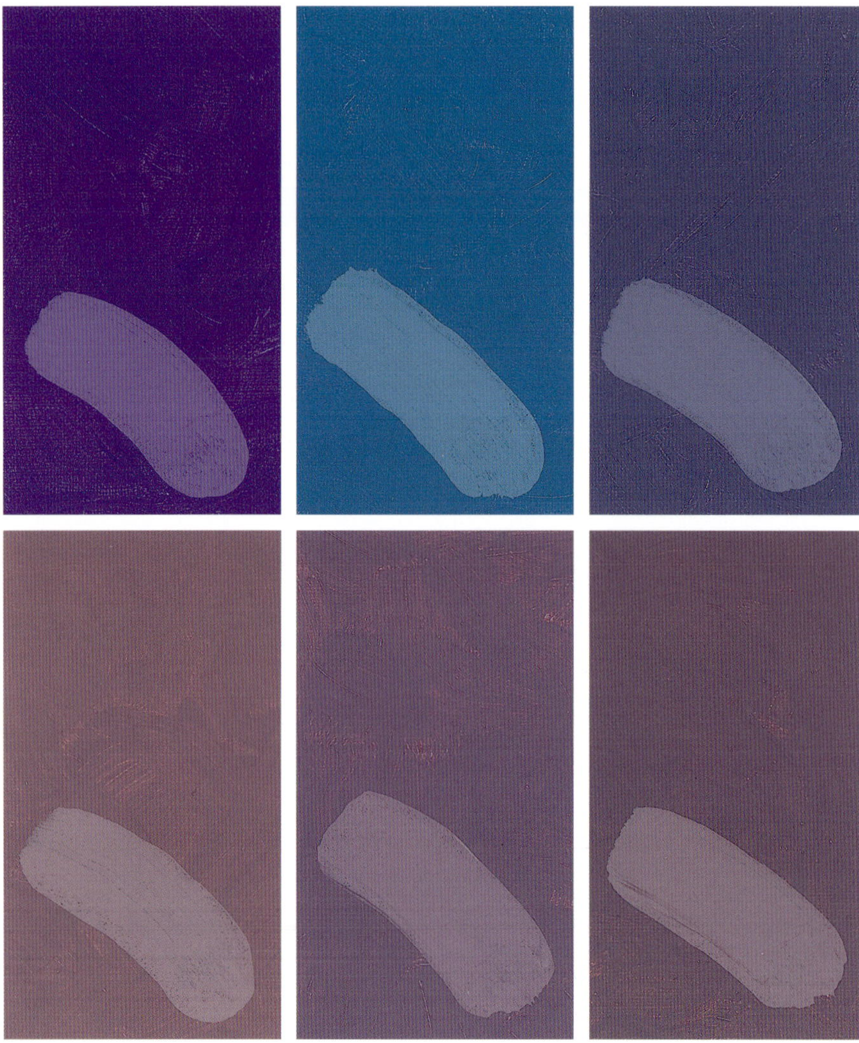

Palettenfarben

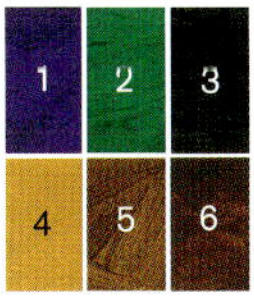

1 Dioxazinviolett
2 Phthalogrün (Blauton)
3 Elfenbeinschwarz
4 Ockergelb
5 Umbra natur
6 Umbra gebrannt

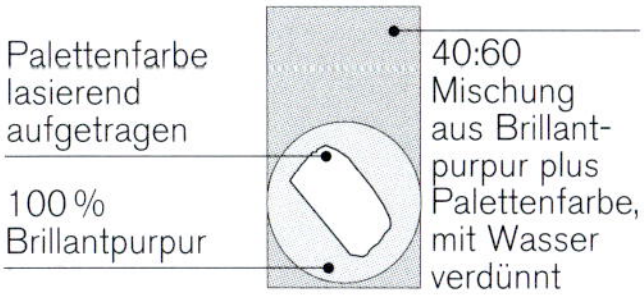

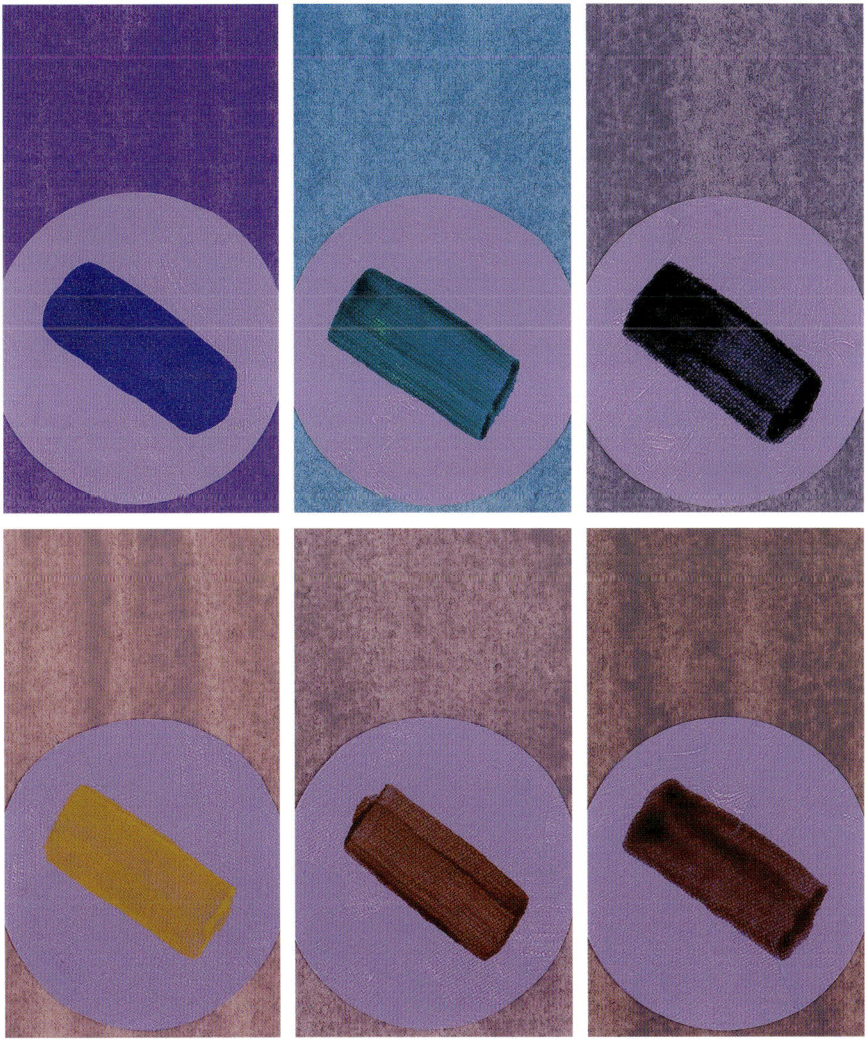

Violett prisma

deckend

hohe Lichtbeständigkeit

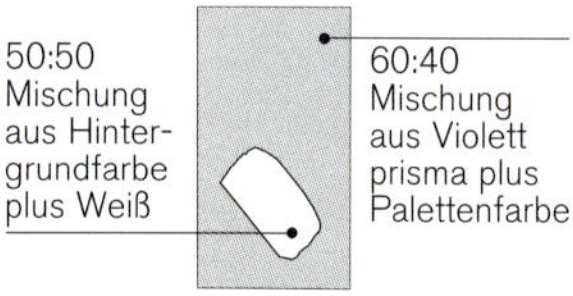

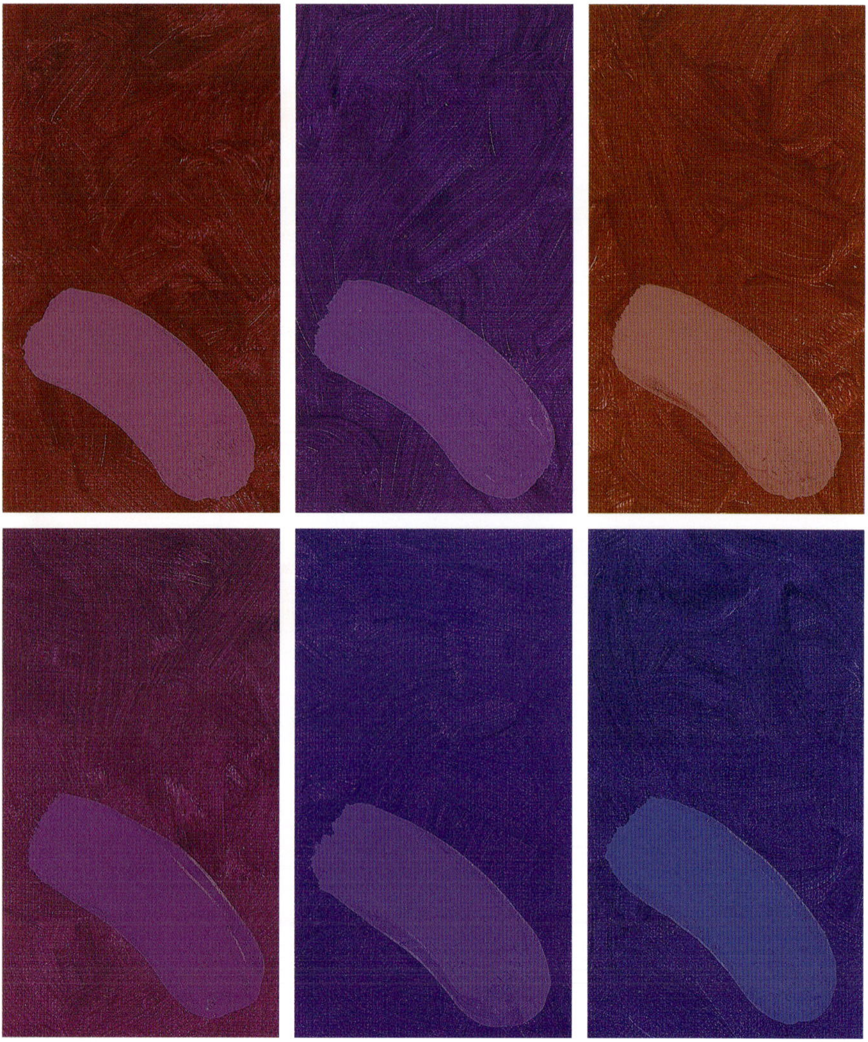

Palettenfarben

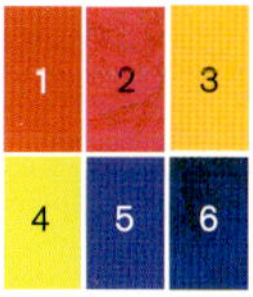

1 Kadmiumrot mittel
2 Karmesinrot
3 Kadmiumgelb mittel
4 Hansagelb hell
5 Ultramarinblau
6 Phthalocyaninblau

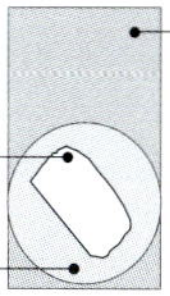

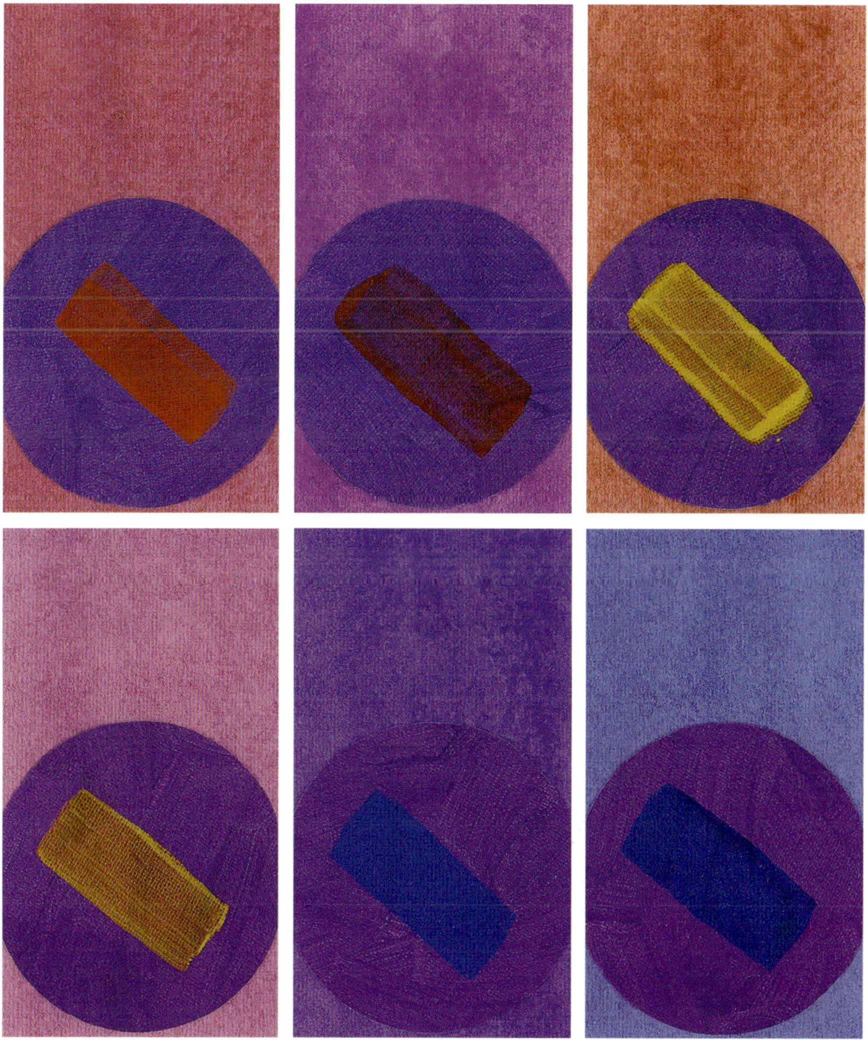

Violett prisma

Fortsetzung

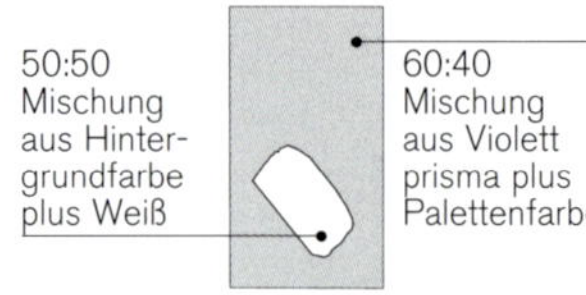

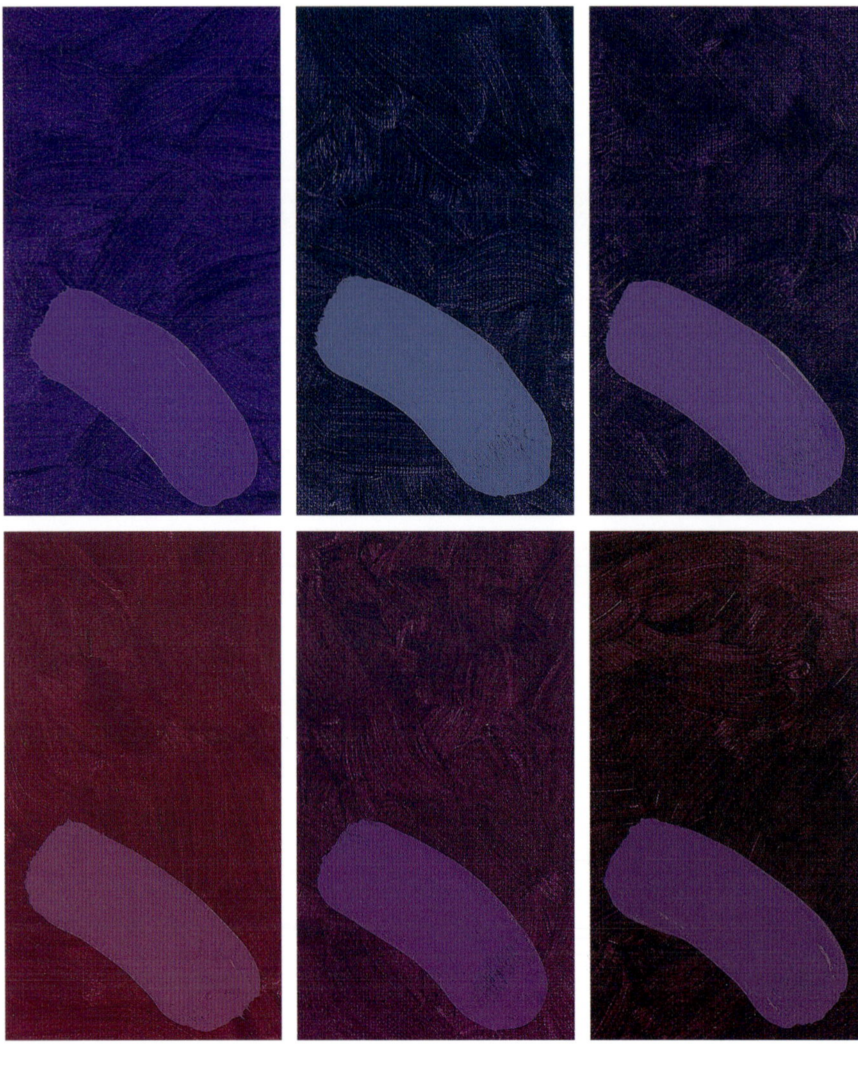

Palettenfarben

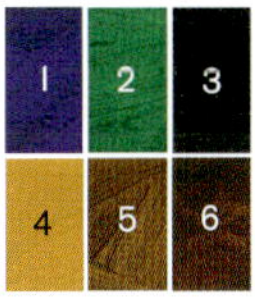

1 Dioxazinviolett
2 Phthalogrün (Blauton)
3 Elfenbeinschwarz
4 Ockergelb
5 Umbra natur
6 Umbra gebrannt

Palettenfarbe lasierend aufgetragen

100 % Violett prisma

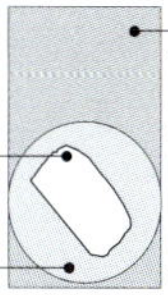

40:60 Mischung aus Violett prisma plus Palettenfarbe, mit Wasser verdünnt

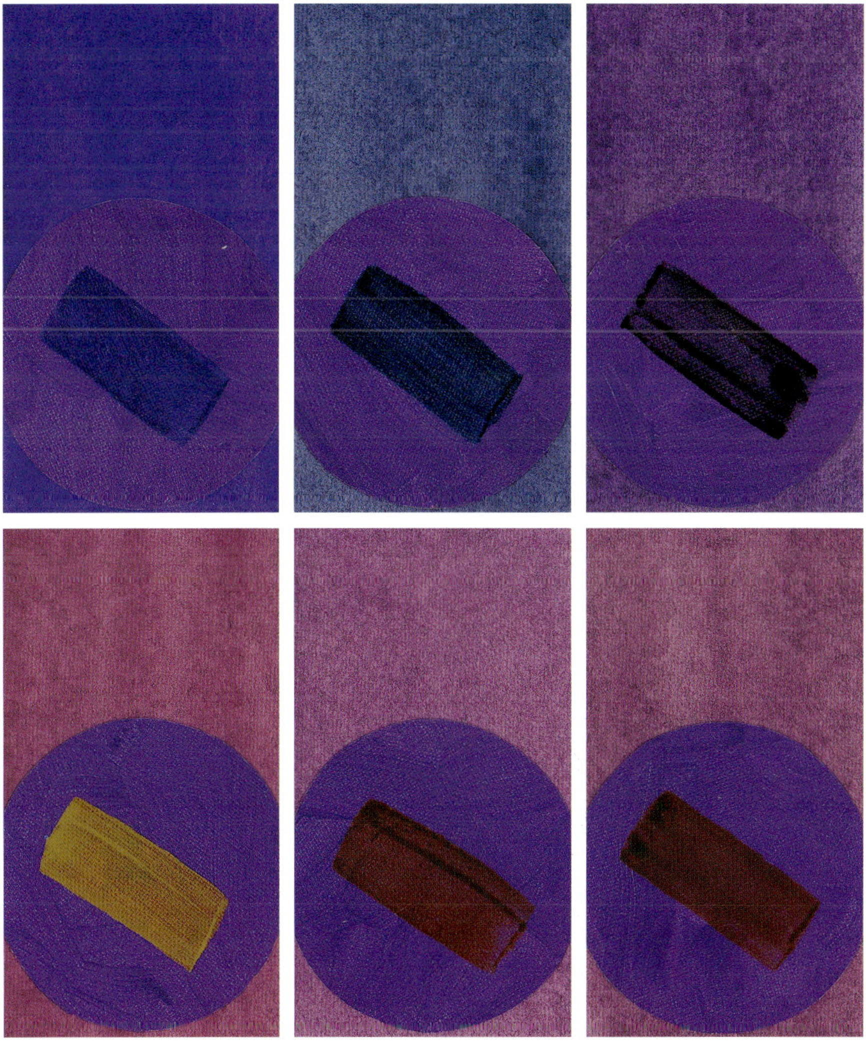

Dunkelviolett

transparent
höchste Lichtbeständigkeit

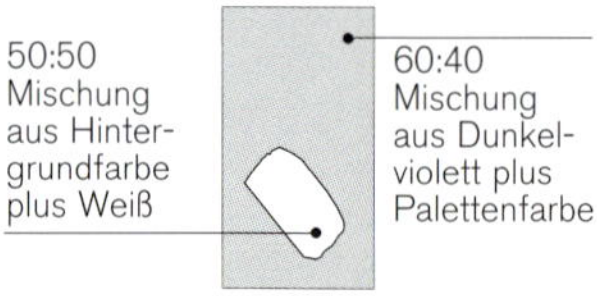

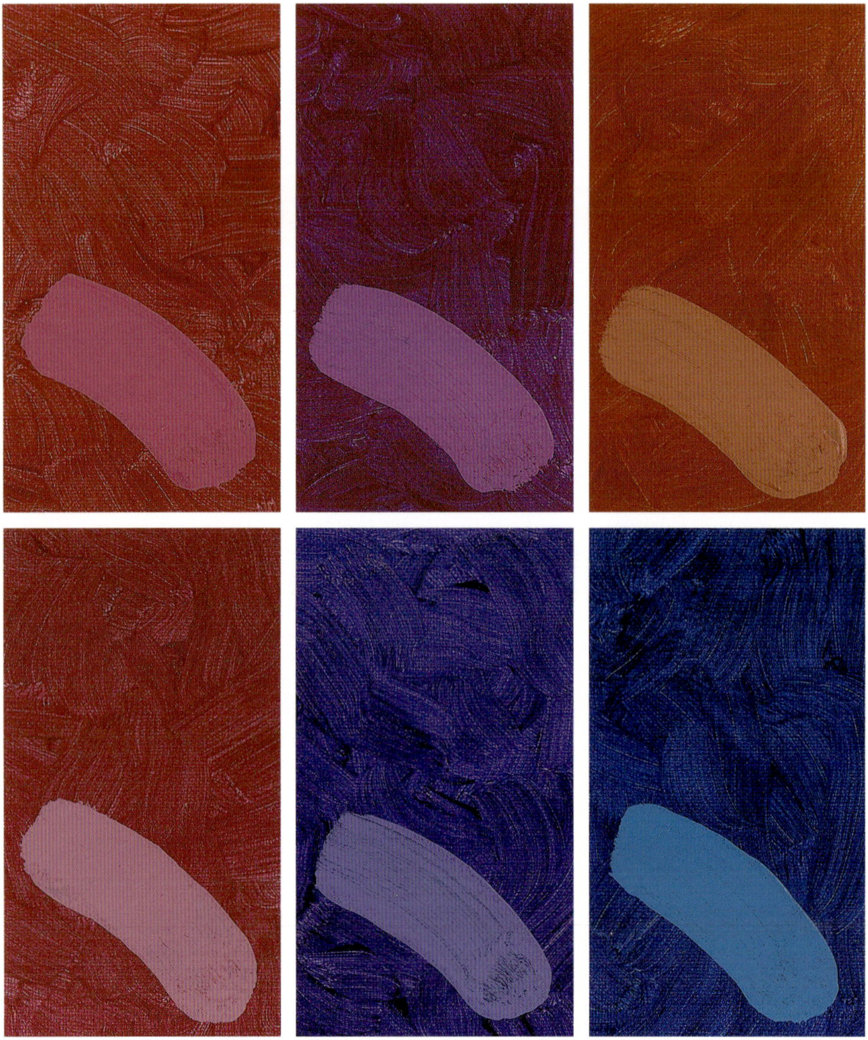

Palettenfarben

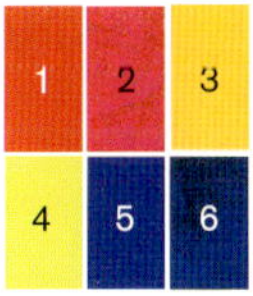

1 Kadmiumrot mittel
2 Karmesinrot
3 Kadmiumgelb mittel
4 Hansagelb hell
5 Ultramarinblau
6 Phthalocyaninblau

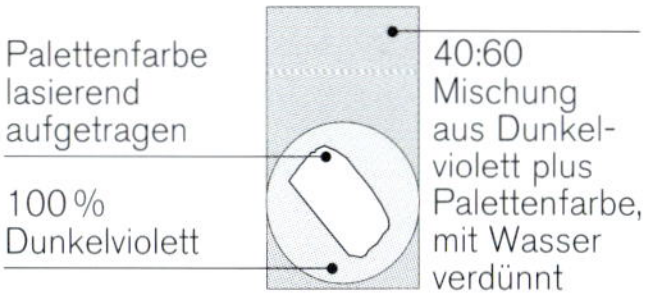

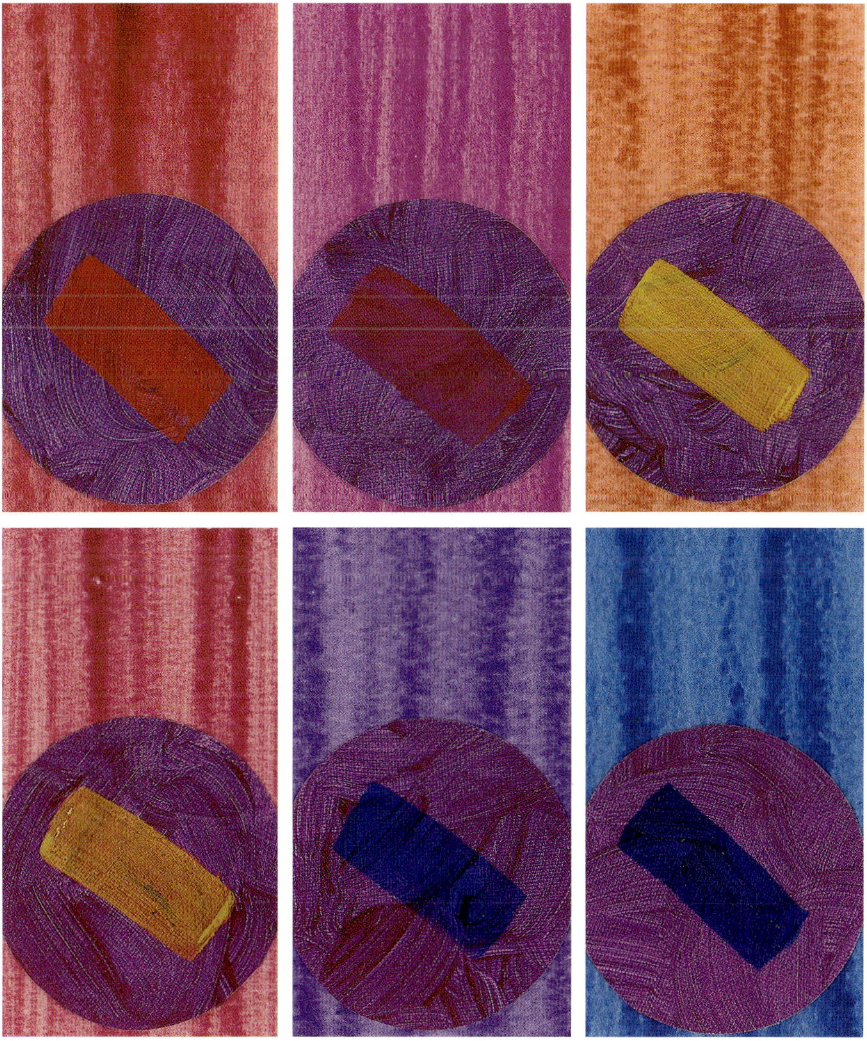

Dunkelviolett

Fortsetzung

50:50 Mischung aus Hintergrundfarbe plus Weiß

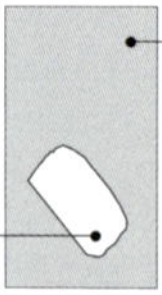

60:40 Mischung aus Dunkelviolett plus Palettenfarbe

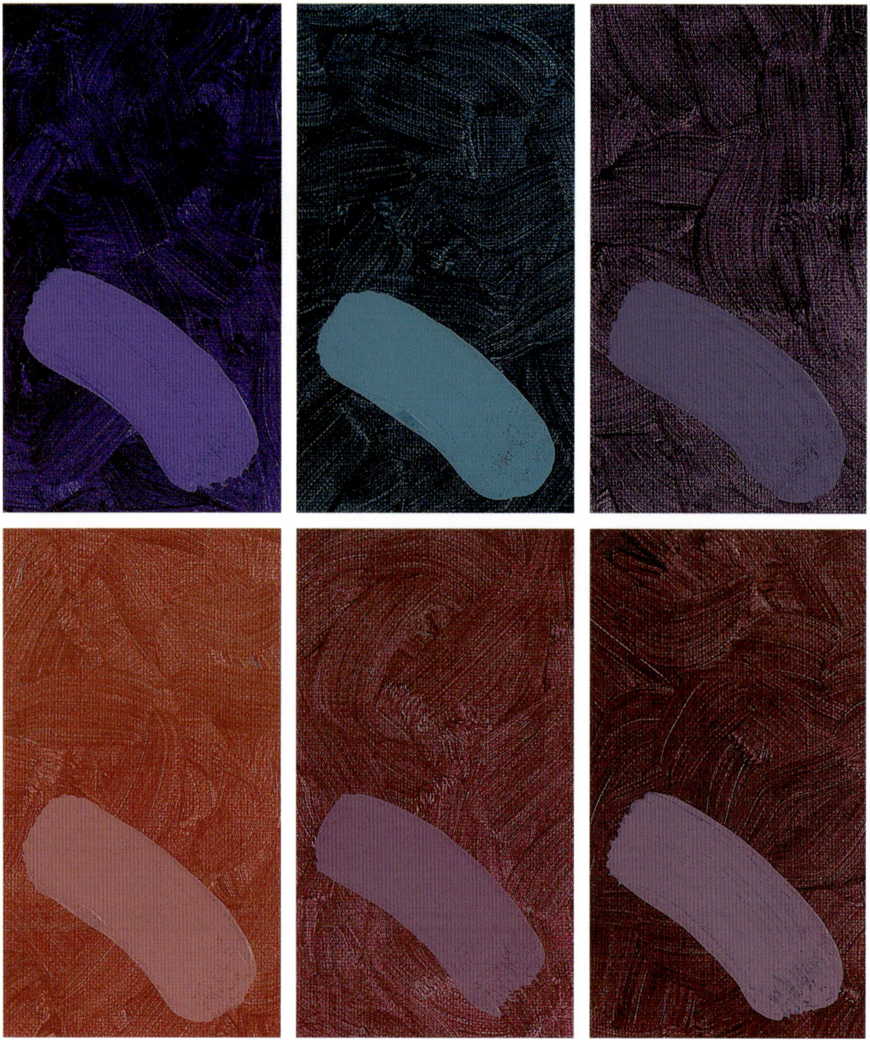

Palettenfarben

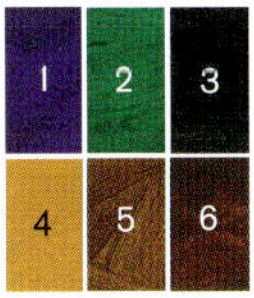

1 Dioxazinviolett
2 Phthalogrün (Blauton)
3 Elfenbeinschwarz
4 Ockergelb
5 Umbra natur
6 Umbra gebrannt

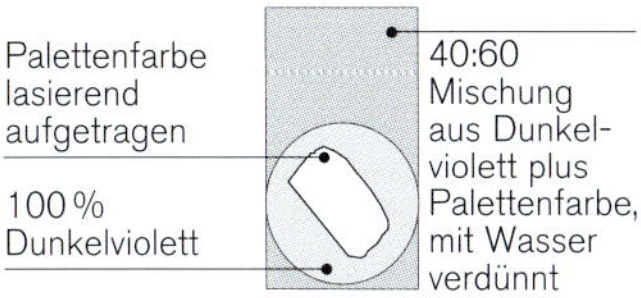

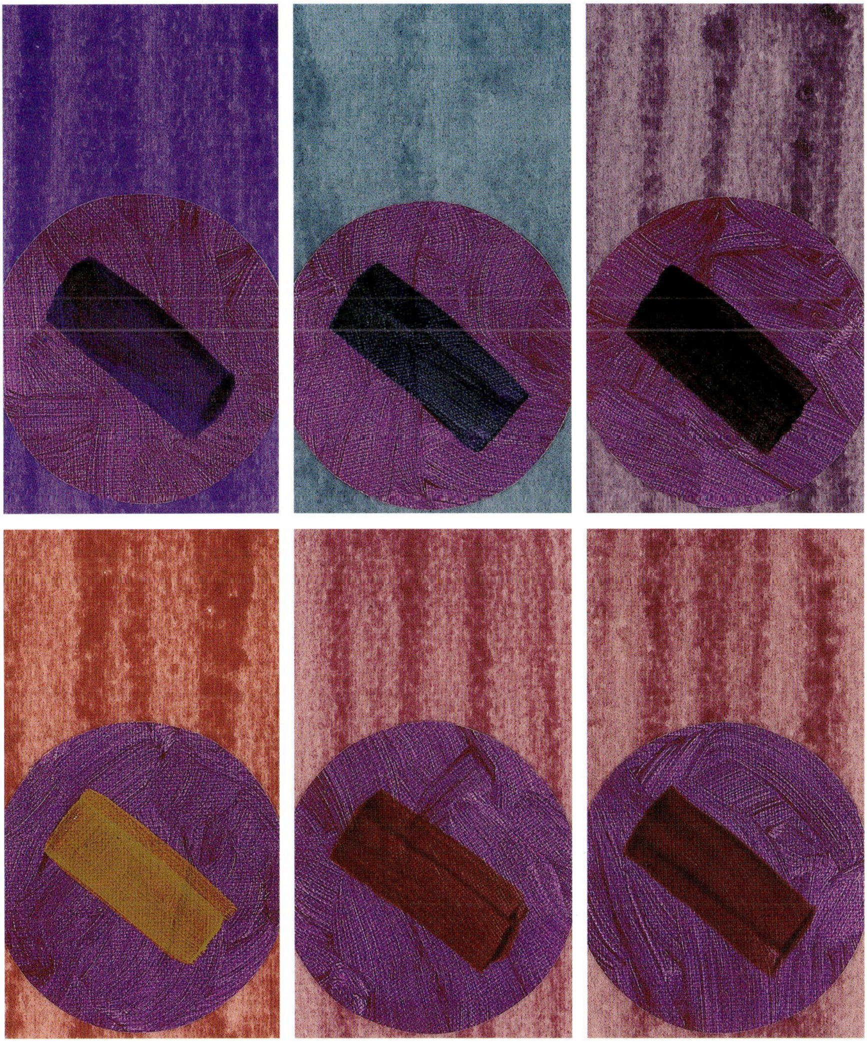

Blauviolett

transparent
höchste Lichtbeständigkeit

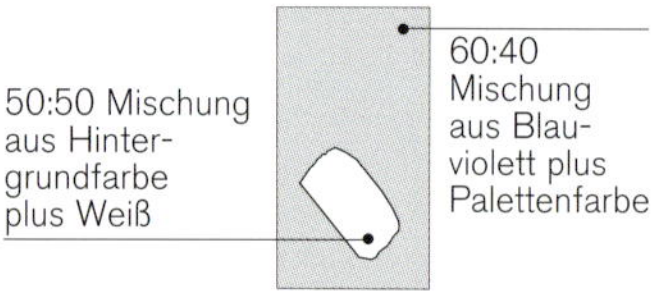

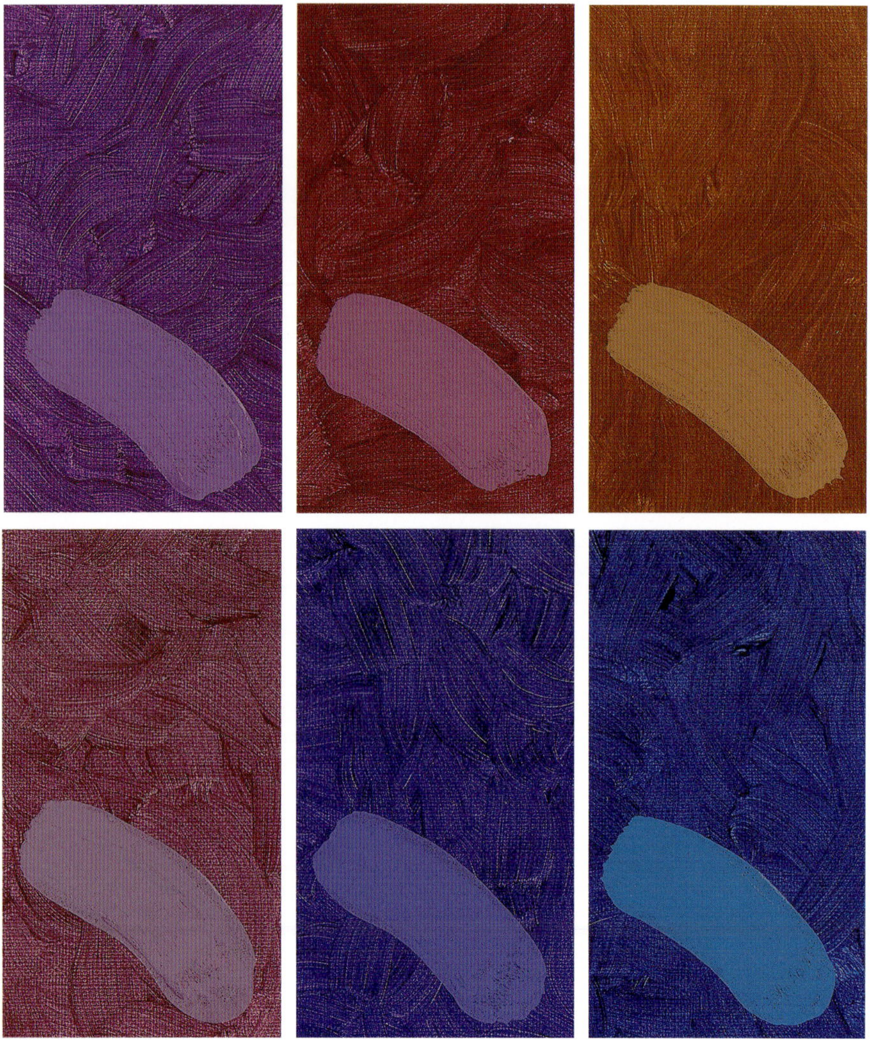

Palettenfarben

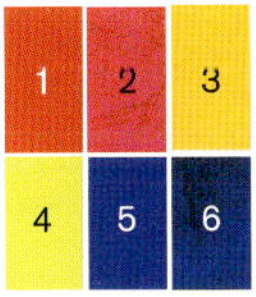

1 Kadmiumrot mittel
2 Karmesinrot
3 Kadmiumgelb mittel
4 Hansagelb hell
5 Ultramarinblau
6 Phthalocyaninblau

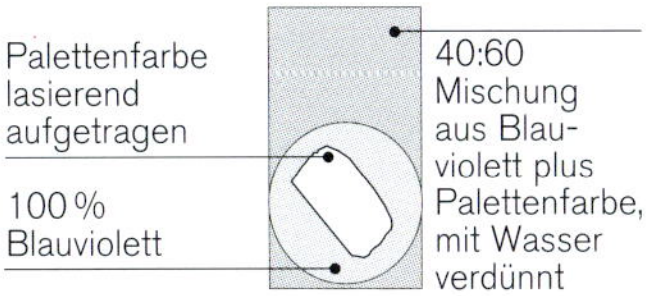

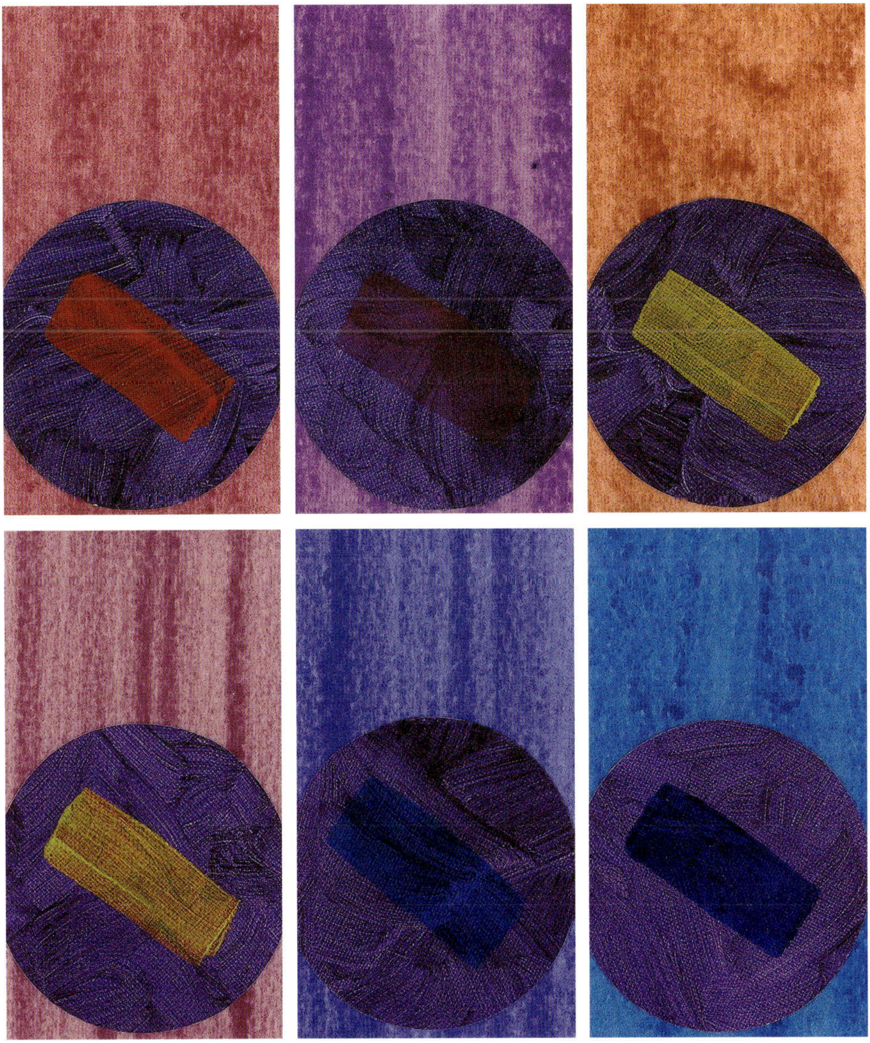

Blauviolett
Fortsetzung

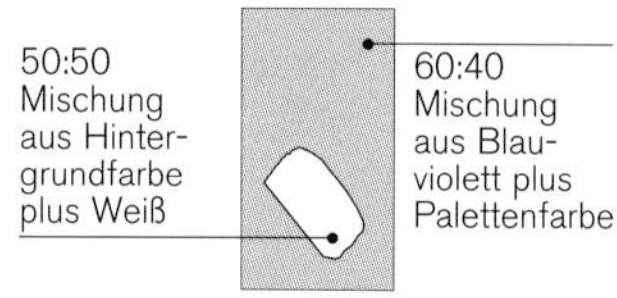

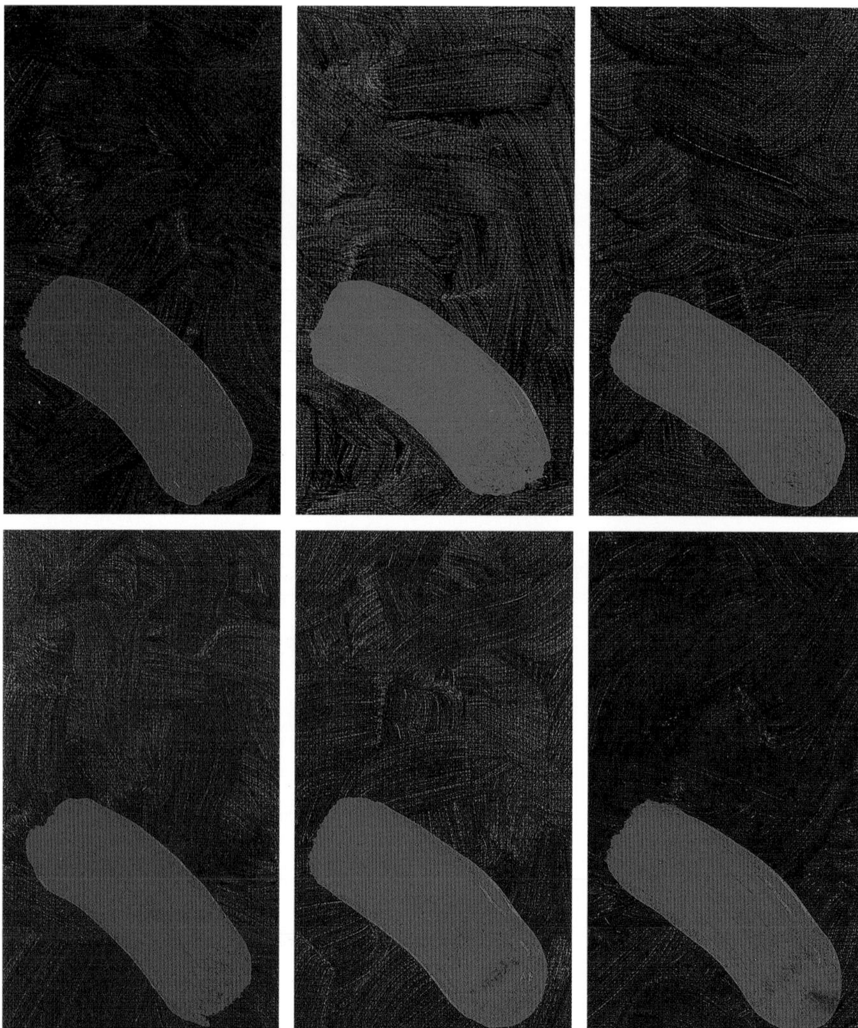

Palettenfarben

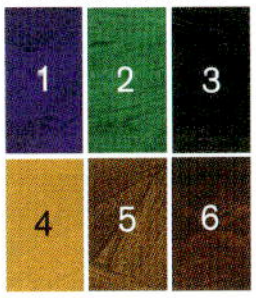

1 Dioxazinviolett
2 Phthalogrün (Blauton)
3 Elfenbeinschwarz
4 Ockergelb
5 Umbra natur
6 Umbra gebrannt

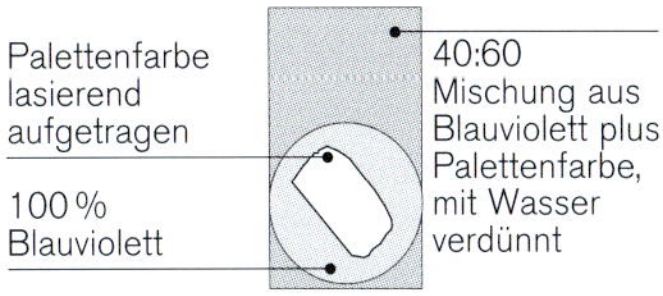

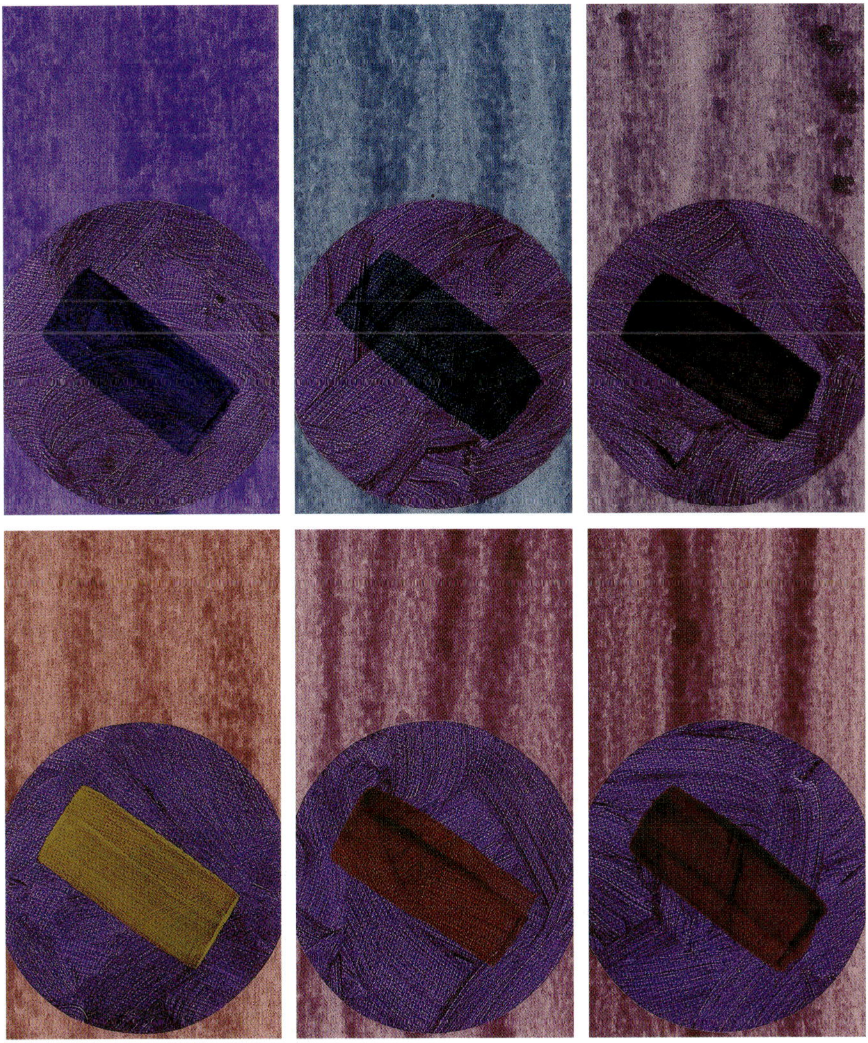

Dioxazinviolett

transparent
höchste Lichtbeständigkeit

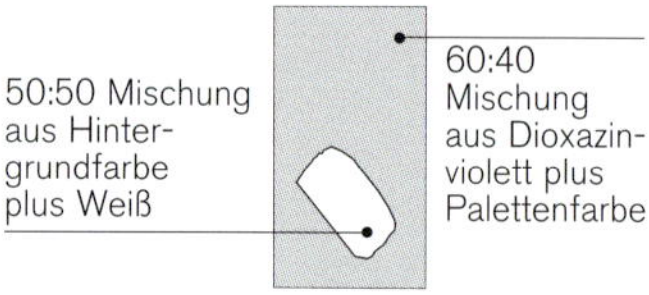

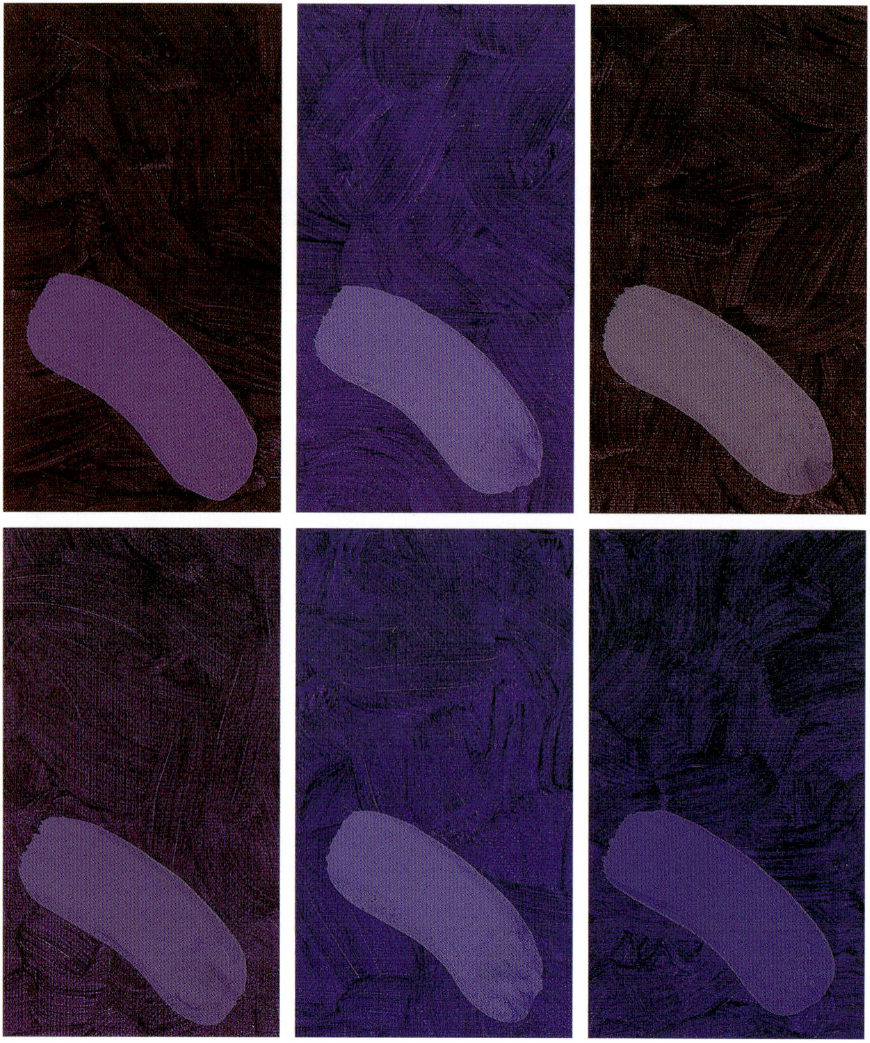

Palettenfarben

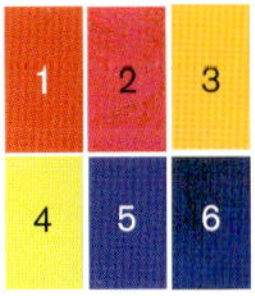

1 Kadmiumrot mittel
2 Karmesinrot
3 Kadmiumgelb mittel
4 Hansagelb hell
5 Ultramarinblau
6 Phthalocyaninblau

Palettenfarbe lasierend aufgetragen

100 % Dioxazinviolett

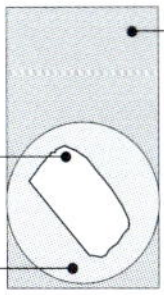

40:60 Mischung aus Dioxazinviolett plus Palettenfarbe, mit Wasser verdünnt

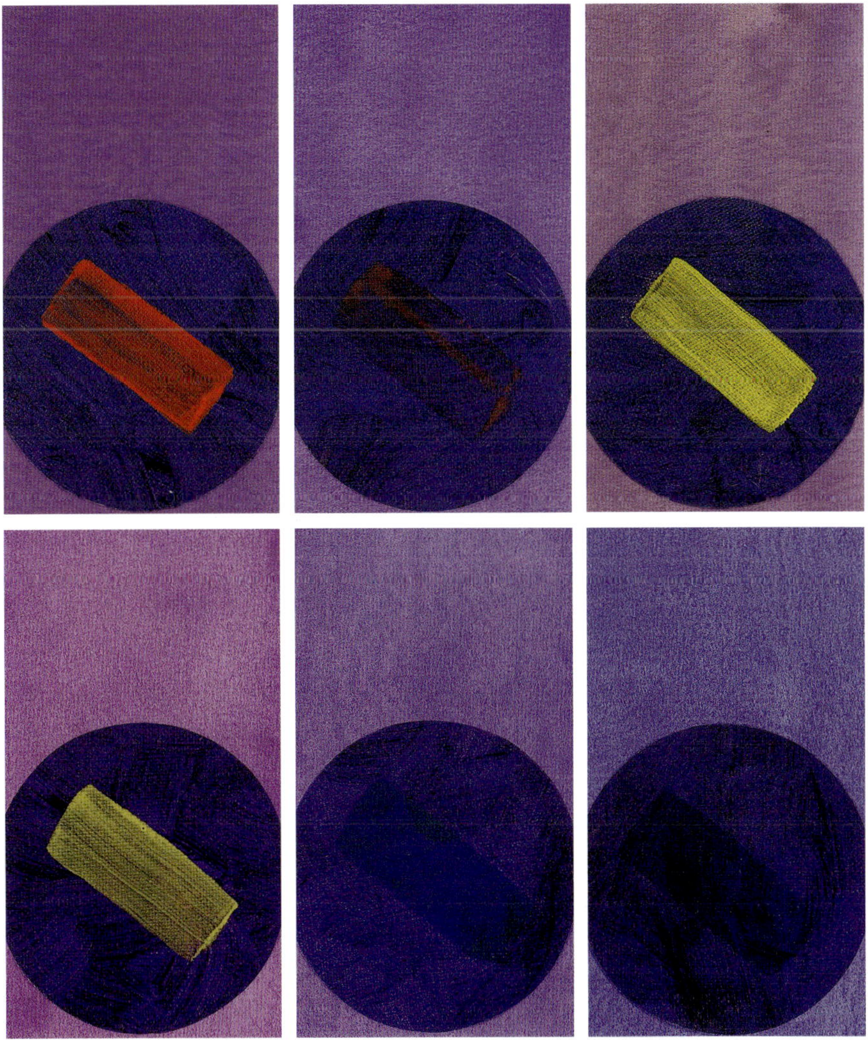

Dioxazinviolett

Fortsetzung

50:50 Mischung aus Hintergrundfarbe plus Weiß

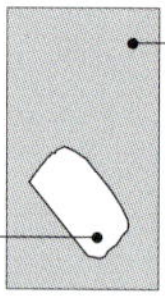

60:40 Mischung aus Dioxazinviolett plus Palettenfarbe

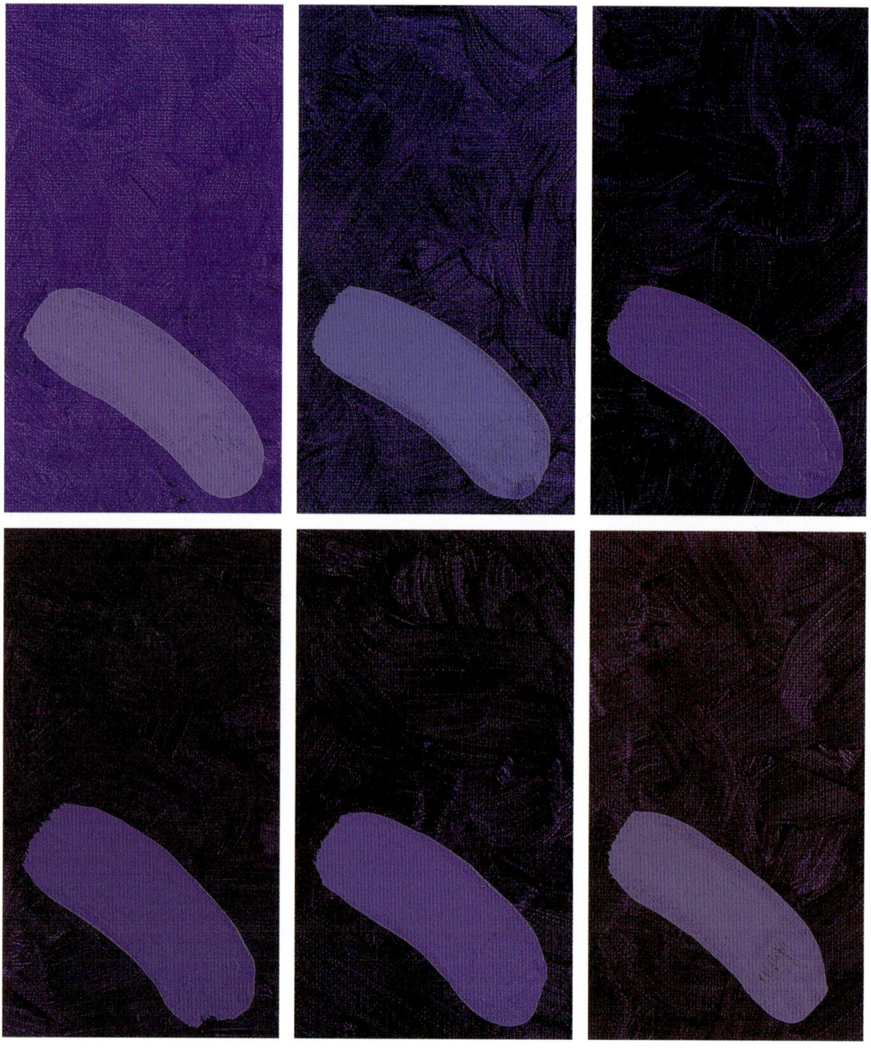

Palettenfarben

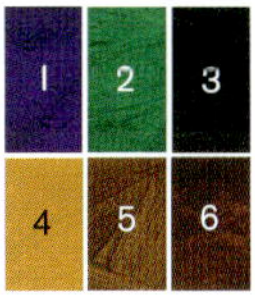

1 Dioxazinviolett
2 Phthalogrün (Blauton)
3 Elfenbeinschwarz
4 Ockergelb
5 Umbra natur
6 Umbra gebrannt

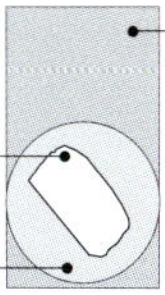

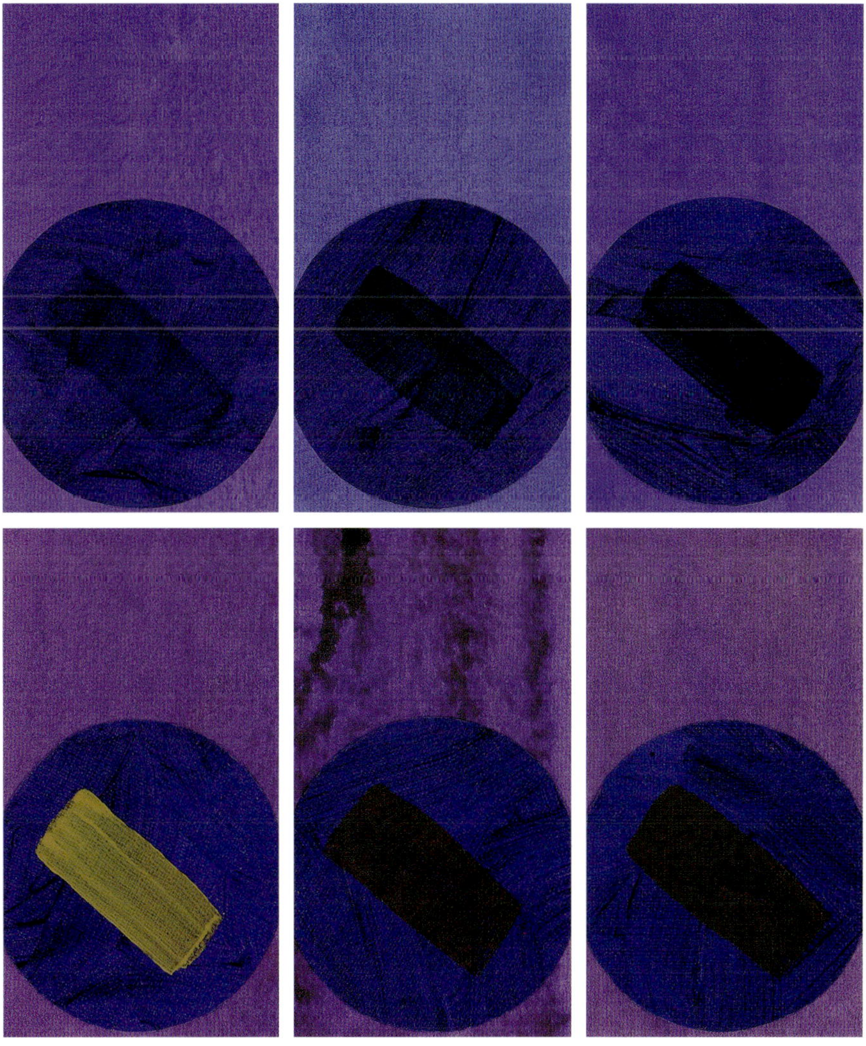

Siena gebrannt

deckend
höchste Lichtbeständigkeit

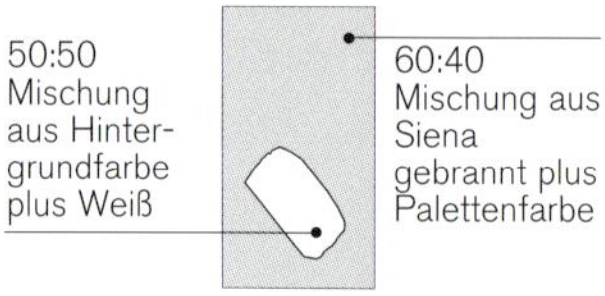

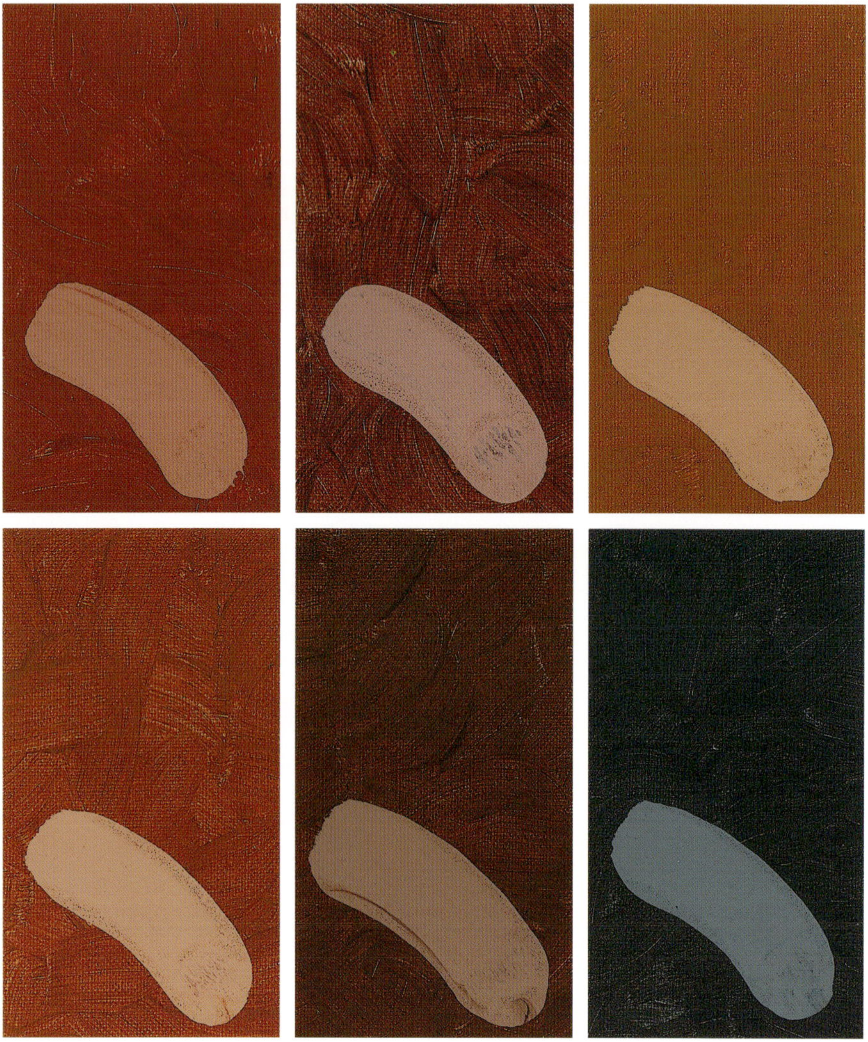

Palettenfarben

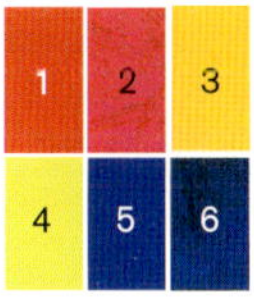

1 Kadmiumrot mittel
2 Karmesinrot
3 Kadmiumgelb mittel
4 Hansagelb hell
5 Ultramarinblau
6 Phthalocyaninblau

Palettenfarbe lasierend aufgetragen

100 % Siena gebrannt

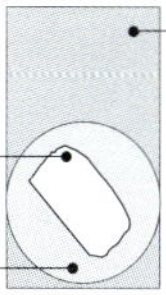

40:60 Mischung aus Siena gebrannt plus Palettenfarbe, mit Wasser verdünnt

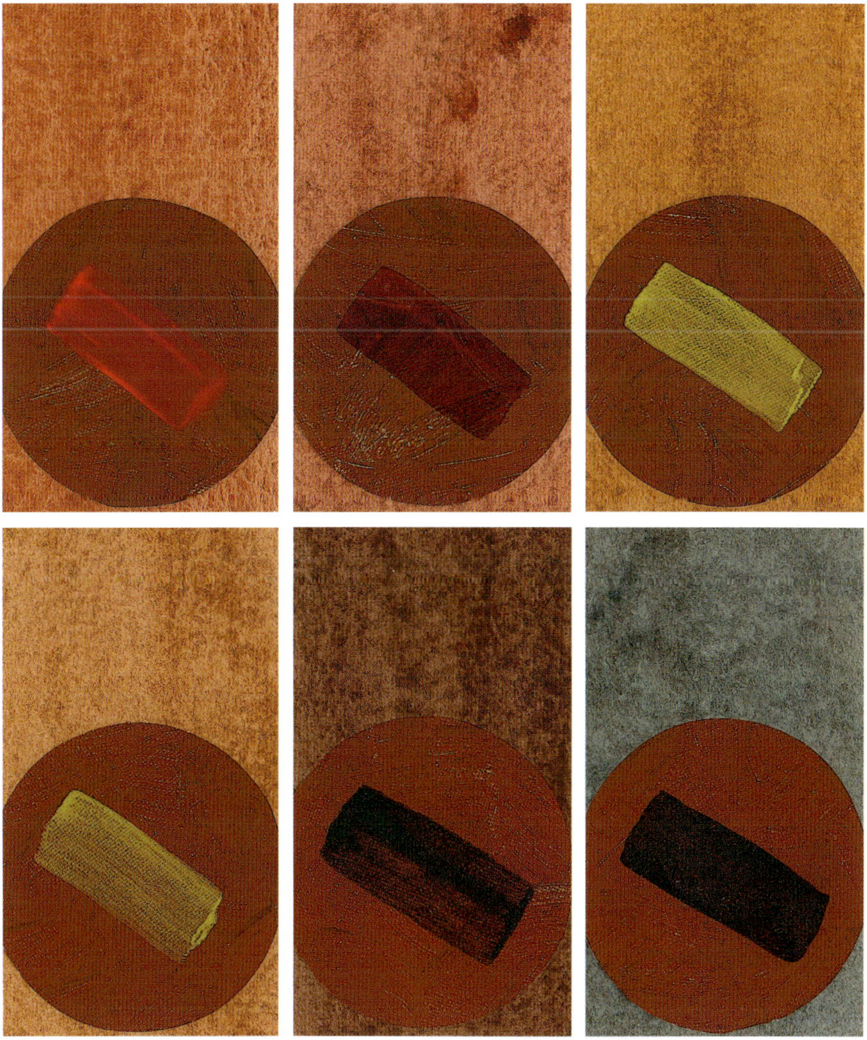

Siena gebrannt
Fortsetzung

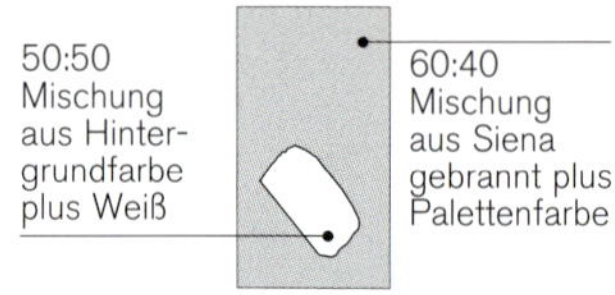

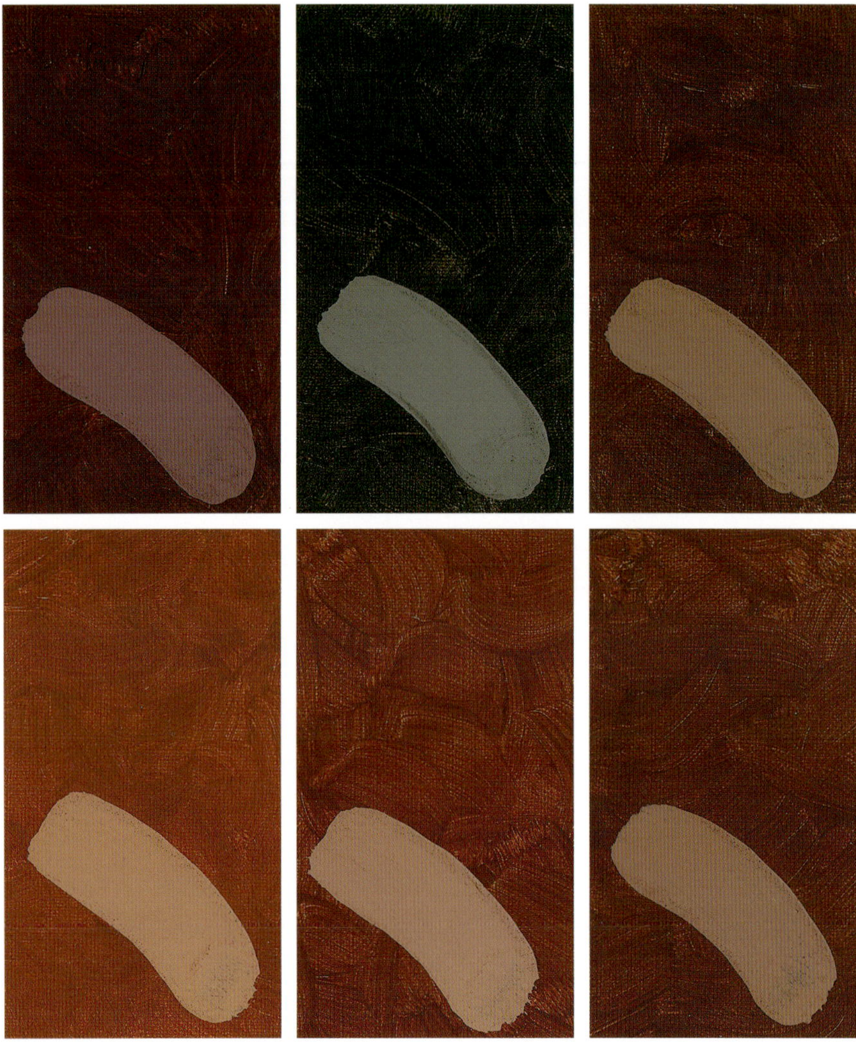

Palettenfarben

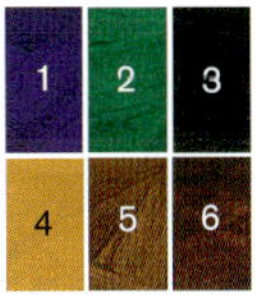

1 Dioxazinviolett
2 Phthalogrün (Blauton)
3 Elfenbeinschwarz
4 Ockergelb
5 Umbra natur
6 Umbra gebrannt

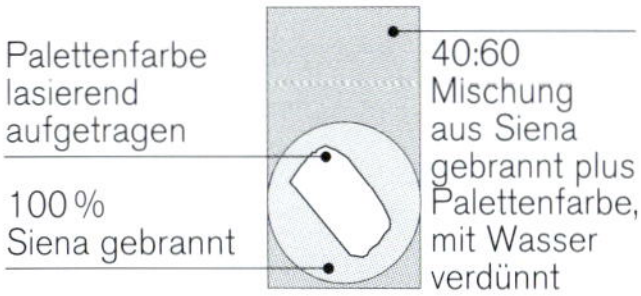

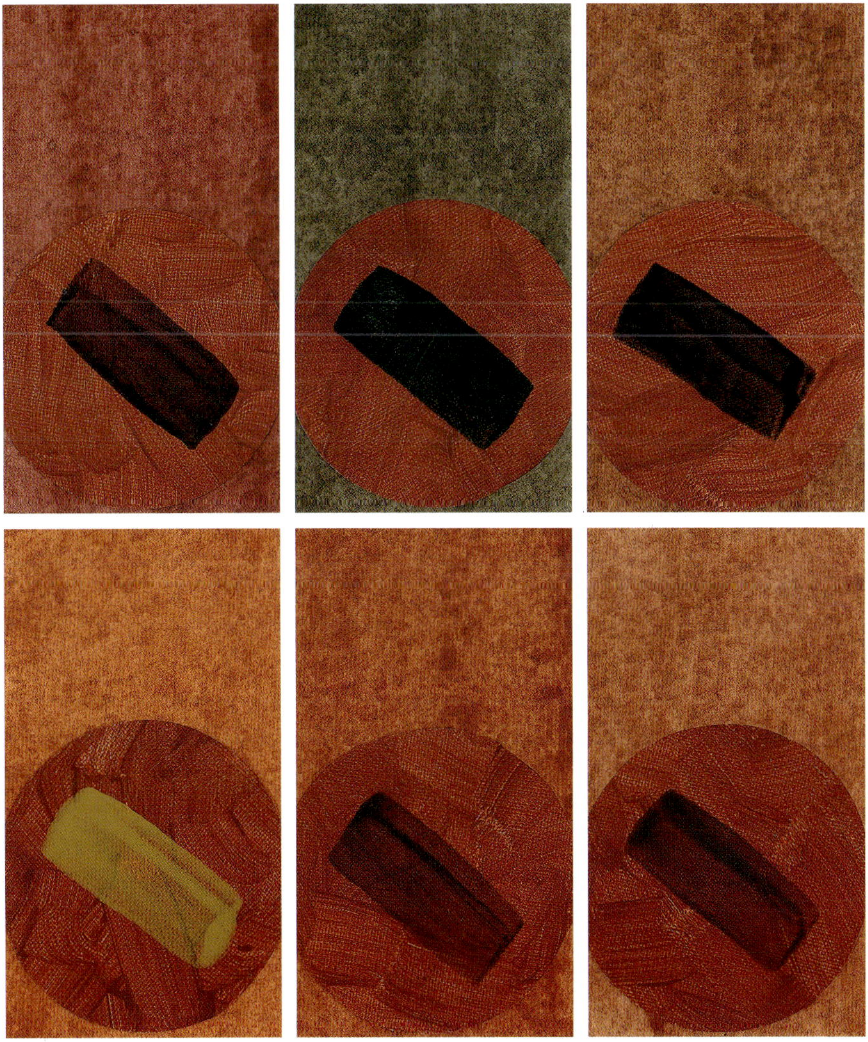

Umbra gebrannt

deckend

höchste Lichtbeständigkeit

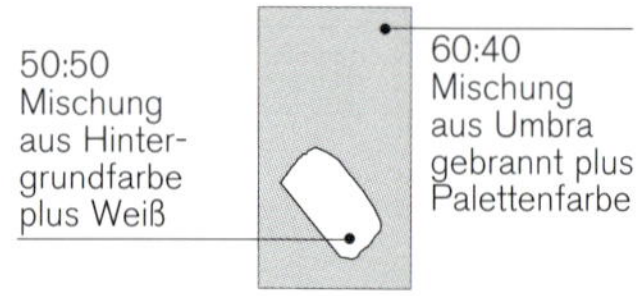

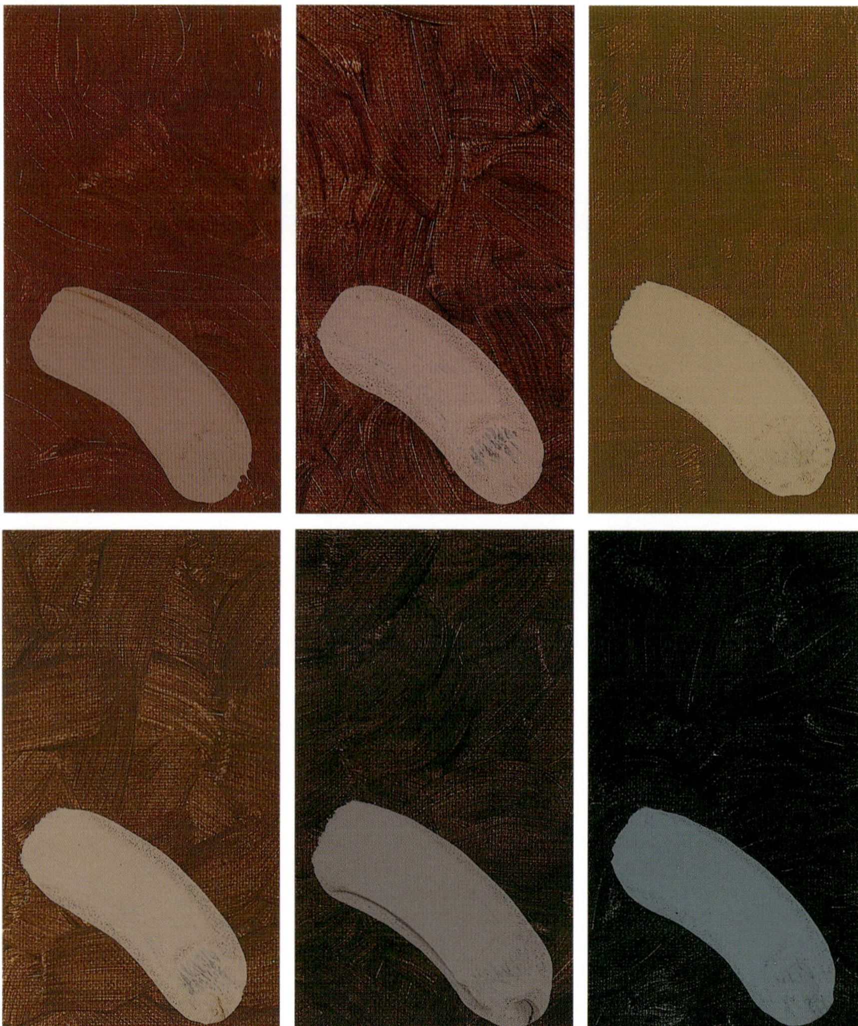

Palettenfarben

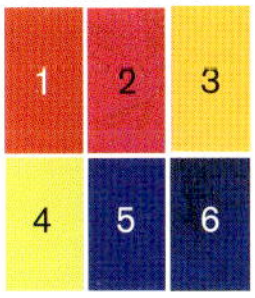

1 Kadmiumrot mittel
2 Karmesinrot
3 Kadmiumgelb mittel
4 Hansagelb hell
5 Ultramarinblau
6 Phthalocyaninblau

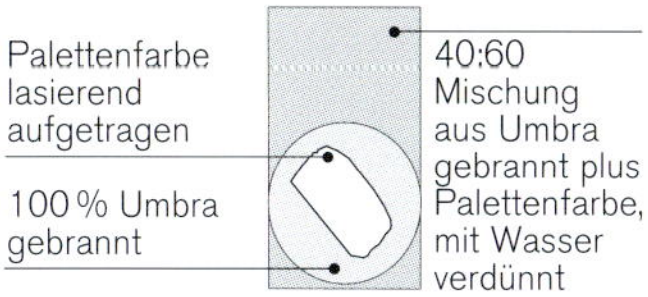

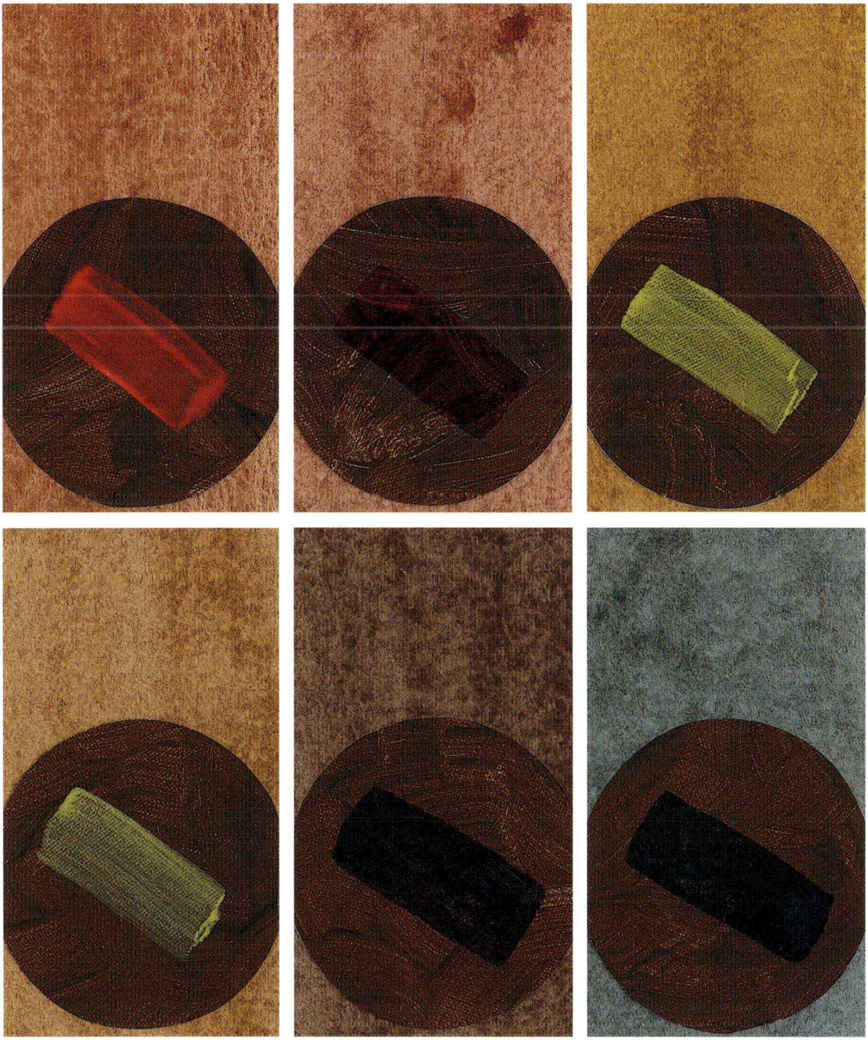

Umbra gebrannt

Fortsetzung

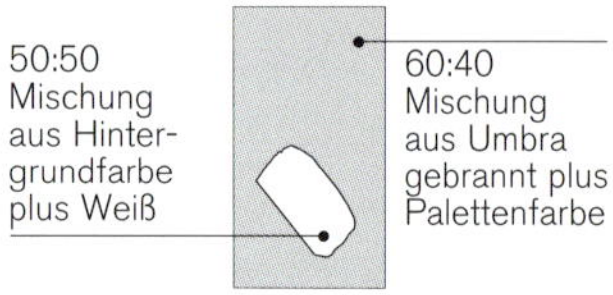

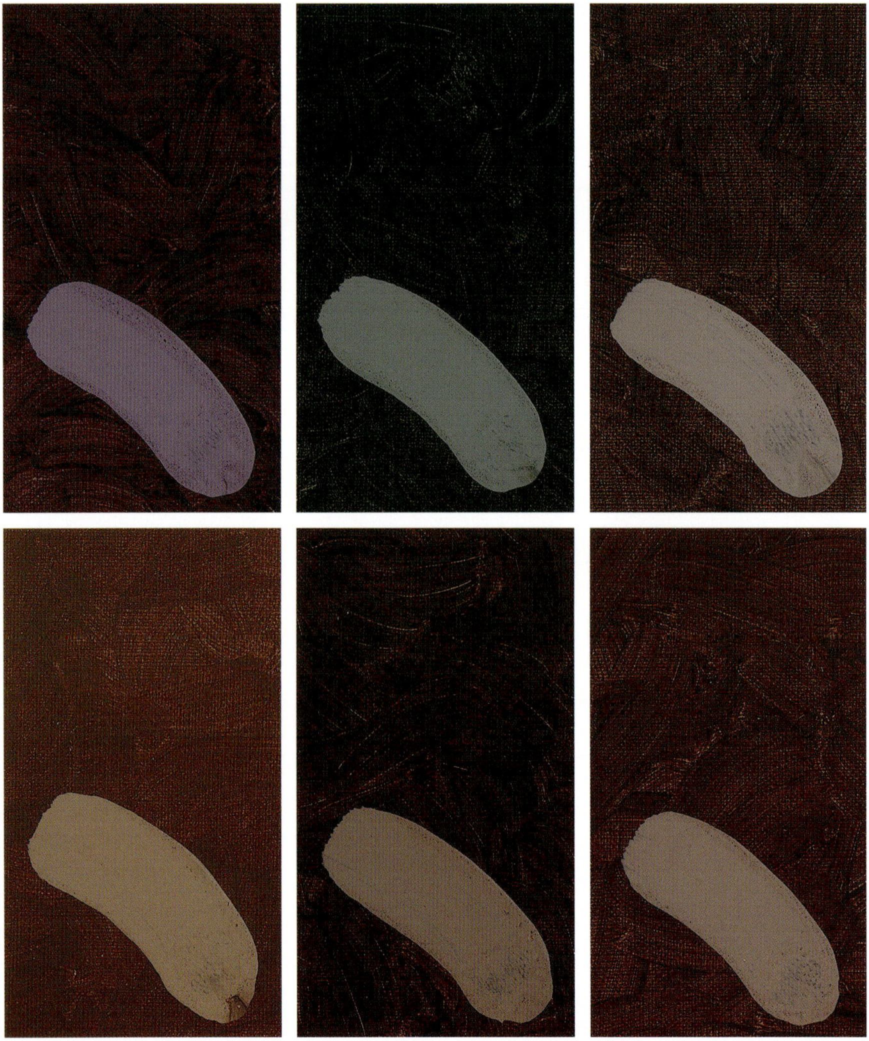

Palettenfarben

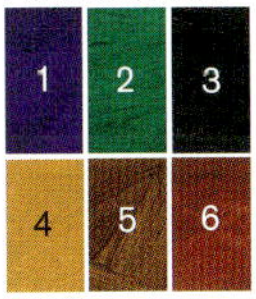

1 Dioxazinviolett
2 Phthalogrün (Blauton)
3 Elfenbeinschwarz
4 Ockergelb
5 Umbra natur
6 Umbra gebrannt

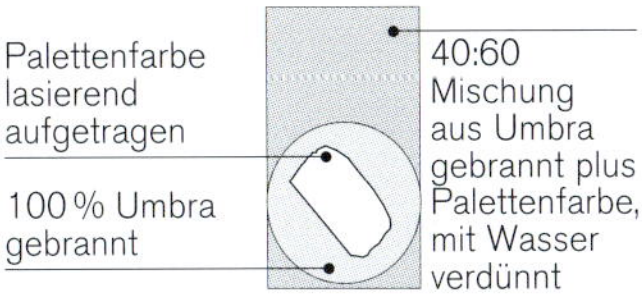

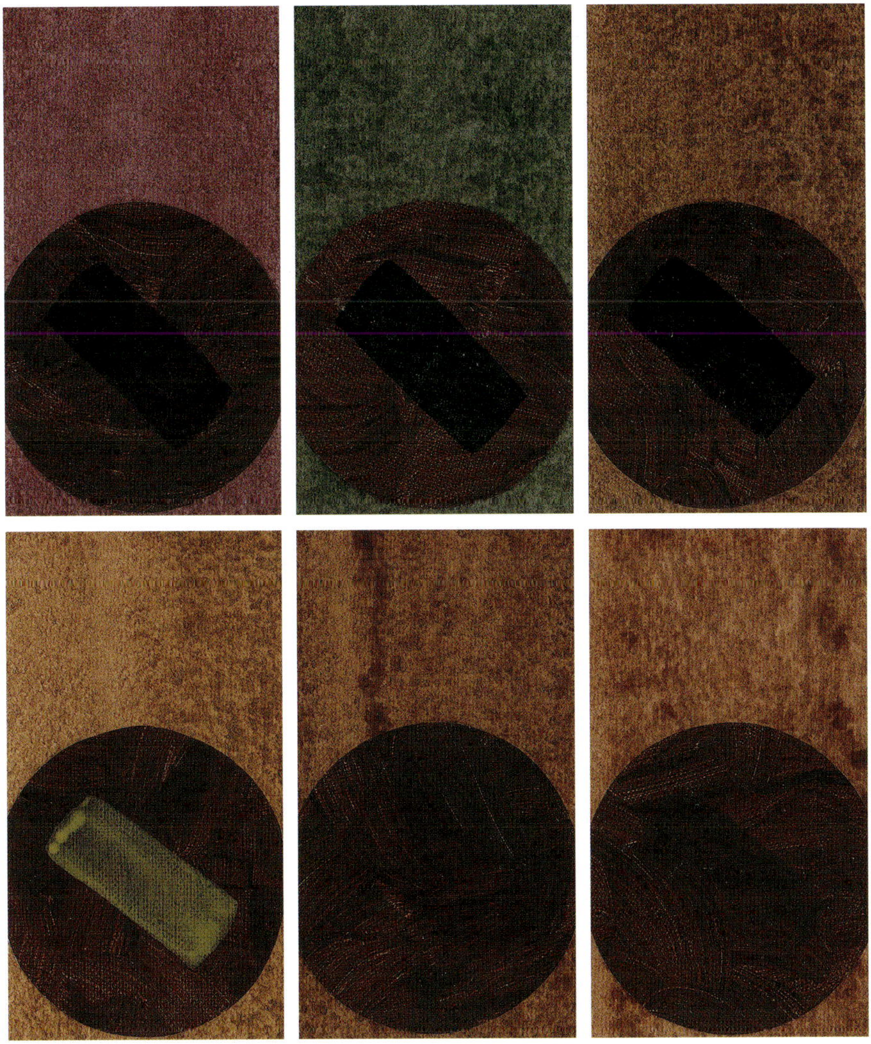

Siena natur

deckend
höchste Lichtbeständigkeit

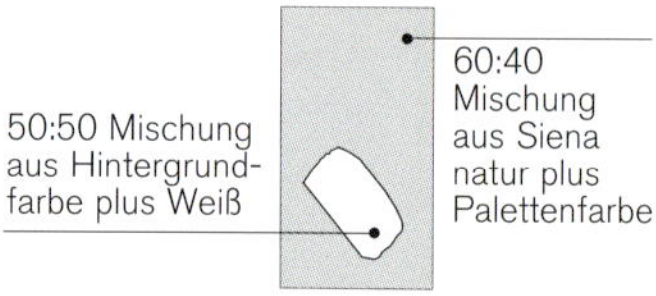

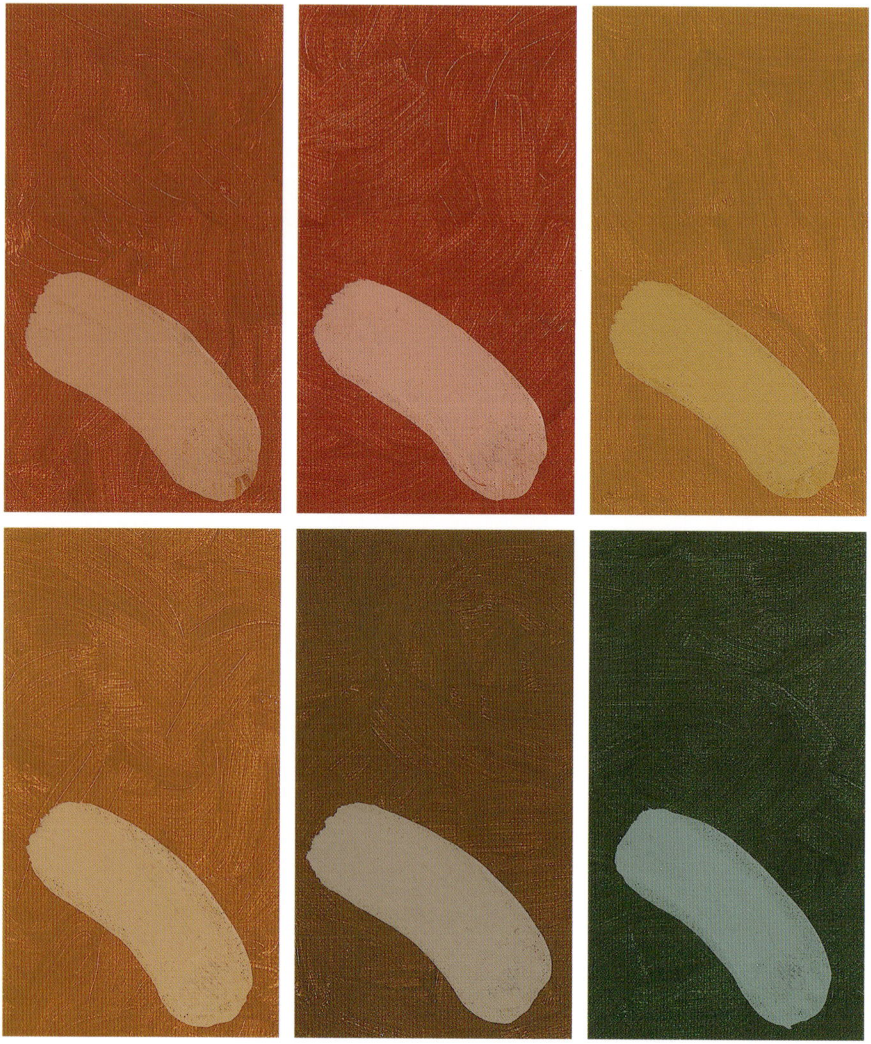

Palettenfarben

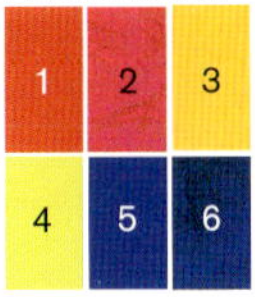

1 Kadmiumrot mittel
2 Karmesinrot
3 Kadmiumgelb mittel
4 Hansagelb hell
5 Ultramarinblau
6 Phthalocyaninblau

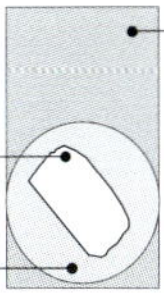

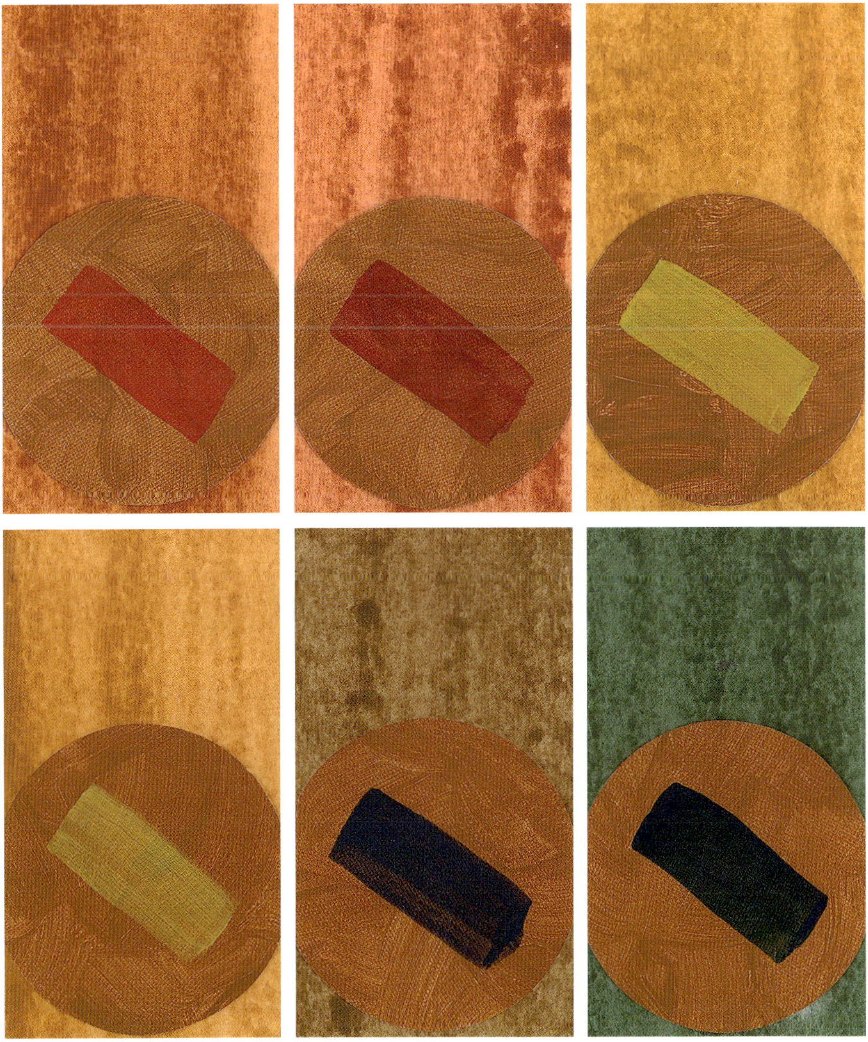

Siena natur

Fortsetzung

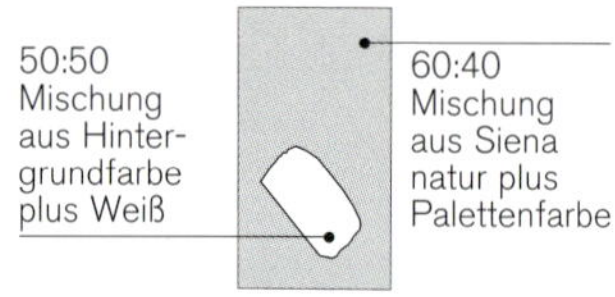

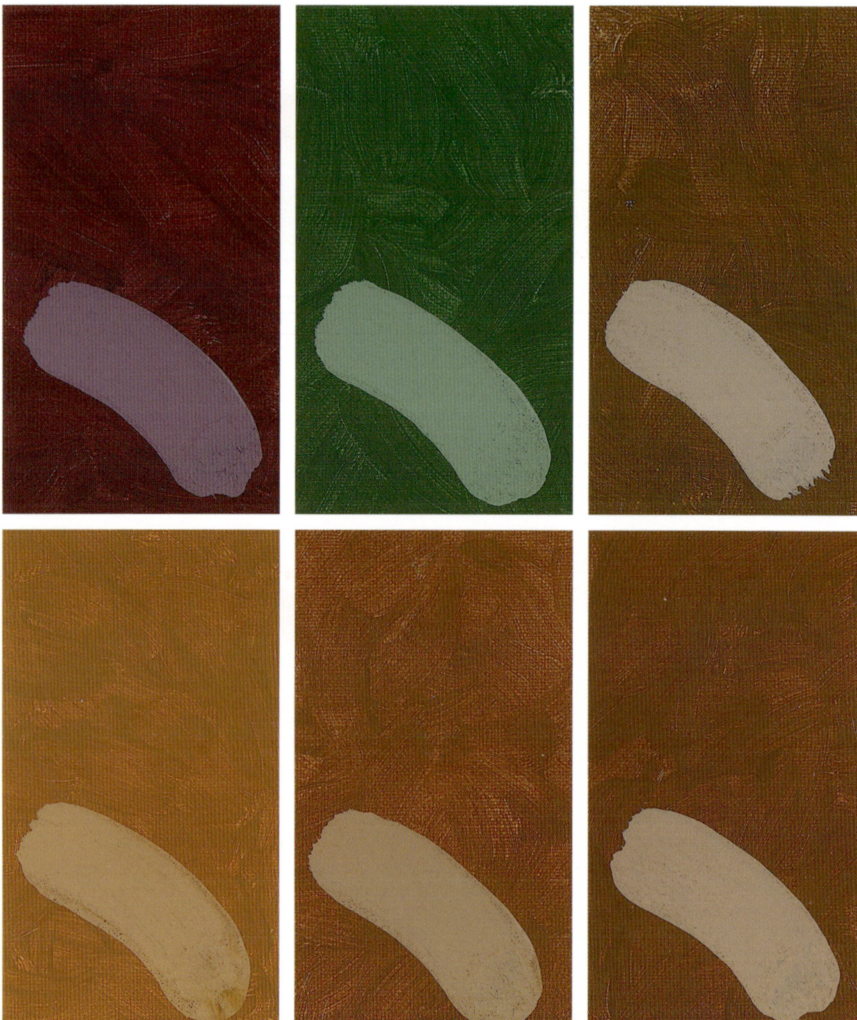

Palettenfarben

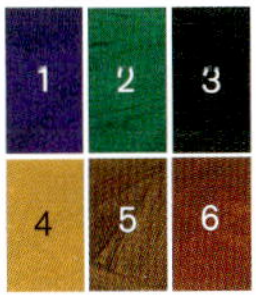

1 Dioxazinviolett
2 Phthalogrün (Blauton)
3 Elfenbeinschwarz
4 Ockergelb
5 Umbra natur
6 Umbra gebrannt

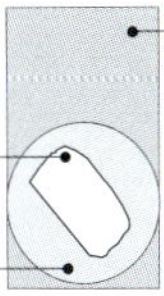

Palettenfarbe lasierend aufgetragen

100 % Siena natur

40:60 Mischung aus Siena natur plus Palettenfarbe, mit Wasser verdünnt

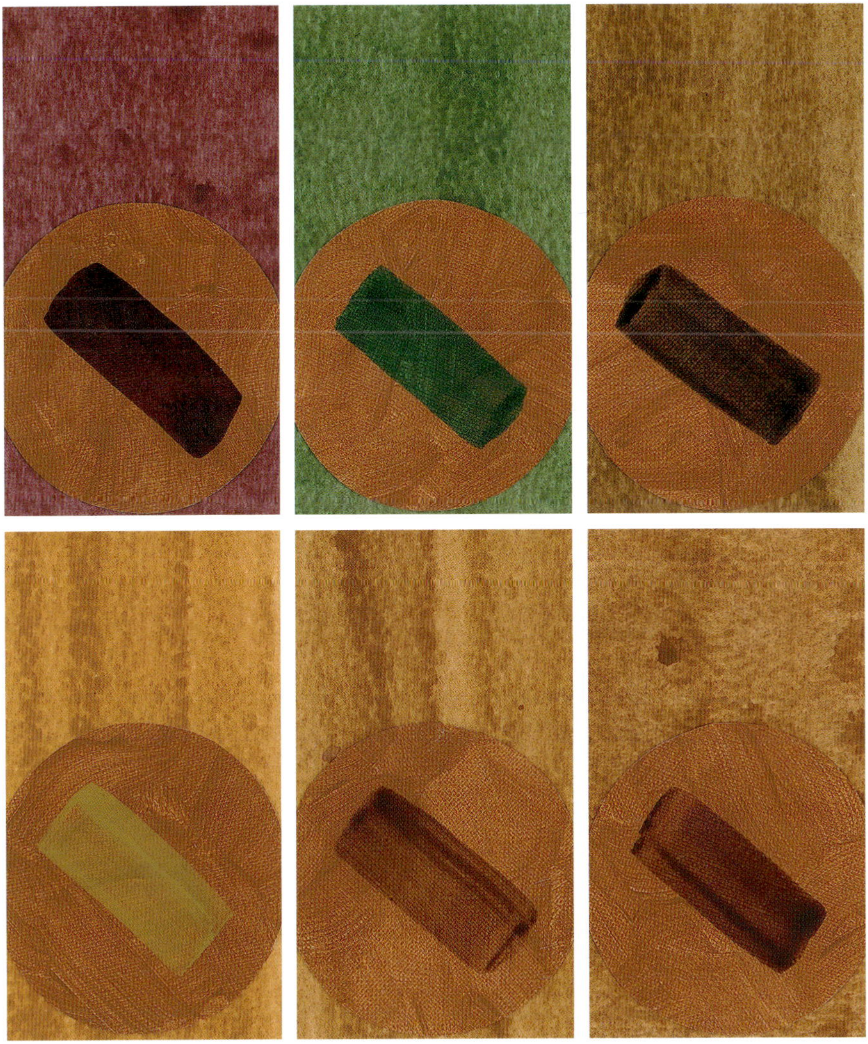

Umbra natur

deckend
höchste Lichtbeständigkeit

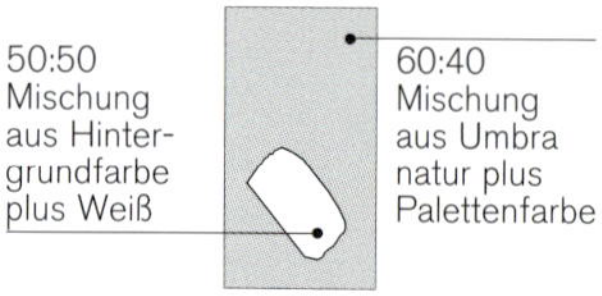

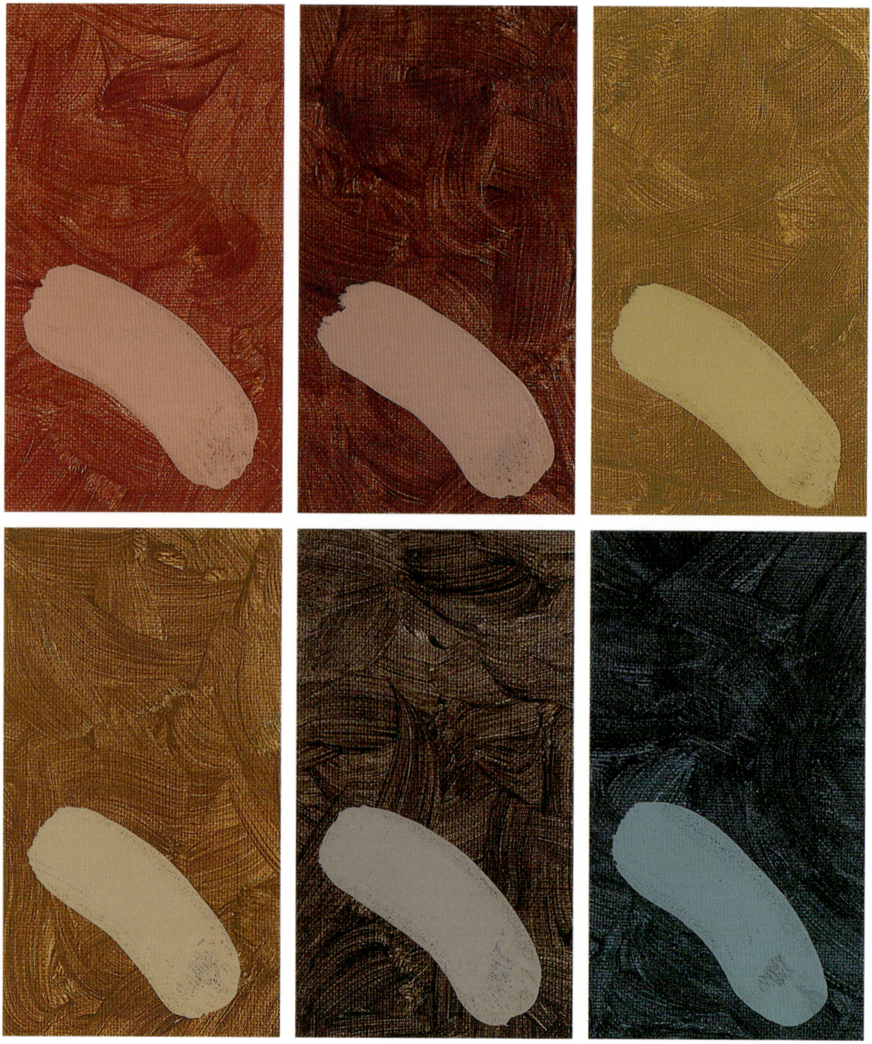

Palettenfarben

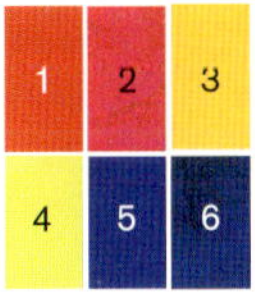

1 Kadmiumrot mittel
2 Karmesinrot
3 Kadmiumgelb mittel
4 Hansagelb hell
5 Ultramarinblau
6 Phthalocyaninblau

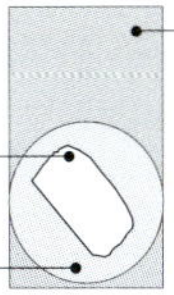

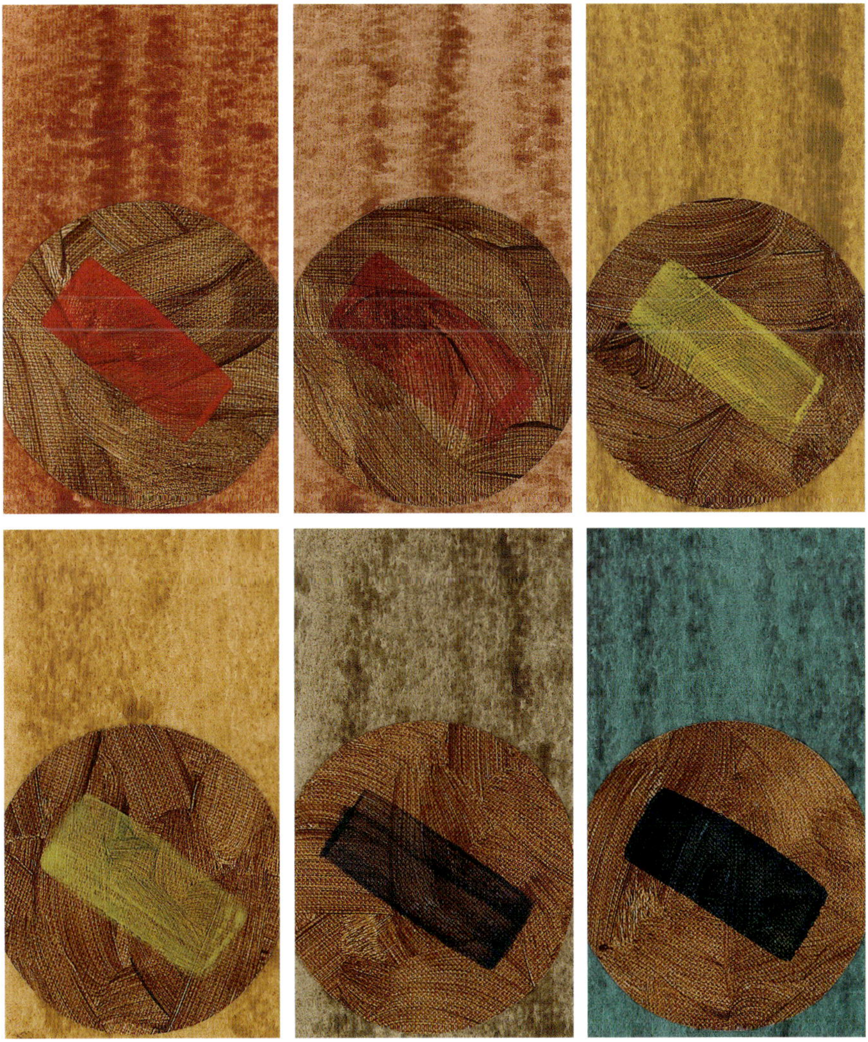

Umbra natur
Fortsetzung

50:50 Mischung aus Hintergrundfarbe plus Weiß

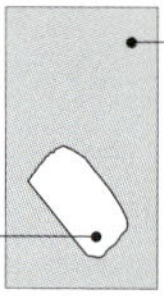

60:40 Mischung aus Umbra natur plus Palettenfarbe

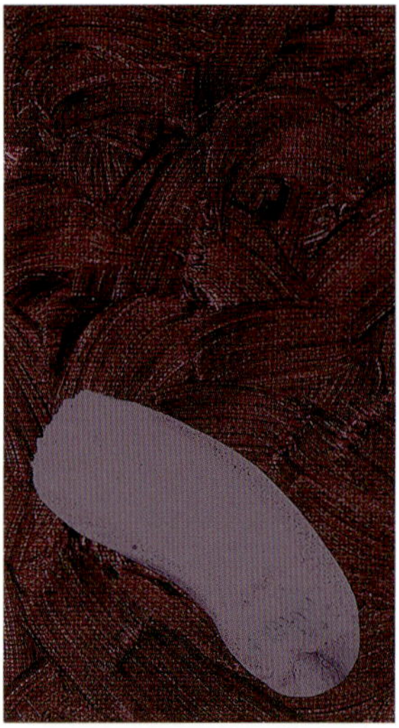

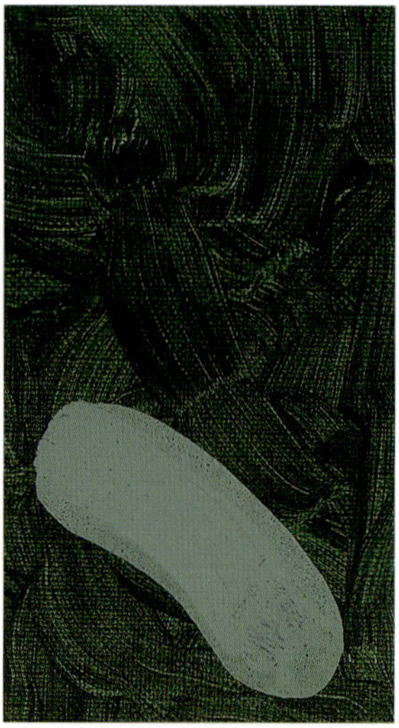

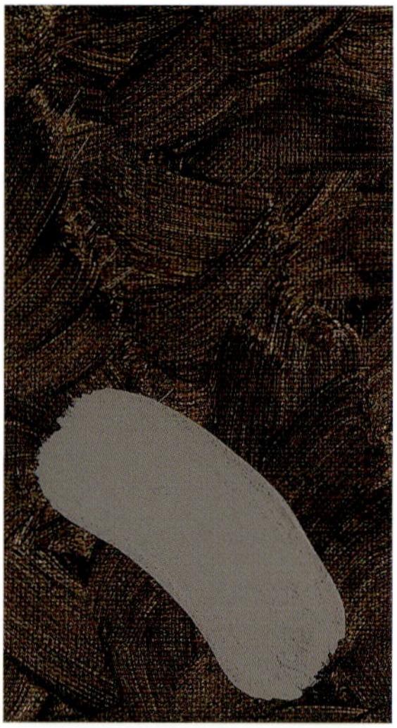

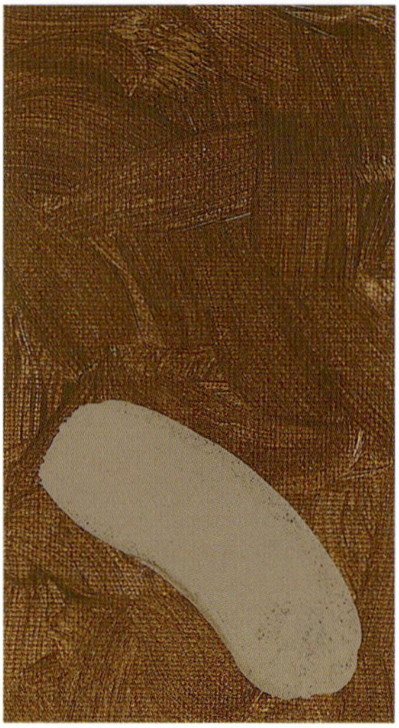

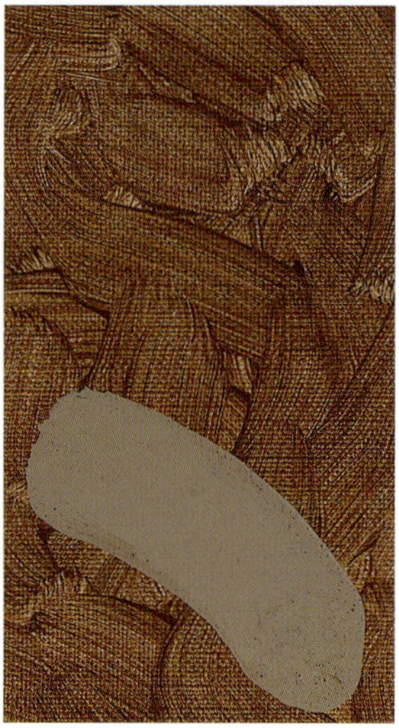

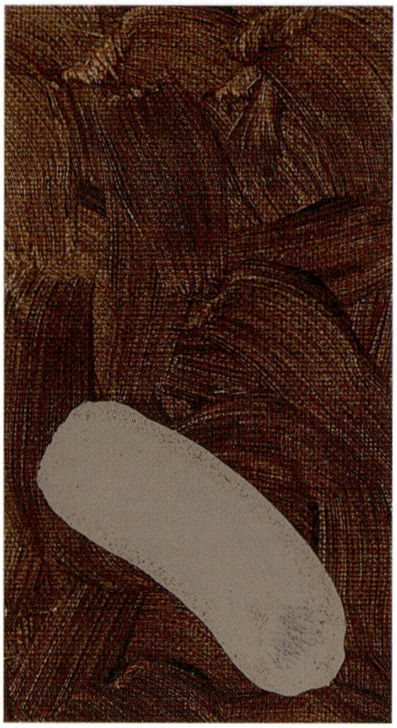

Palettenfarben

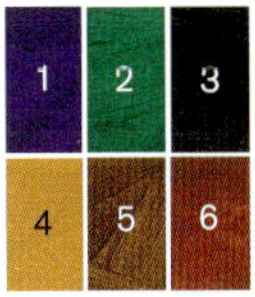

1 Dioxazinviolett
2 Phthalogrün (Blauton)
3 Elfenbeinschwarz
4 Ockergelb
5 Umbra natur
6 Umbra gebrannt

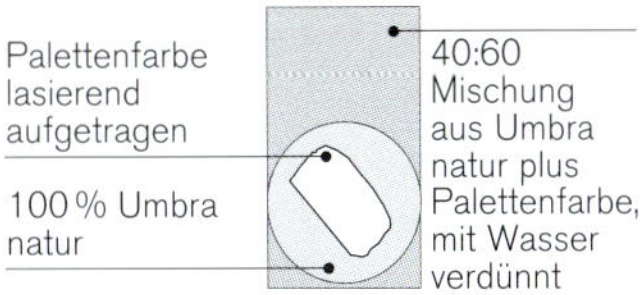

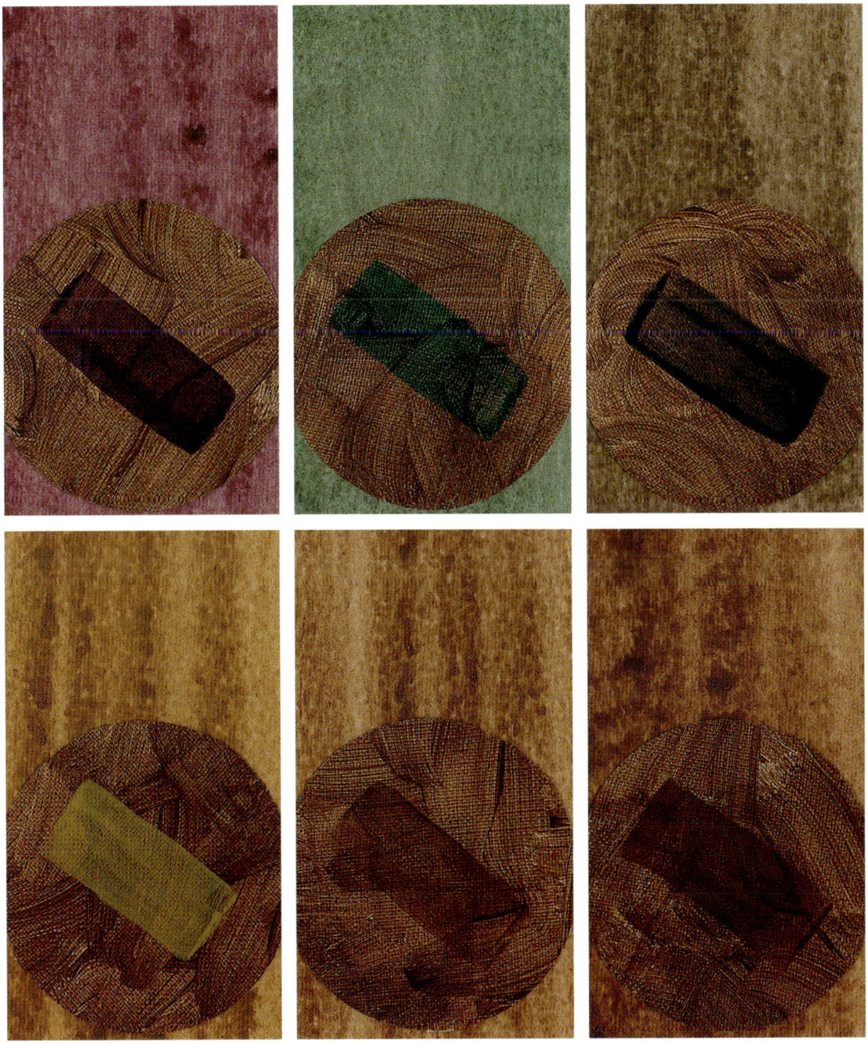

Marsschwarz

deckend
höchste Lichtbeständigkeit

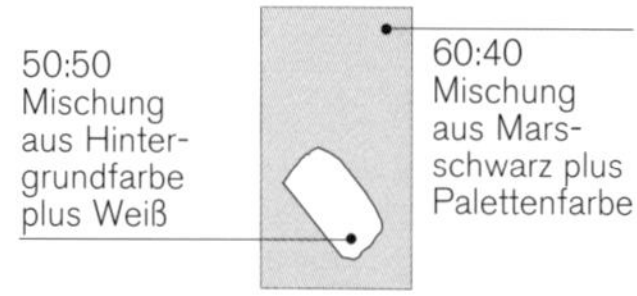

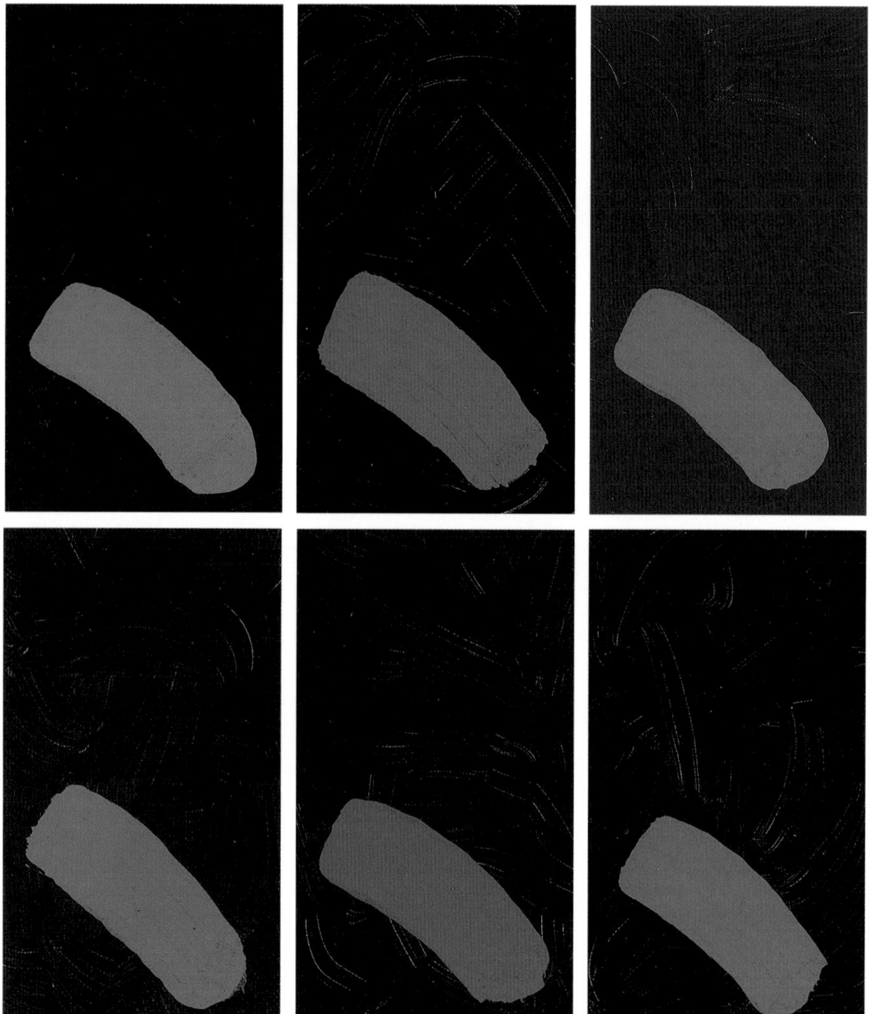

Palettenfarben

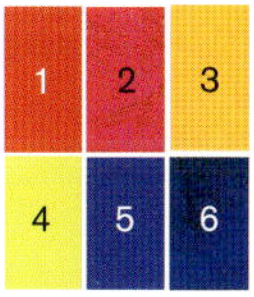

1 Kadmiumrot mittel
2 Karmesinrot
3 Kadmiumgelb mittel
4 Hansagelb hell
5 Ultramarinblau
6 Phthalocyaninblau

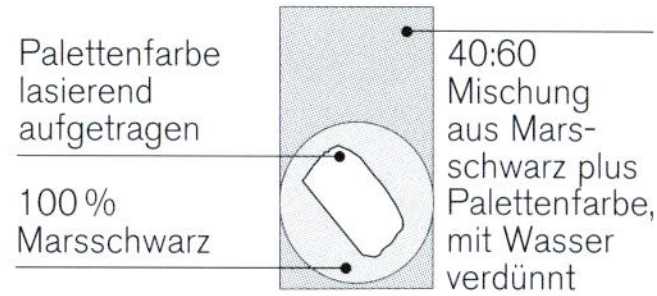

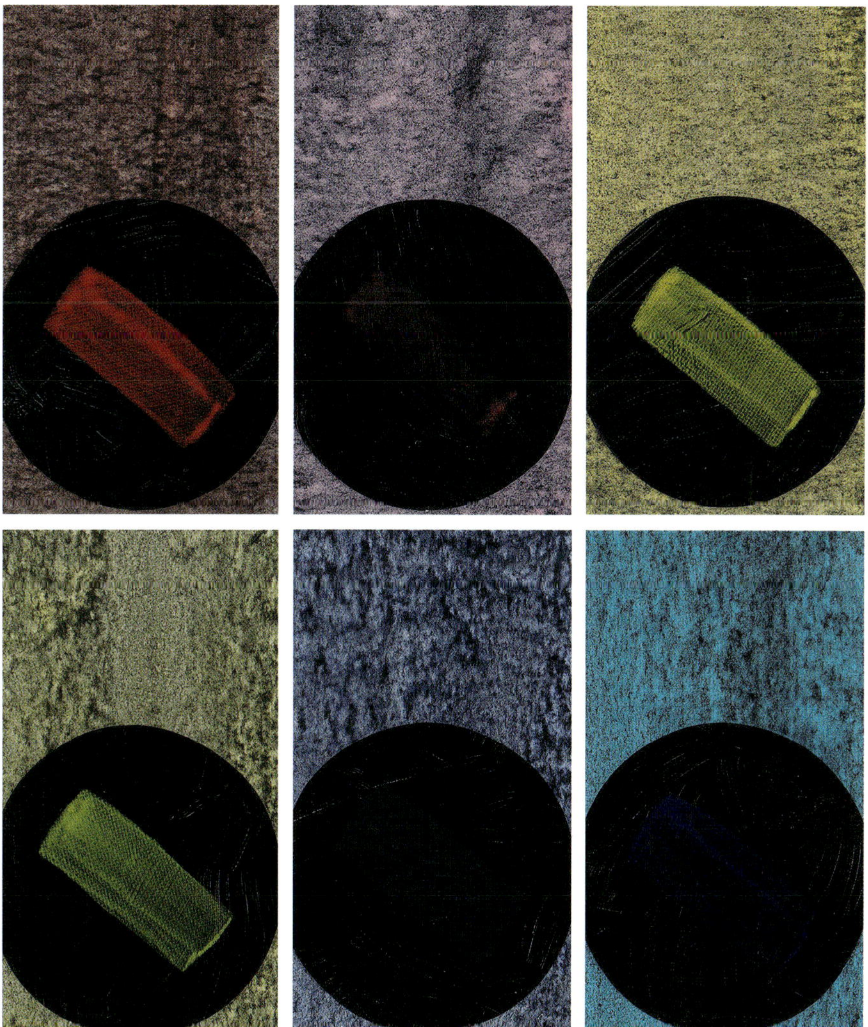

Marsschwarz

Fortsetzung

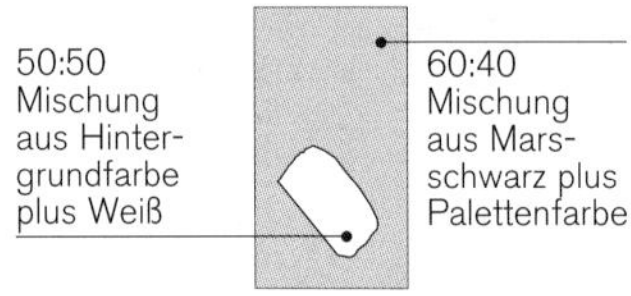

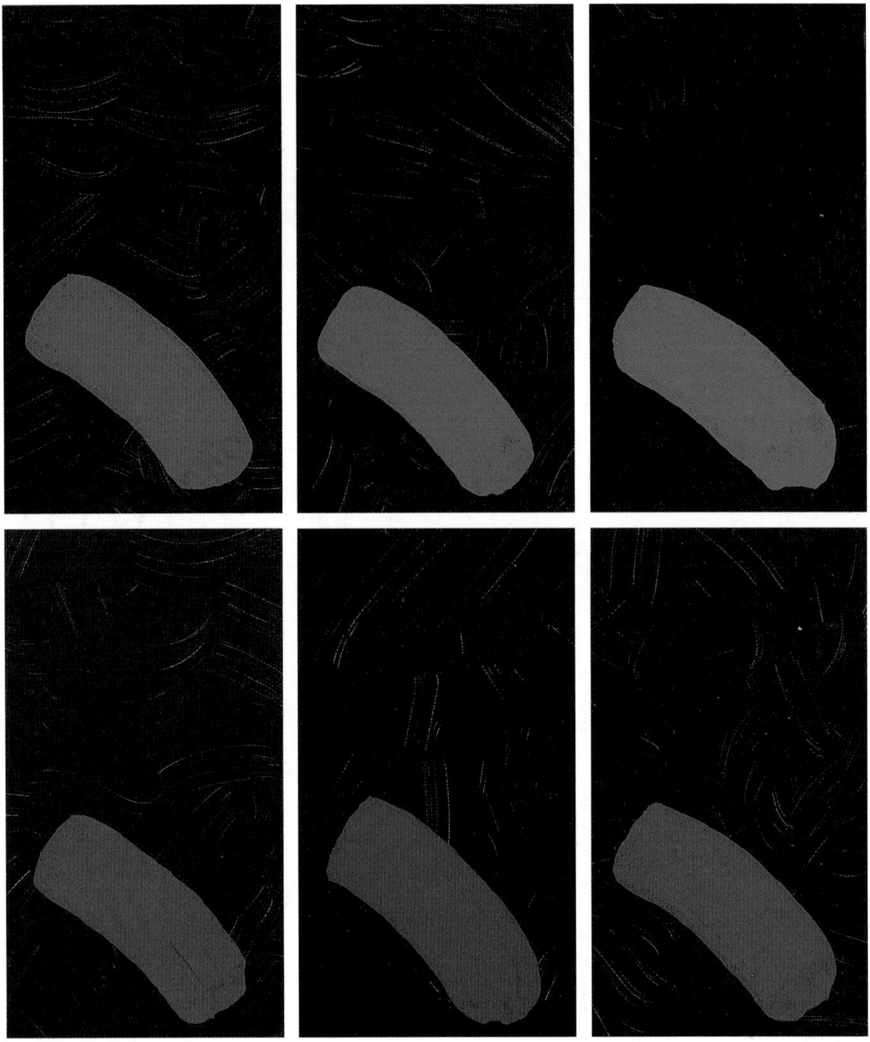

Palettenfarben

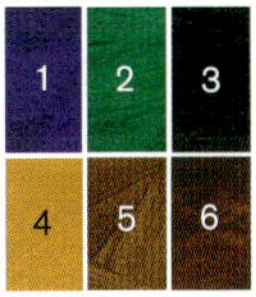

1 Dioxazinviolett
2 Phthalogrün (Blauton)
3 Elfenbeinschwarz
4 Ockergelb
5 Umbra natur
6 Umbra gebrannt

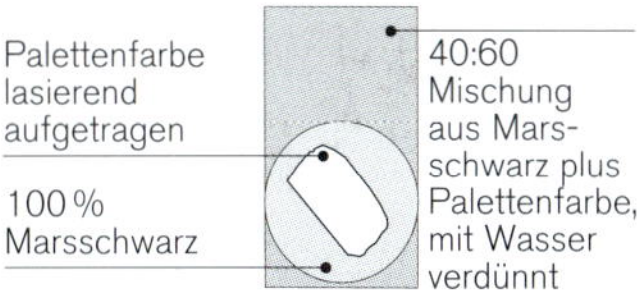

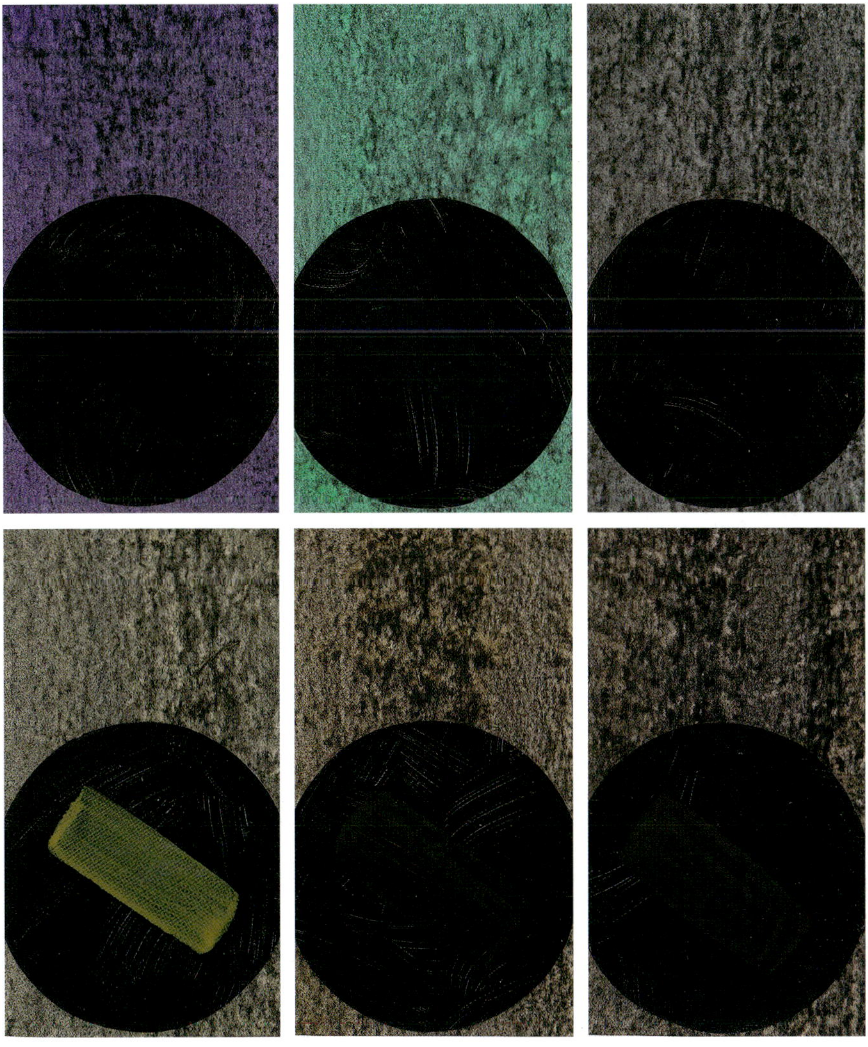

Elfenbeinschwarz

deckend

höchste Lichtbeständigkeit

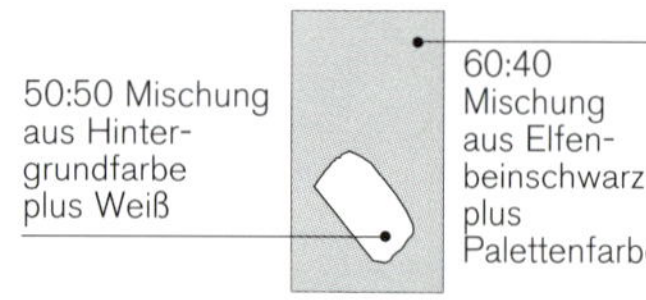

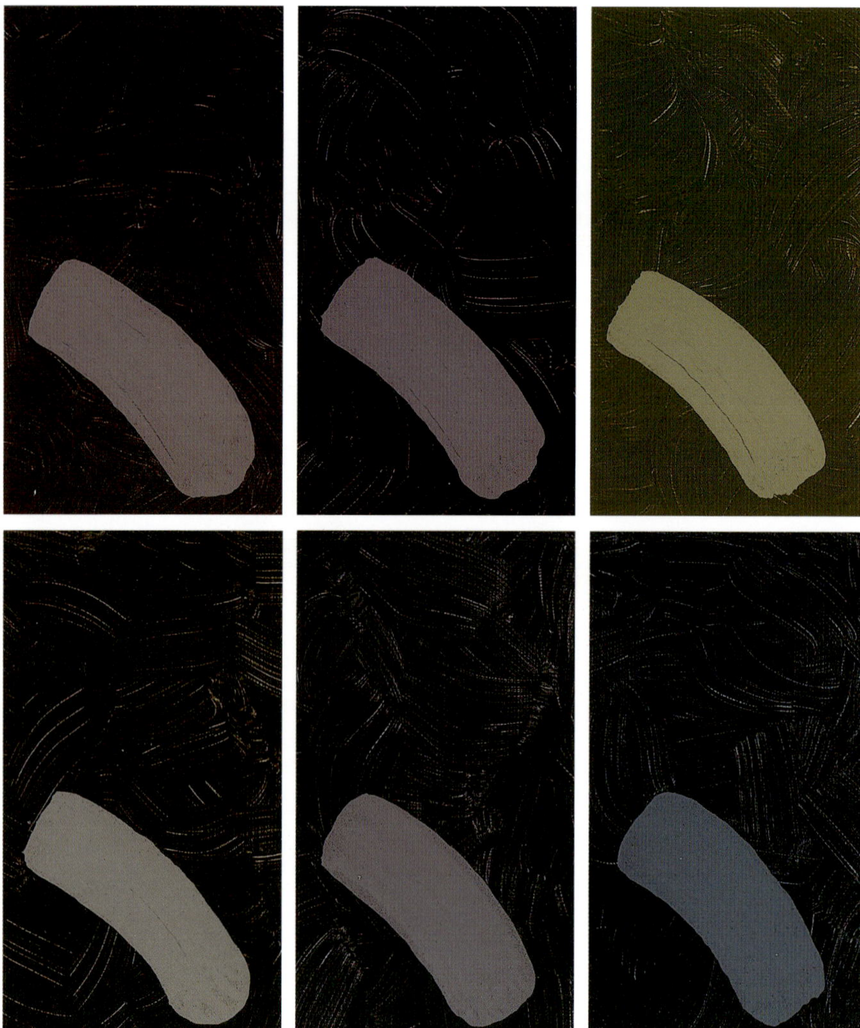

Palettenfarben

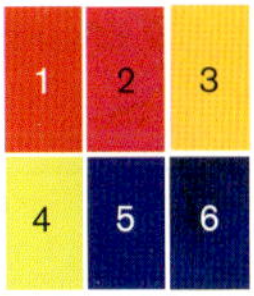

1 Kadmiumrot mittel
2 Karmesinrot
3 Kadmiumgelb mittel
4 Hansagelb hell
5 Ultramarinblau
6 Phthalocyaninblau

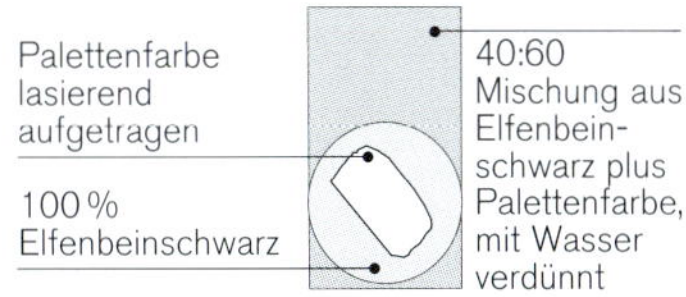

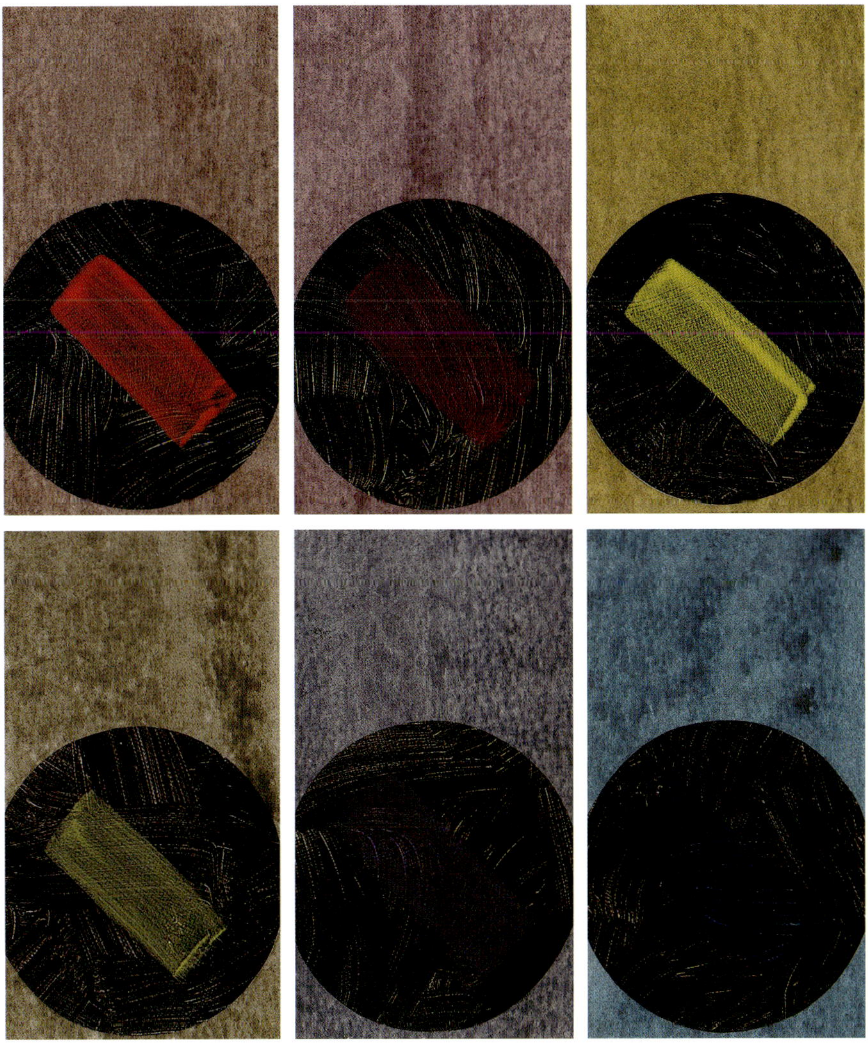

Elfenbeinschwarz

Fortsetzung

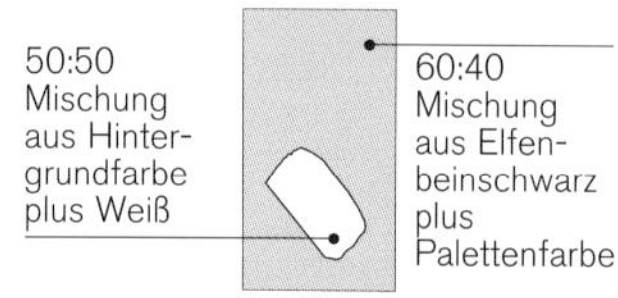

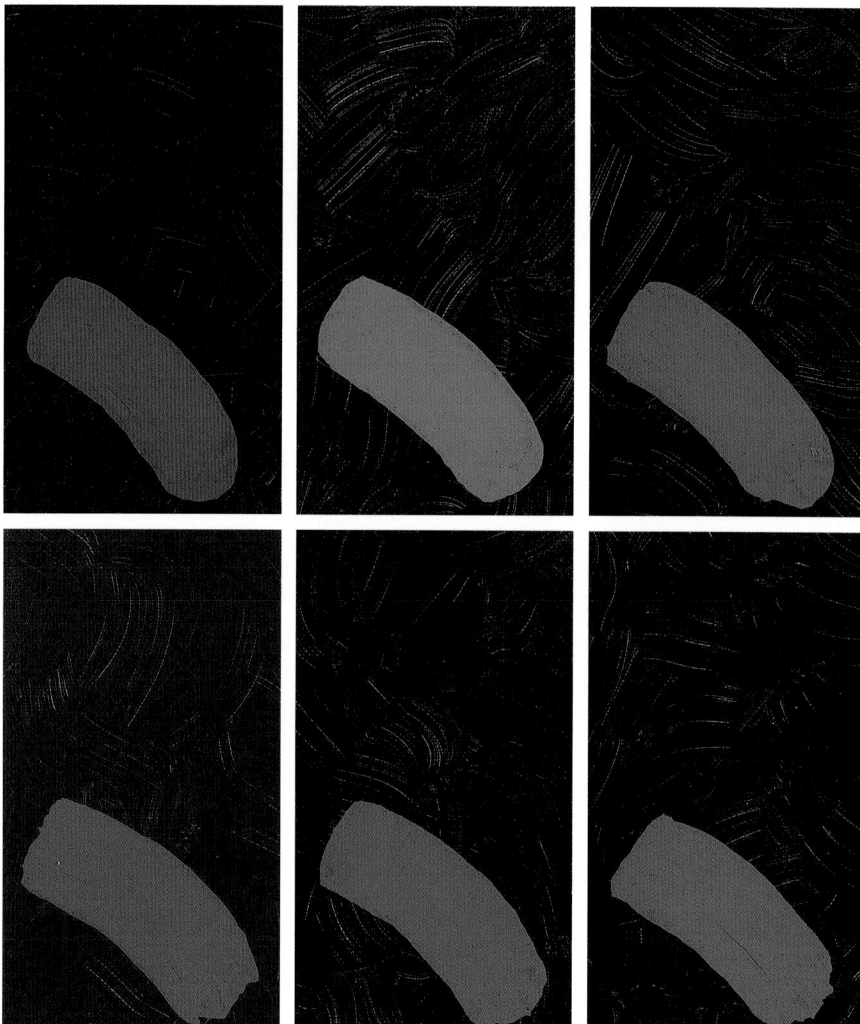

Palettenfarben

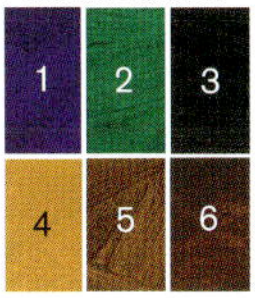

1 Dioxazinviolett
2 Phthalogrün (Blauton)
3 Elfenbeinschwarz
4 Ockergelb
5 Umbra natur
6 Umbra gebrannt

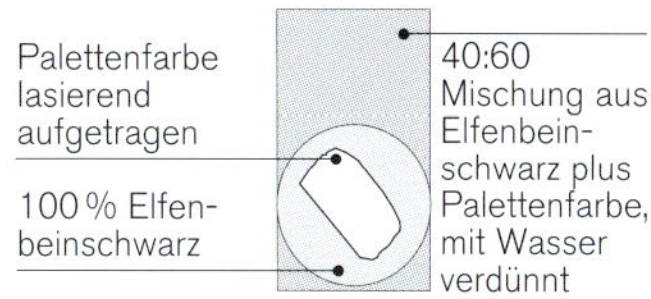

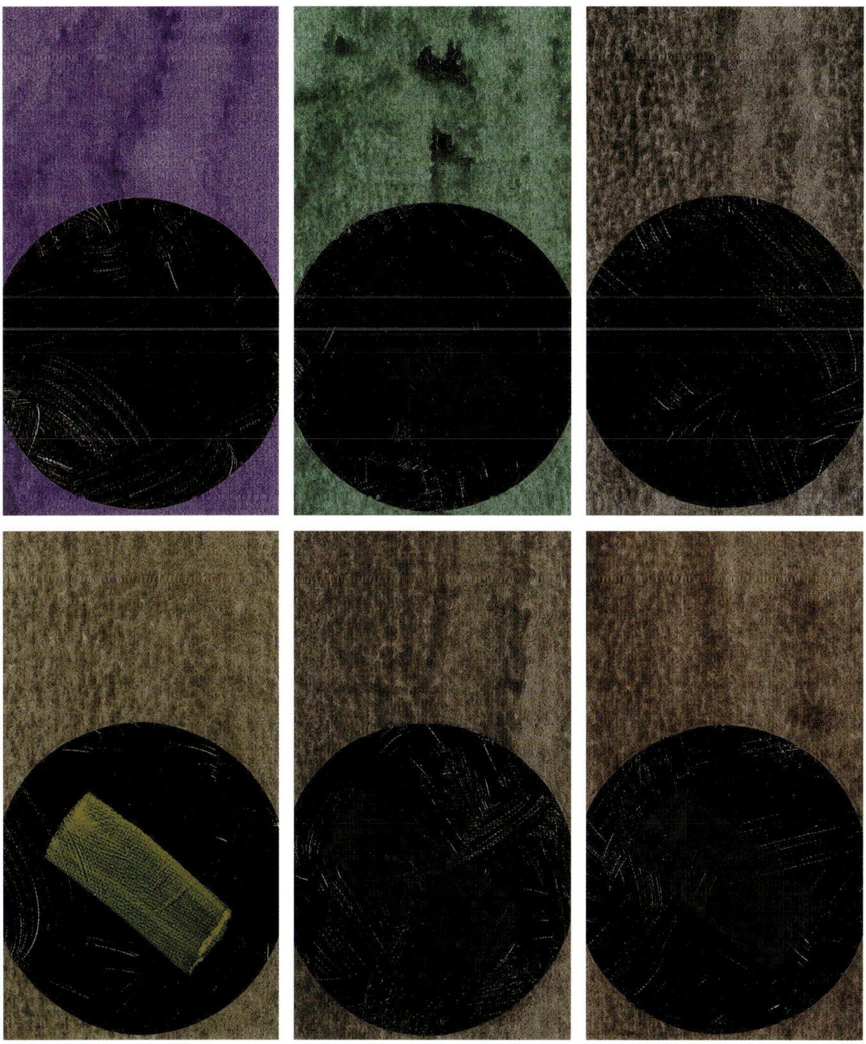

Paynesgrau

deckend

höchste Lichtbeständigkeit

50:50
Mischung
aus Hinter-
grundfarbe
plus Weiß

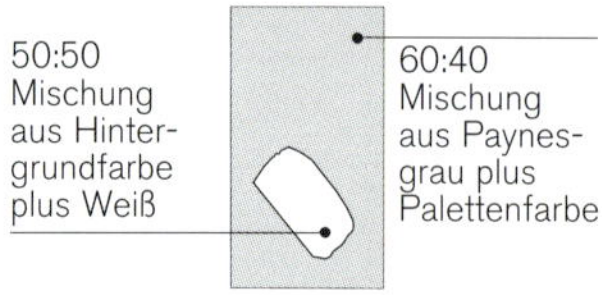

60:40
Mischung
aus Paynes-
grau plus
Palettenfarbe

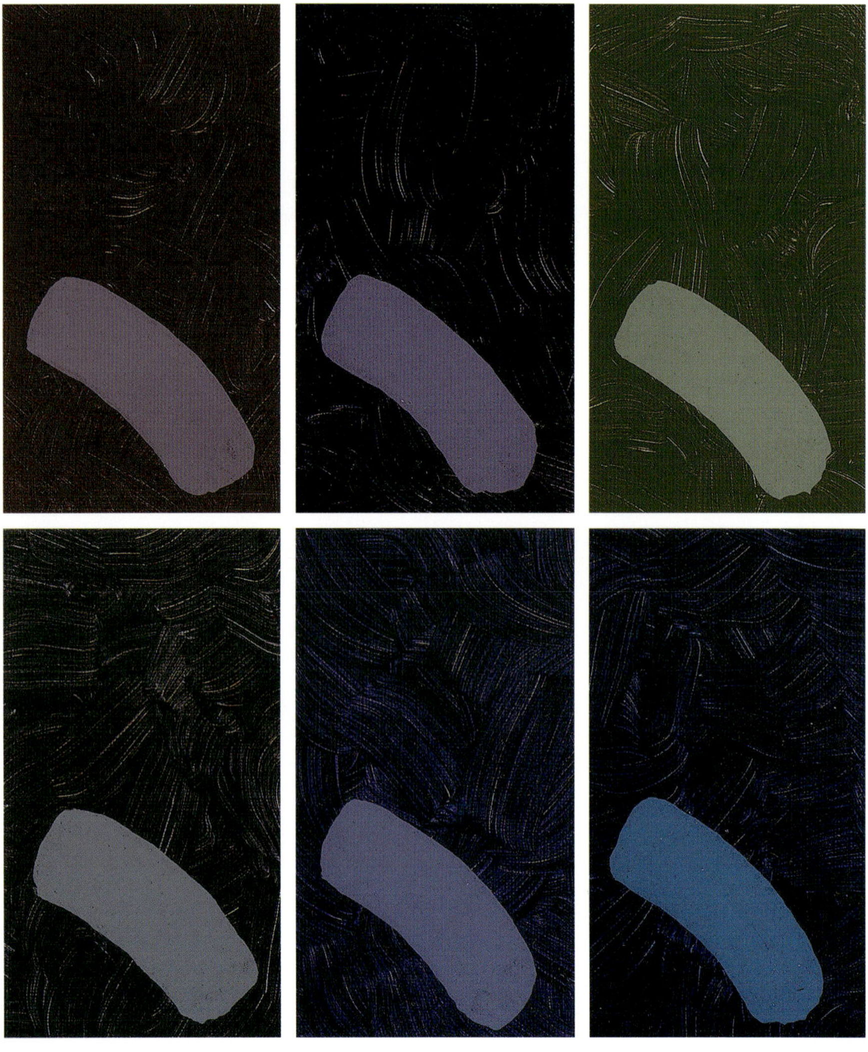

Palettenfarben

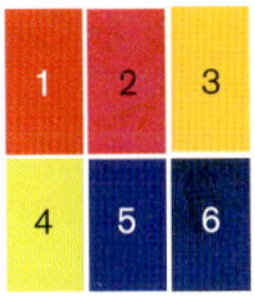

1 Kadmiumrot mittel
2 Karmesinrot
3 Kadmiumgelb mittel
4 Hansagelb hell
5 Ultramarinblau
6 Phthalocyaninblau

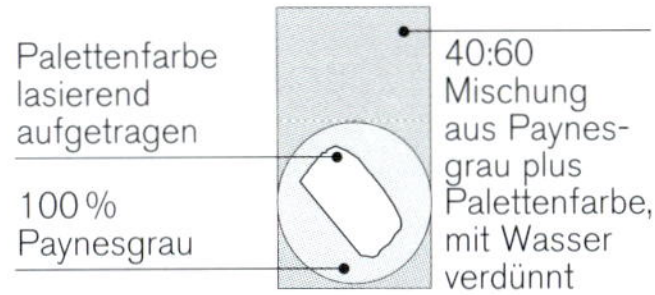

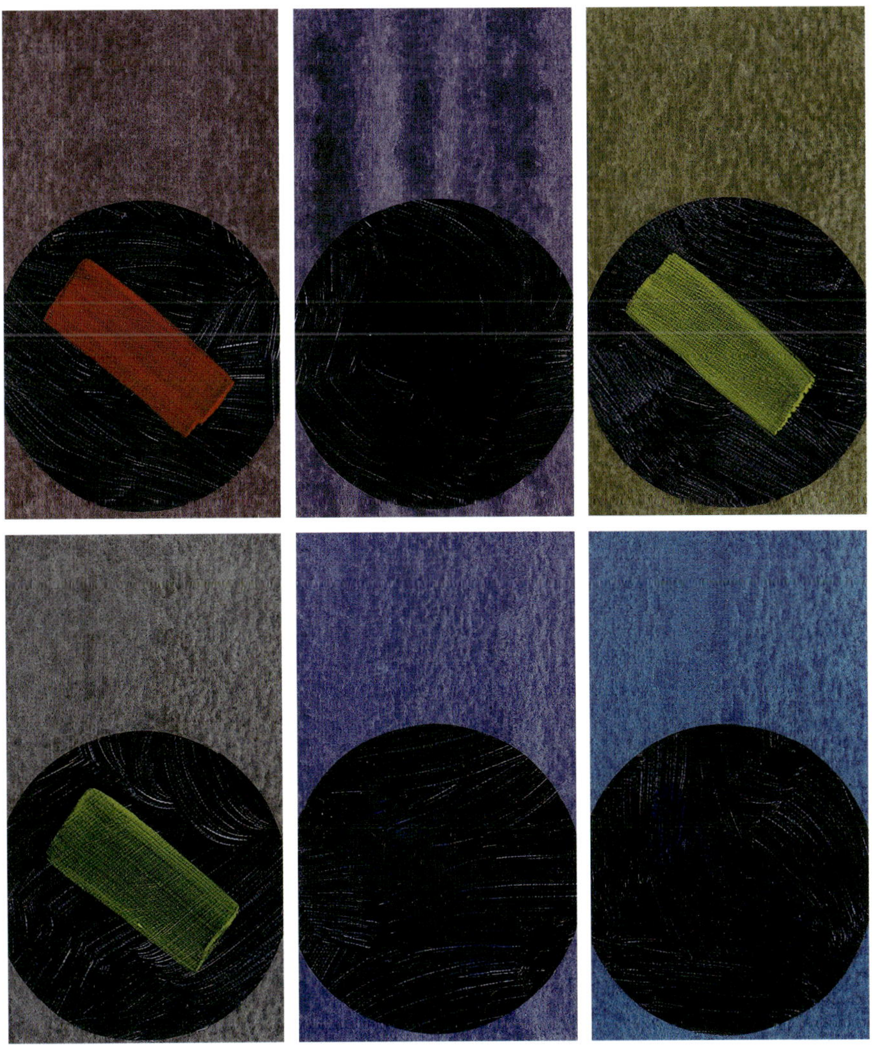

Paynesgrau
Fortsetzung

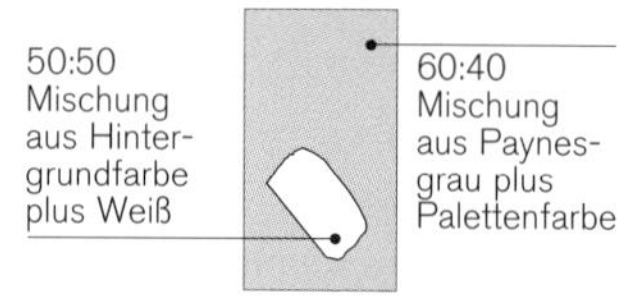

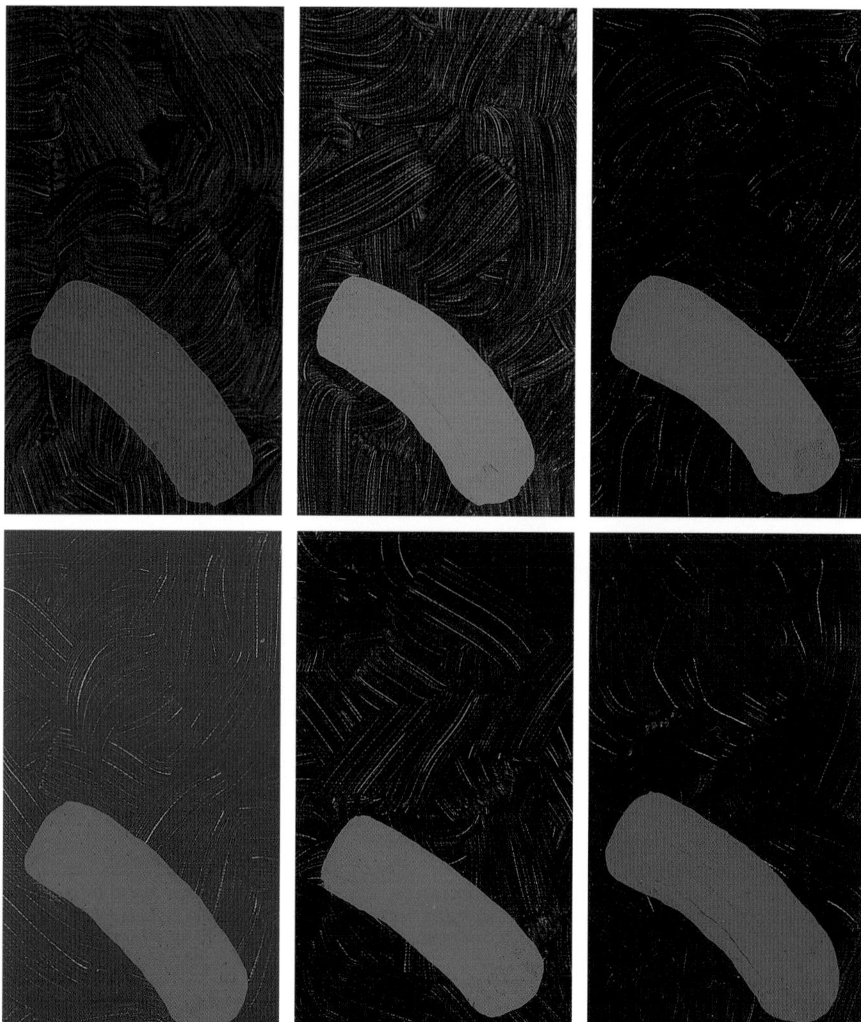

Palettenfarben

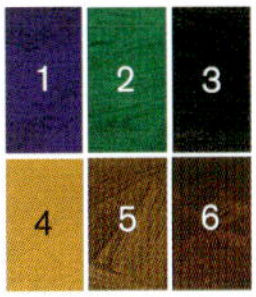

1 Dioxazinviolett
2 Phthalogrün (Blauton)
3 Elfenbeinschwarz
4 Ockergelb
5 Umbra natur
6 Umbra gebrannt

Palettenfarbe lasierend aufgetragen

100 % Paynesgrau

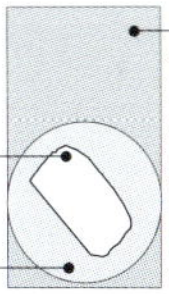

40:60 Mischung aus Paynesgrau plus Palettenfarbe, mit Wasser verdünnt

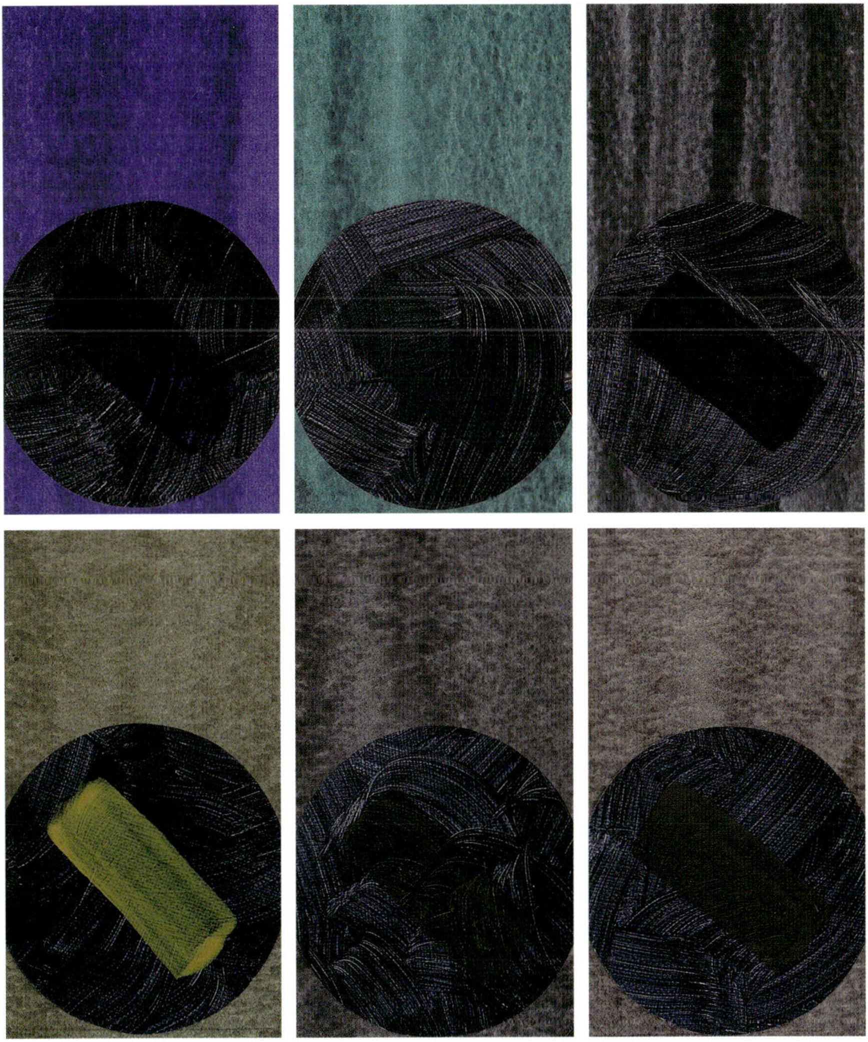

Neutralgrau 5

deckend
höchste Lichtbeständigkeit

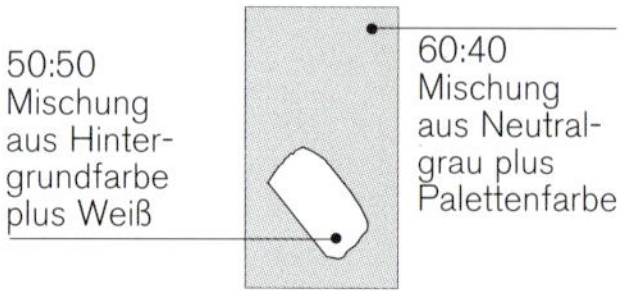

Palettenfarben

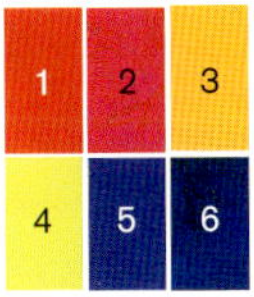

1 Kadmiumrot mittel
2 Karmesinrot
3 Kadmiumgelb mittel
4 Hansagelb hell
5 Ultramarinblau
6 Phthalocyaninblau

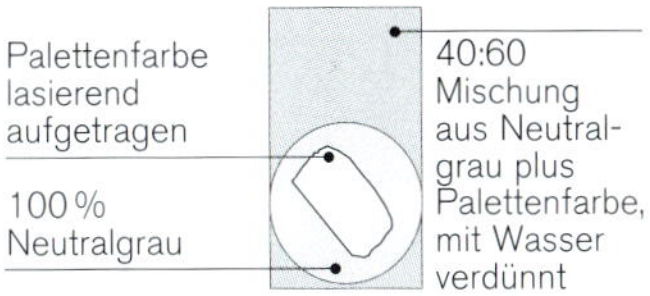

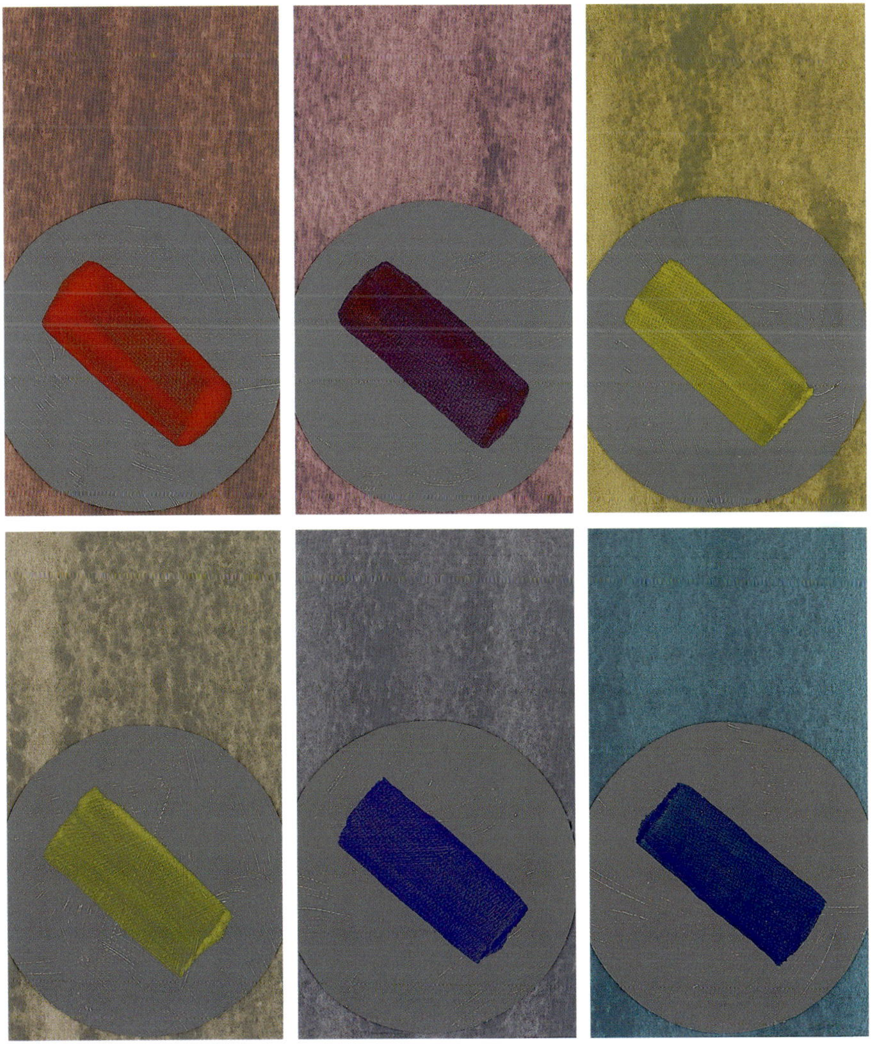

Neutralgrau 5
Fortsetzung

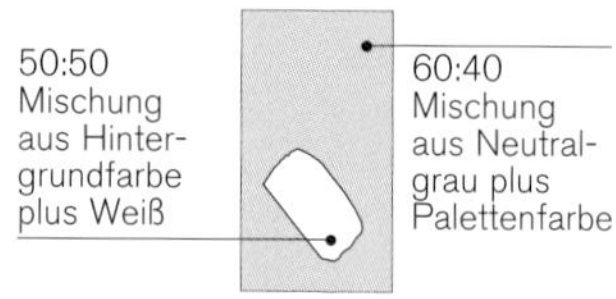

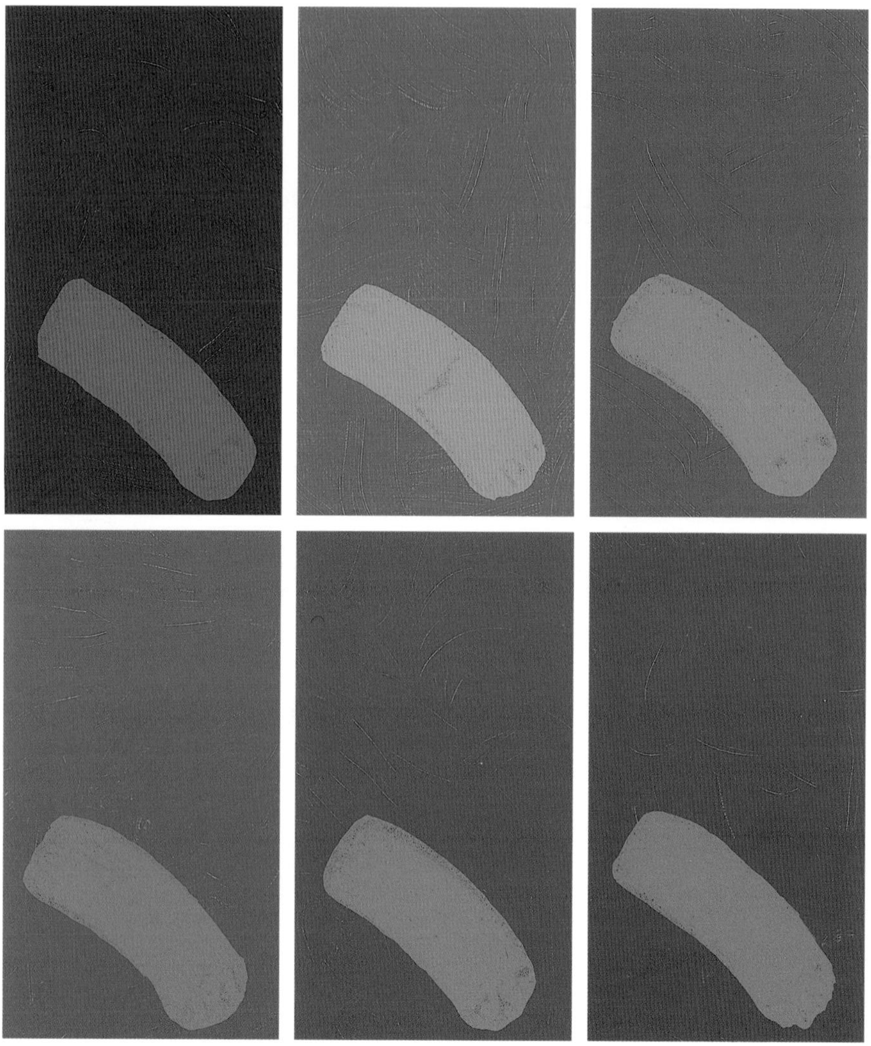

Palettenfarben

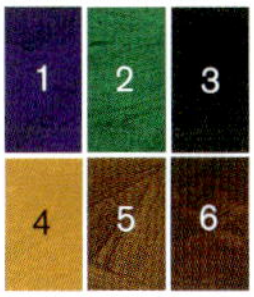

1 Dioxazinviolett
2 Phthalogrün (Blauton)
3 Elfenbeinschwarz
4 Ockergelb
5 Umbra natur
6 Umbra gebrannt

Palettenfarbe lasierend aufgetragen

100 % Neutralgrau

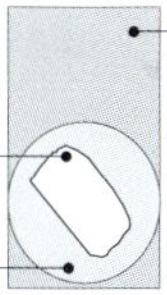

40:60 Mischung aus Neutralgrau plus Palettenfarbe, mit Wasser verdünnt

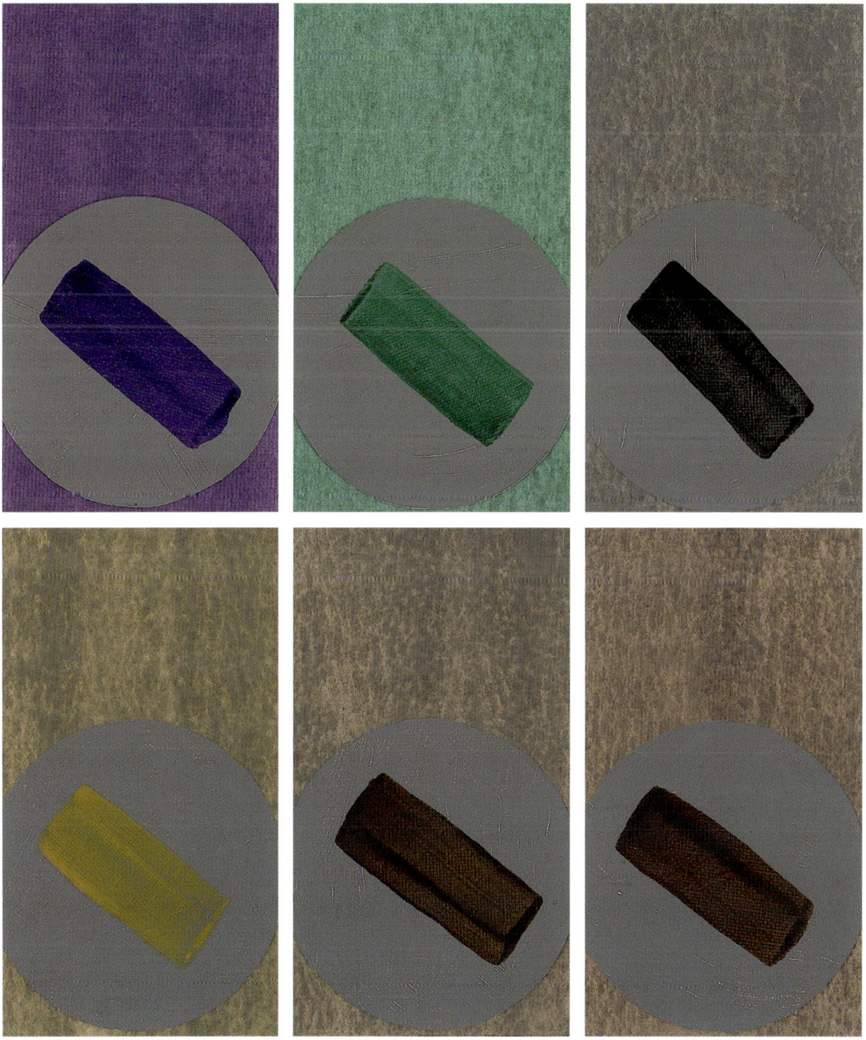

Titan ungebleicht

deckend

höchste Lichtbeständigkeit

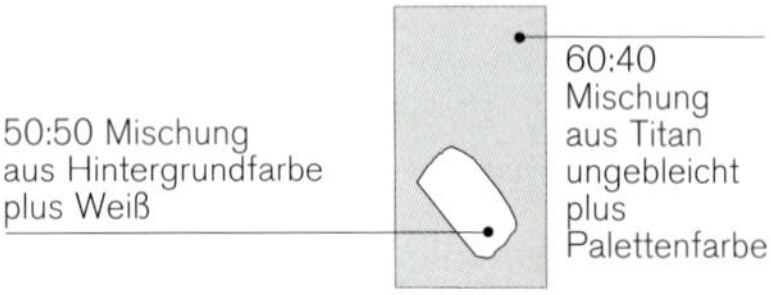

Palettenfarben

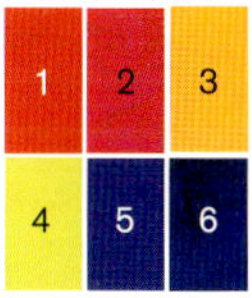

1 Kadmiumrot mittel
2 Karmesinrot
3 Kadmiumgelb mittel
4 Hansagelb hell
5 Ultramarinblau
6 Phthalocyaninblau

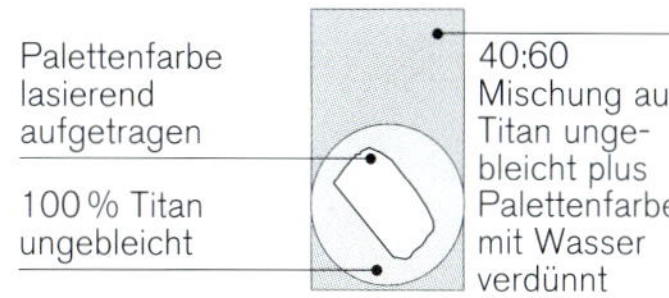

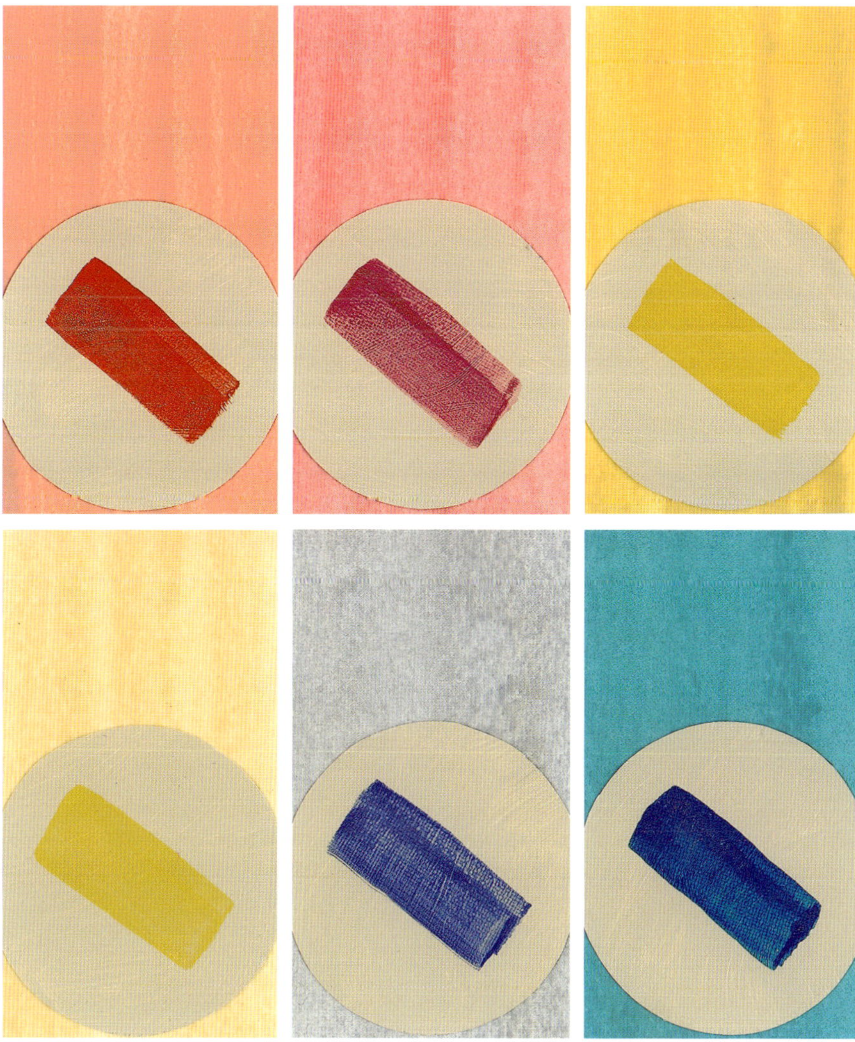

Titan ungebleicht

Fortsetzung

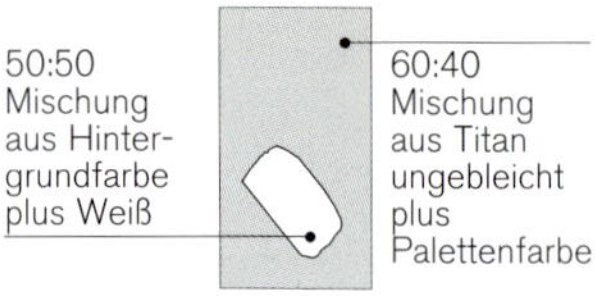

Palettenfarben

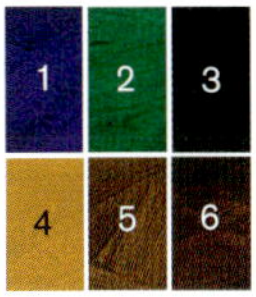

1 Dioxazinviolett
2 Phthalogrün (Blauton)
3 Elfenbeinschwarz
4 Ockergelb
5 Umbra natur
6 Umbra gebrannt

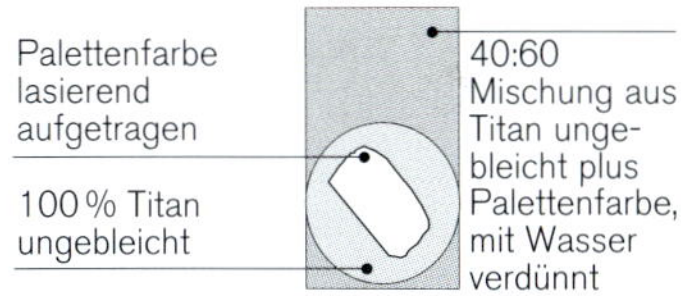

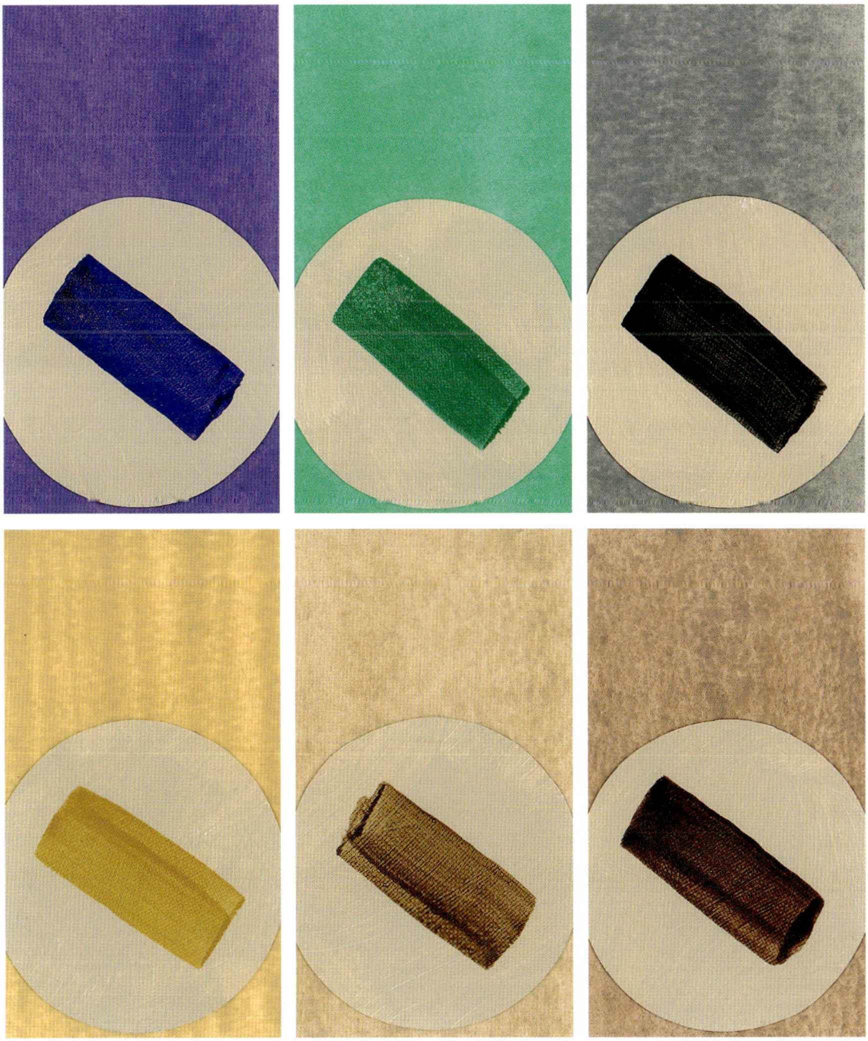

Pergament

deckend

höchste Lichtbeständigkeit

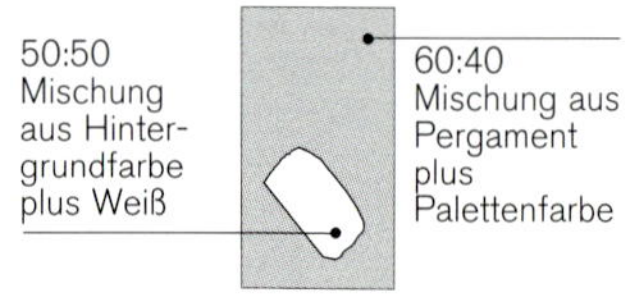

Palettenfarben

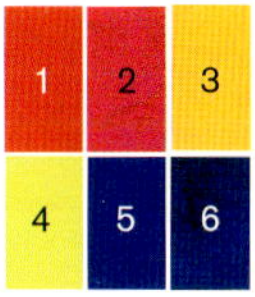

1 Kadmiumrot mittel
2 Karmesinrot
3 Kadmiumgelb mittel
4 Hansagelb hell
5 Ultramarinblau
6 Phthalocyaninblau

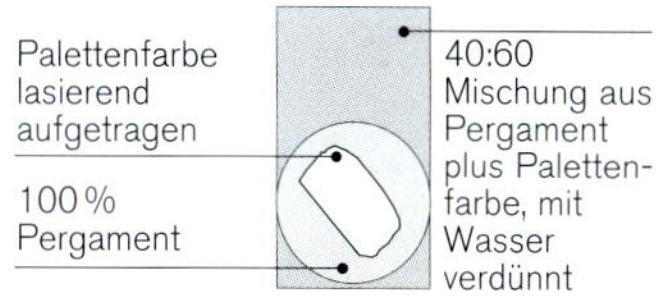

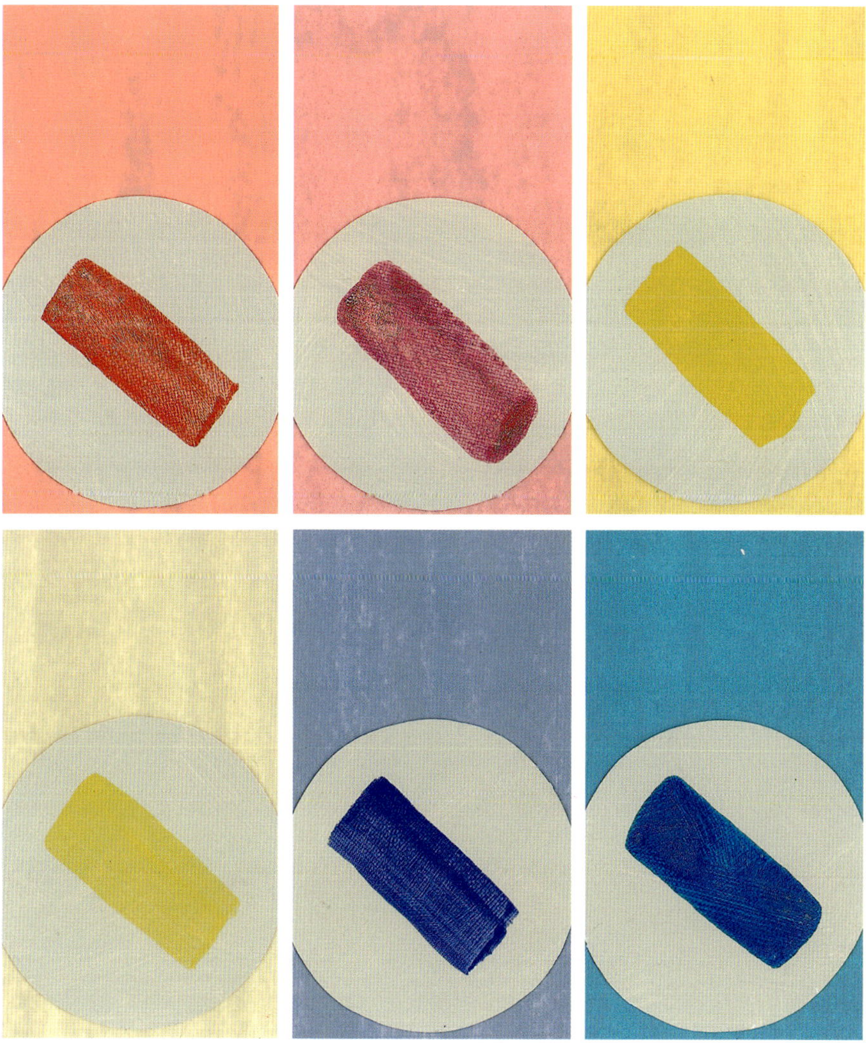

Pergament

Fortsetzung

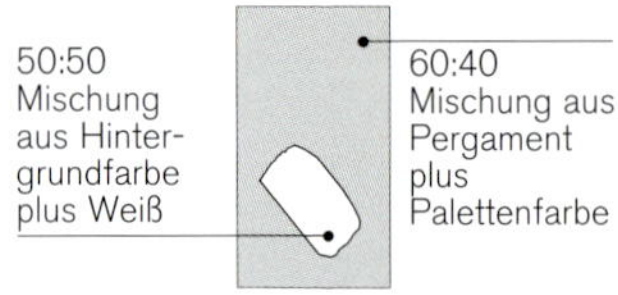

Palettenfarben

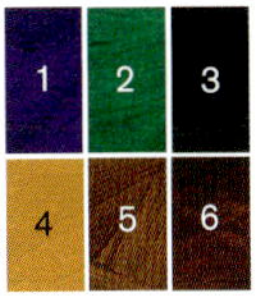

1 Dioxazinviolett
2 Phthalogrün (Blauton)
3 Elfenbeinschwarz
4 Ockergelb
5 Umbra natur
6 Umbra gebrannt

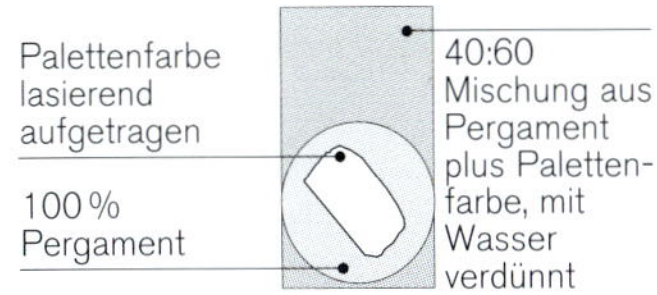

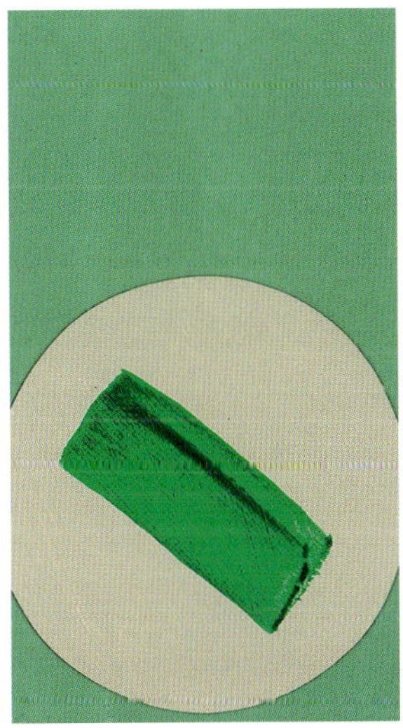

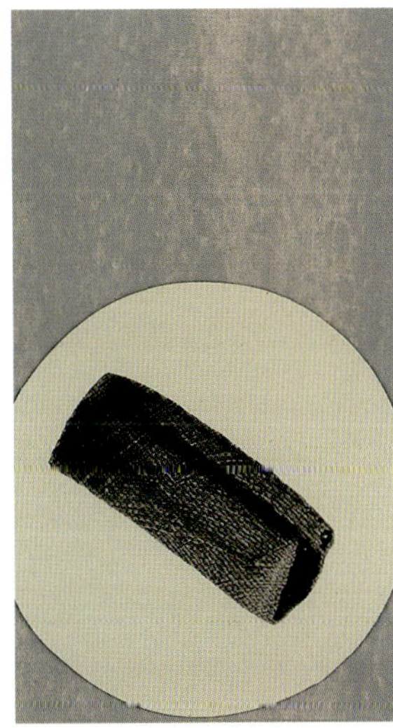

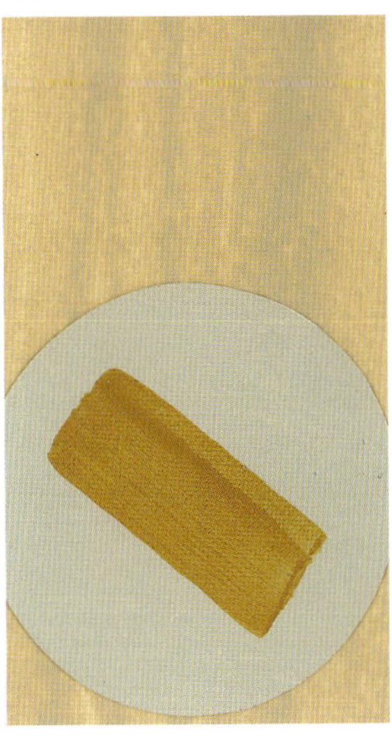

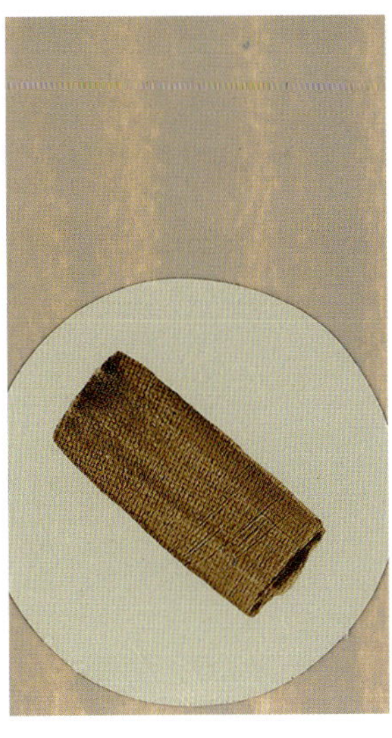

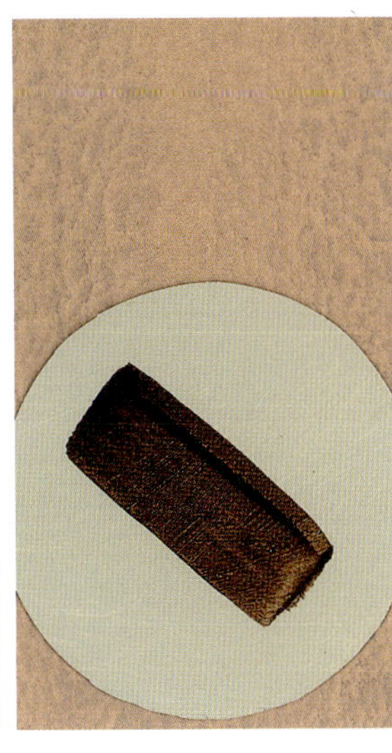

Altweiß

deckend

höchste Lichtbeständigkeit

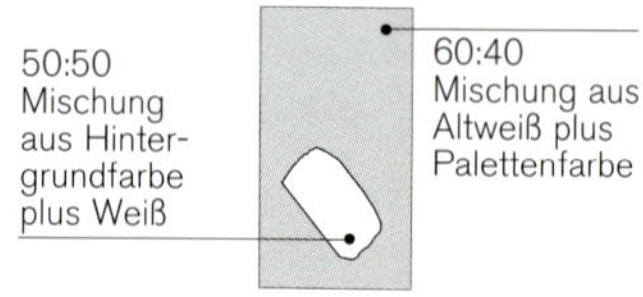

Palettenfarben

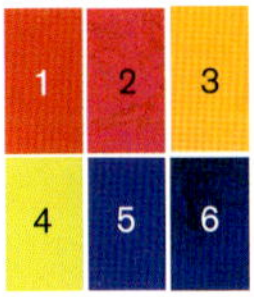

1 Kadmiumrot mittel
2 Karmesinrot
3 Kadmiumgelb mittel
4 Hansagelb hell
5 Ultramarinblau
6 Phthalocyaninblau

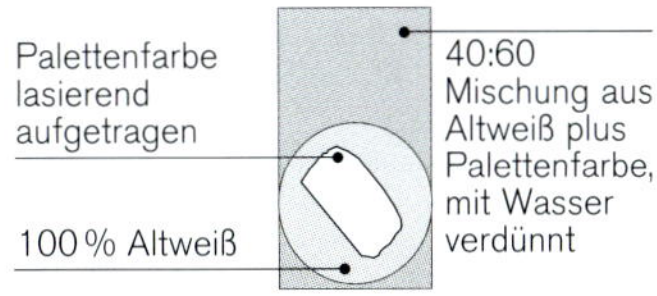

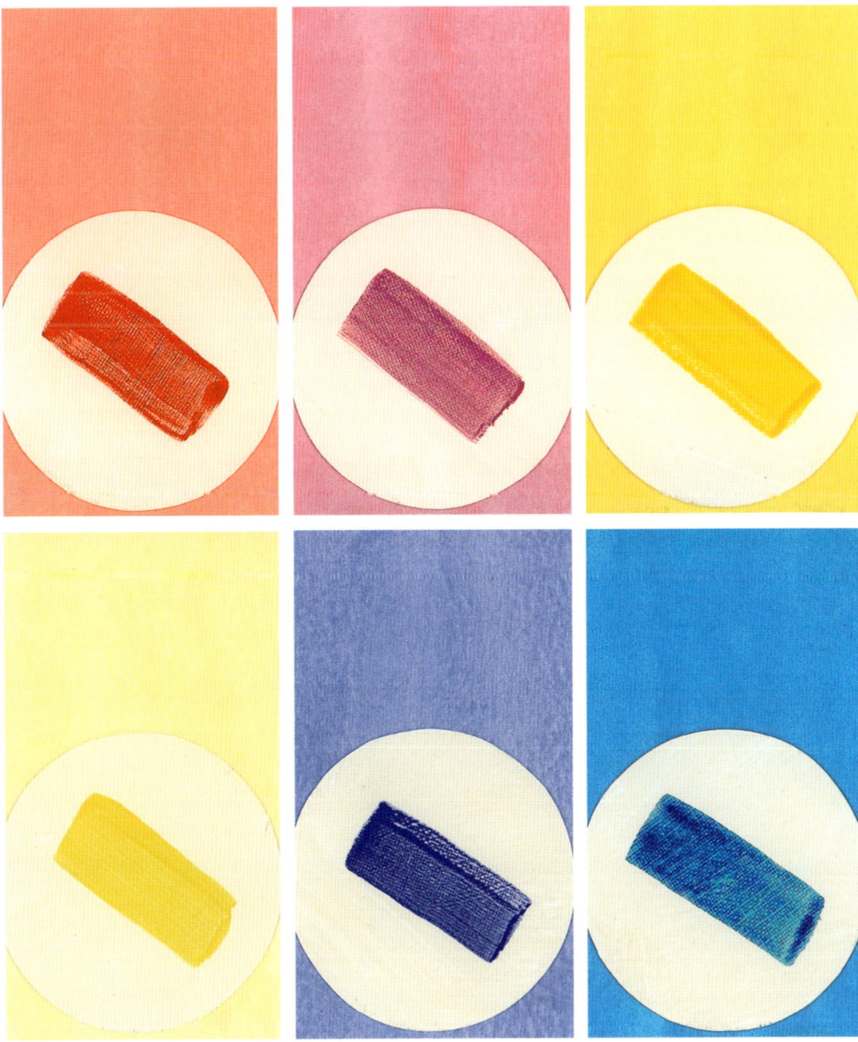

Altweiß

Fortsetzung

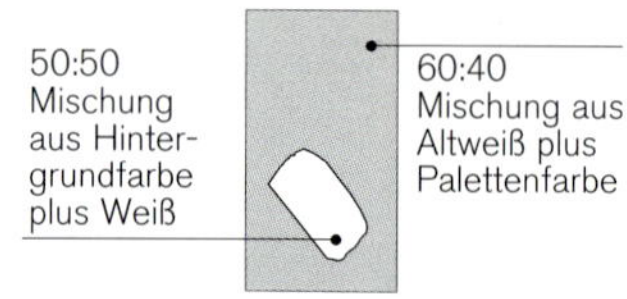

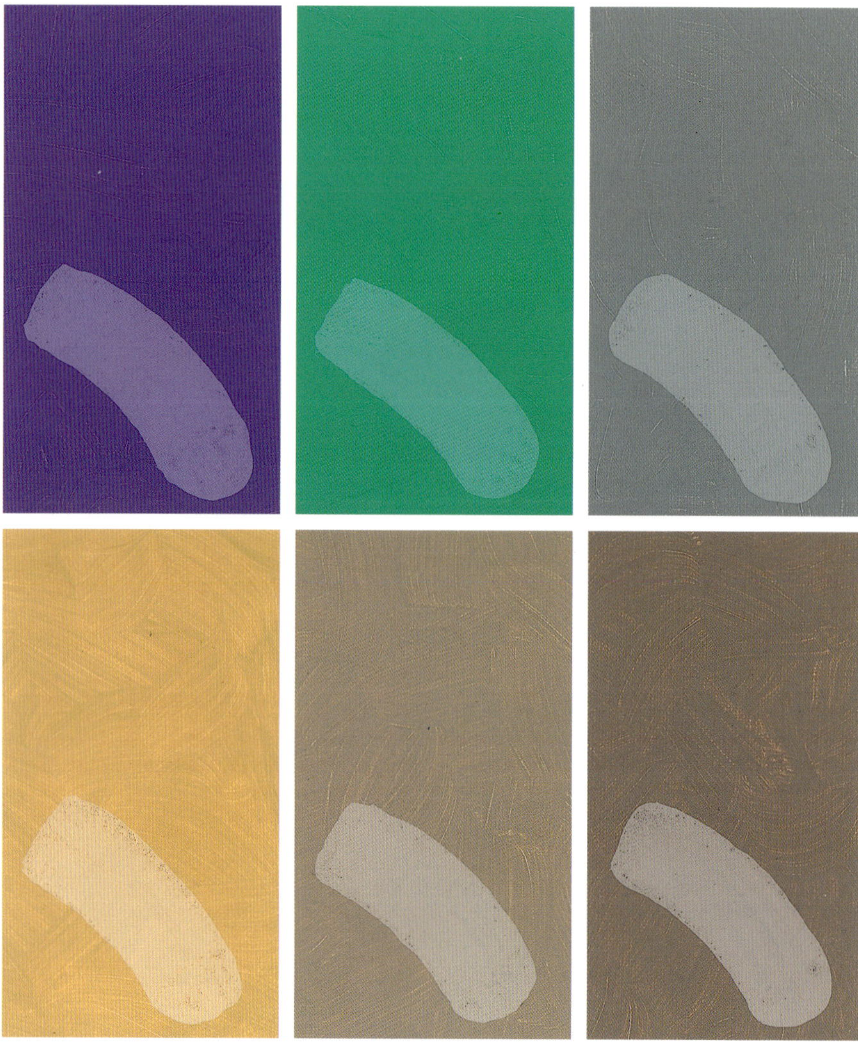

Palettenfarben

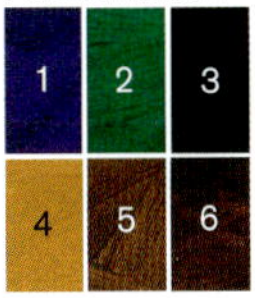

1 Dioxazinviolett
2 Phthalogrün (Blauton)
3 Elfenbeinschwarz
4 Ockergelb
5 Umbra natur
6 Umbra gebrannt

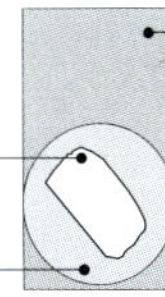

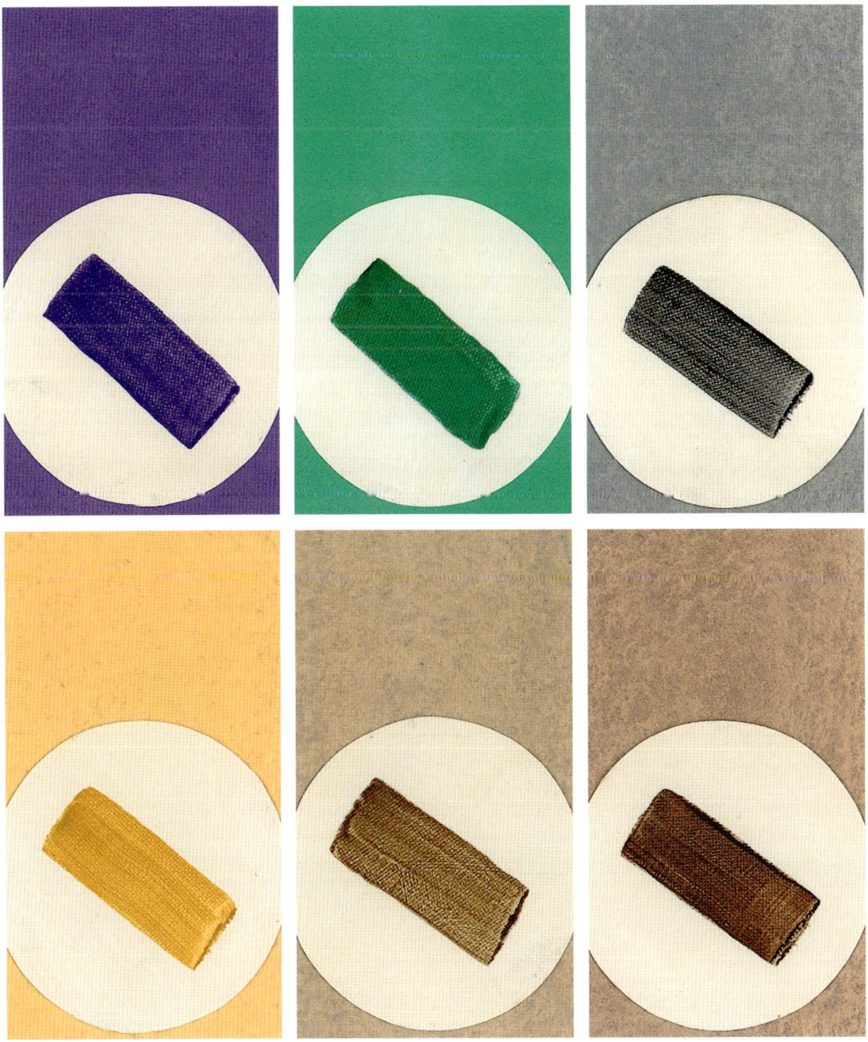

Titanweiß

deckend
höchste Lichtbeständigkeit

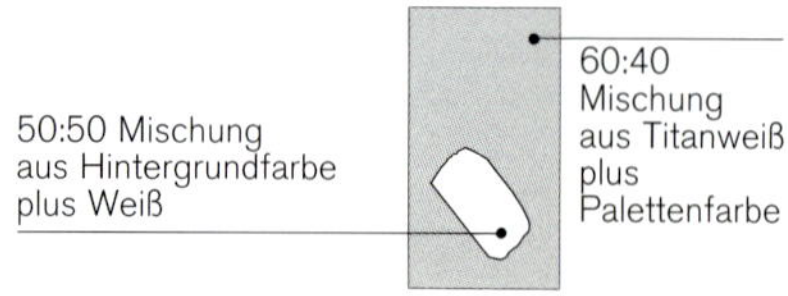

Palettenfarben

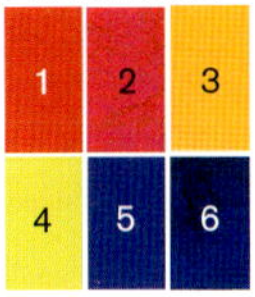

1 Kadmiumrot mittel
2 Karmesinrot
3 Kadmiumgelb mittel
4 Hansagelb hell
5 Ultramarinblau
6 Phthalocyaninblau

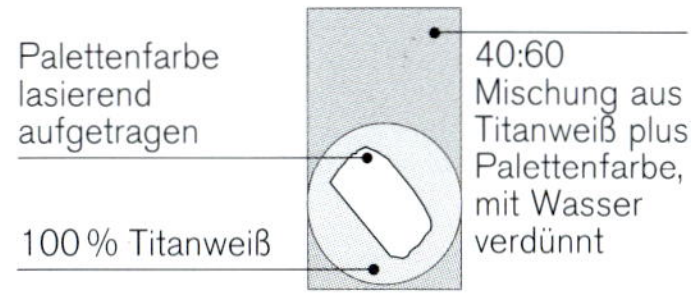

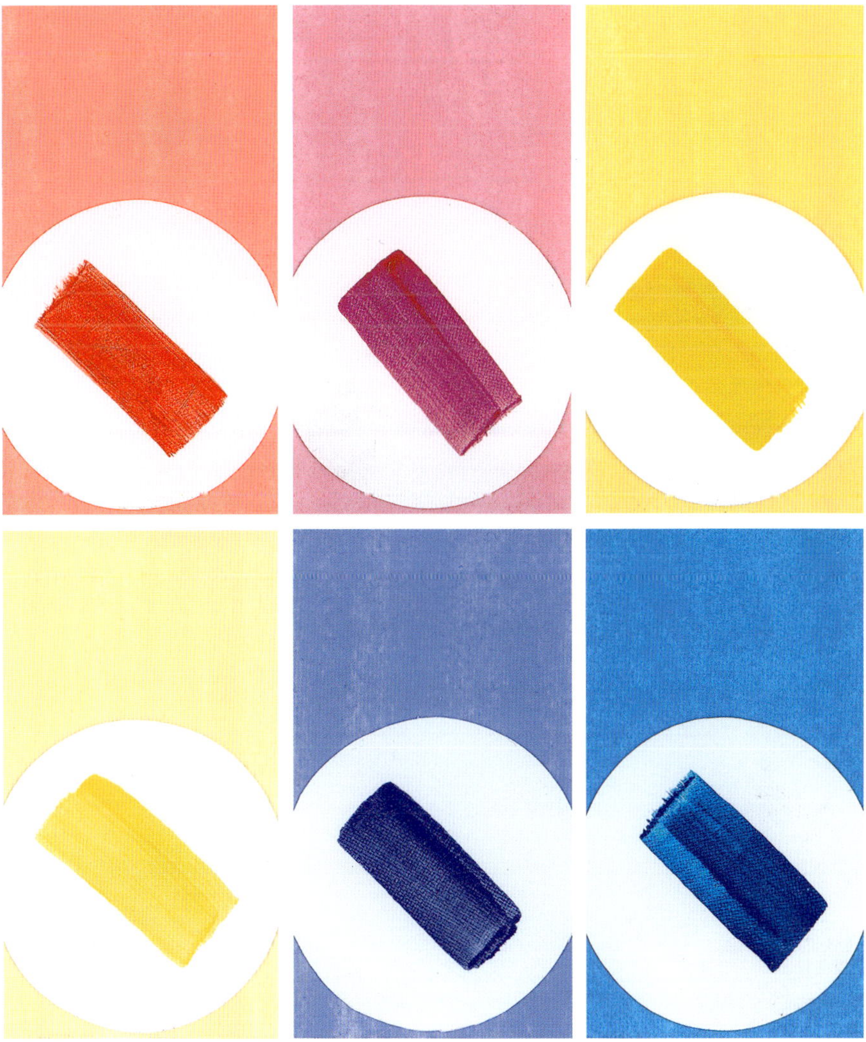

Titanweiß
Fortsetzung

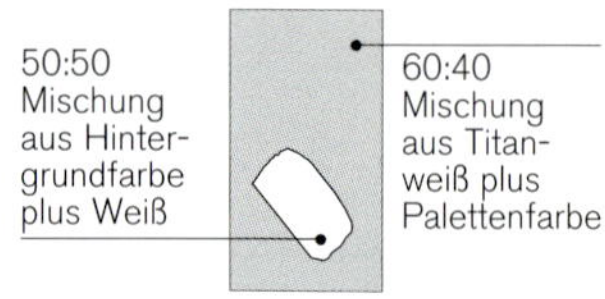

Palettenfarben

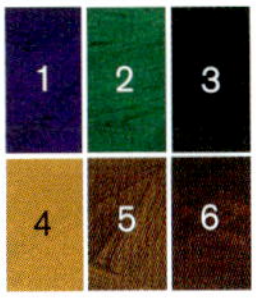

1 Dioxazinviolett
2 Phthalogrün (Blauton)
3 Elfenbeinschwarz
4 Ockergelb
5 Umbra natur
6 Umbra gebrannt

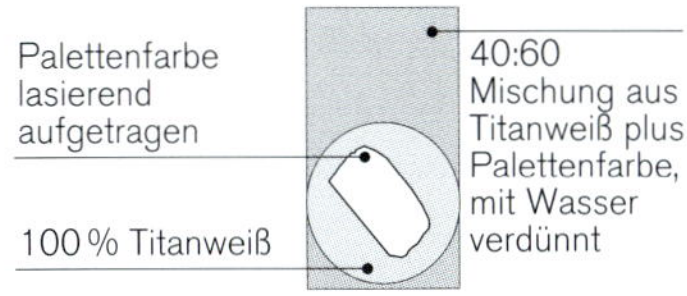

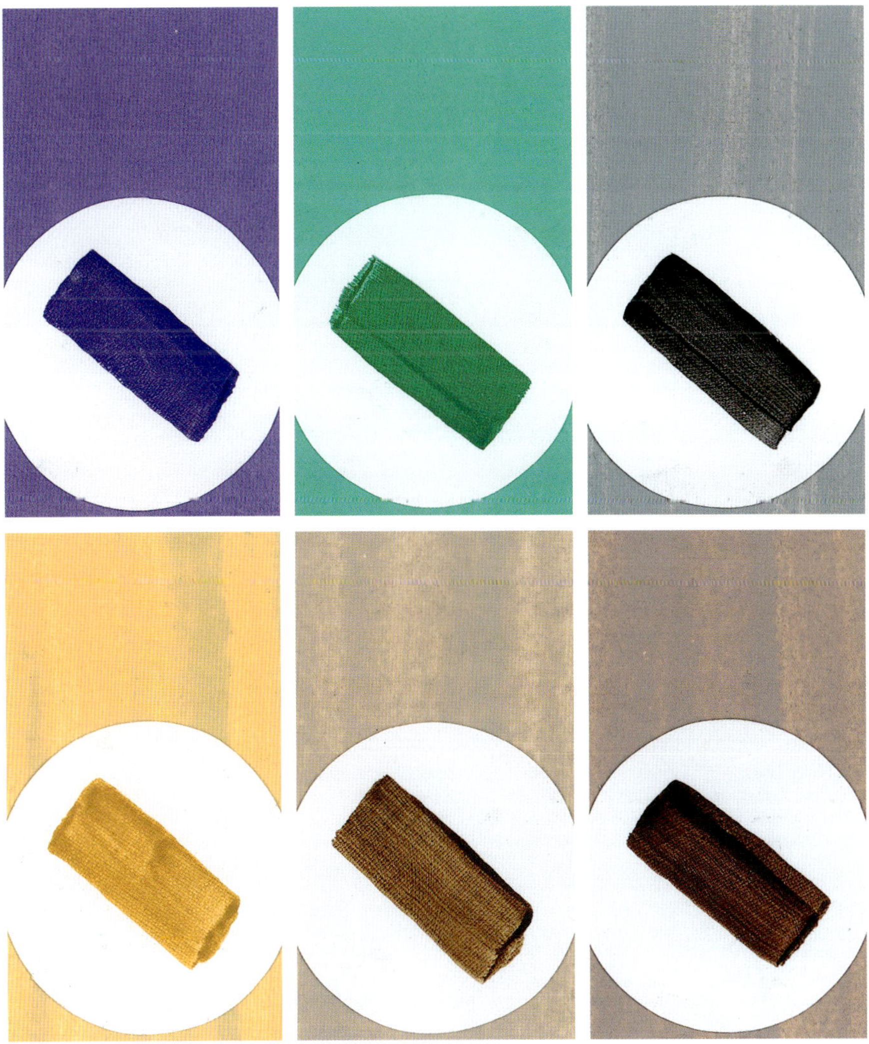

Glossar

analoge Farben Farben, die auf dem Farbkreis nahe beieinander liegen.

Colour Index Ein Codierungssystem zur genauen Bestimmung von Pigmenten.

durchbrochener Farbauftrag Eine Farbschicht, die so aufgetragen wird, dass stellenweise die darunterliegende Farbschicht oder der Malgrund durchschimmert.

Extender Ein Malmittel, das das Volumen der Farbe vergrößert, ohne den Farbton zu verändern.

Farbtemperatur Sie beschreibt den kühlen oder warmen Charakter der Farben.

Feuchthaltepalette Eine speziell für die Acrylmalerei entwickelte Palette, die die Farben über längere Zeit verarbeitbar hält. Sie wird in Arbeitspausen luftdicht verschlossen, sodass die Farben nicht antrocknen.

Firnis Ein schützender, klarer Überzug, der auf die Oberfläche eines fertigen Bildes aufgetragen wird.

Fließmittel Ein Malmittel, das die Oberflächenspannung des in der Farbe enthaltenen Wassers reduziert, sodass die Farbe sich leichter auf dem Papier verteilen lässt.

Komplementärfarben Paare von Farben, die einander auf dem Farbkreis gegenüberliegen.

Lasur Eine dünn und transparent aufgetragene Farbe.

Malgrund Die Oberfläche, z.B. Leinwand, Papier, Holz, Plattenware, auf der gemalt wird.

Malmesser Ein Werkzeug zum Auftragen pastoser Farben bei der Spachteltechnik. Auch geeignet zum Abschaben von Farben, um Fehler zu korrigieren.

Malmittel Ein Zusatzstoff, der zur Farbe gegeben wird, um ihren Glanz, ihre Trocknung oder ihre Konsistenz zu verändern.

nass-auf-trocken Der Auftrag einer feuchten Farbe auf einer vorher aufgetragenen, getrockneten Farbschicht.

nass-in-nass Eine Technik, bei der Farben aufgetragen werden, ehe die vorherigen getrocknet sind. Dass die Farben dabei ineinander verlaufen, ist ein gewünschter Effekt.

optische Mischung Eine Maltechnik, bei der kleine Punkte relativ reiner Farben so auf dem Papier angeordnet werden, dass der Betrachter sie als Mischfarben wahrnimmt.

Palette 1. Eine glatte Fläche, auf der Farben gemischt werden.
2. Die Farben, die für ein Bild verwendet werden, oder die ein bestimmter Künstler regelmäßig verwendet.

Primärfarben Die einzigen Farben, die nicht durch Mischung anderer Farben zu erzeugen sind: Rot, Gelb und Blau.

Sekundärfarben Farben, die durch Mischung zweier Primärfarben entstehen: Orange, Grün, Violett.

Sgraffito Eine Maltechnik, bei der in eine aufgetragene Farbe mit einem Werkzeug Linien oder Muster gekratzt werden, um die darunterliegende Farbe freizulegen.

Sprenkeln Das Spritzen von Farbtöpfchen auf den Malgrund.

Strukturpasten Malmittel, denen verschiedene Feststoffe (z.B. Sand, Fasern) zugesetzt sind. Sie werden mit Farbe vermischt, um strukturierte Oberflächen zu gestalten.

Tertiärfarben Farben, die durch Mischung einer Primärfarbe mit der auf dem Farbkreis benachbarten Sekundärfarbe entstehen.

Tonwert Der Helligkeits- und Dunkelheitsgrad einer Farbe.

Tupfen Das lockere Auftragen einer Farbe mit kurzen, nicht streichenden Bewegungen, sodass die darunterliegende Farbe durchschimmert.

Untermalung Eine farbige, an der Bildkomposition orientierte Grundierung.

Register

Hersteller

Hersteller von Künstlerfarben beliefern den Einzelhandel, verkaufen jedoch nicht direkt an Endverbraucher. Die im Buch genannten Farben sind im Fachhandel für Künstlerbedarf erhältlich, wenngleich nicht jeder Hersteller alle hier vorgestellten Farben in seinem Sortiment führt. Kataloge und Internetseiten geben einen guten Überblick über das Angebot der Hersteller. Allerdings sollte man bedenken, dass aus technischen Gründen im Druck wie auch bei der Bildschirmdarstellung Abweichungen von den Originalfarbtönen möglich sind.

Daler-Rowney Europe
Rue des Technologies 4
B-1340 Ottignies, Belgien
www.daler-rowney.com

C. Kreul GmbH & Co.KG
Künstler.Farben.Fabrik
Carl-Kreul-Straße 2
91352 Hallerndorf
www.c-kreul.de

Lascaux Colours & Restauro
Barbara Diethelm AG
Zürichstrasse 42
CH-8306 Brüttisellen, Schweiz
www.lascaux.ch

Liquitex Artist Materials
Whitefriars Avenue
Wealdstone, Harrow
Middlesex HA3 5RH
UK
www.liquitex.com
(Liquitex ist der älteste Hersteller von Künstler-Acrylfarben. Das Unternehmen feierte im Jahre 2005 sein 50-jähriges Bestehen.)

Lukas Künstlerfarben und Maltuchfabrik
Dr. Fr. Schönfeld GmbH & Co
Harffstr. 40,
40591 Düsseldorf (Wersten)
www.lukas-germany.de

H. Schmincke & Co. GmbH & Co. KG
Otto-Hahn-Str. 2
D-40699 Erkrath
www.schmincke.de

Winsor and Newton
Whitefriars Avenue
Wealdstone, Harrow
Middlesex HA3 5RH
UK
www.winsornewton.com

Danksagungen

DANKSAGUNG DES AUTORS

Der Autor dankt Herman Reich bei Liquitex und Neil Montgomery bei ColArt. Vielen Dank auch an R. K. Burt & Co. Ltd., an Henry Wyatt vom Art Club bei Triumph Press sowie an Liz Pasfield und Jill Mumford bei Quarto.

BILDNACHWEIS

Der Verlag dankt den Künstlern für die Erlaubnis zur Verwendung ihrer Bilder. Alle Künstler sind namentlich in den Bildunterschriften zu den Abbildungen genannt.

Wir haben uns bemüht, alle Urheberrechtsinhaber ausfindig zu machen, möchten uns aber vorsorglich für eventuelle, unbeabsichtigte Fehler oder Auslassungen entschuldigen, die wir in folgenden Auflagen gern korrigieren werden.

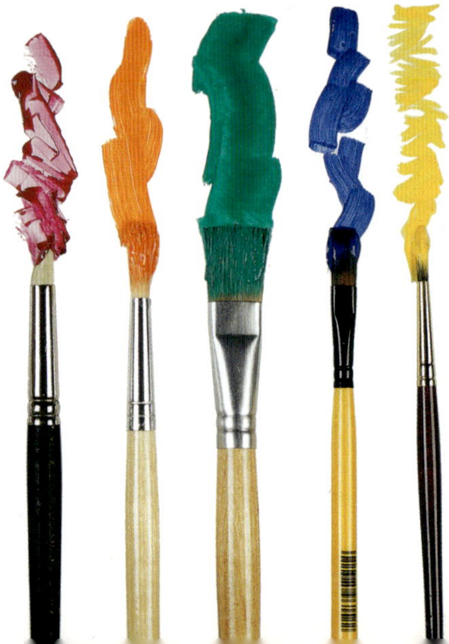